Auerbach

Das neue Bundesbeamtengesetz

Synopse mit Kurzerläuterungen zu den Änderungen im BBG

Das neue Bundesbeamtengesetz

Synopse mit Kurzerläuterungen zu den Änderungen im BBG

von

Bettina Auerbach

Ministerialrätin im Referat
„Grundsatzangelegenheiten des öffentlichen Dienstes; Beamtenstatusrecht“
im Bundesministerium des Innern

1. Auflage 2009

::rehm

Bibliografische Information der Deutschen Nationalbibliothek

Die Deutsche Nationalbibliothek verzeichnet diese Publikation in der Deutschen Nationalbibliografie; detaillierte bibliografische Daten sind im Internet über http://dnb.d-nb.de abrufbar.

ISBN 978-3-8073-0111-2

www.hjr-verlag.de

Printed in Germany
Satz: Strassner ComputerSatz, Leimen
Druck: Kessler Druck+Medien, Bobingen

Vorwort

Das Bundesbeamtengesetz ist als Artikel 1 des Dienstrechtsneuordnungsgesetzes vom 5.2.2009 neu gefasst worden.

Mit der Neufassung wird das Beamtenrecht des Bundes modernisiert und an geänderte Rahmenbedingungen angepasst. Dazu wird das Leistungsprinzip gefördert und die Wettbewerbsfähigkeit und Leistungsfähigkeit des öffentlichen Dienstes werden gestärkt. Ein flexibler Personaleinsatz und die Verbesserung der Mobilität eröffnen Chancen und Perspektiven für die Beamtinnen und Beamten des Bundes. Damit werden Eigenverantwortung, Motivation und Leistungsbereitschaft besonders betont.

Die Reform des Laufbahnrechts mit der Reduzierung der Zahl der Laufbahnen und Öffnung für neue Qualifikationen ist ein wesentlicher Teil der Modernisierung des Bundesbeamtengesetzes. Dazu kommen die schrittweise Anhebung der Regelaltersgrenze auf 67 Jahre in Umsetzung der Maßnahmen der gesetzlichen Rentenversicherung sowie die weitere Verankerung des Grundsatzes „Rehabilitation vor Versorgung" zur Vermeidung von Frühpensionierungen.

Ein nicht unbedeutendes Anliegen des Gesetzgebers war es, überflüssige Bürokratie abzubauen und die Regelungsdichte zurückzuführen. Das Bundesbeamtengesetz ist daher sprachlich überarbeitet worden.

Der vorliegende Band gibt durch die Gegenüberstellung des alten mit dem neuen Bundesbeamtengesetz und durch eine Begründung zu den einzelnen Vorschriften einen schnellen Überblick über die Rechtsänderungen.

Ziel ist es, Personalverantwortlichen, Personalvertretungen, Verbänden und den Beamtinnen und Beamten des Bundes sowie allen Interessierten einen praxisbezogenen Einstieg in das neue Bundesbeamtengesetz zu geben.

Berlin, im Januar 2009

Inhaltsverzeichnis

Synopse zum BBG

Bundesbeamtengesetz

i.d.F. der Bekanntmachung vom 31. 3. 1999, BGBl. S. 657;
zuletzt geändert am 17.6.2008, BGBl. I S. 1010

mit

Beamtenrechtsrahmengesetz

i.d.F. der Bekanntmachung vom 31.3.1999, BGBl. I S. 654,
zuletzt geändert am 17.6.2008, BGBl. I S. 1010

Neufassung des Bundesbeamtengesetzes (Art. 1 DNeuG)

vom 5.2.2009, BGBl. I S. 160

Erläuterungen

Synopse zum BBG

Bundesbeamtengesetz i. d. F. der Bekanntmachung vom 31. März 1999	**Neufassung** **Bundesbeamtengesetz** (Artikel 1 DNeuG) vom 5. Februar 2009	**Erläuterungen**
Abschnitt I **Einleitende Vorschriften** **§ 1** Dieses Gesetz gilt für die Bundesbeamten, soweit es im einzelnen nichts anderes bestimmt.	**Abschnitt 1** **Allgemeine Vorschriften** **§ 1 Geltungsbereich** (1) Dieses Gesetz gilt für die **Beamtinnen und Beamten des Bundes, soweit nicht gesetzlich etwas anderes bestimmt ist**.	**Zu Abschnitt 1** (Allgemeine Vorschriften) **Zu § 1** (Geltungsbereich) **Zu Absatz 1** Der Geltungsbereich entspricht mit Anpassungen an die geschlechtergerechte Sprache dem Geltungsbereich des bisherigen § 1. Für einzelne Beamtinnen und Beamte des Bundes kann gesetzlich etwas anderes bestimmt werden. Dazu gehören z. B. die Mitglieder des Bundesrechnungshofs, Polizeivollzugsbeamtinnen und Polizeivollzugsbeamte des Bundes, Beamtinnen und Beamte des Auswärtigen Dienstes und Militärgeistliche der Evangelischen Kirche in der Bundesrepublik Deutschland und der Katholischen Kirche. Für diese Beamtinnen und Beamten gibt es eigene Regelungen im Gesetz über

BBG/BRRG alt	BBG neu	Erläuterungen
		den Bundesrechnungshof, im Bundespolizeibeamtengesetz, im Gesetz über den Auswärtigen Dienst sowie im Gesetz über die Militärseelsorge in Verbindung mit dem Militärseelsorgevertrag. Für Geistliche der Evangelischen Kirche und der Katholischen Kirche gilt, dass sie auf der Grundlage des Militärseelsorgevertrages von 1957 (BGBl. 1957 II S. 1229) in Verbindung mit dem Gesetz über die Militärseelsorge von 1957 (BGBl. 1957 II S. 701) zu Bundesbeamtinnen oder Bundesbeamten in der Militärseelsorge berufen werden können. Der Militärseelsorgevertrag und ergänzende Vereinbarungen zwischen Staat und Kirche berücksichtigen die Besonderheiten dieser Beamtenverhältnisse.
§ 121 BRRG Das Recht, Beamte zu haben, besitzen außer dem Bund 1. die Länder, die Gemeinden und die Gemeindeverbände, 2. sonstige Körperschaften, Anstalten und Stiftungen des öffentlichen Rechts, die dieses Recht im Zeitpunkt des Inkrafttretens dieses Gesetzes besitzen oder denen es nach diesem Zeitpunkt durch Gesetz, Rechts-	**§ 2 Dienstherrnfähigkeit** **Das Recht, Beamtinnen und Beamte zu haben, besitzen der Bund sowie sonstige bundesunmittelbare Körperschaften, Anstalten und Stiftungen des öffentlichen Rechts, die dieses Recht zum Zeitpunkt des Inkrafttretens dieses Gesetzes besitzen oder denen es danach durch Gesetz oder aufgrund eines Gesetzes verliehen wird.**	**Zu § 2** (Dienstherrnfähigkeit) Die Vorschrift übernimmt wegen des Wegfalls der Rahmenkompetenz aufgrund der Föderalismusreform I den bisher auch unmittelbar für den Bundesbereich geltenden § 121 des Beamtenrechtsrahmengesetzes (BRRG) in das BBG. Im neuen § 2 wird für den Bundesbereich geregelt, welche juristischen Personen des öffentlichen Rechts das Recht besitzen, Beamtinnen und Beamte

verordnung oder Satzung verliehen-wird; derartige Satzungen bedürfen der Genehmigung durch eine gesetzlich hierzu ermächtigte Stelle.		zu haben. Dieses Recht wird als Dienstherrnfähigkeit bezeichnet.
§ 3	§ 3 **Begriffsbestimmungen**	**Zu § 3** (Begriffsbestimmungen)
(1) Oberste Dienstbehörde des Beamten ist die oberste Behörde seines Dienstherrn, in deren Dienstbereich er ein Amt bekleidet. (2) [1]Dienstvorgesetzter ist, wer für beamtenrechtliche Entscheidungen über die persönlichen Angelegenheiten der ihm nachgeordneten Beamten zuständig ist. [2]Vorgesetzter ist, wer einem Beamten für seine dienstliche Tätigkeit Anordnungen erteilen kann. [3]Wer Dienstvorgesetzter und Vorgesetzter ist, bestimmt sich nach dem Aufbau der öffentlichen Verwaltung; ist ein Dienstvorgesetzter nicht vorhanden, so nimmt die zuständige oberste Bundesbehörde die Befugnisse des Dienstvorgesetzten wahr.	(1) Oberste Dienstbehörde der Beamtin oder des Beamten ist die oberste Behörde eines Dienstherrn, in **deren Geschäftsbereich die Beamtin oder der Beamte ein Amt wahrnimmt.** (2) **Dienstvorgesetzte oder** Dienstvorgesetzter ist, wer für beamtenrechtliche Entscheidungen über die persönlichen Angelegenheiten der **ihr oder** ihm nachgeordneten **Beamtinnen und** Beamten zuständig ist. (3) **Vorgesetzte oder** Vorgesetzter ist, wer **dienstliche Anordnungen** erteilen darf. **(4) Die Dienstvorgesetzten- und Vorgesetzteneigenschaft bestimmt sich nach dem Aufbau der Verwaltung.**	**Zu den Absätzen 1 bis 3** Die Absätze 1 bis 3 entsprechen mit redaktionellen Anpassungen an die geschlechtergerechte Sprache dem bisherigen § 3 Abs. 1 und 2 Satz 1 und 2. **Zu Absatz 4** Die Änderung gegenüber dem bisherigen § 3 Abs. 2 Satz 3 dient der Klarheit und trägt dem praktischen Bedürfnis der einzelnen Verwaltungen Rechnung, die Dienstvorgesetzten- und Vorgesetzteneigenschaft abhängig vom Aufbau der Verwaltung zu regeln. Hierbei muss die oder der Vorgesetzte nicht zugleich die oder der Dienstvorgesetzte sein.

BBG/BRRG alt	BBG neu	Erläuterungen
Abschnitt II **Beamtenverhältnis**	**Abschnitt 2** **Beamtenverhältnis**	**Abschnitt 2** (Beamtenverhältnis)
1. Allgemeines		
§ 2	§ 4 Beamtenverhältnis	**Zu § 4** (Beamtenverhältnis)
(1) Bundesbeamter ist, wer zum Bund oder zu einer bundesunmittelbaren Körperschaft, Anstalt oder Stiftung des öffentlichen Rechts in einem öffentlich-rechtlichen Dienst- und Treueverhältnis (Beamtenverhältnis) steht.	**Beamtinnen und Beamte stehen zu ihrem Dienstherrn** in einem öffentlich-rechtlichen Dienst- und Treueverhältnis (Beamtenverhältnis).	Die Regelung entspricht mit Anpassung an die geschlechtergerechte Sprache der Regelung des bisherigen § 2 Abs. 1. Wer Dienstherr ist, bestimmt sich nach § 2.
(2) [1]Ein Beamter, der den Bund zum Dienstherrn hat, ist unmittelbarer Bundesbeamter. [2]Ein Beamter, der eine bundesunmittelbare Körperschaft, Anstalt oder Stiftung des öffentlichen Rechts zum Dienstherrn hat, ist mittelbarer Bundesbeamter.		Der bisherige § 2 Abs. 2 entfällt. Bisher wurden Beamtinnen und Beamte nach ihrer Zugehörigkeit zu verschiedenen Dienstherren in unmittelbare und mittelbare Bundesbeamtinnen und Bundesbeamte unterteilt. In der Anwendung des Bundesbeamtengesetzes hat diese Unterscheidung keine praktische Relevanz. Daher soll, wie in den meisten Landesbeamtengesetzen bereits üblich, zukünftig keine Differenzierung mehr erfolgen.
§ 4	**§ 5 Zulässigkeit des Beamtenverhältnisses**	**Zu § 5** (Zulässigkeit des Beamtenverhältnisses)
Die Berufung in das Beamtenverhältnis ist nur zulässig zur Wahrnehmung 1. hoheitsrechtlicher Aufgaben oder	Die Berufung in das Beamtenverhältnis ist nur zulässig zur Wahrnehmung 1. hoheitsrechtlicher Aufgaben oder	Die Regelung entspricht dem bisherigen § 4.

2. solcher Aufgaben, die aus Gründen der Sicherung des Staates oder des öffentlichen Lebens nicht ausschließlich Personen übertragen werden dürfen, die in einem privatrechtlichen Arbeitsverhältnis stehen.	2. **von** Aufgaben, die **zur** Sicherung des Staates oder des öffentlichen Lebens nicht ausschließlich Personen übertragen werden dürfen, die in einem privatrechtlichen Arbeitsverhältnis stehen.	
§ 5	**§ 6 Arten des Beamtenverhältnisses**	**Zu § 6** (Arten des Beamtenverhältnisses)
(1) In das Beamtenverhältnis kann berufen werden 1. auf Lebenszeit, wer dauernd für Aufgaben im Sinne des § 4 verwendet werden soll,	**(1) Das Beamtenverhältnis auf Lebenszeit dient der dauernden Wahrnehmung von Aufgaben nach § 5. Es bildet die Regel.**	**Zu Absatz 1** Die Regelung entspricht mit redaktionellen Anpassungen dem bisherigen § 5 Abs. 1. Satz 2 legt das Beamtenverhältnis auf Lebenszeit als Regelfall fest.
	(2) [1]Das Beamtenverhältnis auf Zeit ist in gesetzlich besonders bestimmten Fällen zulässig und dient der befristeten Wahrnehmung von Aufgaben nach § 5. [2]Für das Beamtenverhältnis auf Zeit gelten die Vorschriften über das Beamtenverhältnis auf Lebenszeit entsprechend, soweit nicht gesetzlich etwas anderes bestimmt ist.	**Zu Absatz 2** In Absatz 2 wird das Beamtenverhältnis auf Zeit als spezieller Typus des Beamtenverhältnisses für gesetzlich geregelte Einzelfälle genannt. Wie im bisherigen § 5 Abs. 4 wird bestimmt, dass die Fälle des Beamtenverhältnisses auf Zeit gesetzlich zu regeln sind, da sie Ausnahmecharakter haben.

BBG/BRRG alt	BBG neu	Erläuterungen
2. auf Probe, wenn der Beamte a) zur späteren Verwendung auf Lebenszeit oder b) zur Übertragung eines Amtes mit leitender Funktion (§ 24a) eine Probezeit zurückzulegen hat.	(3) **Das Beamtenverhältnis auf Probe dient der Ableistung einer Probezeit** 1. zur späteren Verwendung auf Lebenszeit oder 2. zur Übertragung eines Amtes mit leitender Funktion.	**Zu Absatz 3** Absatz 3 regelt das Beamtenverhältnis auf Probe und entspricht damit inhaltlich dem bisherigen § 5 Abs. 1 Nr. 2.
(2) Auf Widerruf kann in das Beamtenverhältnis berufen werden, wer 1. den vorgeschriebenen oder üblichen Vorbereitungsdienst ableisten oder 2. nur nebenbei oder vorübergehend für Aufgaben im Sinne des § 4 verwendet werden soll.	(4) **Das Beamtenverhältnis auf Widerruf dient** 1. **der Ableistung eines Vorbereitungsdienstes** oder 2. der vorübergehenden **Wahrnehmung von** Aufgaben nach § 5.	**Zu Absatz 4** Regelt das Beamtenverhältnis auf Widerruf und nimmt damit die Regelungen des bisherigen § 5 Abs. 2 auf. Weggefallen ist mangels eines praktischen Bedürfnisses das Beamtenverhältnis auf Widerruf für nebenbei verwendete Beamtinnen und Beamte.
(3) Wer in das Beamtenverhältnis berufen wird, um Aufgaben im Sinne des § 4 ehrenamtlich wahrzunehmen, ist Ehrenbeamter. (4) Gesetzliche Vorschriften, nach denen Personen auf eine bestimmte Zeitdauer in das Beamtenverhältnis berufen werden können, bleiben unberührt. **§ 115 BRRG** … (3) Ein Ehrenbeamtenverhältnis kann nicht in ein Beamtenverhältnis anderer	**(5)** [1]**Das Ehrenbeamtenverhältnis dient der unentgeltlichen Wahrnehmung von Aufgaben nach § 5.** [2]**Es kann nicht in ein Beamtenverhältnis anderer Art und ein solches kann nicht in ein Ehrenbeamtenverhältnis umgewandelt werden.**	**Zu Absatz 5** Nimmt mit redaktionellen Anpassungen den Regelungsinhalt der bisherigen § 5 Abs. 3 und § 115 Abs. 3 BRRG auf. Ehrenbeamtinnen und Ehrenbeamte sind Personen, die neben ihrem Beruf, der auch der einer Berufsbeamtin oder eines Berufsbeamten sein kann, hoheitliche Aufgaben nach § 5 unentgeltlich wahrnehmen. Das Ehrenbeamtenverhältnis ist dadurch geprägt, dass die Erfüllung der öffentlichen Aufgabe keinen Lebensberuf darstellt, sondern ohne An-

Art, ein solches Beamtenverhältnis nicht in ein Ehrenbeamtenverhältnis umgewandelt werden.		spruch auf Alimentation ausgeübt wird. Aufwandsentschädigungen sind möglich. Im Unterschied zur bloßen ehrenamtlichen Tätigkeit liegt dem Ehrenbeamtenverhältnis ein Beamtenverhältnis (z. B. auf Widerruf oder auf Lebenszeit) zu einem Dienstherrn zugrunde.
§ 7	§ 7 Voraussetzungen des Beamtenverhältnisses	**Zu § 7** (Voraussetzungen des Beamtenverhältnisses) Die Regelung entspricht mit redaktionellen Anpassungen an die geschlechtergerechte Sprache dem bisherigen § 7.
(1) In das Beamtenverhältnis darf nur berufen werden, wer 1. Deutscher im Sinne des Artikels 116 des Grundgesetzes ist oder die Staatsangehörigkeit eines anderen Mitgliedstaates der Europäischen Gemeinschaften besitzt,	(1) In das Beamtenverhältnis darf berufen werden, wer 1. **Deutsche oder** Deutscher im Sinne des Artikels 116 des Grundgesetzes ist oder die Staatsangehörigkeit a) eines anderen Mitgliedstaates der **Europäischen Union oder** **b) eines anderen Vertragsstaates des Abkommens über den Europäischen Wirtschaftsraum oder** **c) eines Drittstaates, dem die Bundesrepublik Deutschland und die Europäische Union vertraglich einen entsprechenden Anspruch auf Anerkennung der Berufsqualifikationen eingeräumt haben,** besitzt,	**Zu Absatz 1** Mit Absatz 1 Nr. 1 wird der Kreis der Personen erweitert, die die persönlichen Voraussetzungen für die Berufung in das Beamtenverhältnis erfüllen. Danach können außer Deutschen und Staatsangehörigen eines anderen Mitgliedstaates der Europäischen Union auch Angehörige eines anderen Vertragsstaates des Abkommens über den Europäischen Wirtschaftsraum in das Beamtenverhältnis berufen werden. Das sind die drei Staaten Island, Liechtenstein und Norwegen, die nicht der Europäischen Union angehören, wohl aber als Mitgliedstaaten des europäischen Wirtschaftsraumes gleichbehandelt werden.

BBG/BRRG alt	BBG neu	Erläuterungen
2. die Gewähr dafür bietet, dass er jederzeit für die freiheitliche demokratische Grundordnung im Sinne des Grundgesetzes eintritt, 3. a) die für seine Laufbahn vorgeschriebene oder – mangels solcher Vorschriften – übliche Vorbildung besitzt oder b) die erforderliche Befähigung durch Lebens- und Berufserfahrung innerhalb oder außerhalb des öffentlichen Dienstes erworben hat.	2. die Gewähr dafür bietet, jederzeit für die freiheitliche demokratische Grundordnung im Sinne des Grundgesetzes **einzutreten, und** 3. a) die für **die** entsprechende Laufbahn vorgeschriebene Vorbildung besitzt oder b) die erforderliche Befähigung durch Lebens- und Berufserfahrung erworben hat.	Räumen die Bundesrepublik Deutschland und die Europäische Union darüber hinaus einem Drittstaat, wie z. B. der Schweiz, Ansprüche auf Anerkennung der Berufsqualifikationen ein, die denen der Staatsangehörigen der Europäischen Union entsprechen, so können deren Staatsangehörige ebenfalls in das Beamtenverhältnis berufen werden. Absatz 1 Nr. 3 wird redaktionell angepasst. Die Wörter „oder mangels solcher Vorschriften übliche" der bisherigen Fassung werden gestrichen, da im Rahmen der Zulassungsvoraussetzungen (§ 17) die Vorbildung vollständig geregelt ist. Auch die Wörter „innerhalb oder außerhalb des öffentlichen Dienstes" entfallen, da es einer entsprechenden Klarstellung nicht mehr bedarf. **Zu Absatz 2**
(2) Wenn die Aufgaben es erfordern, darf nur ein Deutscher im Sinne des Artikels 116 des Grundgesetzes in ein Beamtenverhältnis berufen werden (Artikel 48 Abs. 4 EWG-Vertrag).	(2) Wenn die Aufgaben es erfordern, darf nur **eine Deutsche oder** ein Deutscher im Sinne des Artikels 116 des Grundgesetzes in ein Beamtenverhältnis berufen werden.	Mit Absatz 2 macht die Bundesrepublik Deutschland von der in Artikel 39 Abs. 4 des Vertrags zur Gründung der Europäischen Gemeinschaft eingeräumten Möglichkeit Gebrauch, für die Wahrnehmung bestimmter Aufgaben die Berufung in das Beamtenverhältnis deutschen Staatsangehörigen im Sinne des Artikel 116 des Grundgesetzes vor-

		zubehalten. Der die ohnehin geltende Rechtslage wiedergebende Klammerhinweis im bisherigen § 7 ist entbehrlich.
		Zu Absatz 3
(3) Der Bundesminister des Innern kann Ausnahmen von Absatz 1 Nr. 1 und Absatz 2 zulassen, wenn für die Gewinnung des Beamten ein dringendes dienstliches Bedürfnis besteht.	(3) **Das Bundesministerium** des Innern kann Ausnahmen von Absatz 1 Nr. 1 und Absatz 2 zulassen, wenn für die **Berufung der Beamtin oder** des Beamten ein dringendes dienstliches Bedürfnis besteht.	Die Regelung entspricht mit redaktionellen Anpassungen an die geschlechtergerechte Sprache dem bisherigen § 7 Abs. 3.
§ 8	**§ 8 Stellenausschreibung**	**Zu § 8** (Stellenausschreibung)
		Zu Absatz 1
(1) [1]Die Bewerber sind durch Stellenausschreibung zu ermitteln. [2]Ihre Auslese ist nach Eignung, Befähigung und fachlicher Leistung ohne Rücksicht auf Geschlecht, Abstammung, Rasse oder ethnische Herkunft, Behinderung, Religion oder Weltanschauung, politische Anschauungen, Herkunft, Beziehungen oder sexuelle Identität vorzunehmen. [3]Dem stehen gesetzliche Maßnahmen zur Förderung von Beamtinnen zur Durchsetzung der tatsächlichen Gleichstellung im Erwerbsleben, insbesondere Quotenregelungen mit Einzelfallprüfung, sowie gesetzliche Maßnahmen	**(1) [1]Zu besetzende Stellen sind auszuschreiben. [2]Bei der Einstellung von Bewerberinnen und Bewerbern muss die Ausschreibung öffentlich sein. [3]Ausnahmen von den Sätzen 1 und 2 kann die Bundesregierung durch Rechtsverordnung regeln.**	Stellenausschreibungen sind nicht nur für die Vorbereitung von Personalauswahlentscheidungen, sondern auch für den Aufbau einer gezielten Personalplanung und -entwicklung von grundlegender Bedeutung. Sie dienen dazu, das Leistungsprinzip zu stärken und das Risiko von Fehlbesetzungen zu minimieren, Beschäftigten Informationen über Entwicklungsmöglichkeiten zu geben und ein Bewerberpotenzial zu aktivieren. Die Pflicht zur Stellenausschreibung ist deshalb nicht mehr auf die Fälle der Begründung eines Beamtenverhältnisses

BBG/BRRG alt	BBG neu	Erläuterungen
zur Förderung schwerbehinderter Menschen nicht entgegen.		beschränkt. Vielmehr sind auch behördenintern zu besetzende Stellen im Regelfall auszuschreiben. Bei Einstellungen, d. h. bei der Neubegründung von Beamtenverhältnissen, sind weiterhin öffentliche Stellenausschreibungen zwingend. Ausschreibungen lediglich durch Aushang in den Diensträumen der entsprechenden Behörde (sog. dienststelleninterne Ausschreibung) genügen insoweit nicht (vgl. BVerwG, Beschluss vom 13. Oktober 1978, Az: 6 P 6/78). Satz 3 eröffnet die Möglichkeit, zum Beispiel aus Gründen der Personalplanung durch Rechtsverordnung Ausnahmen von der Ausschreibungspflicht festzulegen. Bei Einstellungen nach Satz 2 sind diese Ausnahmen auf die Fälle des bisherigen § 8 Abs. 2 sowie die vom Bundespersonalausschuss bestimmten allgemeinen Ausnahmen zu begrenzen. Der bisherige § 8 Abs. 2 Satz 1 wird insoweit nur aus rechtssystematischen Gründen wie die anderen Ausnahmetatbestände in der Bundeslaufbahnverordnung normiert. Der bisherige § 8 Abs. 2 Satz 2 kann entfallen, da über die in der Bundeslaufbahnverordnung zu definierenden Tatbestände hinaus keine

		weitergehenden Ausnahmeentscheidungen erforderlich sind.
(2) [1]Die Pflicht zur Stellenausschreibung gilt nicht für die Stellen der Staatssekretäre, Abteilungsleiter in den Bundesministerien und Leiter der den Bundesministerien unmittelbar nachgeordneten Behörden sowie der bundesunmittelbaren Körperschaften, Anstalten und Stiftungen des öffentlichen Rechts. [2]Über weitere Ausnahmen von der Pflicht zur Stellenausschreibung entscheidet der Bundespersonalausschuss. (3) [1]Stellenausschreibungen dürfen sich nicht nur an Männer oder nur an Frauen richten, es sei denn, ein bestimmtes Geschlecht ist unverzichtbare Voraussetzung für diese Tätigkeit. [2]Der gesamte Ausschreibungstext muss so ausgestaltet sein, dass er nicht nur auf Personen eines Geschlechts zugeschnitten ist. [3]Dies gilt insbesondere für Stellen in Bereichen, in denen Frauen in geringerer Zahl beschäftigt sind als Männer. [4]Die Dienstposten sind einschließlich der Funktionen mit Vorgesetzten- und Leitungsaufgaben zur Besetzung auch in Teilzeit auszuschreiben, soweit zwingende dienstliche Belange nicht entgegenstehen.	**(2) Die Art der Ausschreibung regelt die oberste Dienstbehörde nach Maßgabe des § 6 des Bundesgleichstellungsgesetzes.**	**Absatz 2** Absatz 2 legt fest, dass die oberste Dienstbehörde nach Maßgabe des § 6 des Bundesgleichstellungsgesetzes die Art der Ausschreibung bestimmt. Dies entspricht der gängigen Verwaltungspraxis.

BBG/BRRG alt	BBG neu	Erläuterungen
§ 8 (1) [1]Die Bewerber sind durch Stellenausschreibung zu ermitteln. [2]Ihre Auslese ist nach Eignung, Befähigung und fachlicher Leistung ohne Rücksicht auf Geschlecht, Abstammung, Rasse oder ethnische Herkunft, Behinderung, Religion oder Weltanschauung, politische Anschauungen, Herkunft, Beziehungen oder sexuelle Identität vorzunehmen. [3]Dem stehen gesetzliche Maßnahmen zur Förderung von Beamtinnen zur Durchsetzung der tatsächlichen Gleichstellung im Erwerbsleben, insbesondere Quotenregelungen mit Einzelfallprüfung, sowie gesetzliche Maßnahmen zur Förderung schwerbehinderter Menschen nicht entgegen.	**§ 9 Auswahlkriterien** [1]Die **Auswahl der Bewerberinnen und** Bewerber **richtet sich** nach Eignung, Befähigung und fachlicher Leistung ohne Rücksicht auf Geschlecht, Abstammung, Rasse oder ethnische Herkunft, Behinderung, Religion oder Weltanschauung, politische Anschauungen, Herkunft, Beziehungen oder sexuelle Identität. [2]Dem stehen gesetzliche Maßnahmen zur **Durchsetzung** der tatsächlichen Gleichstellung im Erwerbsleben, insbesondere Quotenregelungen mit Einzelfallprüfung sowie zur Förderung schwerbehinderter Menschen nicht entgegen.	**Zu § 9** (Auswahlkriterien) Die Regelung entspricht mit Anpassung an die geschlechtergerechte Sprache inhaltlich dem bisherigen § 8 Abs. 1 Satz 2 und 3. Die Kriterien gelten für die Einstellung von Beamtinnen und Beamten und bei Auswahlverfahren.
§ 6 (1) Einer Ernennung bedarf es 1. zur Begründung des Beamtenverhältnisses, 2. zur Umwandlung des Beamtenverhältnisses in ein solches anderer Art (§ 5 Abs. 1, 2 und 4), 3. zur ersten Verleihung eines Amtes,	**§ 10 Ernennung** (1) Einer Ernennung bedarf es **zur** 1. Begründung des Beamtenverhältnisses, 2. Umwandlung des Beamtenverhältnisses in ein solches anderer Art, 3. Verleihung eines anderen Amtes mit anderem Endgrundgehalt und anderer Amtsbezeichnung **oder**	**Zu § 10** (Ernennung) **Zu Absatz 1** Die Regelungen ersetzen den bisherigen § 6 Abs. 1. Bisher hatte eine Beamtin auf Probe oder ein Beamter auf Probe wegen des Instituts der Anstellung kein statusrechtliches Amt. Diese wurde erst mit der Verbeamtung auf Lebenszeit verliehen. Erst zu diesem Zeitpunkt müssen sie

4. zur Verleihung eines anderen Amtes mit anderem Endgrundgehalt und anderer Amtsbezeichnung, 5. zur Verleihung eines anderen Amtes mit anderer Amtsbezeichnung beim Wechsel der Laufbahngruppe.	4. Verleihung eines anderen Amtes mit anderer Amtsbezeichnung beim Wechsel der Laufbahngruppe.	zwingend in eine besetzbare Planstelle eingewiesen werden (§ 49 Bundeshaushaltsordnung). Zukünftig entfällt das Institut der Anstellung, so dass es einer gesonderten Ernennung bei der Verleihung des ersten Amtes nicht mehr bedarf. Das dient der Deregulierung und stellt eine bundeseinheitliche Praxis bei den Ernennungen sicher. Da die Abschaffung des Instituts der Anstellung eine haushaltsrechtliche Umstellung erfordert, gilt nach § 147 eine Übergangsfrist bis zum 31. Dezember 2010. Die zur Umstellung notwendigen Planstellen werden im Haushalt dafür zur Verfügung gestellt. Der so erweiterte Stellenplan wird dann auch im Hinblick auf die Probebeamtinnen und Probebeamten verbindlich. Zusätzliche Ausgaben sind damit nicht verbunden.
(2) [1]Die Ernennung erfolgt durch Aushändigung einer Ernennungsurkunde. [2]In der Urkunde müssen enthalten sein 1. bei der Begründung des Beamtenverhältnisses die Worte „unter Berufung in das Beamtenverhältnis" mit dem die Art des Beamtenverhältnisses bestimmenden Zusatz „auf Lebenszeit", „auf Probe", „auf Widerruf" oder „als Ehrenbeamter" oder „auf Zeit" mit	(2) [1]Die Ernennung erfolgt durch Aushändigung einer Ernennungsurkunde. [2]In der Urkunde müssen enthalten sein 1. bei der Begründung des Beamtenverhältnisses die **Wörter** „unter Berufung in das Beamtenverhältnis" mit dem die Art des Beamtenverhältnisses bestimmenden Zusatz „auf Lebenszeit", „auf Probe", „auf Widerruf" oder **„als Ehrenbeamtin" oder**	**Zu Absatz 2** Absatz 2 entspricht mit einer Anpassung des Urkundeninhalts an die geschlechtergerechte Sprache der Regelung des bisherigen § 6 Abs. 2. Für die Ernennungsurkunde wird die elektronische Form nicht ausdrücklich ausgeschlossen. Die qualifizierte elektronische Signatur gewährleistet in umfassender Weise die Sicherheit und Dauerhaftigkeit des elektronischen Verwaltungshandelns.

BBG/BRRG alt	BBG neu	Erläuterungen
der Angabe der Zeitdauer der Berufung, 2. bei der Umwandlung des Beamtenverhältnisses in ein solches anderer Art die diese Art bestimmenden Worte nach Nummer 1, 3. bei der Verleihung eines Amtes die Amtsbezeichnung. [3]Entspricht die Ernennungsurkunde nicht der in Satz 2 vorgeschriebenen Form, so liegt eine Ernennung nicht vor. [4]Eine Ernennung in elektronischer Form ist ausgeschlossen. (3) Das Beamtenverhältnis endet außer durch Tod durch 1. Entlassung, 2. Verlust der Beamtenrechte, 3. Entfernung aus dem Beamtenverhältnis nach dem Bundesdisziplinargesetz. (4) Das Beamtenverhältnis endet ferner durch Eintritt in den Ruhestand unter Berücksichtigung der die beamtenrechtliche Stellung der Ruhestandsbeamten regelnden Vorschriften.	„als Ehrenbeamter" oder „auf Zeit" mit der Angabe der Zeitdauer der Berufung, 2. bei der Umwandlung des Beamtenverhältnisses in ein solches anderer Art die diese Art bestimmenden **Wörter** nach Nummer 1 **und** 3. bei der Verleihung eines Amtes die Amtsbezeichnung. **(3) Mit der Begründung eines Beamtenverhältnisses auf Probe, auf Lebenszeit und auf Zeit wird gleichzeitig ein Amt verliehen.**	**Zu Absatz 3** Absatz 3 regelt als Folge der Abschaffung des Instituts der Anstellung nach Absatz 1, in welchen Fällen ein Amt verliehen wird. Die bisherigen Absätze 3 und 4 des bisherigen § 6 werden aus systematischen Gründen in § 30 geregelt.

§ 9	§ 11 Voraussetzungen der Ernennung auf Lebenszeit	Zu § 11 (Voraussetzungen der Ernennung auf Lebenszeit)
		Zu Absatz 1
(1) Beamter auf Lebenszeit darf nur werden, wer 1. die in § 7 bezeichneten Voraussetzungen erfüllt, 2. das siebenundzwanzigste Lebensjahr vollendet hat, 3. sich a) als Laufbahnbewerber (§ 7 Abs. 1 Nr. 3 Buchstabe a) nach Ableistung des vorgeschriebenen oder üblichen Vorbereitungsdienstes und Ablegung der vorgeschriebenen oder üblichen Prüfungen oder b) als anderer Bewerber (§ 7 Abs. 1 Nr. 3 Buchstabe b) in einer Probezeit bewährt hat.	(1) [1]**Zur Beamtin auf Lebenszeit oder zum** Beamten auf Lebenszeit darf nur ernannt werden, wer 1. die in § 7 bezeichneten Voraussetzungen erfüllt **und** **2. sich in einer Probezeit in vollem Umfang bewährt hat.** [2]**Für die Feststellung der Bewährung gilt ein strenger Maßstab.** [3]**Die Probezeit dauert mindestens drei Jahre.** [4]**Die Anrechnung einer gleichwertigen Tätigkeit kann bis zu einer Mindestprobezeit von einem Jahr vorgesehen werden.** [5]**Die Bundesregierung regelt durch Rechtsverordnung die Einzelheiten, insbesondere die Kriterien und das Verfahren der Bewährungsfeststellung, die Anrechnung von Zeiten sowie Ausnahmen von der Probezeit einschließlich der Mindestprobezeit.**	Um einen Gleichklang mit dem Statusrecht der Länder herbeizuführen, ist die Vollendung des 27. Lebensjahres nicht mehr Voraussetzung für die Ernennung auf Lebenszeit. Die Nummer 2 bestimmt wie der bisherige § 9 Abs. 1 Nr. 3, dass sich die Beamtin oder der Beamte in einer Probezeit bewährt haben muss. Durch die Ergänzungen „im vollem Umfang" und dass die Feststellung der Bewährung „unter Anlegung eines strengen Maßstabes" erfolgen muss, werden zusätzliche qualitative Anforderungen an die Bewährungszeit während der Probezeit gestellt. Die Leistungen müssen anforderungsgemäß sein, d. h. den Anforderungen entsprechen, die üblicherweise an eine Probezeitbeamtin oder einen Probezeitbeamten in dem entsprechenden Amt gestellt werden. Es ist nicht ausreichend, wenn die Probebeamtin oder der Probebeamte den Anforderungen nur mit Einschränkungen entspricht und lediglich die Prognose ergibt, dass bestehende Mängel behoben werden können. Ziel ist die Stärkung des Leistungsprinzips auch wäh-

BBG/BRRG alt	BBG neu	Erläuterungen
		rend der Probezeit. Der Dienstherr soll frühzeitig gewissenhaft prüfen, ob die Beamtin oder der Beamte sich dauerhaft bewähren wird und in Zweifelsfällen die Probezeit verlängern oder von einer Lebenszeitverbeamtung absehen. Die Probezeit kann in Teilzeit erfolgen. Dabei sind verkürzte und regelmäßige Arbeitszeiten in der Regel gleich zu behandeln. In Satz 2 wird die Dauer der Probezeit für Laufbahnbewerberinnen und Laufbahnbewerber und für andere Bewerberinnen und Bewerber einheitlich für alle Laufbahnen auf mindestens drei Jahre festgelegt. Das führt teilweise zu einer Verlängerung der Probezeit. Damit soll aber nicht vom beamtenrechtlichen Lebenszeitprinzip abgewichen werden. Die dreijährige Probezeit wird als Regeltypus eingeführt, weil die Vollendung des 27. Lebensjahres als Voraussetzung für die Ernennung auf Lebenszeit entfällt. Satz 3 ermöglicht die Anrechnung von gleichwertigen Tätigkeiten auf die Probezeit, auch von Tätigkeiten außerhalb des öffentlichen Dienstes. Dieses entspricht dem dienstrechtspolitischen Ziel des Bundes, für den öffentlichen

		Dienst qualifizierte Bewerberinnen und Bewerber mit geeigneter Berufserfahrung auch aus der Privatwirtschaft oder internationalen Organisationen zu gewinnen. Ausgeschlossen ist die Anrechnung auf die Mindestprobezeit von einem Jahr. Die Bundesregierung regelt durch Rechtsverordnung insbesondere die Kriterien und das Verfahren der Bewährungsfeststellung, die Anrechnung von Zeiten und Ausnahmen von der Probezeit einschließlich der Mindestprobezeit. Elternzeiten werden dabei anders als bisher auch bei vollständiger Freistellung auf die Probezeit mit Ausnahme der Mindestprobezeit angerechnet. Auch Teilzeit führt nicht zu einer Verlängerung der Probezeit, wenn nicht im Einzelfall zwingende sachliche Gründe für eine unterschiedliche Behandlung vorliegen. Die Voraussetzungen, unter denen auf die Probezeit einschließlich der Mindestprobezeit verzichtet werden kann, werden in der Bundeslaufbahnverordnung geregelt. Sie sind auf die Fälle zu beschränken, in denen die Bewährung auch ohne Ableistung der Probezeit festgestellt werden kann (insbesondere bei gleichwertigen Tätigkeiten im Dienst-

BBG/BRRG alt	BBG neu	Erläuterungen
		bereich der obersten Dienstbehörde, indem die Feststellung der Bewährung zu treffen ist). Darüber hinausgehende Ausnahmeentscheidungen des Bundespersonalausschusses sind nicht mehr erforderlich. Sie wurden seit dem Jahr 2003 auch nicht mehr beantragt.
(2) [1]Ein Beamtenverhältnis auf Probe ist spätestens nach fünf Jahren in ein solches auf Lebenszeit umzuwandeln, wenn der Beamte die beamtenrechtlichen Voraussetzungen hierfür erfüllt. [2]Die Frist verlängert sich um die Zeit einer Beurlaubung ohne Dienstbezüge.	(2) [1]Ein Beamtenverhältnis auf Probe ist spätestens nach fünf Jahren in ein solches auf Lebenszeit umzuwandeln, wenn die beamtenrechtlichen Voraussetzungen hierfür erfüllt sind. [2]Die Frist verlängert sich um die Zeit, **um die sich die Probezeit wegen Elternzeit oder** einer Beurlaubung **unter Wegfall der Besoldung verlängert.**	**Zu Absatz 2** Entspricht im Wesentlichen der Regelung des bisherigen § 9 Abs. 2. Auch wenn Elternzeiten anders als bisher auf die Probezeit mit Ausnahme der Mindestprobezeit angerechnet werden, können sie im Einzelfall zur Verlängerung der Probezeit führen, z. B. weil die Bewährung noch nicht in vollen Umfang festgestellt werden konnte oder die Mindestprobezeit noch nicht erbracht wurde. In diesen Fällen verlängert sich die Frist von fünf Jahren um die Zeit, um die sich die Probezeit wegen Elternzeit verlängert. Gleiches gilt, wenn sich die Probezeit wegen einer Beurlaubung unter Wegfall der Besoldung verlängert.

§ 10	**§ 12 Zuständigkeit und Wirksamwerden der Ernennung**	**Zu § 12** (Zuständigkeit und Wirksamwerden der Ernennung)
(1) Der Bundespräsident ernennt die Beamten, soweit gesetzlich nichts anderes bestimmt ist oder er die Ausübung dieser Befugnis nicht anderen Stellen überträgt. (2) [1]Die Ernennung wird mit dem Tage der Aushändigung der Ernennungsurkunde wirksam, wenn nicht in der Urkunde ausdrücklich ein späterer Tag bestimmt ist. [2]Eine Ernennung auf einen zurückliegenden Zeitpunkt ist unzulässig und insoweit unwirksam. (3) Mit der Ernennung erlischt ein privatrechtliches Arbeitsverhältnis zum Dienstherrn (§ 2).	(1) **Die Bundespräsidentin oder** der Bundespräsident **oder eine von ihr oder ihm bestimmte Stelle** ernennt die Beamtinnen und Beamten, soweit gesetzlich nichts anderes bestimmt ist. (2) [1]Die Ernennung wird mit dem Tag der Aushändigung der Ernennungsurkunde wirksam, wenn nicht in der Urkunde ausdrücklich ein späterer **Zeitpunkt** bestimmt ist. [2]Eine Ernennung auf einen zurückliegenden Zeitpunkt ist unzulässig und insoweit unwirksam. (3) Mit der Ernennung erlischt ein privatrechtliches Arbeitsverhältnis zum Dienstherrn.	Entspricht mit redaktionellen Anpassungen an die geschlechtergerechte Sprache der Regelung des bisherigen § 10.
§ 11	**§ 13 Nichtigkeit der Ernennung**	**Zu § 13** (Nichtigkeit der Ernennung) **Zu Absatz 1**
(1) [1]Eine Ernennung ist nichtig, wenn sie von einer sachlich unzuständigen Behörde ausgesprochen wurde. [2]Die Ernennung kann jedoch von der sachlich zuständigen Behörde rückwirkend bestätigt werden.	(1) Die Ernennung ist nichtig, wenn 1. **sie nicht der in § 10 Abs. 2 vorgeschriebenen Form entspricht**, 2. sie von einer sachlich unzuständigen Behörde ausgesprochen wurde **oder**	Absatz 1 Nr. 1 nimmt aus systematischen Gründen die Regelung des bisherigen § 6 Abs. 2 Nr. 3 Satz 2 zu der Folgewirkung von Formfehlern auf. Nummer 2 entspricht dem bisherigen § 11 Abs. 1.

BBG/BRRG alt	BBG neu	Erläuterungen
(2) Eine Ernennung ist ferner nichtig, wenn der Ernannte im Zeitpunkt der Ernennung 1. nach § 7 Abs. 1 Nr. 1 nicht ernannt werden durfte und eine Ausnahme nach § 7 Abs. 3 nicht zugelassen war oder 2. nicht die Fähigkeit zur Bekleidung öffentlicher Ämter hatte.	3. zum Zeitpunkt der Ernennung a) nach § 7 Abs. 1 Nr. 1 **keine Ernennung** erfolgen durfte und keine Ausnahme nach § 7 Abs. 3 zugelassen war oder b) die Fähigkeit zur **Wahrnehmung** öffentlicher Ämter **nicht vorlag**.	Nummer 3 a und b entsprechen mit redaktionellen Anpassungen an die geschlechtergerechte Sprache der Regelung des bisherigen § 11 Abs. 2.
	(2) [1]Die Ernennung ist von Anfang an als wirksam anzusehen, wenn **1. im Fall des Absatzes 1 Nr. 1 aus der Urkunde oder aus dem Akteninhalt eindeutig hervorgeht, dass die für die Ernennung zuständige Stelle ein bestimmtes Beamtenverhältnis begründen oder ein bestehendes Beamtenverhältnis in ein solches anderer Art umwandeln wollte, für das die sonstigen Voraussetzungen vorliegen. [2]Das Gleiche gilt, wenn die Angabe der Zeitdauer fehlt, durch Rechtsvorschrift aber die Zeitdauer bestimmt ist,** **2. im Fall des Absatzes 1 Nr. 2 die sachlich zuständige Behörde die Ernennung bestätigt oder**	**Zu Absatz 2** Absatz 2 regelt, dass die Ernennung von Anfang an als wirksam anzusehen ist, wenn die in § 13 Abs. 1 genannten Formfehler geheilt werden. Gegenüber der bisherigen Regelung des § 11 Abs. 1 Satz 2, die nur die Heilung bei Handeln der unzuständigen Behörde vorsah, werden weitere Heilungsmöglichkeiten in Nummer 1 und 3 im Interesse der Rechtsklarheit vorgesehen.

	3. **im Fall des Absatzes 1 Nr. 3 Buchstabe a eine Ausnahme nach § 7 Abs. 3 nachträglich zugelassen wird**.	
§ 12	**§ 14 Rücknahme der Ernennung**	**Zu § 14** (Rücknahme der Ernennung)
		Zu Absatz 1
(1) Eine Ernennung ist zurückzunehmen,	(1) Die Ernennung ist **mit Wirkung auch für die Vergangenheit** zurückzunehmen, **wenn**	Entspricht mit redaktionellen Anpassungen und Anpassungen an die geschlechtergerechte Sprache der Regelung des bisherigen § 12 Abs. 1.
1. wenn sie durch Zwang, arglistige Täuschung oder Bestechung herbeigeführt wurde oder 2. wenn nicht bekannt war, dass der Ernannte ein Verbrechen oder Vergehen begangen hatte, das ihn der Berufung in das Beamtenverhältnis unwürdig erscheinen lässt, und er deswegen rechtskräftig zu einer Strafe verurteilt war oder wird oder 3. wenn der Ernannte nach § 7 Abs. 2 nicht ernannt werden durfte und eine Ausnahme nach § 7 Abs. 3 nicht zugelassen war und die Ausnahme nicht nachträglich erteilt wird.	1. sie durch Zwang, arglistige Täuschung oder Bestechung herbeigeführt wurde, 2. **dem Dienstherrn** nicht bekannt war, dass **die ernannte Person wegen einer Straftat** rechtskräftig verurteilt ist und deswegen für die Berufung in das Beamtenverhältnis als unwürdig erscheint, oder 3. die Ernennung nach § 7 Abs. 2 nicht erfolgen durfte und eine Ausnahme nach § 7 Abs. 3 nicht zugelassen war und eine Ausnahme nicht nachträglich **zugelassen** wird.	Nummer 2 entspricht inhaltlich dem bisherigen § 12 Abs. 1 Nr. 2. Durch die redaktionellen Anpassungen erfolgt die Klarstellung, dass wie bisher die Rücknahme der Berufung im Sinne des § 10 Abs. 1 Nr. 1 gemeint ist, wenn dem Dienstherrn nicht bekannt war, dass die ernannte Person wegen einer Straftat rechtskräftig verurteilt ist und deshalb für die Berufung in das Beamtenverhältnis als unwürdig anzusehen ist. Erfolgt keine Verurteilung, z. B. wegen Verjährung, findet wie bisher Nummer 2 keine Anwendung, möglicherweise ist aber Nummer 1 2. Alternative zu prüfen. Die Folgen einer nach der Begründung des Beamtenverhältnisses begangenen Straftat für ein Verbleiben im Amt sind im Rahmen des spezielleren Disziplinarverfahrens zu würdigen.

BBG/BRRG alt	BBG neu	Erläuterungen
(2) Eine Ernennung kann zurückgenommen werden, wenn nicht bekannt war, dass gegen den Ernannten in einem Disziplinarverfahren auf Entfernung aus dem Beamtenverhältnis oder auf Aberkennung des Ruhegehalts erkannt worden war.	(2) [1]Die Ernennung **soll** zurückgenommen werden, wenn **dem Dienstherrn** nicht bekannt war, dass gegen **die ernannte Person** in einem Disziplinarverfahren auf Entfernung aus dem Beamtenverhältnis oder auf Aberkennung des Ruhegehalts erkannt worden war. [2]**Dies gilt auch, wenn die Entscheidung gegen eine Beamtin oder einen Beamten der Europäischen Gemeinschaften oder eines Staates nach § 7 Abs. 1 Nr. 1 ergangen ist.**	**Zu Absatz 2** Satz 1 entspricht mit redaktionellen Anpassungen an die geschlechtergerechte Sprache der Regelung des bisherigen § 12 Abs. 2. In Satz 1 wird die bisherige „Kann-Regelung" in eine „Soll-Vorschrift" umgewandelt. Damit wird die Ermessensentscheidung eingeschränkt in den Fällen, in denen in einem Disziplinarverfahren auf Entfernung aus dem Beamtenverhältnis oder auf Aberkennung des Ruhegehalts erkannt worden ist. Der neue Satz 2 trägt dem Umstand Rechnung, dass neben Deutschen auch Staatsangehörige anderer Mitgliedstaaten der Europäischen Union oder anderer Vertragsstaaten des Abkommens über den Europäischen Wirtschaftsraum oder einem Drittstaat, dem die Bundesrepublik Deutschland und die Europäische Union vertraglich einen entsprechenden Anspruch auf Anerkennung der Berufsqualifikation eingeräumt haben, in das Beamtenverhältnis berufen werden können. Die wachsende Mobilität betrifft auch den Wechsel zwischen den Einrichtungen der Europäischen Gemeinschaften und dem innerstaatli-

		chen öffentlichen Dienst. Auch insoweit müssen frühere Disziplinarentscheidungen Berücksichtigung finden können, die für die Eignung einer Beamtin oder eines Beamten Bedeutung haben.
§ 13 (2) [1]In den Fällen des § 12 muss die Rücknahme innerhalb einer Frist von sechs Monaten erfolgen, nachdem die oberste Dienstbehörde von der Ernennung und dem Grunde der Rücknahme Kenntnis erlangt hat. [2]Vor der Rücknahme ist der Beamte zu hören. [3]Die Rücknahme wird von der obersten Dienstbehörde erklärt; die Erklärung ist dem Beamten schriftlich, aber nicht in elektronischer Form zuzustellen.	(3) [1]**Die oberste Dienstbehörde nimmt die Ernennung innerhalb von sechs Monaten zurück, nachdem sie von ihr und dem Grund der Rücknahme Kenntnis erlangt hat.** [2]**Der Rücknahmebescheid wird der Beamtin oder dem Beamten zugestellt.**	**Zu Absatz 3** Entspricht mit redaktionellen Anpassungen der Regelung des bisherigen § 13 Abs. 2. Die Zustellung erfolgt nach den Vorschriften des Verwaltungszustellungsgesetzes des Bundes.
§ 13 (1) In den Fällen des § 11 hat der Dienstvorgesetzte nach Kenntnis des Grundes der Nichtigkeit dem Ernannten jede weitere Führung der Dienstgeschäfte zu verbieten, bei Nichtigkeit nach § 11 Abs. 1 erst dann, wenn die sachlich zuständige Behörde es abgelehnt hat, die Ernennung zu bestätigen. (2) …	**§ 15 Rechtsfolgen nichtiger oder zurückgenommener Ernennungen** [1]Ist **die erstmalige** Ernennung nichtig oder zurückgenommen worden, **hat die oder der Dienstvorgesetzte jede weitere Wahrnehmung der Dienstgeschäfte zu verbieten.** [2]**Bei Nichtigkeit ist das Verbot erst dann auszusprechen, wenn die sachlich zuständige Behörde es abgelehnt hat, die Ernennung zu bestätigen, oder die Ausnahme nach § 7 Abs. 3 nicht nachträglich zugelassen wird.** [3]Die bis zu dem Verbot oder bis zur Zu-	**Zu § 15** (Rechtsfolgen nichtiger oder zurückgenommener Ernennungen) Die Regelung nimmt mit redaktionellen Anpassungen den Inhalt der bisherigen § 13 Abs. 1 und § 14 auf und berücksichtigt zusätzlich den Fall der nachträglichen Zulassung der Ausnahme nach § 7 Abs. 3. Es erfolgt darüber hinaus die Präzisierung, dass nur im Falle der Nichtigkeit oder der Rücknahme der erstmaligen Ernennung ein Verbot der weiteren Führung der Dienstgeschäfte zu erfolgen hat.

BBG/BRRG alt	BBG neu	Erläuterungen
§ 14 [1]Ist eine Ernennung nichtig oder ist sie zurückgenommen worden, so sind die bis zu dem Verbot (§ 13 Abs. 1) oder bis zur Zustellung der Erklärung der Rücknahme (§ 13 Abs. 2) vorgenommenen Amtshandlungen des Ernannten in gleicher Weise gültig, wie wenn sie ein Beamter ausgeführt hätte. [2]Die gezahlten Dienstbezüge können belassen werden.	stellung der Erklärung der Rücknahme vorgenommenen Amtshandlungen sind in gleicher Weise gültig, wie wenn eine Beamtin oder ein Beamter sie ausgeführt hätte. [4]Die gezahlte **Besoldung kann** belassen werden.	
3. Laufbahnen	**Abschnitt 3** **Laufbahnen**	**Abschnitt 3** (Laufbahnen)
	§ 16 Laufbahn	**Zu § 16** (Laufbahn) **Zu Absatz 1**
	(1) Eine Laufbahn umfasst alle Ämter, die verwandte und gleichwertige Vor- und Ausbildungen voraussetzen.	Auf Bundesebene gibt es etwa 125 Laufbahnen. Für rund 50 Laufbahnen wurden spezielle Laufbahn-, Ausbildungs- und Prüfungsordnungen erlassen. Zukünftig soll die Zahl der Laufbahnen reduziert und der Grundsatz, dass es nur für bestimmte Abschlüsse Laufbahnen gibt, aufgegeben werden. Die Zuordnung der Ausbildungen zu einzelnen Laufbahnen soll transparent und allgemeingültig werden. Eine Laufbahn umfasst nicht mehr lediglich die Ämter

		derselben Fachrichtung, die eine gleiche Vor- und Ausbildung voraussetzen. Vielmehr eröffnen alle gleichwertigen und verwandten Ausbildungen den Zugang zu einer Laufbahn. Gesetzliche Sonderregelungen z. B. für den Polizeivollzugsdienst oder für den Auswärtigen Dienst bleiben unberührt.
		Zu Absatz 2
	(2) [1]Die Befähigung für die Laufbahn, in die eingestellt, gewechselt oder von einem anderen Dienstherrn versetzt werden soll, ist festzustellen und der Beamtin oder dem Beamten schriftlich mitzuteilen. [2]Gleiches gilt, wenn die Beamtin oder der Beamte infolge der Umbildung einer Körperschaft übernommen wird oder kraft Gesetzes in den Dienst der aufnehmenden Körperschaft übertritt.	Bei der Einstellung oder Übernahme von Beamtinnen und Beamten wird bisher nur in Form eines Aktenvermerks festgestellt, für welche Laufbahn sie eingestellt werden. Diese Feststellung erfolgt nicht in Form eines Verwaltungsakts. Dies führt in der Verwaltungspraxis insofern zu Schwierigkeiten, als Fehler in der Rechtsanwendung über Jahre unbemerkt bleiben. Zukünftig wird daher bei Neueinstellungen, Laufbahnwechseln, Versetzungen von anderen Dienstherren sowie in den Fällen, in denen Beamtinnen und Beamte nach § 134 infolge der Umbildung einer Körperschaft übernommen werden bzw. per Gesetz übertreten, die Laufbahnbefähigung durch Verwaltungsakt festgestellt. Dabei ist zu prüfen, ob die Beamtin oder der Beamte die Laufbahnbefähigung für die Laufbahn besitzt, in der sie oder er tätig sein soll.

BBG/BRRG alt	BBG neu	Erläuterungen
		Unerheblich ist, ob sie oder er auch für eine andere oder für eine höhere Laufbahn befähigt wäre. Die Feststellung dient allein der Prüfung, ob die Beamtin oder der Beamte geeignet ist, die Aufgaben der Laufbahn wahrzunehmen. Ansprüche auf Übernahme in eine bestimmte Laufbahn resultieren daraus nicht.
	§ 17 Zulassung zu den Laufbahnen	**§ 17** (Zulassung zu den Laufbahnen) Das bestehende Laufbahnrecht unterscheidet zwischen den sog. Regellaufbahnen und den Laufbahnen besonderer Fachrichtungen. Laufbahnen besonderer Fachrichtungen dürfen nur eingerichtet werden, wenn dafür neben den Laufbahnen mit Vorbereitungsdienst und Laufbahnprüfung ein dienstliches Interesse besteht. Die seit Jahrzehnten fortschreitende Ausdifferenzierung der vom öffentlichen Dienst wahrzunehmenden Aufgaben hat dazu geführt, dass die sog. Laufbahnen besonderer Fachrichtungen stark zugenommen haben. Das bisherige Regel-Ausnahme-Prinzip trägt dieser Entwicklung nicht mehr ausreichend Rechnung. Daher wird der bisherige § 20 (Besondere Fachrichtungen) aufgehoben

		und beide Laufbahnarten gleichwertig nebeneinander gestellt. Die Regelung der Zulassungsvoraussetzungen in § 17 gilt daher für beide Laufbahnarten.
§ 15a		**Zu Absatz 1**
(1) [1]Für die Zulassung zu den Laufbahnen werden die Bildungsgänge und ihre Abschlüsse den Laufbahnen in Übereinstimmung mit dem beamtenrechtlichen Grundsatz der funktionsbezogenen Bewertung zugeordnet. [2]Die Anwendung dieses Grundsatzes im Besoldungsrecht ist dabei zu beachten.	(1) Für die Zulassung zu den Laufbahnen werden die Bildungsgänge und ihre Abschlüsse den Laufbahnen **unter Berücksichtigung der mit der Laufbahn verbundenen Anforderungen** zugeordnet.	Absatz 1 ersetzt die bisherige Regelung des § 15a Absatz 1 Satz 1. Er definiert die Zulassungsvoraussetzungen nach den Bildungsabschlüssen und stellt klar, dass diese unter Berücksichtigung der mit der jeweiligen Laufbahn verbundenen Anforderungen den Laufbahnen bzw. Laufbahngruppen zugeordnet werden.
(2) [1]Die Laufbahnvorschriften bestimmen in Übereinstimmung mit Absatz 1 unter Berücksichtigung der besoldungsrechtlichen Regelungen, welche Bildungsgänge und Prüfungen nach den §§ 16 bis 19 die Voraussetzungen für die Laufbahn erfüllen. [2]Die Bildungsvoraussetzungen müssen geeignet sein, in Verbindung mit der für die Laufbahn vorgeschriebenen berufspraktischen Ausbildung oder Tätigkeit die Anforderungen der Befähigung für die Laufbahn zu erfüllen. [3]Mit dieser Maßgabe müssen sie für gleichzubewertende Befähigungen einander gleichwertig sein. [4]§ 13 Abs. 3 Satz 4 des Beamtenrechtsrahmengesetzes gilt entsprechend.	–	

BBG/BRRG alt	BBG neu	Erläuterungen
§ 16 Für die Laufbahnen des einfachen Dienstes sind mindestens zu fordern 1. der erfolgreiche Besuch einer Hauptschule oder ein als gleichwertig anerkannter Bildungsstand, 2. ein Vorbereitungsdienst.	(2) Für Laufbahnen des einfachen Dienstes sind mindestens zu fordern 1. als Bildungsvoraussetzung **a)** der erfolgreiche Besuch einer Hauptschule oder **b)** ein als gleichwertig anerkannter Bildungsstand **und** 2. als sonstige Voraussetzung a) ein Vorbereitungsdienst **oder** **b) eine abgeschlossene Berufsausbildung**.	**Zu den Absätzen 2 bis 5** Absätze 2 bis 5 ordnen wie bisher die Laufbahnen nach Vor- und Ausbildungsabschlüssen den Laufbahnen des einfachen, mittleren, gehobenen und höheren Dienstes zu. Mit der einheitlichen Regelung von Vor- und Ausbildung wird eine größere Flexibilität erreicht. Da die Hochschulen im Rahmen des sog. Bologna-Prozesses bis zum Jahr 2010 nahezu flächendeckend Bachelor- und Masterstudiengänge einführen, werden die Zulassungsvoraussetzungen für den gehobenen und höheren Dienst neu definiert. Für die bestehenden Abschlüsse (insbesondere Diplomabschlüsse an Fachhochschulen und Universitäten) ändert sich nichts. Sie bleiben als gleichwertige Abschlüsse anerkannt. Absatz 2 führt die Zulassungsvoraussetzungen für die Laufbahn des einfachen Dienstes zusammen, die bisher teils im Bundesbeamtengesetz, teils in der Bundeslaufbahnverordnung geregelt waren. Im einfachen Dienst eröffnet neben einem Vorbereitungsdienst eine abgeschlossene Berufsausbildung Voraussetzung für den Zugang zu dieser Laufbahn.

§ 17 Für die Laufbahnen des mittleren Dienstes sind mindestens zu fordern 1. der Abschluss einer Realschule oder der erfolgreiche Besuch einer Hauptschule und eine förderliche abgeschlossene Berufsausbildung oder eine Ausbildung in einem öffentlich-rechtlichen Ausbildungsverhältnis oder ein als gleichwertig anerkannter Bildungsstand, 2. ein Vorbereitungsdienst von einem Jahr, 3. die Ablegung der Laufbahnprüfung.	(3) Für Laufbahnen des mittleren Dienstes sind mindestens zu fordern 1. als Bildungsvoraussetzung **a)** der Abschluss einer Realschule oder **b)** der erfolgreiche Besuch einer Hauptschule und eine abgeschlossene Berufsausbildung oder **c) der erfolgreiche Besuch einer Hauptschule und** eine Ausbildung in einem öffentlich-rechtlichen Ausbildungsverhältnis oder **d)** ein als gleichwertig anerkannter Bildungsstand **und** **2. als sonstige Voraussetzung** **a) ein mit einer Laufbahnprüfung abgeschlossener Vorbereitungsdienst oder** **b) eine inhaltliche dessen Anforderungen entsprechende abgeschlossene Berufsausbildung oder** **c) eine abgeschlossene Berufsausbildung und eine hauptberufliche Tätigkeit.**	Absatz 3 führt die Zulassungsvoraussetzungen für die Laufbahnen des mittleren Dienstes zusammen, die bisher teils im Bundesbeamtengesetz teils in der Bundeslaufbahnverordnung geregelt waren. Damit wird klargestellt, dass neben einem abgeschlossenen Vorbereitungsdienst auch eine diesen Anforderungen inhaltlich entsprechende Berufsausbildung den Zugang zu den Laufbahnen des mittleren Dienstes eröffnet, wenn die Voraussetzungen der Nummer 1 vorliegen. In den anderen Fällen muss – wie bisher bei den Fachrichtungslaufbahnen – darüber hinaus eine hauptberufliche Tätigkeit nachgewiesen werden, die nach Erwerb der Bildungsvoraussetzungen geleistet wurde. Sie muss geeignet sein, die Befähigung für die Laufbahn zu vermitteln.

BBG/BRRG alt	BBG neu	Erläuterungen
§ 18 (1) Für die Laufbahnen des gehobenen Dienstes sind zu fordern 1. eine zu einem Hochschulstudium berechtigende Schulbildung oder ein als gleichwertig anerkannter Bildungsstand, 2. ein Vorbereitungsdienst von drei Jahren, 3. die Ablegung der Laufbahnprüfung.	(4) Für Laufbahnen des gehobenen Dienstes sind **mindestens** zu fordern **1. als Bildungsvoraussetzung** **a)** eine zu einem Hochschulstudium berechtigende Schulbildung oder **b)** ein als gleichwertig anerkannter Bildungsstand und **2. als sonstige Voraussetzung** **a) ein mit einer Laufbahnprüfung abgeschlossener Vorbereitungsdienst oder** **b) ein inhaltlich dessen Anforderungen entsprechendes mit einem Bachelor abgeschlossenes Hochschulstudium oder ein gleichwertiger Abschluss oder** **c) ein mit einem Bachelor abgeschlossenes Hochschulstudium oder ein gleichwertiger Abschluss und eine hauptberufliche Tätigkeit**.	Absatz 4 fasst die Zulassungsvoraussetzungen für den gehobenen Dienst zusammen, die ebenfalls teils im Bundesbeamtengesetz, teils aber auch in der Bundeslaufbahnverordnung geregelt waren. Neben einem Vorbereitungsdienst eröffnet ein mit einem Bachelor abgeschlossenes Hochschulstudium oder ein gleichwertiger Abschluss (z. B. ein Diplom-Abschluss an Fachhochschulen) unmittelbar den Zugang zum gehobenen Dienst, wenn es inhaltlich dem Vorbereitungsdienst entspricht und die Voraussetzungen der Nummer 1 vorliegen. In den anderen Fällen ist – wie bisher bei den Fachrichtungslaufbahnen – zusätzlich eine hauptberufliche Tätigkeit erforderlich, die nach Erwerb der Bildungsvoraussetzungen geleistet wurde. Sie muss geeignet sein, die Befähigung für die Laufbahn zu vermitteln.
(2) [1]Der Vorbereitungsdienst vermittelt in einem Studiengang einer Fachhochschule oder in einem gleichstehenden Studiengang den Beamten die wissenschaftlichen Erkenntnisse und Methoden sowie die berufspraktischen Fähigkeiten und Kenntnisse, die zur Erfüllung der Aufgaben in ihrer Laufbahn erforderlich sind. [2]Der Vorbereitungsdienst besteht aus Fachstudien von mindestens achtzehnmonatiger Dauer und berufspraktischen Studienzeiten. [3]Die berufspraktischen Studienzeiten umfassen die Ausbildung in fachbezogenen Schwerpunktbereichen der Laufbahnaufgaben; der Anteil der praktischen Ausbildung darf eine Dauer von einem Jahr nicht unterschreiten.	(5) Für Laufbahnen des höheren Dienstes sind **mindestens** zu fordern **1. als Bildungsvoraussetzung** **a) ein mit einem Master abgeschlossenes Hochschulstudium oder**	Absatz 5 fasst die Zulassungsvoraussetzungen für den höheren Dienst zusammen, die sowohl im Bundesbeamtengesetz als auch in der Bundeslaufbahnverordnung geregelt waren. Alle Bewerberinnen und Bewerber, die keinen Vorbereitungsdienst absolviert haben,

(3) [1]Der Vorbereitungsdienst kann auf eine Ausbildung in fachbezogenen Schwerpunktbereichen der Laufbahnaufgaben beschränkt werden, wenn der Erwerb der wissenschaftlichen Erkenntnisse und Methoden, die zur Erfüllung der Aufgaben in der Laufbahn erforderlich sind, durch eine insoweit als geeignet anerkannte Prüfung als Abschluss eines Studienganges an einer Hochschule nachgewiesen worden ist. [2]Anrechenbar sind Studienzeiten von der Zeitdauer, um die nach Satz 1 der Vorbereitungsdienst gekürzt ist. [3]Gegenstand der Laufbahnprüfung sind die Ausbildungsinhalte des berufspraktischen Vorbereitungsdienstes. (4) [1]Nach näherer Bestimmung der Laufbahnvorschriften besitzt die Befähigung für eine Laufbahn des gehobenen Dienstes auch, wer außerhalb des Vorbereitungsdienstes eine den Anforderungen des Absatzes 2 entsprechende Ausbildung in einem Studiengang einer Hochschule durch eine Prüfung abgeschlossen hat, die der Laufbahnprüfung gleichwertig ist. [2]Wenn die besonderen Verhältnisse der Laufbahn es erfordern, kann als Voraussetzung für die Anerkennung der Prüfung als Laufbahnprüfung eine auf höchstens sechs Monate zu bemessende Einführung in die Laufbahnaufgaben vorgeschrieben werden.	**b) ein gleichwertiger Abschluss und** **2. als sonstige Voraussetzung** **a) ein mit einer Laufbahnprüfung abgeschlossener Vorbereitungsdienst oder** **b) eine hauptberufliche Tätigkeit.** **(6) Vor- und Ausbildung, Prüfung sowie sonstige Voraussetzungen müssen geeignet sein, die Befähigung für die Laufbahn zu vermitteln.**	müssen eine geeignete hauptberufliche Tätigkeit nachweisen, die nach Erwerb der Bildungsvoraussetzungen geleistet wurde. Sie muss geeignet sein, die Befähigung für die Laufbahn zu vermitteln. Anders als bisher eröffnen auch Masterabschlüsse an Fachhochschulen den Zugang zum höheren Dienst. Einem Master gleichwertig ist wie bisher ein Diplomabschluss an einer Universität. Die bisherigen Regelungen des § 18 Abs. 2 bis 4 und des § 19 Abs. 1 Satz 2 und 3, die den Vorbereitungsdienst im gehobenen und höheren Dienst betreffen, sowie § 19 Abs. 2 entfallen. Zukünftig wird die Ausgestaltung der Vorbereitungsdienste und der Laufbahnprüfungen in Verordnungen geregelt, um Mehrfachregelungen zu vermeiden. **Zu Absatz 6** Die Regelung stellt klar, dass Vor- und Ausbildung, die Prüfung und die sonstigen Voraussetzungen geeignet sein müssen, die Befähigung für die jeweilige Laufbahn zu vermitteln.

BBG/BRRG alt	BBG neu	Erläuterungen
§ 19 (1) Für die Laufbahnen des höheren Dienstes sind zu fordern 1. ein nach § 15a Abs. 2 Satz 2 geeignetes, mindestens dreijähriges mit einer Prüfung abgeschlossenes Studium an einer Hochschule, 2. ein Vorbereitungsdienst von mindestens zwei Jahren und die Ablegung der Laufbahnprüfung oder einer die Befähigung für die Laufbahn vermittelnden zweiten Prüfung. Abweichend von Satz 1 kann die Befähigung für die Laufbahn des höheren durch einen Ausbildungsgang nach § 5b des Deutschen Richtergesetzes in der Fassung des Gesetzes vom 10. September 1971 (BGBl. I S. 1557) erworben werden. Auf die Ausbildung nach Satz 1 oder Satz 2 kann nach Maßgabe des § 5c des Deutschen Richtergesetzes eine erfolgreich abgeschlossene Ausbildung für den gehobenen Justizdienst oder für den gehobenen nichttechnischen Verwaltungsdienst angerechnet werden. (2) Im Sinne des Absatzes 1 Nr. 1 werden für den allgemeinen Verwaltungsdienst die Studien der Rechtswissenschaft (pri-	**(7) Die Bundesregierung kann durch Rechtsverordnung Ausnahmen von den Absätzen 2 bis 5 zulassen.**	**Zu Absatz 7** Im Rahmen des Europäischen Qualifikationsrahmens sollen Tätigkeitsanforderungen und Kompetenzprofile unabhängig von den formalen Bildungsabschlüssen typisiert werden. Um zeitnah auf diesen Entwicklungsprozess reagieren zu können, eröffnet die Regelung der Bundesregierung die Möglichkeit, in der Bundeslaufbahnverordnung Ausnahmen von den Absätzen 2 bis 5 zuzulassen.

vates und öffentliches Recht) sowie der Wirtschafts-, Finanz- und Sozialwissenschaften als gleichwertig anerkannt.		
§ 20 (1) Für Beamte besonderer Fachrichtungen können an Stelle des Vorbereitungsdienstes und der Laufbahnprüfung (§§ 16 bis 19) andere nach § 15a Abs. 2 gleichwertige Befähigungsvoraussetzungen vorgeschrieben werden, wenn es die besonderen Verhältnisse der Laufbahn erfordern. (2) Die Laufbahnvorschriften können bestimmen, inwieweit eine für die Ausbildung des Beamten förderliche berufliche Tätigkeit auf den Vorbereitungsdienst angerechnet wird.	–	
§ 20a	**§ 18 Anerkennung der Laufbahnbefähigung aufgrund der Richtlinie 2005/36/EG**	**§ 18** (Anerkennung der Laufbahnbefähigung aufgrund der Richtlinie 2005/36/EG) **Zu Absatz 1**
(1) [1]Die Laufbahnbefähigung kann auch auf Grund 1. der Richtlinie 89/48/EWG des Rates vom 21. Dezember 1988 über eine allgemeine Regelung zur Anerkennung der Hochschuldip-	(1) Die Laufbahnbefähigung kann auch **aufgrund** 1. der Richtlinie **2005/36/EG des Europäischen Parlaments und des Rates vom 7. September 2005 über die Anerkennung von Berufsqualifi-**	Absatz 1 entspricht im Wesentlichen dem bisherigen § 20a Abs. 1. Die Richtlinien 89/48/EWG vom 21. Dezember 1988 und 92/51/EWG sind durch die Richtlinie 2005/36/EG vom 7. September 2005 abgelöst worden. Zu dem Gesetz

BBG/BRRG alt	BBG neu	Erläuterungen
lome, die eine mindestens dreijährige Berufsausbildung abschließen (ABl. EG 1989 Nr. L 19 S. 16), oder 2. der Richtlinie 92/51/EWG des Rates vom 18. Juni 1992 über eine zweite allgemeine Regelung zur Anerkennung beruflicher Befähigungsnachweise in Ergänzung zur Richtlinie 89/48/EWG (ABl. EG Nr. L 209 S. 25) erworben werden. [2]Das Nähere regelt das Bundesministerium des Innern durch Rechtsverordnung.	**kationen (ABl. EU Nr. L 255 S. 22, 2007 Nr. L 271 S. 18, 2008 Nr. L 93 S. 28), zuletzt geändert durch die Verordnung (EG) Nr. 1430/2007 der Kommission vom 5. Dezember 2007 (ABl. EU Nr. L 320 S. 3), oder** **2. eines mit einem Drittstaat geschlossenen Vertrages, in dem die Bundesrepublik Deutschland und die Europäische Union einen entsprechenden Anspruch auf Anerkennung der Berufsqualifikationen eingeräumt haben,** **anerkannt werden.**	zu dem Abkommen zwischen der Europäischen Gemeinschaft und ihren Mitgliedstaaten und der Schweizerischen Eidgenossenschaft über die Freizügigkeit vom 2. September 2001 (BGBl. II S. 810) findet auf die Schweiz noch nicht die Richtlinie 2005/36/EG, sondern deren Vorgängerrichtlinie Anwendung. Deshalb bestimmt Absatz 1 Nr. 2, dass die Laufbahnbefähigung aufgrund eines mit einem Drittstaat geschlossenen Vertrages, in dem die Bundesrepublik Deutschland und die Europäische Union einen entsprechenden Anspruch auf Anerkennung der Berufsqualifikationen eingeräumt haben, anerkannt werden kann. **Zu Absatz 2**
(2) Die Beherrschung der deutschen Sprache in Wort und Schrift ist Voraussetzung für die Zulassung zur Laufbahn.	(2) Die deutsche Sprache **muss in dem für die Wahrnehmung der Aufgaben der Laufbahn erforderlichen Maß beherrscht werden.**	Absatz 2 ersetzt den bisherigen § 20a Abs. 2. Die Bewertung der Sprachkenntnisse darf gemäß Artikel 53 der Richtlinie 2005/36EG nicht Bestandteil eines Anerkennungsverfahrens der Berufsqualifikation sein. Sie stellt vielmehr eine Anforderung für den Zugang zum Beruf dar. Die Sprachkenntnisse sind unter Beachtung des Grundsatzes der Verhältnismäßigkeit ggf. durch Vorlage entsprechender Nachweise über Sprachkenntnisse oder Feststellung der Kennt-

		nisse im persönlichen Gespräch nachzuprüfen. Sprachprüfungen dürfen nicht automatisch gefordert werden.
	(3) Für Amtshandlungen zur Anerkennung der Laufbahnbefähigung nach Absatz 1 erhebt die zuständige Behörde zur Deckung des Verwaltungsaufwands Gebühren und Auslagen.	**Zu Absatz 3** Absatz 3 eröffnet die Möglichkeit, zur Deckung des Verwaltungsaufwands bei der Anerkennung der Berufsqualifikationen Gebühren und Auslagen zu erheben.
	(4) Das Bundesministerium des Innern wird ermächtigt, durch Rechtsverordnung die Voraussetzungen und das Verfahren der Anerkennung sowie die gebührenpflichtigen Tatbestände und die Höhe der Gebühren nach Absatz 3 zu bestimmen.	**Zu Absatz 4** Absatz 4 enthält eine Verordnungsermächtigung zur Regelung der Einzelheiten des Anerkennungsverfahrens und zur Bestimmung der Höhe der Gebühren.
§ 21	**§ 19 Andere Bewerberinnen und andere Bewerber**	**§ 19** (Andere Bewerberinnen und andere Bewerber)
[1]Von anderen als Laufbahnbewerbern (§ 7 Abs. 1 Nr. 3 Buchstabe b) darf ein bestimmter Vorbildungsgang nicht gefordert werden, sofern er nicht für alle Bewerber gesetzlich vorgeschrieben ist. [2]Die Befähigung dieser Bewerber ist durch den Bundespersonalausschuss oder einen von ihm zu bestimmenden unabhängigen Ausschuss festzustellen.	**Der Bundespersonalausschuss oder ein von ihm bestimmter unabhängiger Ausschuss stellt fest, wer die Befähigung für eine Laufbahn ohne die vorgeschriebene Vorbildung durch Lebens- und Berufserfahrung erworben hat.**	Entspricht mit redaktionellen Anpassungen der Regelung des bisherigen § 21. Nach § 7 Abs. 1 Satz 1 Nr. 3b können Bewerberinnen und Bewerber, die die für die entsprechende Laufbahn vorgeschriebene Vorbildung nicht besitzen, nur dann in das Beamtenverhältnis berufen werden, wenn sie die für die Laufbahn erforderliche Befähigung durch

BBG/BRRG alt	BBG neu	Erläuterungen
		Lebens- und Berufserfahrung erworben haben. Das wird wie bisher durch den Bundespersonalausschuss oder einen von ihm zu bestimmenden unabhängigen Ausschuss festgestellt. Bei der Prüfung der Befähigungsvoraussetzungen ist § 9 Abs. 1 Satz 3 des Bundesgleichstellungsgesetzes zu berücksichtigen.
§ 22 (1) Art und Dauer der Probezeit (§ 9 Abs. 1 Nr. 3) ist nach den Erfordernissen in den einzelnen Laufbahnen festzusetzen; sie soll fünf Jahre nicht übersteigen. (2) Die Dauer der Probezeit muss bei anderen als Laufbahnbewerbern (§ 7 Abs. 1 Nr. 3 Buchstabe b) mindestens 3 Jahre betragen; der Bundespersonalausschuss kann Ausnahmen zulassen. (3) Inwieweit auf die Probezeit eine innerhalb des öffentlichen Dienstes im Angestellten- oder Arbeiterverhältnis verbrachte Zeit anzurechnen ist, bestimmen die Laufbahnvorschriften; die Zeit einer dem übertragenen Amt entsprechenden Tätigkeit soll angerechnet werden.	–	

–	**§ 20 Einstellung** **[1]Die Einstellung in ein höheres Amt als das Eingangsamt der Laufbahn ist zulässig bei entsprechenden beruflichen Erfahrungen oder sonstigen Qualifikationen, die zusätzlich zu den in § 17 geregelten Zulassungsvoraussetzungen erworben wurden. [2]Das Nähere regelt die Bundesregierung durch Rechtsverordnung.**	**§ 20** (Einstellung) Der neue § 20 legt fest, dass bei Vorliegen beruflicher Erfahrung die Einstellung in einem höheren Amt als dem Eingangsamt möglich ist. Bisher konnten Bewerberinnen und Bewerber, die bereits über einschlägige Berufserfahrung verfügen, nur mit Ausnahme des Bundespersonalausschusses in ein höheres Amt als dem Eingangsamt eingestellt werden. Dieses Verfahren ist sehr aufwändig und erschwert die Einstellung von Bewerberinnen und Bewerbern mit langjähriger qualifizierter Berufserfahrung in anderen Bereichen, zum Beispiel der Privatwirtschaft. Zukünftig können daher die Personalstellen eigenständig entscheiden, ob in diesen Fällen eine höhere Besoldung gerechtfertigt ist. Es werden in der Bundeslaufbahnverordnung lediglich Mindeststandards für die Bewertung der beruflichen Erfahrung oder sonstiger Qualifikationen vorgegeben. Durch die Neuregelung entstehen keine zusätzlichen Kosten, da Einstellungen nur im Rahmen des bestehenden Personalhaushalts möglich sind.
	§ 21 Dienstliche Beurteilung **[1]Eignung, Befähigung und fachliche Leistung der Beamtinnen und Beam-**	**§ 21** (Dienstliche Beurteilung) Um einheitliche Voraussetzungen insbesondere im Hinblick auf Mobilität

BBG/BRRG alt	BBG neu	Erläuterungen
	ten sind regelmäßig zu beurteilen. [2]Ausnahmen von der Beurteilungspflicht kann die Bundesregierung durch Rechtsverordnung regeln.	und Fortkommen zu gewährleisten, sind Eignung, Befähigung und fachliche Leistung regelmäßig zu beurteilen. Ausnahmen von der Beurteilungspflicht können in der Bundeslaufbahnverordnung zugelassen werden.
§ 23	**§ 22 Beförderungen**	**§ 22** (Beförderungen)
		Zu Absatz 1
Beförderungen sind nach den Grundsätzen des § 8 Abs. 1 Satz 2 vorzunehmen.	**(1) Für Beförderungen gelten die Grundsätze des § 9. Erfolgt die Auswahlentscheidung auf der Grundlage dienstlicher Beurteilungen, darf das Ende des letzten Beurteilungszeitraums zum Zeitpunkt der Auswahlentscheidung höchstens drei Jahre zurückliegen.**	Die Regelung entspricht mit redaktionellen Anpassungen dem bisherigen § 23. Feststellungen über Eignung, Befähigung und fachliche Leistung werden in der Regel auf der Grundlage aktueller dienstlicher Beurteilungen getroffen. Für diese Fälle wird in Satz 2 klargestellt, dass der letzte Beurteilungszeitraum nicht länger als drei Jahre zurückliegen darf. Die Rechtsprechung zur Aktualität dienstlicher Beurteilungen ist nicht einheitlich. Dies hat dazu geführt, dass sich bei Bundesbehörden mit Sitz in verschiedenen Bundesländern eine unterschiedliche Beurteilungspraxis entwickelt hat. Mit der Ergänzung wird nunmehr gesetzlich bestimmt, dass der letzte Beurteilungszeitraum nicht länger als drei Jahr zurückliegen darf. Dies schließt nicht aus, dass bei der Auswahl-

		entscheidung ergänzend auch früheren Beurteilungen Erkenntniswert zukommen kann.
	(2) Beförderungen, die mit einer höherwertigen Funktion verbunden sind, setzen eine mindestens sechsmonatige Erprobungszeit voraus.	**Zu Absatz 2** Beförderungen, die mit einer höherwertigen Funktion verbunden sind, setzen – wie bisher – eine Erprobung voraus. Hierbei wird eine für alle Laufbahngruppen einheitliche Mindesterprobung von sechs Monaten festgelegt.
§ 24 [1]Ämter, die bei regelmäßiger Gestaltung der Laufbahn zu durchlaufen sind, sollen nicht übersprungen werden. Dies gilt auch für andere als Laufbahnbewerber. [2]Über Ausnahmen entscheidet der Bundespersonalausschuss.	(3) Ämter, die **nach der** Gestaltung der Laufbahn **regelmäßig** zu durchlaufen sind, **dürfen** nicht übersprungen werden.	**Zu Absatz 3** Die Regelung entspricht im Wesentlichen dem bisherigen § 24 Satz 1. Das Verbot der Sprungbeförderung ist anders als bisher nicht mehr als Sollvorschrift normiert. Der bisherige § 24 Satz 2 entfällt. Er hatte nur klarstellende Bedeutung. Satz 3 entfällt damit ebenfalls.
	(4) Eine Beförderung ist unzulässig vor Ablauf eines Jahres **1. seit der Einstellung in das Beamtenverhältnis auf Probe oder** **2. seite der letzten Beförderung, es sei denn, das bisherige Amt musste nicht regelmäßig durchlaufen werden.**	**Zu Absatz 4** Absatz 4 bestimmt, dass Beförderungen vor Ablauf eines Jahres seit der Einstellung in das Beamtenverhältnis oder seit der letzten Beförderung unzulässig sind, es sei denn, das bisherige Amt musste nicht regelmäßig durchlaufen werden. Bei der Jahresfrist handelt es sich aber um eine Mindestfrist, die lediglich die

BBG/BRRG alt	BBG neu	Erläuterungen
		Möglichkeit einer Beförderung eröffnet. Ein Anspruch auf Beförderung besteht auch bei leistungsstarken Beamtinnen und Beamten nicht. Die neu eröffnete Möglichkeit der Beförderung bereits während der dreijährigen Probezeit stellt für leistungsstarke Beamtinnen und Beamte ein Korrektiv für die durch die Festlegung einer einheitlichen Dauer der Probezeit eintretende Verlängerung dar. Im Hinblick auf diese neue Beförderungsmöglichkeit ist eine Verkürzung der Probezeit aufgrund besonderer Leistungen nicht notwendig und daher nicht vorgesehen.
§ 25		**Zu Absatz 5**
[1]Der Aufstieg von einer Laufbahn in die nächsthöhere Laufbahn ist auch ohne Erfüllung der Eingangsvoraussetzungen möglich. [2]Für den Aufstieg soll die Ablegung einer Prüfung verlangt werden; die Laufbahnvorschriften können Abweichendes bestimmen.	**(5) [1]Vor dem Wechsel in ein Amt einer höheren Laufbahngruppe ist eine entsprechende Qualifikation durch eine Prüfung nachzuweisen. [2]Die Voraussetzungen und das Verfahren regelt die Bundesregierung durch Rechtsverordnung.**	Die Regelung trägt dem Leistungsprinzip Rechnung. Sie ermöglicht besonders leistungsstarken Beamtinnen und Beamten den Wechsel in eine höhere Laufbahngruppe. In diesen Fällen ist die Qualifikation durch eine Prüfung nachzuweisen. Die Form des Nachweises wird in der Bundeslaufbahnverordnung und den Verordnungen nach § 26 Abs. 1 Nr. 2 geregelt. Mit den dort zu regelnden Einzelheiten der Voraussetzungen und des Verfahrens kann zudem eine familienfreundliche Ausgestaltung des

		Aufstiegsverfahrens in der Bundeslaufbahnverordnung sichergestellt werden, z. B. durch eine Anerkennung von Fernlehrgängen und berufsbegleitenden dezentralen Fortbildungsmaßnahmen sowie durch eine Modularisierung von Aufstiegslehrgängen. Das zukünftige Aufstiegsverfahren soll gewährleisten, dass Frauen und Männer von Aufstiegschancen nicht ausgeschlossen werden, die wegen der Erfüllung von Familienpflichten auf wohnortnahe Maßnahmen angewiesen sind. Damit soll auch den im Koalitionsvertrag festgelegten Zielen, familienfreundliche Arbeitsbedingungen und gleiche beruflichen Aufstiegschancen für Frauen zu fördern, Rechnung getragen werden.
§ 24		**Zu Absatz 6**
[1]Ämter, die bei regelmäßiger Gestaltung der Laufbahn zu durchlaufen sind, sollen nicht übersprungen werden. [2]Dies gilt auch für andere als Laufbahnbewerber. [3]Über Ausnahmen entscheidet der Bundespersonalausschuss.	**(6) Der Bundespersonalausschuss kann Ausnahmen von den Absätzen 2 bis 4 zulassen, wenn sie die Bundesregierung nicht durch Rechtsverordnung regelt.**	Der Bundespersonalausschuss kann Ausnahmen von den Beförderungsverboten der Absätze 2 bis 4 zulassen, wenn sie nicht in der Bundeslaufbahnverordnung geregelt werden. Da die Vorschrift der Sicherung des Leistungsprinzips dient, könnte im Einzelfall die Verwirklichung dieses Prinzips behindert werden, wenn keine Ausnahmemöglichkeiten vorgesehen würden.

BBG/BRRG alt	BBG neu	Erläuterungen
§ 8a	**§ 23 Beförderungssperre zwischen zwei Mandaten**	**§ 23** (Beförderungssperre zwischen zwei Mandaten)
[1]Legt ein Beamter, dessen Rechte und Pflichten aus dem Dienstverhältnis ruhen oder der ohne Besoldung beurlaubt ist, sein Mandat nieder und bewirbt er sich zu diesem Zeitpunkt erneut um einen Sitz im Deutschen Bundestag oder in der gesetzgebenden Körperschaft eines Landes, so ist die Übertragung eines anderen Amtes mit höherem Endgrundgehalt und die Übertragung eines anderen Amtes beim Wechsel der Laufbahngruppe nicht zulässig. [2]Satz 1 gilt entsprechend für die Zeit zwischen zwei Wahlperioden.	[1]**Legen Beamtinnen oder Beamte, deren** Rechte und Pflichten aus dem **Beamtenverhältnis** ruhen oder die ohne Besoldung beurlaubt **sind, ihr** Mandat **im Deutschen Bundestag, in der gesetzgebenden Körperschaft eines Landes oder im Europäischen Parlament** nieder und **bewerben sie** sich zu diesem Zeitpunkt erneut um **ein Mandat**, ist die Übertragung eines anderen Amtes mit höherem Endgrundgehalt und die Übertragung eines anderen Amtes beim Wechsel der Laufbahngruppe nicht zulässig. [2]Satz 1 gilt entsprechend für die Zeit zwischen zwei Wahlperioden.	Entspricht mit Anpassungen an die geschlechtergerechte Sprache der Regelung des bisherigen § 8a. Zusätzlich aufgenommen wurde die Wahl zum Europäischen Parlament. Nach Satz 2 gilt die Beförderungssperre auch für Beamtinnen und Beamte, die in ein Landesparlament gewählt wurden. Da nicht alle Landesverfassungen eine Artikel 39 Abs. 1 Satz 2 des Grundgesetzes entsprechende Regelung enthalten, kann ein zeitliches Intervall zwischen zwei Wahlperioden bestehen, in dem gleichfalls eine Beförderungssperre gelten muss.
§ 24a	**§ 24 Führungsämter auf Probe**	**§ 24** (Führungsämter auf Probe) Die Regelung entspricht mit Anpassungen an die geschlechtergerechte Sprache weitgehend dem bisherigen § 24a. **Zu Absatz 1**
(1) [1]Ein Amt mit leitender Funktion wird zunächst im Beamtenverhältnis auf Probe übertragen. [2]Die regelmäßige Probezeit beträgt zwei Jahre. [3]Die oberste Dienstbehörde kann eine Verkürzung	(1) [1]Ein Amt mit leitender Funktion wird zunächst im Beamtenverhältnis auf Probe übertragen. [2]Die regelmäßige Probezeit beträgt zwei Jahre. [3]Die oberste Dienstbehörde kann eine Verkürzung	Satz 3 legt basierend auf der bisherigen Praxis ausdrücklich die Voraussetzungen fest, unter denen die Probezeit verkürzt werden kann. Bei den nach Satz 5 anrechenbaren Zeiten muss es sich um

der Probezeit zulassen; die Mindestprobezeit beträgt ein Jahr. [4]Zeiten, in denen dem Beamten die leitende Funktion nach Satz 1 bereits übertragen worden ist, können auf die Probezeit angerechnet werden. [5]Eine Verlängerung der Probezeit ist nicht zulässig.	zulassen, **wenn vor Ablauf der Probezeit eine höherwertige Funktion übertragen wird oder die Funktion als ständige Vertretung der Amtsinhaberin oder des Amtsinhabers mindestens sechs Monate tatsächlich wahrgenommen wurde.** [4]Die Mindestprobezeit beträgt ein Jahr. [5]Zeiten, in denen die leitende Funktion **oder eine gleichwertige Funktion als Richterin oder Richter oder als Beamtin oder Beamter der Bundesbesoldungsordnungen W oder C** bereits übertragen **war**, können angerechnet werden. [6]Eine Verlängerung der Probezeit ist nicht zulässig, **es sei denn, wegen Elternzeit konnte die Mindestprobezeit nicht geleistet werden. [7]Bei Beurlaubungen im dienstlichen Interesse kann von der Probezeit abgesehen werden. [8]§ 22 Abs. 2 und 4 Nr. 1 ist nicht anzuwenden.**	Zeiten handeln, in denen die leitende Funktion übertragen war. Da die leitende Funktion damit bereits ausgeübt wurde, können diese Zeiten auf die Probezeit und auch auf die Mindestprobezeit angerechnet werden. Anrechenbar sind darüber hinaus Zeiten einer gleichwertigen Funktion als Richterin oder Richter oder als Beamtin oder Beamter der Bundesbesoldungsordnungen W und C, weil sie denen der Besoldungsordnung A vergleichbar sind. Satz 6 bestimmt wie bisher, dass eine Verlängerung der Probezeit nicht zulässig ist. Wird Elternzeit in Anspruch genommen, so führt diese – wie bei der Probezeit nach § 11 Abs. 1 – grundsätzlich nicht zu einer Unterbrechung der Probezeit. Lediglich die Mindestprobezeit von einem Jahr ist zu absolvieren. Zum Schutz der Betroffenen kann deshalb in den Fällen, in denen die Mindestprobezeit wegen Elternzeit nicht binnen zwei Jahren abgeleistet wird, die Probezeit verlängert werden. Der neue Satz 7 regelt, dass bei Beurlaubungen im dienstlichen Interesse von der Probezeit abgesehen werden kann, da aufgrund der Beurlaubung die Probezeit in der Funktion nicht abgeleistet wird.

BBG/BRRG alt	BBG neu	Erläuterungen
		Da die Beamtinnen und Beamten in leitender Funktion eine zweijährige Probezeit durchlaufen, ist eine Erprobungszeit nach § 22 Abs. 2 entbehrlich. Anders als bei Neueinstellungen besteht auch kein Beförderungsverbot nach § 22 Abs. 4 Nr. 1.
(2) [1]In ein Amt im Sinne des Absatzes 1 darf nur berufen werden, wer 1. sich in einem Beamtenverhältnis auf Lebenszeit befindet und 2. in dieses Amt auch als Beamter auf Lebenszeit berufen werden könnte. [2]Vom Tage der Ernennung ruhen für die Dauer der Probezeit die Rechte und Pflichten aus dem Amt, das dem Beamten zuletzt im Beamtenverhältnis auf Lebenszeit übertragen worden ist, mit Ausnahme der Pflicht zur Amtsverschwiegenheit und des Verbotes der Annahme von Belohnungen und Geschenken; das Beamtenverhältnis auf Lebenszeit besteht fort. Dienstvergehen, die mit Bezug auf das Beamtenverhältnis auf Lebenszeit oder das Beamtenverhältnis auf Probe begangen worden sind, werden so verfolgt, als stünde der	(2) [1]In ein Amt **mit leitender Funktion** darf berufen werden, wer 1. sich in einem Beamtenverhältnis auf Lebenszeit befindet und 2. in dieses Amt auch als **Beamtin auf Lebenszeit** oder Beamter auf Lebenszeit berufen werden könnte. [2]**Mit** der Ernennung ruhen für die Dauer der Probezeit die Rechte und Pflichten aus dem **zuletzt im Beamtenverhältnis auf Lebenszeit übertragenen Amt** mit Ausnahme der Pflicht zur **Verschwiegenheit** und des Verbotes der Annahme von Belohnungen, Geschenken **und sonstigen Vorteilen**. Das Beamtenverhältnis auf Lebenszeit besteht fort. Dienstvergehen, die mit Bezug auf das Beamtenverhältnis auf Lebenszeit oder das Beamtenverhältnis auf Probe begangen worden sind, werden so ver-	**Zu den Absätzen 2 bis 4** Die Absätze 2 und 4 entsprechen mit Anpassungen an die geschlechtergerechte Sprache den bisherigen Absätzen 2 und 5. Die Entlassungstatbestände werden aus systematischen Gründen im Abschnitt 5 geregelt.

Beamte nur im Beamtenverhältnis auf Lebenszeit.	folgt, als stünde **die Beamtin oder** der Beamte nur im Beamtenverhältnis auf Lebenszeit.	
(3) [1]Der Bundespersonalausschuss kann Ausnahmen von Absatz 2 Satz 1 zulassen. [2]Befindet sich der Beamte nur in dem Beamtenverhältnis auf Probe nach Absatz 1, bleiben die für die Beamten auf Probe geltenden Vorschriften des Bundesdisziplinargesetzes unberührt.	(3) [1]Der Bundespersonalausschuss kann Ausnahmen von Absatz 2 Satz 1 zulassen, **wenn sie die Bundesregierung nicht durch Rechtsverordnung regelt.** [2]**Besteht** nur **ein** Beamtenverhältnis auf Probe nach Absatz 1, **beträgt die regelmäßige Probezeit drei Jahre und die Mindestprobezeit zwei Jahre.** [3]**Die** für **die Beamtinnen auf Probe und** Beamten auf Probe geltenden Vorschriften des Bundesdisziplinargesetzes bleiben unberührt.	Absatz 3 ersetzt den bisherigen § 24a Abs. 3. Anders als bisher können Ausnahmen von Absatz 2 Satz 1 zum Beispiel für bestimmte Wissenschaftlerinnen und Wissenschaftler auch in der Bundeslaufbahnverordnung zugelassen werden. Eine Ausnahmeentscheidung des Bundespersonalausschusses ist in diesen Fällen nicht mehr erforderlich. Die Regelung trägt dem Ziel des § 20 Rechnung, die Einstellung anders als bisher in einem höheren Amt als dem Eingangsamt unter bestimmten Voraussetzungen unmittelbar ohne Einschaltung des Bundespersonalausschusses zu ermöglichen. Dieses soll grundsätzlich auch bei den Führungsämtern gelten.
(4) [1]Der Beamte ist 1. mit Ablauf der Probezeit nach Absatz 1 oder 2. mit Beendigung seines Beamtenverhältnisses auf Lebenszeit oder 3. mit der Versetzung zu einem anderen Dienstherrn oder 4. mit der Verhängung mindestens einer Kürzung der Dienstbezüge aus dem Beamtenverhältnis auf Probe nach Absatz 1 entlassen. [2]Die §§ 28 bis 30 und 31 Abs. 1, 2 und 5 bleiben unberührt.	(4) Mit erfolgreichem Abschluss der Probezeit soll das Amt nach Absatz 1 auf Dauer im Beamtenverhältnis auf Lebenszeit übertragen werden. Eine erneute Berufung in ein Beamtenverhältnis auf Probe zur Übertragung dieses Amtes innerhalb eines Jahres ist nicht zulässig. Wird das Amt nicht auf Dauer übertragen, **erlischt** der Anspruch auf Besoldung aus diesem Amt. Weitergehende Ansprüche bestehen nicht.	Um eine Besserstellung gegenüber den Beamtinnen auf Lebenszeit und Beamten auf Lebenszeit zu vermeiden, beträgt in den Fällen, in denen nur in ein Führungsamt auf Probe eingestellt wird, ohne dass die Voraussetzungen des Absatz 2 Satz 1 vorliegen, die regelmäßige Probezeit drei Jahre, die Mindestprobezeit zwei Jahre. Damit wird dem Umstand Rechnung getragen, dass sich Beamtinnen und Beamte vor der Lebenszeitverbeamtung regelmäßig drei
(5) [1]Mit erfolgreichem Abschluss der Probezeit soll dem Beamten das Amt nach Absatz 1 auf Dauer im Beamtenverhältnis auf Lebenszeit übertragen werden; eine erneute Berufung des Beamten in ein Beamtenverhältnis auf Probe zur Übertragung dieses Amtes innerhalb eines Jahres ist nicht zulässig. [2]Wird das Amt nicht auf Dauer übertra-		

BBG/BRRG alt	BBG neu	Erläuterungen
gen, endet der Anspruch auf Besoldung aus diesem Amt. [3]Weitergehende Ansprüche bestehen nicht.		Jahre bewähren müssen. Die Mindestprobezeit von zwei Jahren ist erforderlich, weil im Falle einer unmittelbaren Neueinstellung Verkürzungstatbestände im Sinne des Absatzes 1 nicht vorliegen können.
		Zu Absatz 5
(6) Ämter im Sinne des Absatzes 1 sind die Ämter der Abteilungsleiter und Unterabteilungsleiter in den obersten Bundesbehörden und die der Bundesbesoldungsordnung B angehörenden Ämter der Leiter der übrigen Bundesbehörden sowie der bundesunmittelbaren Körperschaften, Anstalten und Stiftungen des öffentlichen Rechts, soweit sie nicht richterliche Unabhängigkeit besitzen.	(5) [1]Ämter im Sinne des Absatzes 1 sind Ämter der **Besoldungsgruppe B 6 bis B 9** in obersten Bundesbehörden **sowie** die der Besoldungsordnung B angehörenden Ämter der Leiterinnen und Leiter der übrigen Bundesbehörden sowie der bundesunmittelbaren Körperschaften, Anstalten und Stiftungen des öffentlichen Rechts, **wenn sie keine** richterliche Unabhängigkeit besitzen. [2]**Ausgenommen sind das Amt der Direktorin und des Direktors beim Bundesverfassungsgericht sowie die den Funktionen der stellvertretenden Direktorin und des stellvertretenden Direktors des Bundesrates zugeordneten Ämter.**	Die Vorschrift entspricht dem bisherigen § 24a Abs. 6. Ausgenommen sind die Ämter der Direktorin und des Direktors beim Bundesverfassungsgericht sowie die den Funktionen der stellvertretenden Direktorin und des stellvertretenden Direktors des Bundesrates zugeordneten Ämter wegen der besonderen Vertrauensstellung gegenüber dem Bundesverfassungsgericht bzw. dem Bundesrat als Verfassungsorgan. Nach der Geschäftsordnung des Bundesrates leitet die Direktorin oder der Direktor des Bundesrates das Sekretariat im Auftrag des Präsidenten mit Unterstützung der Stellvertretenden Direktorin oder des Stellvertretenden Direktors. Sie stehen damit in einer besonderen Vertrauensstellung gegenüber dem Bundesrat als Verfassungsorgan. Entsprechendes gilt für die Direktorin und den Direktor

		sowie die Präsidialrätin und den Präsidialrat beim Bundesverfassungsgericht. **Zu Absatz 6**
(7) [1]Der Beamte führt während seiner Amtszeit im Dienst nur die Amtsbezeichnung des ihm nach Absatz 1 übertragenen Amtes; er darf nur sie auch außerhalb des Dienstes führen. [2]Wird dem Beamten das Amt nach Absatz 1 nicht auf Dauer übertragen, darf er die Amtsbezeichnung nach Satz 1 mit dem Ausscheiden aus dem Beamtenverhältnis auf Probe nicht weiterführen.	(6) [1]**Beamtinnen und** Beamte führen während **ihrer** Amtszeit im Dienst nur die Amtsbezeichnung des **ihnen** nach Absatz 1 übertragenen Amtes. [2]**Sie dürfen** nur **diese** auch außerhalb des Dienstes führen. [3]Wird **ihnen** das Amt nach Absatz 1 nicht auf Dauer übertragen, **dürfen sie** die Amtsbezeichnung nach Satz 1 **nach** dem Ausscheiden aus dem Beamtenverhältnis auf Probe nicht weiterführen.	Entspricht mit redaktionellen Anpassungen und mit Anpassungen an die geschlechtergerechte Sprache dem bisherigen § 24a Abs. 7.
§ 125b BRRG	**§ 25 Benachteiligungsverbote**	**§ 25** (Benachteiligungsverbote)
(1) [1]Haben sich die Anforderungen an die fachliche Eignung für die Einstellung in den öffentlichen Dienst in der Zeit erhöht, in der sich die Bewerbung um Einstellung nur infolge der Geburt oder der Betreuung eines Kindes verzögert hat, und ist die Bewerbung innerhalb von drei Jahren nach der Geburt dieses Kindes oder sechs Monate nach Erfüllung der ausbildungsmäßigen Einstellungsvoraussetzungen erfolgt, so ist der Grad der fachlichen Eignung nach den Anforderungen zu prüfen, die zu einem Zeitpunkt bestanden haben, zu dem die Bewerbung ohne die Geburt oder	[1]**Schwangerschaft, Mutterschutz und Elternzeit dürfen sich bei der Einstellung und dem beruflichen Fortkommen nicht nachteilig auswirken.** [2]**Dies gilt auch für Teilzeit, Telearbeit und familienbedingte Beurlaubung, wenn nicht zwingende sachliche Gründe vorliegen.**	Die Bestimmung enthält im Hinblick auf die Einstellung und das berufliche Fortkommen ein allgemeines Benachteiligungsverbot bei Schwangerschaft, Mutterschutz, Elternzeit, Teilzeit, Telearbeit und familienbedingter Beurlaubung. Sie ersetzt die Regelungen des bisherigen § 72d und des § 125b BRRG. Die Bestimmungen des Bundesgleichstellungsgesetzes bleiben unberührt. Die Regelung stellt klar, dass weder eine Schwangerschaft noch Mutterschutz oder Elternzeit einen Grund darstellen, von der Einstellung einer Bewerberin

BBG/BRRG alt	BBG neu	Erläuterungen
die Betreuung des Kindes hätte erfolgen können. [2]Führt die Prüfung zu dem Ergebnis, dass der Bewerber ohne diese Verzögerung eingestellt worden wäre, kann er vor anderen Bewerbern eingestellt werden. [3]Die Zahl der Stellen, die diesen Bewerbern in einem Einstellungstermin vorbehalten werden kann, bestimmt sich nach dem zahlenmäßigen Verhältnis der Bewerber mit Verzögerung zu denjenigen ohne eine solche Verzögerung; Bruchteile von Stellen sind zu Gunsten der betroffenen Bewerber aufzurunden. [4]Für die Berechnung des Zeitraums der Verzögerung sind nur die einen Anspruch auf Erziehungsurlaub nach § 15 Abs. 1 Satz 1 und Abs. 2 des Bundeserziehungsgeldgesetzes begründeten Zeiten sowie bei Frauen zusätzlich die Zeiten nach § 3 Abs. 2 und § 6 Abs.1 des Mutterschutzgesetzes zu berücksichtigen. (2) [1]Verzögert sich die Bewerbung um Einstellung nur wegen der tatsächlichen Pflege eines nach ärztlichem Gutachten pflegebedürftigen sonstigen nahen Angehörigen im Sinne des § 12 Abs. 2, gilt Absatz 1 Satz 1 bis 3 entsprechend. [2]Der berücksichtigungsfähige Zeitraum beträgt längstens drei Jahre.		abzusehen bzw. die Einstellung bis zum Ablauf eines Beschäftigungsverbotes zurückzustellen. Entsprechendes gilt für das berufliche Fortkommen. In den Fällen, in denen Bewerberinnen oder Bewerber für Betreuung von Kindern oder zur Pflege von Angehörigen nach der Einstellung familienbedingt Teilzeit, Telearbeit oder familienbedingte Beurlaubung beanspruchen wollen, darf sich dies nicht nachteilig auswirken, wenn nicht zwingende sachliche Gründe vorliegen. Zwingende sachliche Gründe liegen nicht vor, wenn zum Beispiel die ausgeschriebene Stelle in Teilzeit wahrgenommen werden kann bzw. als Telearbeitsplatz geeignet ist. Hingegen bedeutet die Ablehnung der Einstellung einer Bewerberin oder eines Bewerbers, der nach der Einstellung wegen einer angestrebten Beurlaubung nicht alsbald den Dienst antreten kann, keine unzulässige Benachteiligung, da Zweck der Berufung in das Beamtenverhältnis die Wahrnehmung der öffentlichen Aufgaben ist (vgl. BVerwG, Beschluss vom 20. Oktober 1995, Az: 2 B 115/95). Die zeitnahe Besetzung einer Stelle stellt insofern einen zwingenden sachlichen Grund dar.

		Bei der Berechnung der Dienstzeiten von Teilzeitkräften, die das berufliche Fortkommen betreffen, sind ermäßigte und regelmäßige Zeiten ebenfalls gleich zu behandeln, wenn nicht im Einzelfall zwingende sachliche Gründe für eine unterschiedliche Behandlung vorliegen. Dies betrifft insbesondere die Probe- und Erprobungszeit, Einführungszeiten beim Aufstieg und die Berücksichtigung hauptberuflicher Tätigkeiten.
§ 15 (1) Die Bundesregierung wird ermächtigt, durch Rechtsverordnung ohne Zustimmung des Bundesrates nach Maßgabe der §§ 15a bis 25 1. die allgemeinen Vorschriften über die Laufbahnen der Beamten, 2. die besonderen Vorschriften für die einzelnen Laufbahnen (Laufbahn-, Ausbildungs- und Prüfungsordnungen) zu erlassen. (2) [1]Die Bundesregierung kann die Befugnis nach Absatz 1 Nr. 2 durch Rechtsverordnung ohne Zustimmung des Bundesrates auf oberste Dienstbehörden übertragen. [2]Rechtsverordnungen nach Satz 1 bedürfen des Einvernehmens mit dem Bundesministerium des Innern.	**§ 26 Rechtsverordnung über Laufbahnen** (1) Die Bundesregierung wird ermächtigt, durch Rechtsverordnung nach Maßgabe der §§ **16 bis 25** 1. allgemeine Vorschriften über die Laufbahnen **und Vorbereitungsdienste der Beamtinnen und** Beamten **und** 2. besondere Vorschriften für die einzelnen Laufbahnen **und Vorbereitungsdienste** (Ausbildungs- und Prüfungsordnungen) zu erlassen. (2) Die Bundesregierung kann die Befugnis nach Absatz 1 Nr. 2 durch Rechtsverordnung **obersten** Dienstbehörden übertragen.	**Zu § 26** (Rechtsverordnung über Laufbahnen) Die Regelung entspricht im Wesentlichen dem bisherigen § 15. Künftig sollen die Laufbahn- und Ausbildungsvorschriften stärker voneinander getrennt werden. Die Bundeslaufbahnverordnung wird so umfassend wie möglich alle laufbahnrechtlichen Regelungen treffen. Die obersten Dienstbehörden, die bisher die Ausbildungsregelungen nur im Einvernehmen mit dem Bundesministerium des Innern erlassen konnten, sollen im Gegenzug mehr Kompetenzen bei der Gestaltung der Vorbereitungsdienste erhalten. Aus diesem Grund entfällt der bisherige § 15 Abs. 2 Satz 2.

BBG/BRRG alt	BBG neu	Erläuterungen
4. Versetzung und Abordnung	**Abschnitt 4** **Abordnung, Versetzung und Zuweisung**	**Abschnitt 4** (Abordnung, Versetzung und Zuweisung)
§ 27	**§ 27 Abordnung**	**§ 27** (Abordnung) Die Vorschrift entspricht mit Anpassungen an die geschlechtergerechte Sprache dem bisherigen § 27.
(1) Der Beamte kann, wenn ein dienstliches Bedürfnis besteht, vorübergehend ganz oder teilweise zu einer seinem Amt entsprechenden Tätigkeit an eine andere Dienststelle abgeordnet werden.	**(1) [1]Eine Abordnung ist die vorübergehende Übertragung einer dem Amt der Beamtin oder des Beamten entsprechenden Tätigkeit bei einer anderen Dienststelle desselben oder eines anderen Dienstherrn unter Beibehaltung der Zugehörigkeit zur bisherigen Dienststelle. [2]Die Abordnung kann ganz oder teilweise erfolgen.**	**Zu Absatz 1** Absatz 1 definiert die Abordnung als vorübergehende Übertragung einer dem Amt der Beamtin oder des Beamten entsprechenden Tätigkeit bei demselben Dienstherrn, aber einer anderen Dienststelle, oder bei einem anderen Dienstherrn. Wesen der Abordnung ist, dass die Zugehörigkeit der abgeordneten Person zur bisherigen Dienststelle erhalten bleibt. Bisher enthält das Bundesbeamtengesetz keine Legaldefinition der Abordnung. Eine inhaltliche Änderung ist damit nicht verbunden. Damit wird § 123 Abs. 1 BRRG für die Abordnung über den Bereich des Bundes hinaus zu einem anderen Dienstherrn z. B. in den Bereich eines Landes aufgenommen.

		Zu den Absätzen 2 und 3
(2) [1]Aus dienstlichen Gründen kann der Beamte vorübergehend ganz oder teilweise auch zu einer nicht seinem Amt entsprechenden Tätigkeit abgeordnet werden, wenn ihm die Wahrnehmung der neuen Tätigkeit auf Grund seiner Vorbildung oder Berufsausbildung zuzumuten ist. [2]Dabei ist auch die Abordnung zu einer Tätigkeit, die nicht einem Amt mit demselben Endgrundgehalt entspricht, zulässig. [3]Die Abordnung nach den Sätzen 1 und 2 bedarf der Zustimmung des Beamten, wenn sie die Dauer von zwei Jahren übersteigt.	**(2) [1]Eine Abordnung ist ganz oder teilweise aus dienstlichen Gründen auch zu einer nicht dem bisherigen Amt entsprechende Tätigkeit möglich, wenn die Wahrnehmung der neuen Tätigkeit aufgrund der Vorbildung oder Berufsausbildung zumutbar ist. [2]Dabei ist auch die Abordnung zu einer Tätigkeit zulässig, die nicht einem Amt mit demselben Endgrundgehalt entspricht.**	Beide Absätze entsprechen inhaltlich dem bisherigen § 27 Abs. 2 und 3 mit redaktionellen Anpassungen zur besseren Übersichtlichkeit der Abordnungsmöglichkeiten. Klar unterschieden wird, wann die Abordnung ohne Zustimmung der Beamtin oder des Beamten zulässig ist und in welchen Fällen die Zustimmung erforderlich ist. Um ein Amt mit demselben Endgrundgehalt handelt es sich beispielsweise auch bei Anwendung der Übergangsregelung des § 78 BBesG für Beamtinnen und Beamte bei den Postnachfolgeunternehmen.
(3) [1]Die Abordnung zu einem anderen Dienstherrn bedarf der Zustimmung des Beamten. [2]Abweichend von Satz 1 ist die Abordnung auch ohne Zustimmung des Beamten zulässig, wenn die neue Tätigkeit einem Amt mit demselben Endgrundgehalt auch einer gleichwertigen oder anderen Laufbahn entspricht und die Abordnung die Dauer von fünf Jahren nicht übersteigt.	**(3) [1]Die Abordnung bedarf der Zustimmung der Beamtin oder des Beamten, wenn sie 1. im Fall des Absatzes 2 länger als zwei Jahre dauert oder 2. zu einem anderen Dienstherrn erfolgt. [2]Die Abordnung zu einem anderen Dienstherrn ist ohne Zustimmung zulässig, wenn die Tätigkeit einem Amt mit demselben Endgrundgehalt auch einer anderen Laufbahn entspricht und nicht länger als fünf Jahre dauert.**	

BBG/BRRG alt	BBG neu	Erläuterungen
	(4) [1]Die Abordnung zu einem anderen Dienstherrn wird von dem abgebenden im Einverständnis mit dem aufnehmenden Dienstherrn verfügt. [2]Das Einverständnis ist schriftlich zu erklären.	**Zu Absatz 4** Regelt die Zuständigkeit für die Abordnung zu einem anderen Dienstherrn. Die Vorschrift nimmt § 123 Abs. 2 BRRG in das Gesetz auf.
	(5) Werden Beamtinnen und Beamte des Bundes zu einem Land, einer Gemeinde, einem Gemeindeverband oder einer sonstigen nicht der Bundesaufsicht unterstehenden Körperschaft, Anstalt oder Stiftung des öffentlichen Rechts zur vorübergehenden Beschäftigung abgeordnet, sind, soweit zwischen den Dienstherren nichts anderes vereinbart ist, die für den Bereich des aufnehmenden Dienstherrn geltenden Vorschriften über die Pflichten und Rechte der Beamtinnen und Beamten entsprechend anzuwenden mit Ausnahme der Regelungen über Diensteid, Amtsbezeichnung, Zahlung von Bezügen, Krankenfürsorgeleistungen und Versorgung.	**Zu Absatz 5** Eine Neuregelung erfolgt insoweit, als jetzt ausdrücklich die Möglichkeit von Vereinbarungen zwischen dem Bund und dem aufnehmenden Dienstherrn geregelt ist. In solchen Vereinbarungen kann bestimmt werden, dass bei einer Abordnung vom Bund außer den Regelungen über Diensteid, Amtsbezeichnung, Zahlung von Bezügen, Krankenfürsorgeleistungen, Jubiläumszuwendung und Versorgung auch andere Regelungen des Bundes weiter Anwendung finden. So kann beispielsweise die Übertragung von Erholungsurlaub ermöglicht werden.

(4) Wird ein Beamter eines Landes, einer Gemeinde (eines Gemeindeverbandes) oder einer sonstigen nicht der Bundesaufsicht unterstehenden Körperschaft, Anstalt oder Stiftung des öffentlichen Rechts zur vorübergehenden Beschäftigung in den Bundesdienst abgeordnet, finden für die Dauer der Abordnung die Vorschriften des Abschnittes III (ohne die §§ 58, 81 bis 87a) entsprechende Anwendung; zur Zahlung der Dienstbezüge ist auch der Dienstherr verpflichtet, zu dem der Beamte abgeordnet ist.	(6) **Werden Beamtinnen und Beamte** eines Landes, einer Gemeinde, eines Gemeindeverbandes oder einer sonstigen nicht der Bundesaufsicht unterstehenden Körperschaft, Anstalt oder Stiftung des öffentlichen Rechts zur vorübergehenden Beschäftigung in den Bundesdienst abgeordnet, **sind** für die Dauer der Abordnung, **soweit zwischen den Dienstherren nichts anderes vereinbart ist,** die Vorschriften des Abschnitts **6 mit Ausnahme der Vorschriften über die Eidespflicht, den Übergang eines Schadensersatzanspruchs gegen Dritte, die Beihilfe in Krankheits-, Pflege- und Geburtsfällen, die Jubiläumszuwendung und die Amtsbezeichnungen entsprechend anzuwenden.**	**Zu Absatz 6** Eine Neuregelung erfolgt insoweit, als jetzt ausdrücklich die Möglichkeit von Vereinbarungen zwischen dem Bund und dem abordnenden Dienstherrn geregelt ist. So kann beispielsweise die Übertragung von Erholungsurlaub ermöglicht werden. Wird zwischen den Dienstherren keine Vereinbarung getroffen, sind für die Dauer der Abordnung zum Bund die Vorschriften des Abschnitts 6 mit Ausnahme der Regelungen über die Eidespflicht, den Übergang von Schadensersatzansprüchen gegen Dritte, die Beihilfe, die Jubiläumszuwendung und die Amtsbezeichnung entsprechend anzuwenden. Die Regelung ist auf die des Absatzes 5 inhaltlich abgestimmt, so dass der Wechsel vom Bund und in den Bund gleich geregelt ist.
	(7) Die Verpflichtung zur Zahlung der Besoldung hat auch der Dienstherr, zu dem die Abordnung erfolgt ist.	**Zu Absatz 7** Entspricht dem bisherigen § 27 Abs. 4 2. Halbsatz.
§ 26	**§ 28 Versetzung**	**§ 28** (Versetzung) Entspricht mit Anpassungen an die geschlechtergerechte Sprache inhaltlich dem bisherigen § 26.

BBG/BRRG alt	BBG neu	Erläuterungen
		Zu Absatz 1
(1) [1]Der Beamte kann, soweit gesetzlich nichts anderes bestimmt ist, innerhalb des Dienstbereiches seines Dienstherrn versetzt werden, wenn er es beantragt oder ein dienstliches Bedürfnis besteht. [2]Eine Versetzung bedarf nicht seiner Zustimmung, wenn das neue Amt zum Bereich desselben Dienstherrn gehört, derselben Laufbahn angehört wie das bisherige Amt und mit mindestens demselben Endgrundgehalt verbunden ist; Stellenzulagen gelten hierbei nicht als Bestandteile des Grundgehaltes. [3]Beim Wechsel der Verwaltung ist der Beamte zu hören.	**(1) Eine Versetzung ist die auf Dauer angelegte Übertragung eines anderen Amtes bei einer anderen Dienststelle bei demselben oder einem anderen Dienstherrn.**	Absatz 1 definiert die Versetzung als auf Dauer angelegte Übertragung eines anderen Amtes bei einer anderen Dienststelle desselben Dienstherrn oder bei einem anderen Dienstherrn. Das Bundesbeamtengesetz enthält bisher keine Legaldefinition der Versetzung. Eine inhaltliche Änderung ist damit nicht verbunden. Die Regelung des § 123 Abs. 1 BRRG für die Dienstherren übergreifende Versetzung wird aufgenommen.
		Zu Absatz 2
(2) [1]Aus dienstlichen Gründen kann ein Beamter ohne seine Zustimmung in ein Amt mit demselben Endgrundgehalt auch einer gleichwertigen oder anderen Laufbahn, auch im Bereich eines anderen Dienstherrn, versetzt werden; Stellenzulagen gelten hierbei nicht als Bestandteile des Grundgehaltes.	(2) Eine Versetzung ist auf Antrag der Beamtin oder des Beamten oder aus dienstlichen Gründen ohne ihre oder seine Zustimmung zulässig, wenn das Amt mit mindestens demselben Endgrundgehalt verbunden ist wie das bisherige Amt, und die Tätigkeit aufgrund der Vorbildung oder Berufsausbildung zumutbar ist.	Absatz 2 regelt mit redaktionellen Anpassungen zur besseren Übersichtlichkeit die Möglichkeiten der Versetzung ohne Zustimmungserfordernis, wie sie bislang in § 26 Abs. 1 und 2 normiert waren. Um ein Amt mit demselben Endgrundgehalt handelt es sich beispielsweise auch bei Anwendung der Übergangsregelung des § 78 BBesG für Beamtinnen und Beamte bei den Postnachfolgeunternehmen.

[2]Bei der Auflösung oder einer wesentlichen Änderung des Aufbaues oder der Aufgaben einer Behörde oder der Verschmelzung von Behörden kann ein Beamter, dessen Aufgabengebiet davon berührt wird, auch ohne seine Zustimmung in ein anderes Amt derselben oder einer gleichwertigen Laufbahn mit geringerem Endgrundgehalt im Bereich desselben Dienstherrn versetzt werden, wenn eine seinem bisherigen Amt entsprechende Verwendung nicht möglich ist; das Endgrundgehalt muss mindestens dem des Amtes entsprechen, das der Beamte vor dem bisherigen Amt innehatte. (3) Besitzt der Beamte nicht die Befähigung für die andere Laufbahn, hat er an Maßnahmen für den Erwerb der neuen Befähigung teilzunehmen.	(3) [1]Bei der Auflösung oder einer wesentlichen Änderung des Aufbaus oder der Aufgaben einer Behörde oder der Verschmelzung von Behörden **können Beamtinnen und** Beamte, **deren** Aufgabengebiet davon berührt wird, ohne **ihre** Zustimmung in ein anderes Amt derselben oder einer anderen Laufbahn mit geringerem Endgrundgehalt im Bereich desselben Dienstherrn versetzt werden, wenn eine **dem bisherigen** Amt entsprechende Verwendung nicht möglich ist. [2]Das Endgrundgehalt muss mindestens dem des Amtes entsprechen, das **die Beamtin** oder der Beamte vor dem bisherigen Amt **wahrgenommen hat**. [3]**Beamtinnen und Beamte sind verpflichtet, an Qualifizierungsmaßnahmen zum Erwerb der Befähigung für eine andere Laufbahn teilzunehmen.**	**Zu Absatz 3** Regelt wie bisher § 26 Abs. 2 die Versetzung ohne Zustimmung der Beamtin oder des Beamten in den Fällen der organisatorischen Veränderungen in den Behörden. Satz 3 entspricht dem bisherigen § 26 Abs. 3. Gerade in den Fällen der organisatorischen Veränderungen sind Beamtinnen und Beamte verpflichtet, an Qualifizierungsmaßnahmen in Form von Schulungs- und Weiterbildungsmaßnahmen teilzunehmen, um eine neue Befähigung zu erwerben.
§ 123 BRRG (1) Der Beamte kann nach Maßgabe der §§ 17 und 18 auch über den Bereich des Bundes oder eines Landes hinaus zu einem anderen Dienstherrn im Geltungs bereich dieses Gesetzes abgeordnet oder versetzt werden.	**(4) Im Übrigen bedarf die Versetzung der Zustimmung der Beamtin oder des Beamten.**	**Zu Absatz 4** Absatz 4 regelt, dass in allen anderen Fällen eine Versetzung der Zustimmung der Beamtin oder des Beamten bedarf. Die in der personalwirtschaftlichen Praxis übliche Umsetzung einer Beamtin oder eines Beamten wird auch weiterhin nicht gesetzlich normiert. Die Umsetzung weist einen anderen Dienstposten und damit ein anderes funktionelles Amt im konkreten Sinn innerhalb der

BBG/BRRG alt	BBG neu	Erläuterungen
		Behörde zu. Da sie das statusrechtliche Amt und das funktionelle Amt im abstrakten Sinn unberührt lässt, liegt kein Eingriff in die Rechtsstellung der Beamtin oder des Beamten vor, der eine gesetzliche Regelung erforderlich macht.
		Zu Absatz 5
(2) [1]Die Abordnung oder Versetzung wird von dem abgebenden im Einvernehmen mit dem aufnehmenden Dienstherrn verfügt; das Einverständnis ist schriftlich zu erklären. [2]In der Verfügung ist zum Ausdruck zu bringen, daß das Einverständnis vorliegt.	**(5) [1]Die Versetzung zu einem anderen Dienstherrn wird von dem abgebenden im Einverständnis mit dem aufnehmenden Dienstherrn verfügt. [2]Das Einverständnis ist schriftlich zu erklären.**	Regelt die Zuständigkeit im Fall der Versetzung zu einem anderen Dienstherrn. Die Vorschrift übernimmt § 123 Abs. 2 BRRG in das BBG.
§ 123a BRRG	**§ 29 Zuweisung**	**§ 29** (Zuweisung)
		Die Vorschrift übernimmt § 123a BRRG in das BBG.
		Zu Absatz 1
(1) [1]Dem Beamten kann im dienstlichen oder öffentlichen Interesse mit seiner Zustimmung vorübergehend eine seinem Amt entsprechende Tätigkeit bei einer öffentlichen Einrichtung außerhalb des Anwendungsbereichs dieses Gesetzes zugewiesen werden. [2]Die Zuweisung einer Tätigkeit bei einer ande-	**(1) [1]Beamtinnen und Beamten kann mit ihrer Zustimmung vorübergehend ganz oder teilweise eine ihrem Amt entsprechende Tätigkeit** **1. bei einer öffentlichen Einrichtung ohne Dienstherrnfähigkeit im dienstlichen oder öffentlichen Interesse oder**	Beamtinnen und Beamten kann mit ihrer Zustimmung vorübergehend ganz oder teilweise eine Tätigkeit bei einer öffentlichen Einrichtung zugewiesen werden. Die Einrichtungen haben aber keine Dienstherrnfähigkeit (§ 2) nach deutschem Beamtenrecht (Nummer 1), so dass eine Abordnung oder Verset-

ren Einrichtung ist zulässig, wenn dringende öffentliche Interessen dies erfordern; die Entscheidung trifft die oberste Dienstbehörde.	**2. bei einer anderen Einrichtung, wenn ein öffentliches Interesses es erfordert,** **zugewiesen werden. [2]Die Entscheidung trifft die oberste Dienstbehörde oder eine von ihr bestimmte Stelle.**	zung nicht zulässig wäre. Dazu gehören internationale, supranationale oder zwischenstaatliche Einrichtungen. Zuständig ist die oberste Dienstbehörde. Sie kann die Entscheidungsbefugnis aber auf eine andere Stelle delegieren. Für Zuweisungen zu Einrichtungen, die nicht unter Nummer 1 fallen, gilt Nummer 2. Der Begriff der „anderen Einrichtung" ist dabei weit zu verstehen, insbesondere private Einrichtungen im Inland fallen hierunter. Für eine solche Zuweisung muss „ein öffentliches Interesse" vorliegen. Der Begriff des „öffentlichen Interesses" setzt voraus, dass die Zuweisung entweder im Interesse der jeweiligen Dienststelle oder darüber hinaus im allgemeinen öffentlichen Interesse ist. Es liegt z. B. vor, wenn durch den Austausch Methoden aus Bereichen außerhalb des öffentlichen Dienstes erlernt und Erfahrungen gesammelt werden können. Durch die Neuregelung soll der Personalaustausch zwischen öffentlichem Dienst und Privatwirtschaft gefördert werden.
(2) Dem Beamten einer Dienststelle, die ganz oder teilweise in eine öffentlich-rechtlich organisierte Einrichtung ohne	**(2) Beamtinnen und Beamten einer Dienststelle, die ganz oder teilweise in eine öffentlich-rechtlich organisierte**	**Zu Absatz 2** Die Zuweisung kann auch an eine Einrichtung erfolgen, die ganz oder teilweise von einer Dienststelle in eine

BBG/BRRG alt	BBG neu	Erläuterungen
Dienstherrneigenschaft oder eine privatrechtlich organisierte Einrichtung der öffentlichen Hand umgewandelt wird, kann auch ohne seine Zustimmung eine seinem Amt entsprechende Tätigkeit bei dieser Einrichtung zugewiesen werden, wenn dringende öffentliche Interessen dies erfordern.	**Einrichtung ohne Dienstherrnfähigkeit oder eine privatrechtlich organisierte Einrichtung der öffentlichen Hand umgewandelt wird, kann auch ohne ihre Zustimmung eine ihrem Amt entsprechende Tätigkeit bei dieser Einrichtung zugewiesen werden, wenn öffentliche Interessen es erfordern.**	Einrichtung ohne Dienstherrnfähigkeit oder in eine privatrechtlich organisierte Einrichtung umgewandelt wird. Eine Zuweisung nach Absatz 2 ist möglich, wenn öffentliche Interessen es erfordern. Eine Zuweisung (nach Absatz 1 oder 2) muss zu einer dem bisherigen Amt entsprechenden Tätigkeit erfolgen. Unschädlich ist, wenn die Tätigkeit bei der aufnehmenden Einrichtung höherwertig ist. **Zu Absatz 3**
(3) Die Rechtsstellung des Beamten bleibt unberührt.	**(3) Die Rechtsstellung der Beamtinnen und Beamten bleibt unberührt.**	Die Zuweisung lässt die Rechtsstellung der Beamtinnen und Beamten unberührt, d. h. die statusrechtliche Stellung als Bundesbeamtin oder -beamter bleibt erhalten, planstellenmäßig gehört die „zugewiesene“ Person weiterhin zu der ursprünglichen Dienststelle.

5. Beendigung des Beamtenverhältnisses	**Abschnitt 5** **Beendigung des Beamtenverhältnisses**	**Abschnitt 5** (Beendigung des Beamtenverhältnisses)
	Unterabschnitt 1 **Entlassung**	**Unterabschnitt 1** (Entlassung)
§ 6 (1) … (2) … (3) Das Beamtenverhältnis endet außer durch Tod durch 1. Entlassung, 2. Verlust der Beamtenrechte, 3. Entfernung aus dem Beamtenverhältnis nach dem Bundesdisziplinargesetz. (4) Das Beamtenverhältnis endet ferner durch Eintritt in den Ruhestand unter Berücksichtigung der die beamtenrechtliche Stellung der Ruhestandsbeamten regelnden Vorschriften.	**§ 30 Beendigungsgründe** Das Beamtenverhältnis endet durch 1. Entlassung, 2. Verlust der Beamtenrechte, 3. Entfernung aus dem Beamtenverhältnis nach dem Bundesdisziplinargesetz **oder** **4. Eintritt oder Versetzung in den Ruhestand.**	**§ 30** (Beendigungsgründe) Die Beendigungsgründe werden aus systematischen Gründen im Abschnitt 5 zusammengefasst. Die Vorschrift entspricht mit redaktionellen Anpassungen an die geschlechtergerechte Sprache der Regelung des bisherigen § 6 Abs. 3 und 4. Auf die ausdrückliche Nennung des Todes als Beendigungsgrund wird im Gesetz verzichtet, da der Todesfall offenkundig das Beamtenverhältnis beendet. Rechtsfolgen, die an den Tod anknüpfen, sind in den entsprechenden Gesetzen geregelt.
a) Entlassung **§ 29**	**§ 31 Entlassung kraft Gesetzes**	**§ 31** (Entlassung kraft Gesetzes) Entspricht mit der Anpassung an die geschlechtergerechte Sprache der Regelung des bisherigen § 29.

BBG/BRRG alt	BBG neu	Erläuterungen
(1) [1]Der Beamte ist entlassen, 1. wenn er die Eigenschaft als Deutscher im Sinne des Artikels 116 des Grundgesetzes oder die Staatsangehörigkeit eines anderen Mitgliedstaates der Europäischen Gemeinschaften verliert oder 2. wenn er in ein öffentlich-rechtliches Dienst- oder Amtsverhältnis zu einem anderen Dienstherrn tritt, sofern gesetzlich nichts anderes bestimmt ist; dies gilt nicht für den Eintritt in ein Beamtenverhältnis auf Widerruf oder als Ehrenbeamter. [2]Nummer 1 findet keine Anwendung, wenn der Beamte die Staatsangehörigkeit eines sonstigen Mitgliedstaates der Europäischen Gemeinschaften besitzt.	(1) [1]**Beamtinnen und** Beamte **sind** entlassen, **wenn** **1. die Voraussetzungen des § 7 Abs. 1 Nr. 1 nicht mehr vorliegen und eine Ausnahme nach § 7 Abs. 3 auch nachträglich nicht zugelassen wird** oder 2. **sie** in ein öffentlich-rechtliches Dienst- oder Amtsverhältnis zu einem anderen Dienstherrn **oder zu einer Einrichtung ohne Dienstherrnfähigkeit nach deutschem Recht treten oder zur Berufssoldatin, zum Berufssoldaten, zur Soldatin auf Zeit oder zum Soldaten auf Zeit ernannt werden**, sofern gesetzlich nichts anderes bestimmt ist. [2]Dies gilt nicht für den Eintritt in ein Beamtenverhältnis auf Widerruf oder **ein Ehrenbeamtenverhältnis**.	**Zu Absatz 1** Nach Nummer 1 hat der Verlust einer der in § 7 Abs. 1 Nr. 1 aufgeführten Staatsangehörigkeiten die Entlassung kraft Gesetzes zur Folge. Dies gilt allerdings dann nicht, wenn gleichzeitig eine andere Staatsangehörigkeit nach § 7 Abs. 1 Nr. 1 angenommen wird. Das ist die Konsequenz der Neuregelung in § 7 Abs. 1 Nr. 1, die bei den persönlichen Voraussetzungen für die Berufung in das Beamtenverhältnis auch die Angehörigen solcher Staaten Deutschen gleichstellt. Nummer 2 regelt die Entlassung, wenn ein öffentlich-rechtliches Dienst- oder Amtsverhältnis bei einem anderen Dienstherrn oder zu einer Einrichtung ohne Dienstherrnfähigkeit nach deutschem Recht oder die Begründung eines Dienstverhältnisses als Berufssoldatin oder Berufssoldat oder als Soldatin auf Zeit oder Soldat auf Zeit begründet wird. Die Vorschrift wird damit ergänzt um einen gesetzlichen Entlassungstatbestand, wenn ein Beamtenverhältnis bei einer Einrichtung ohne Dienstherrnfähigkeit nach deutschem Beamtenrecht begründet wird. Dazu gehören insbesondere internationale, zwischenstaatli-

§ 125 (1) Der Beamte ist entlassen, wenn er zum Berufssoldaten oder zum Soldaten auf Zeit ernannt wird. … … **§ 29** …		che und supranationale Einrichtungen. Sofern eine Beamtin oder ein Beamter ausdrücklich für eine Tätigkeit bei einer solchen Einrichtung beurlaubt wird, geht die Beurlaubung der Entlassung vor. In den meisten Fällen wir mit der internationalen Organisation kein neues öffentlich-rechtliches Dienst- oder Amtsverhältnis begründet. Eine Entlassung soll aber dann erfolgen, wenn ein zweites Beamtenverhältnis begründet wird. Auch in einem solchem Fall kann aber ausnahmsweise nach Absatz 2 die Fortdauer des inländischen Beamtenverhältnisses angeordnet werden (z. B. für die Dauer einer Probezeit im neuen Beamtenverhältnis). Die Zuweisung zu einer anderen Einrichtung nach § 29 führt nicht zur Entlassung, da kein neues Beamtenverhältnis begründet wird. Zusätzlich wird der Inhalt des § 125 Abs. 1 Satz 1 BRRG in das BBG aufgenommen. **Zu Absatz 2** Absatz 2 des bisherigen § 29 wird aus systematischen Gründen in § 32 Abs. 2 geregelt, da es sich hierbei nicht um eine Entlassung kraft Gesetzes handelt.

BBG/BRRG alt	BBG neu	Erläuterungen
(3) [1]Die oberste Dienstbehörde entscheidet darüber, ob die Voraussetzungen des Absatzes 1 vorliegen, und stellt den Tag der Beendigung des Beamtenverhältnisses fest. [2]In den Fällen des Absatzes 1 Nr. 2 kann sie im Einvernehmen mit dem Bundesminister des Innern und dem neuen Dienstherrn die Fortdauer des Beamtenverhältnisses neben dem neuen Dienst- oder Amtsverhältnis anordnen.	(2) [1]Die oberste Dienstbehörde entscheidet darüber, ob die Voraussetzungen des Absatzes 1 vorliegen, und stellt den Tag der Beendigung des Beamtenverhältnisses fest. [2]In den Fällen des Absatzes 1 Nr. 2 kann sie im Einvernehmen mit dem neuen Dienstherrn **oder der Einrichtung** die Fortdauer des Beamtenverhältnisses neben dem neuen Dienst- oder Amtsverhältnis anordnen.	Absatz 2 entspricht weitgehend dem bisherigen § 29 Abs. 3. Ein Einvernehmen mit dem Bundesministerium des Innern ist künftig nicht mehr erforderlich. Es ist zwischen den betroffenen Dienstbehörden herzustellen.
(4) …		Der bisherige § 29 Abs. 4 wird § 40 Abs. 2.
§ 28	**§ 32 Entlassung aus zwingenden Gründen**	**§ 32** (Entlassung aus zwingenden Gründen) **Zu Absatz 1**
[1]Der Beamte ist zu entlassen, 1. wenn er sich weigert, den gesetzlich vorgeschriebenen Diensteid zu leisten oder ein an dessen Stelle vorgeschriebenes Gelöbnis abzulegen, oder	(1) **Beamtinnen und** Beamte **sind** zu entlassen, **wenn sie** 1. den Diensteid oder ein an dessen Stelle vorgeschriebenes Gelöbnis **verweigern**,	Die Nummern 1 und 3 entsprechen mit redaktionellen Anpassungen dem bisherigen § 28 Nr. 1 und 2. Aufgenommen wurde die Mitgliedschaft im Europäischen Parlament.
§ 35 [2]Sind die Voraussetzungen des § 4 Abs. 1 Beamtenversorgungsgesetz nicht erfüllt, so endet das Beamtenverhältnis statt durch Eintritt in den Ruhestand durch Entlassung, § 42 Abs. 3 ist sinngemäß anzuwenden.	**2. nicht in den Ruhestand oder einstweiligen Ruhestand versetzt werden können, weil eine versorgungsrechtliche Wartezeit nicht erfüllt ist, oder**	Die neue Nummer 2 regelt den Fall der Entlassung, wenn die nach § 50 vorgeschriebene versorgungsrechtliche Wartezeit nicht erfüllt ist.

§ 28 2. wenn er zur Zeit der Ernennung als Inhaber eines Amtes, das kraft Gesetzes mit dem Mandat unvereinbar ist, Mitglied des Deutschen Bundestages war und nicht innerhalb der von der obersten Dienstbehörde gesetzten angemessenen Frist sein Mandat niederlegt oder	3. zur Zeit der Ernennung **Inhaberin oder** Inhaber eines Amtes, das kraft Gesetzes mit dem Mandat unvereinbar ist, Mitglied des Deutschen Bundestags **oder des Europäischen Parlaments waren** und nicht innerhalb der von der obersten Dienstbehörde gesetzten angemessenen Frist ihr Mandat niederlegen.	
3. wenn er ohne Genehmigung der obersten Dienstbehörde seinen Wohnsitz oder dauernden Aufenthalt im Ausland nimmt.		Der bisherige § 28 Nr. 3 entfällt. Die nationalen Grenzen verlieren in einem zusammenwachsenden Europa zunehmend an Bedeutung. Die Beamtinnen und Beamten sind nach dem Dienst- und Treueverhältnis verpflichtet, ihre Wohnung so zu nehmen, dass die dienstlichen Pflichten erfüllt werden können. Zur Gewährleistung dieser Verpflichtung bedarf es keines besonderen Entlassungstatbestandes.
§ 29 (1) …		**Zu Absatz 2**
(2) Der Beamte kann entlassen werden, wenn er in Fällen des § 7 Abs. 2 die Eigenschaft als Deutscher im Sinne des Artikels 116 des Grundgesetzes verliert. (3) … (4) …	**(2) Beamtinnen und Beamte können entlassen werden, wenn sie in den Fällen des § 7 Abs. 2 die Eigenschaft als Deutsche oder Deutscher im Sinne des Artikels 116 des Grundgesetzes verlieren.**	Entspricht der Regelung des bisherigen § 29 Abs. 2.

BBG/BRRG alt	BBG neu	Erläuterungen
§ 30	§ 33 **Entlassung auf Verlangen**	**§ 33** (Entlassung auf Verlangen) **Zu Absatz 1**
(1) Der Beamte kann jederzeit seine Entlassung verlangen. Das Verlangen muss dem Dienstvorgesetzten schriftlich, aber nicht in elektronischer Form erklärt werden. Die Erklärung kann, solange die Entlassungsverfügung dem Beamten noch nicht zugegangen ist, innerhalb zweier Wochen nach Zugang bei dem Dienstvorgesetzten zurückgenommen werden, mit Zustimmung der Entlassungsbehörde auch nach Ablauf dieser Frist.	(1) [1]**Beamtinnen und** Beamte **sind zu entlassen, wenn sie gegenüber der zuständigen Behörde schriftlich ihre** Entlassung verlangen. [2]Die Erklärung kann, solange die Entlassungsverfügung noch nicht zugegangen ist, innerhalb von zwei Wochen nach Zugang bei **der zuständigen Behörde** zurückgenommen werden, mit Zustimmung **der zuständigen Behörde** auch nach Ablauf dieser Frist.	Entspricht mit redaktionellen Anpassungen an die geschlechtergerechte Sprache dem bisherigen § 30 Abs. 1. Die Schriftform beinhaltet nach § 3a des Verwaltungsverfahrensgesetzes auch die elektronische Form mit qualifizierter Signatur.
		Zu Absatz 2
(2) Die Entlassung ist für den beantragten Zeitpunkt auszusprechen; sie kann jedoch so lange hinausgeschoben werden, bis der Beamte seine Amtsgeschäfte ordnungsgemäß erledigt hat, längstens drei Monate.	(2) [1]Die Entlassung **kann jederzeit verlangt werden.** [2]**Sie** ist für den beantragten Zeitpunkt auszusprechen. [3]Sie kann jedoch so lange hinausgeschoben werden, bis **die Beamtin oder der Beamte** die **ihr oder ihm übertragenen Aufgaben** ordnungsgemäß erledigt hat, längstens drei Monate.	Entspricht mit redaktionellen Anpassungen dem bisherigen § 30 Abs. 2.
§ 31	§ 34 **Entlassung von Beamtinnen auf Probe und Beamten auf Probe**	**§ 34** (Entlassung von Beamtinnen auf Probe und Beamten auf Probe) Entspricht mit redaktionellen Anpassungen dem bisherigen § 31.

(1) [1]Der Beamte auf Probe kann ferner entlassen werden, wenn einer der folgenden Entlassungsgründe vorliegt: 1. ein Verhalten, das bei einem Beamten auf Lebenszeit mindestens eine Kürzung der Dienstbezüge zur Folge hätte, oder 2. mangelnde Bewährung (Eignung, Befähigung, fachliche Leistung) oder 3. Dienstunfähigkeit (§ 42), wenn der Beamte nicht nach § 46 in den Ruhestand versetzt wird, oder 4. Auflösung, Verschmelzung oder wesentliche Änderung des Aufbaues der Beschäftigungsbehörde, wenn das Aufgabengebiet des Beamten von der Auflösung oder Umbildung berührt wird und eine anderweitige Verwendung nicht möglich ist. [2]§ 42 Abs. 3 ist in den Fällen des Satzes 1 Nr. 2 bei allein mangelnder gesundheitlicher Eignung und in den Fällen der Nummer 3 sinngemäß anzuwenden. (2) …	(1) [1]**Beamtinnen auf Probe und** Beamte auf Probe **im Sinne des § 6 Abs. 3 Satz 1 können außerdem** entlassen werden, wenn einer der folgenden Entlassungsgründe vorliegt: 1. ein Verhalten, das **im Beamtenverhältnis** auf Lebenszeit mindestens eine Kürzung der Dienstbezüge zur Folge hätte, 2. **fehlende** Bewährung **im Sinne des § 11 Abs. 1 Satz 1 Nr. 2**, 3. Dienstunfähigkeit, **ohne dass eine Versetzung in den Ruhestand erfolgt ist**, oder 4. Auflösung oder wesentliche Änderung des Aufbaus oder der Aufgaben der Beschäftigungsbehörde oder deren Verschmelzung **mit einer anderen** Behörde, wenn das **übertragene** Aufgabengebiet **davon** berührt wird und eine anderweitige Verwendung nicht möglich ist. [2]**Im Fall des Satzes 1 Nr. 2 ist** bei allein mangelnder gesundheitlicher Eignung und **im Fall der Nummer 3 eine anderweitige Verwendung entsprechend zu prüfen.**	**Zu Absatz 1** Entspricht dem bisherigen § 31 Abs. 1. Nummer 2 ist den geänderten Anforderungen an eine erfolgreiche Probezeit angepasst. Nach Nummer 4 ist eine Entlassung aus dem Beamtenverhältnis auf Probe auch bei wesentlicher Änderung der Aufgaben einer Behörde möglich. Da im Rahmen einer Organisationsentscheidung auch eine wesentliche Aufgabenänderung die Reduzierung von Personal zur Folge haben kann, wird bei Vorliegen der übrigen Voraussetzungen eine Entlassungsmöglichkeit angesichts der noch nicht verfestigten Rechtsstellung im Beamtenverhältnis auf Probe zugelassen.
(3) [1]Bei der Entlassung sind folgende Fristen einzuhalten:	(2) [1]**Die Frist für die** Entlassung **beträgt bei einer Beschäftigungszeit**	**Zu den Absätzen 2 bis 4** Entsprechen mit redaktionellen Anpassungen im Wesentlichen dem bisherigen § 31 Abs. 3 bis 5.

BBG/BRRG alt	BBG neu	Erläuterungen
bei einer Beschäftigungszeit bis zu drei Monaten: zwei Wochen zum Monatsschluss, von mehr als drei Monaten: ein Monat zum Monatsschluss, von mindestens einem Jahr: sechs Wochen zum Schluss eines Kalendervierteljahres.	**1. bis zum Ablauf von** drei Monaten zwei Wochen zum Monatsschluss **und** **2.** von mehr als drei Monaten **sechs Wochen zum Schluss eines Kalendervierteljahres.**	In Absatz 2 wird bei der Frist für die Entlassung nur noch zwischen einer Beschäftigungszeit von bis zu drei Monaten und mehr als drei Monaten aus Gründen der Vereinfachung unterschieden.
[2]Als Beschäftigungszeit gilt die Zeit ununterbrochener Tätigkeit als Beamter auf Probe im Bereich derselben obersten Dienstbehörde.	[2]Als Beschäftigungszeit gilt die Zeit ununterbrochener Tätigkeit **im Beamtenverhältnis** auf Probe im Bereich derselben obersten Dienstbehörde.	
(4) [1]Im Falle des Absatzes 1 Nr. 1 kann der Beamte auf Probe ohne Einhaltung einer Frist entlassen werden. [2]Vor der Entlassung ist der Sachverhalt aufzuklären; die §§ 21 bis 29 des Bundesdisziplinargesetzes gelten entsprechend.	(3) [1]Im Falle des Absatzes 1 Nr. 1 **ist eine Entlassung** ohne Einhaltung einer Frist **möglich.** [2]**Die** §§ 21 bis 29 des Bundesdisziplinargesetzes **sind** entsprechend **anzuwenden.**	Absatz 3 entspricht dem bisherigen § 31 Abs. 4.
(5) Erreicht ein Beamter auf Probe die Altersgrenze (§ 41 Abs. 1), so ist er mit dem Ende des Monats, in den dieser Zeitpunkt fällt, entlassen.	**(4) Beamtinnen auf Probe und Beamte auf Probe sind mit dem Ende des Monats entlassen, in dem sie die im Beamtenverhältnis auf Lebenszeit geltende Altersgrenze erreichen.**	Absatz 4 bestimmt, dass Beamtinnen auf Probe und Beamte auf Probe mit Erreichen der im Beamtenverhältnis auf Lebenszeit geltenden Altersgrenze entlassen werden.

	§ 35 Entlassung von Beamtinnen und Beamten in Führungsämtern auf Probe **[1]Beamtinnen und Beamte in Ämtern mit leitender Funktion sind** **1. mit Ablauf der Probezeit nach § 24 Abs. 1,** **2. mit Beendigung des Beamtenverhältnisses auf Lebenszeit,** **3. mit Versetzung zu einem anderen Dienstherrn,** **4. mit Festsetzung mindestens einer Kürzung der Dienstbezüge als Disziplinarmaßnahme oder** **5. in den Fällen, in denen nur ein Beamtenverhältnis auf Probe besteht, mit Ende des Monats, in dem sie die im Beamtenverhältnis auf Lebenszeit geltende Altersgrenze erreichen,** **aus dem Beamtenverhältnis auf Probe nach § 24 Abs. 1 entlassen. [2]Die §§ 31 bis 33 bleiben unberührt. [3]§ 34 Abs. 1 gilt entsprechend.**	**Zu § 35** (Entlassung von Beamtinnen und Beamten in Führungsämtern auf Probe) Die Regelung übernimmt mit redaktionellen Anpassungen die Regelung des bisherigen § 24a Abs. 4 Satz 1. Nummer 5 ersetzt den Verweis im bisherigen § 24a Abs. 4 Satz 2 auf den bisherigen § 31 Abs. 5. Für Beamtinnen und Beamte in leitender Funktion gelten die im Beamtenverhältnis auf Lebenszeit geltenden Altersgrenzen. Die Altersgrenze kann wie bei diesen unter den gesetzlich genannten Voraussetzungen auch hinausgeschoben werden (vgl. § 53 Abs. 3). Satz 2 ersetzt die Regelung des bisherigen § 24a Abs. 4 Satz 2, soweit sie auf die bisherigen §§ 28 bis 30 verweist. Satz 3 ersetzt die Regelung des bisherigen § 24a Abs. 4 Satz 2, soweit sie auf den bisherigen § 31 Abs. 1 verweist. Die in § 34 Abs. 3 geregelten Fristen finden bei der Entlassung einer Führungskraft auf Probe keine Anwendung.

BBG/BRRG alt	BBG neu	Erläuterungen
§ 31	**§ 36 Entlassung von politischen Beamtinnen auf Probe und politischen Beamten auf Probe**	**Zu § 36** (Entlassung von politischen Beamtinnen auf Probe und politischen Beamten auf Probe)
(1) … (2) Beamte auf Probe der in § 36 bezeichneten Art können jederzeit entlassen werden. …	**Politische Beamtinnen und politische Beamte, die sich in einem Beamtenverhältnis auf Probe befinden, können jederzeit aus diesem entlassen werden.**	Die Regelung entspricht mit Anpassung an die geschlechtergerechte Sprache dem bisherigen § 31 Abs. 2. Sie gilt auch für politische Beamtinnen und politische Beamte in leitender Funktion, die sich aufgrund einer Ausnahmeregelung nicht in einem Beamtenverhältnis auf Lebenszeit nach § 24 Abs. 2 Satz 1 befinden und ersetzt insoweit den bisherigen § 24a Abs. 4 Satz 2 in Verbindung mit dem bisherigen § 31 Abs. 2.
§ 32	**§ 37 Entlassung von Beamtinnen auf Widerruf und Beamten auf Widerruf**	**§ 37** (Entlassung von Beamtinnen auf Widerruf und Beamten auf Widerruf)
(1) [1]Der Beamte auf Widerruf kann jederzeit durch Widerruf entlassen werden. [2]§ 31 Abs. 3, 4 und 5 gilt entsprechend. (2) [1]Dem Beamten auf Widerruf im Vorbereitungsdienst soll Gelegenheit gegeben werden, den Vorbereitungsdienst abzuleisten und die Prüfung abzulegen. [2]Der Beamte ist mit Ablauf des Tages aus dem Beamtenverhältnis entlassen, an dem ihm 1. das Bestehen oder endgültige Nichtbestehen der Prüfung,	(1) [1]**Beamtinnen auf Widerruf und** Beamte auf Widerruf **können** jederzeit entlassen werden. [2]**Die Entlassung ist ohne Einhaltung einer Frist möglich.** [3]§ 34 Abs. 4 gilt entsprechend. (2) [1]**Beamtinnen auf Widerruf und** Beamten auf Widerruf im Vorbereitungsdienst soll Gelegenheit gegeben werden, den Vorbereitungsdienst abzuleisten und die Prüfung abzulegen. [2]**Sie sind** mit Ablauf des Tages aus dem Beamtenverhältnis entlassen, an dem **ihnen**	Entspricht mit redaktionellen Anpassungen dem bisherigen § 32.

2. das endgültige Nichtbestehen einer vorgeschriebenen Zwischenprüfung bekanntgegeben wird.	1. das Bestehen oder endgültige Nichtbestehen der Prüfung **oder** 2. das endgültige Nichtbestehen einer vorgeschriebenen Zwischenprüfung bekannt gegeben wird.	
§ 33	**§ 38 Verfahren der Entlassung**	**§ 38** (Verfahren der Entlassung)
Soweit gesetzlich nichts anders bestimmt ist, wird die Entlassung von der Stelle verfügt, die nach § 10 Abs. 1 für die Ernennung des Beamten zuständig wäre, und tritt im Falle des § 28 Nr. 1 mit der Zustellung, im übrigen mit dem Ende des Monats ein, der auf den Monat folgt, in dem die Entlassungsverfügung dem Beamten schriftlich, aber nicht in elektronischer Form mitgeteilt worden ist.	Soweit gesetzlich nichts anderes bestimmt ist, wird die Entlassung von der Stelle **schriftlich** verfügt, die für die Ernennung zuständig wäre. **Die Entlassung wird** im Falle des § 32 Abs. 1 Nr. 1 mit der Zustellung, im Übrigen mit dem **Ablauf** des Monats wirksam, der auf den Monat folgt, in dem **der Beamtin oder** dem Beamten die Entlassungsverfügung **zugestellt wird.**	Entspricht mit redaktionellen Anpassungen dem bisherigen § 33. Die Schriftform beinhaltet nach § 3a des Verwaltungsverfahrensgesetzes auch die elektronische Form mit qualifizierter Signatur.
§ 34	**§ 39 Folgen der Entlassung**	**§ 39** (Folgen der Entlassung)
[1]Nach der Entlassung hat der frühere Beamte keinen Anspruch auf Dienstbezüge und Versorgung, soweit gesetzlich nichts anderes bestimmt ist. [2]Er darf die Amtsbezeichnung und die im Zusammenhang mit dem Amt verliehenen Titel nur führen, wenn ihm die Erlaubnis nach § 81 Abs. 4 erteilt ist.	[1]Nach der Entlassung **besteht kein** Anspruch auf **Besoldung** und Versorgung, soweit gesetzlich nichts anderes bestimmt ist. [2]**Die** oberste Dienstbehörde **kann** die Erlaubnis erteilen, die Amtsbezeichnung mit dem Zusatz „außer Dienst" **oder** „a. D." sowie die im Zusammenhang mit dem Amt verliehenen Titel zu führen. [3]Die Erlaubnis kann zurückgenommen werden, wenn **die frühere Beamtin oder** der frühere Beamte sich ihrer als nicht würdig erweist.	Entspricht mit redaktionellen Anpassungen dem bisherigen § 34. Der bisherige § 34 Satz 2 wird gestrichen und der bisherige § 81 Abs. 4 aus systematischen Gründen als Folge der Entlassung an dieser Stelle aufgenommen. Im Fall einer Entlassung kann der Dienstherr der entlassenen Beamtin oder dem entlassenen Beamten die Erlaubnis erteilen, die Amtsbezeichnung mit dem Zusatz „a. D." sowie die im Zu-

BBG/BRRG alt	BBG neu	Erläuterungen
§ 81 (1) … (2) … (3) … (4) [1]Einem entlassenen Beamten kann die oberste Dienstbehörde die Erlaubnis erteilen, die Amtsbezeichnung mit dem Zusatz „außer Dienst" („a. D.") sowie die im Zusammenhang mit dem Amt verliehenen Titel zu führen. [2]Die Erlaubnis kann zurückgenommen werden, wenn der frühere Beamte sich ihrer als nicht würdig erweist.		sammenhang mit dem Amt verliehenen Titel zu führen.
§ 57	**§ 40 Ausscheiden bei Wahlen oder Übernahme politischer Ämter**	**§ 40** (Ausscheiden bei Wahlen oder Übernahme politischer Ämter) **Zu Absatz 1**
Der Beamte muss aus seinem Amt ausscheiden, wenn er die Wahl zum Abgeordneten des Bundestages annimmt. Das Nähere wird durch Gesetz bestimmt. **§ 89a** (1) Für einen Beamten, der nach dem 1. Juni 1978 in die gesetzgebende Körperschaft eines Landes gewählt worden ist	(1) [1]**Beamtinnen und** Beamte müssen aus ihrem Amt ausscheiden, wenn **sie** die Wahl **zur oder** zum Abgeordneten des **Deutschen** Bundestages **oder zum Europäischen Parlament annehmen.** [2]**Das Nähere bestimmt ein Gesetz.** [3]**Für Beamtinnen und Beamte, die in die gesetzgebende Körperschaft eines Landes gewählt worden sind und deren Amt kraft Gesetzes mit dem Mandat**	Die Sätze 1 und 2 entsprechen dem bisherigen § 57. Die Annahme einer Wahl zum Europäischen Parlament wurde zusätzlich aufgenommen. Satz 3 entspricht dem bisher in § 89a Abs. 1 geregelten Sachverhalt. Auf den bisher genannten Zeitpunkt der Wahl kann aufgrund des Zeitablaufs verzichtet werden.

und dessen Amt kraft Gesetzes mit dem Mandat unvereinbar ist, gelten die für in den Deutschen Bundestag gewählte Beamte maßgebenden Vorschriften in den §§ 5 bis 7, 8 Abs. 2, §§ 9, 23 Abs. 5 und in § 36 Abs. 1 des Abgeordnetengesetzes entsprechend.	**unvereinbar ist, gelten die für in den Deutschen Bundestag gewählte Beamtinnen und Beamte maßgebenden Vorschriften der §§ 5 bis 7, 8 Abs. 2, der §§ 9, 23 Abs. 5 und des § 36 Abs. 1 des Abgeordnetengesetzes entsprechend.**	
§ 29 (1) – (3) …		**Zu Absatz 2**
(4) [1]Absatz 1 Nr. 2 ist nicht anzuwenden, wenn der Beamte zum Mitglied der Regierung eines Landes ernannt wird; für diesen Fall gilt § 18 Abs. 1 und 2 des Bundesministergesetzes entsprechend. [2]Das gilt auch für den Eintritt in ein Amtsverhältnis, das dem eines Parlamentarischen Staatssekretärs im Sinne des Gesetzes über die Rechtsverhältnisse der Parlamentarischen Staatssekretäre entspricht.	(2) [1]**Werden Beamtinnen oder** Beamte zum Mitglied der Regierung eines Landes ernannt, gilt § 18 Abs. 1 und 2 des Bundesministergesetzes entsprechend. [2]Dies gilt auch für den Eintritt in ein Amtsverhältnis, das dem **Parlamentarischer Staatssekretärinnen oder** Parlamentarischer Staatssekretäre im Sinne des Gesetzes über die Rechtsverhältnisse der Parlamentarischen Staatssekretäre entspricht.	Entspricht dem bisherigen § 29 Abs. 4.
	(3) [1]Bei Eintritt in ein kommunales Wahlbeamtenverhältnis auf Zeit ist § 31 Abs. 1 Nr. 2 nicht anzuwenden. [2]Die Rechte und Pflichten aus dem letzten im Beamtenverhältnis wahrgenommenen Amt ruhen für die Dauer des Wahlbeamtenverhältnisses mit Ausnahme der Pflicht zur Verschwiegenheit und des Verbotes der An-	**Zu Absatz 3** Absatz 3 enthält eine besondere Regelung für Kommunale Wahlbeamtinnen und Wahlbeamte. Kommunale Wahlämter werden regelmäßig im Beamtenverhältnis auf Zeit zu einem kommunalen Dienstherrn wahrgenommen. Tritt eine Bundesbeamtin oder ein Bundesbeamter in ein solches Beamtenverhältnis ein, ist sie oder er nach der generellen Rege-

BBG/BRRG alt	BBG neu	Erläuterungen
	nahme von Belohnungen, Geschenken und sonstigen Vorteilen. [3]Beamtinnen und Beamte kehren nach Beendigung ihrer Amtszeit unter Übertragung ihres letzten Amtes in ihr Dienstverhältnis zurück, sofern sie zu diesem Zeitpunkt noch nicht die für sie geltende Altersgrenze erreicht haben. [4]Die Beamtinnen und Beamten erhalten nach Beendigung des Wahlbeamtenverhältnisses die Besoldung aus dem zuletzt im Beamtenverhältnis des Bundes wahrgenommenen Amt. [5]Wird die Rückkehr nach Beendigung des Wahlbeamtenverhältnisses abgelehnt oder ihr nicht gefolgt, sind sie zu entlassen. [6]Die Entlassung wird von der Stelle schriftlich verfügt, die für die Ernennung zuständig wäre. [7]Die Entlassung tritt mit dem Ablauf des Monats ein, der auf den Monat folgt, in dem die Entlassungsverfügung zugestellt wird.	lung in § 31 kraft Gesetzes ohne beamtenrechtliche Versorgung entlassen. In dem neuen Amt wird erst nach Ablauf einer festgelegten Amtszeit, ggf. auch erst nach einer Wiederwahl, ein beamtenrechtlicher Versorgungsanspruch erworben. Unter diesen Voraussetzungen sind Bundesbeamtinnen auf Lebenszeit und Bundesbeamte auf Lebenszeit nicht bereit, solche Wahlämter zu übernehmen. An der qualifizierten Besetzung dieser Ämter im Bereich der örtlichen Demokratie besteht jedoch ein großes öffentliches Interesse. Bisher wurde daher hilfsweise aufgrund der Regelung des bisherigen § 29 Abs. 3 Satz 2 die Fortdauer des Bundesbeamtenverhältnisses neben dem neuen Wahlbeamtenverhältnis angeordnet. Die Rechte und Pflichten aus dem Bundesbeamtenverhältnis bestehen danach fort und müssen zwischen beiden Dienstherren ohne ausreichende Grundlage weiter geklärt werden. Dies ist vor allem für das „politische Amt" unvertretbar. Auch eine Wiedereinstellungszusage des Bundes stellt wegen fehlender rechtlicher Grundlage keine ausreichende Lösung dar.

		Durch die Neuregelung in Satz 1 wird bei Eintritt in ein kommunales Wahlbeamtenverhältnis auf Zeit die Entlassung aus dem Bundesbeamtenverhältnis, eine Wiedereinstellungszusage der Personalverwaltung oder die hilfsweise Anordnung der Fortdauer des Bundesbeamtenverhältnisses nicht mehr erforderlich sein. Die gewählte Person scheidet aus ihrem Amt im Bundesbeamtenverhältnis unter Ruhen von Rechten und Pflichten aus. Nach Beendigung der Amtszeit im kommunalen Wahlbeamtenverhältnis kann ihr zugemutet werden, in ihrem früheren Dienstverhältnis wieder verwendet zu werden. Der neue Satz 4 trifft eine eigenständige Regelung im Hinblick auf den Anspruch auf Besoldung nach dem Ende des Wahlbeamtenverhältnisses. Soweit aus dem Wahlbeamtenverhältnis ein eigenständiger Versorgungsanspruch erwächst, findet § 54 des Beamtenversorgungsgesetzes Anwendung. Satz 5 sieht die Folge der Entlassung vor, wenn die Rückkehr in das Beamtenverhältnis nach Beendigung des Wahlbeamtenverhältnisses nicht erfolgt. Die Sätze 6 und 7 regeln die Zustellung und den Zeitpunkt der Entlassung.

BBG/BRRG alt	BBG neu	Erläuterungen
§ 48	**§ 41 Verlust der Beamtenrechte**	**§ 41** (Verlust der Beamtenrechte) **Zu Absatz 1**
[1]Das Beamtenverhältnis eines Beamten, der im ordentlichen Strafverfahren durch das Urteil eines deutschen Gerichts im Geltungsbereich dieses Gesetzes 1. wegen einer vorsätzlichen Tat zu Freiheitsstrafe von mindestens einem Jahr oder 2. wegen einer vorsätzlichen Tat, die nach den Vorschriften über Friedensverrat, Hochverrat, Gefährdung des demokratischen Rechtsstaates oder Landesverrat und Gefährdung der äußeren Sicherheit strafbar ist, zu Freiheitsstrafe von mindestens sechs Monaten verurteilt wird, endet mit der Rechtskraft des Urteils. [2]Entsprechendes gilt, wenn dem Beamten die Fähigkeit zur Bekleidung öffentlicher Ämter aberkannt wird oder wenn der Beamte auf Grund einer Entscheidung des Bundesverfassungsgerichts gemäß Artikel 18 des Grundgesetzes ein Grundrecht verwirkt hat.	(1) [1]**Werden Beamtinnen oder Beamte** im ordentlichen Strafverfahren durch das Urteil eines deutschen Gerichts 1. wegen einer vorsätzlichen Tat zu **einer** Freiheitsstrafe von mindestens einem Jahr oder 2. wegen einer vorsätzlichen Tat, die nach den Vorschriften über Friedensverrat, Hochverrat, Gefährdung des demokratischen Rechtsstaates oder Landesverrat und Gefährdung der äußeren Sicherheit **oder, soweit sich die Tat auf eine Diensthandlung im Hauptamt bezieht, Bestechlichkeit** strafbar ist, zu **einer** Freiheitsstrafe von mindestens sechs Monaten verurteilt, endet **das Beamtenverhältnis** mit der Rechtskraft des Urteils. [2]Entsprechendes gilt, wenn die Fähigkeit zur **Wahrnehmung** öffentlicher Ämter aberkannt wird oder wenn **Beamtinnen oder** Beamte aufgrund einer Entscheidung des Bundesverfassungsgerichts nach Artikel 18 des Grundgesetzes ein Grundrecht verwirkt **haben**.	Nimmt mit redaktionellen Anpassungen an die geschlechtergerechte Sprache die Regelungen des bisherigen § 48 auf. Zur besseren Bekämpfung der Korruption werden in Satz 1 Nr. 2 die Straftatbestände, die bei eine m strafgerichtlichen Urteil zu einer Beendigung des Beamtenverhältnisses kraft Gesetzes führen, um den Straftatbestand der Bestechlichkeit erweitert. Korruption unterhöhlt das Grundvertrauen der Bürger in den Staat. Eine Beamtin oder ein Beamter, die oder der wegen Bestechlichkeit verurteilt wird, hat das Ansehen des öffentlichen Dienstes in besonderer Weise geschädigt und sich als ungeeignet für das Beamtenverhältnis erwiesen. Die Aufnahme der Bestechlichkeit als Straftat im Amt in den Katalog der Delikte soll auch einer größeren Abschreckung dienen. Aus Gründen der Verhältnismäßigkeit wird die zwingende Rechtsfolge auf Verurteilungen wegen einer im Hauptamt begangenen Bestechlichkeit begrenzt. Soweit die Tat im Rahmen eines Nebenamtes

		oder eines öffentlichen Ehrenamtes begangen wurde, bleibt die Entscheidung über die Beendigung des Beamtenverhältnisses im Hauptamt weiterhin der Einzelfallprüfung im Rahmen des Disziplinarverfahrens vorbehalten. Mit der zwingenden gesetzlichen Beendigungsregelung wird das bisher in der Praxis sich anschließende Disziplinarverfahren entbehrlich, an dessen Ende in diesen Fällen regelmäßig die Entfernung der Beamtin oder des Beamten aus dem Dienst steht. Diese zwingende Regelung im Bundesbeamtengesetz gilt unbeschadet des § 358 des Strafgesetzbuches, der bereits dem Strafgericht die Möglichkeit einräumt, die Fähigkeit zur Wahrnehmung öffentlicher Ämter abzuerkennen.
§ 49 [1]Endet das Beamtenverhältnis nach § 48, so hat der frühere Beamte keinen Anspruch auf Dienstbezüge und Versorgung, soweit gesetzlich nichts anderes bestimmt ist. [2]Er darf die Amtsbezeichnung und die im Zusammenhang mit dem Amt verliehenen Titel nicht führen.	(2) [1]**Nach Beendigung des** Beamtenverhältnisses nach **Absatz 1 besteht kein** Anspruch auf **Besoldung** und Versorgung, soweit gesetzlich nichts anderes bestimmt ist. [2]**Die** Amtsbezeichnung und die im Zusammenhang mit dem Amt verliehenen Titel **dürfen nicht weiter geführt werden**.	**Zu Absatz 2** Entspricht mit redaktionellen Anpassungen dem bisherigen § 49.

BBG/BRRG alt	BBG neu	Erläuterungen
§ 51	**§ 42 Wirkung eines Wiederaufnahmeverfahrens**	**§ 42** (Wirkung eines Wiederaufnahmeverfahrens)
(1) [1]Wird eine Entscheidung, durch die der Verlust der Beamtenrechte bewirkt worden ist, im Wiederaufnahmeverfahren durch eine Entscheidung ersetzt, die diese Wirkung nicht hat, so gilt das Beamtenverhältnis als nicht unterbrochen. [2]Der Beamte hat, sofern er die Altersgrenze noch nicht erreicht hat und noch dienstfähig ist, Anspruch auf Übertragung eines Amtes derselben oder einer mindestens gleichwertigen Laufbahn wie sein bisheriges Amt und mit mindestens demselben Endgrundgehalt (§ 26 Abs. 1 Satz 2); bis zur Übertragung des neuen Amtes erhält er die Dienstbezüge, die ihm aus seinem bisherigen Amt zugestanden hätten.	(1) [1]Wird eine Entscheidung, die den Verlust der Beamtenrechte bewirkt hat, im Wiederaufnahmeverfahren durch eine Entscheidung ersetzt, die diese Wirkung nicht hat, gilt das Beamtenverhältnis als nicht unterbrochen. [2]**Beamtinnen und Beamte haben**, sofern **sie** die Altersgrenze noch nicht erreicht haben und dienstfähig **sind**, Anspruch auf Übertragung eines Amtes derselben oder einer mindestens gleichwertigen Laufbahn wie **ihr** bisheriges Amt und mit mindestens demselben Endgrundgehalt. [3]Bis zur Übertragung des neuen Amtes erhalten sie die **Besoldung**, die **ihnen** aus ihrem bisherigen Amt zugestanden **hätte**.	Entspricht mit redaktionellen Anpassungen an die geschlechtergerechte Sprache dem bisherigen § 51.
(2) Ist auf Grund des im Wiederaufnahmeverfahren festgestellten Sachverhaltes oder auf Grund eines rechtskräftigen Strafurteils, das nach der früheren Entscheidung ergangen ist, ein Disziplinarverfahren mit dem Ziel der Entfernung des Beamten aus dem Beamtenverhältnis eingeleitet worden, so verliert der Beamte die ihm nach Absatz 1 zustehenden Ansprüche, wenn auf Entfernung aus dem Beamtenverhältnis erkannt	(2) [1]Ist aufgrund des im Wiederaufnahmeverfahren festgestellten Sachverhalts oder aufgrund eines rechtskräftigen Strafurteils, das nach der früheren Entscheidung ergangen ist, ein Disziplinarverfahren mit dem Ziel der Entfernung aus dem Beamtenverhältnis eingeleitet worden, verliert **die Beamtin oder** der Beamte die ihr oder ihm nach Absatz 1 zustehenden Ansprüche, wenn auf Entfernung aus dem Beamtenverhältnis	

wird; bis zur rechtskräftigen Entscheidung können die Ansprüche nicht geltend gemacht werden. (3) Absatz 2 gilt entsprechend in Fällen der Entlassung eines Beamten auf Probe oder auf Widerruf wegen eines Verhaltens der in § 31 Abs. 1 Nr. 1 bezeichneten Art. (4) Der Beamte muss sich auf die ihm nach Absatz 1 zustehenden Dienstbezüge ein anderes Arbeitseinkommen oder einen Unterhaltsbeitrag anrechnen lassen; er ist zur Auskunft hierüber verpflichtet.	erkannt wird. [2]Bis zur **Rechtskraft der** Entscheidung können die Ansprüche nicht geltend gemacht werden. (3) Absatz 2 gilt entsprechend in Fällen der Entlassung von **Beamtinnen auf Probe und** Beamten auf Probe oder **von Beamtinnen auf Widerruf und** Beamten auf Widerruf wegen eines Verhaltens **im Sinne des** § 34 Abs. 1 Nr. 1. (4) [1]**Auf die Besoldung** nach Absatz 1 Satz 3 **wird** ein anderes Arbeitseinkommen oder ein Unterhaltsbeitrag angerechnet. [2]**Die Beamtinnen und Beamte sind** hierüber zur Auskunft verpflichtet.	
§ 50 (1) [1]Dem Bundespräsidenten steht hinsichtlich des Verlustes der Beamtenrechte (§§ 48, 49) das Gnadenrecht zu. [2]Er kann die Ausübung anderen Stellen übertragen. (2) Wird im Gnadenweg der Verlust der Beamtenrechte in vollem Umfang beseitigt, so gilt von diesem Zeitpunkt ab § 51 entsprechend.	**§ 43 Gnadenrecht** [1]**Der Bundespräsidentin oder** dem Bundespräsidenten **oder der von ihr oder ihm bestimmten Stelle** steht hinsichtlich des Verlustes der Beamtenrechte das Gnadenrecht zu. [2]Wird im Gnadenweg der Verlust der Beamtenrechte in vollem Umfang beseitigt, gilt ab diesem Zeitpunkt § 42 entsprechend.	**§ 43** (Gnadenrecht) Entspricht mit redaktionellen Anpassungen an die geschlechtergerechte Sprache dem bisherigen § 50.

BBG/BRRG alt	BBG neu	Erläuterungen
	Unterabschnitt 2 **Dienstunfähigkeit**	**Unterabschnitt 2** (Dienstunfähigkeit)
§ 42	**§ 44 Dienstunfähigkeit**	**§ 44** (Dienstunfähigkeit) Die Regelung entspricht dem bisherigen § 42, wird insgesamt aber übersichtlicher aufgebaut. Der Vorrang der anderweitigen Verwendung wird ausdrücklich festgeschrieben. Die bisher in § 43 geregelte Möglichkeit der Versetzung in den Ruhestand wegen Dienstunfähigkeit auf Antrag der Beamtin oder des Beamten wird gestrichen. Damit wird verdeutlicht, dass es sich bei der Entscheidung über die Versetzung in den Ruhestand wegen Dienstunfähigkeit in erster Linie um eine Maßnahme des Dienstherrn handelt, der bei Vorliegen der Voraussetzungen tätig wird und nicht um eine Entscheidung auf Initiative der Beamtin oder des Beamten. Das Recht der Beamtin oder des Beamten, einen formlosen Antrag in eigener Sache zu stellen, bleibt davon unbenommen.
(1) Der Beamte auf Lebenszeit ist in den Ruhestand zu versetzen, wenn er wegen seines körperlichen Zustandes oder	(1) [1]**Die Beamtin auf Lebenszeit oder** der Beamte auf Lebenszeit ist in den Ruhestand zu versetzen, wenn **sie oder**	**Zu Absatz 1** Satz 1 definiert die Dienstunfähigkeit. Sie liegt dann vor, wenn die Beam-

aus gesundheitlichen Gründen zur Erfüllung seiner Dienstpflichten dauernd unfähig (dienstunfähig) ist. Als dienstunfähig kann der Beamte auch dann angesehen werden, wenn er infolge Erkrankung innerhalb eines Zeitraumes von sechs Monaten mehr als drei Monate keinen Dienst getan hat und keine Aussicht besteht, daß er innerhalb weiterer sechs Monate wieder voll dienstfähig wird. Bestehen Zweifel über die Dienstunfähigkeit des Beamten, so ist er verpflichtet, sich nach Weisung der Behörde ärztlich untersuchen und, falls ein Amtsarzt dies für erforderlich hält, auch beobachten zu lassen.	er wegen **des** körperlichen Zustandes oder aus gesundheitlichen Gründen zur Erfüllung **der** Dienstpflichten dauernd unfähig (dienstunfähig) ist. [2]Als dienstunfähig kann auch angesehen werden, **wer** infolge Erkrankung innerhalb von sechs Monaten mehr als drei Monate keinen Dienst getan hat, **wenn** keine Aussicht besteht, **dass** innerhalb weiterer sechs Monate **die Dienstfähigkeit** wieder voll **hergestellt ist**. [3]**In den Ruhestand wird nicht versetzt, wer anderweitig verwendbar ist.**	tin oder der Beamte zur Erfüllung der Dienstpflichten dauernd unfähig ist. Satz 2 enthält wie bisher eine Vermutung für die Dienstunfähigkeit. Satz 3 enthält im Gegensatz zu der bloßen Sollvorschrift im bisherigen § 42 Abs. 3 Satz 1 die gesetzliche Verpflichtung, von der Versetzung in den Ruhestand wegen Dienstunfähigkeit abzusehen, wenn eine anderweitige Verwendung möglich ist. Damit erhält der Grundsatz „Rehabilitation vor Versorgung" rechtliche Verbindlichkeit. Die Notwendigkeit der vollen Nutzung der knappen personellen Ressourcen rechtfertigt diese Mussregelung, um die von den Beamtinnen und Beamten eingegangene Verpflichtung zur vollen Dienstleistung bis zum Erreichen der Regelaltersgrenze zu realisieren. Diese Änderung beruht auf einem Beschluss des Rechnungsprüfungsausschusses des Deutschen Bundestages vom 25. Februar 2005. Die Dienststellen müssen im Fall der Dienstunfähigkeit vor einer Versetzung in den Ruhestand zunächst umfassend die Möglichkeit einer anderweitigen Verwendung prüfen. Dazu gehört auch die Verwendung im Rahmen der begrenzten Dienstfähigkeit (§ 45). Satz 3 des bisherigen § 42 Abs. 1 wird Absatz 6.

BBG/BRRG alt	BBG neu	Erläuterungen
(3) [1]Von der Versetzung des Beamten in den Ruhestand wegen Dienstunfähigkeit soll abgesehen werden, wenn ihm ein anderes Amt derselben oder einer anderen Laufbahn übertragen werden kann. [2]In den Fällen des Satzes 1 ist die Übertragung eines anderen Amtes ohne Zustimmung des Beamten zulässig, wenn das neue Amt zum Bereich desselben Dienstherrn gehört, es mit mindestens demselben Endgrundgehalt verbunden ist wie das bisherige Amt und zu erwarten ist, dass der Beamte den gesundheitlichen Anforderungen des neuen Amtes genügt; Stellenzulagen gelten hierbei nicht als Bestandteile des Grundgehaltes. [3]Besitzt der Beamte nicht die Befähigung für die andere Laufbahn, hat er an Maßnahmen für den Erwerb der neuen Befähigung teilzunehmen. [4]Dem Beamten kann zur Vermeidung seiner Versetzung in den Ruhestand unter Beibehaltung seines Amtes ohne seine Zustimmung auch eine geringerwertige Tätigkeit innerhalb seiner Laufbahngruppe übertragen werden, wenn eine anderweitige Verwendung nicht möglich ist und dem	(2) [1]**Eine anderweitige Verwendung ist möglich**, wenn ein anderes Amt, **auch** einer anderen Laufbahn, übertragen werden kann. [2]**Die** Übertragung eines anderen Amtes ohne Zustimmung **ist** zulässig, wenn das neue Amt zum Bereich desselben Dienstherrn gehört, es mit mindestens demselben Endgrundgehalt verbunden ist wie das bisherige Amt und zu erwarten ist, dass **die Beamtin oder** der Beamte den gesundheitlichen Anforderungen des neuen Amtes genügt.	**Zu Absatz 2** Der bisherige Absatz 2 wird Absatz 7. Absatz 2 entspricht dem bisherigen § 42 Abs. 3 Satz 1 und 2.

Beamten die Wahrnehmung der neuen Aufgabe unter Berücksichtigung seiner bisherigen Tätigkeit zuzumuten ist.		
(4) Der Beamte auf Lebenszeit kann auch ohne Nachweis der Dienstunfähigkeit auf seinen Antrag in den Ruhestand versetzt werden, wenn er 1. das sechzigste Lebensjahr vollendet hat und schwerbehindert im Sinne des § 2 Abs. 2 des Neunten Buches Sozialgesetzbuch ist oder 2. das dreiundsechzigste Lebensjahr vollendet hat.	(3) **Zur** Vermeidung **der** Versetzung in den Ruhestand **kann einer Beamtin oder einem Beamten** unter Beibehaltung des übertragenen Amtes ohne Zustimmung auch eine geringerwertige Tätigkeit übertragen werden, wenn eine anderweitige Verwendung nicht möglich und die Wahrnehmung der neuen Aufgabe unter Berücksichtigung der bisherigen Tätigkeit **zumutbar** ist.	**Zu Absatz 3** Hinsichtlich der Möglichkeiten einer anderweitigen Verwendung wird die Regelung des bisherigen § 42 Abs. 3 Satz 4 flexibler. Zur Vermeidung der Versetzung in den Ruhestand kann unter Wahrung des statusrechtlichen Amtes eine geringerwertige Tätigkeit übertragen werden. Dabei ist die Übertragung eines anderen Amtes mit geringerem Endgrundgehalt nicht möglich. Die Regelung des bisherigen § 42 Abs. 4 wird aus systematischen Gründen in § 52 aufgenommen. Der bisherige § 42 Abs. 5 entfällt wegen Wegfalls des Regelungsbedürfnisses.
(5) Für Beamte, denen vor dem 1. Juli 1997 auf Antrag Teilzeitbeschäftigung oder Urlaub nach § 72a Abs. 1 Satz 1 Nr. 2 oder Nr. 4 in der am 1. Juni 1994 geltenden Fassung bewilligt worden ist, gilt für die Bestimmung des Beginns des Ruhestandes im Sinne dieser Vorschrift Absatz 4 Satz 1 Nr. 2 in der bis zum 30. Juni 1997 geltenden Fassung fort.	**(4) [1]Zur Vermeidung einer Versetzung in den Ruhestand kann die Beamtin oder der Beamte nach dem Erwerb der Befähigung für eine neue Laufbahn auch ohne Zustimmung in ein Amt dieser Laufbahn mit geringerem Endgrundgehalt versetzt werden,**	**Zu Absatz 4** Absatz 4 sieht zur Vermeidung einer Versetzung in den Ruhestand vor, dass bei einem vorherigen Laufbahnwechsel Beamtinnen oder Beamte auch ohne Zustimmung in ein Amt dieser Laufbahn mit geringerem Endgrundgehalt versetzt werden können, wenn eine dem

BBG/BRRG alt	BBG neu	Erläuterungen
	wenn eine dem bisherigen Amt entsprechende Verwendung nicht möglich und die Wahrnehmung der neuen Aufgabe unter Berücksichtigung der bisherigen Tätigkeit zumutbar ist. [2]Das Endgrundgehalt muss mindestens dem des Amtes entsprechen, das die Beamtin oder der Beamte vor dem bisherigen Amt wahrgenommen hat. [3]Diese Möglichkeit besteht nur bis zum 31. Dezember 2014.	bisherigen Amt entsprechende Verwendung nicht möglich ist. In diesen Fällen muss wegen der Beeinträchtigung des bestehenden Rechts auf amtsangemessene Tätigkeit die Wahrnehmung der neuen Aufgabe zumutbar sein. An die Zumutbarkeit, die insbesondere auch die Vorbildung und die bisherige Tätigkeit berücksichtigen muss, sind zum Schutz der Beamtinnen und Beamten hohe Anforderungen zu stellen. Diese Regelung gilt insbesondere für Polizeivollzugsbeamtinnen des Bundes und Polizeivollzugsbeamte des Bundes, die wegen Polizeidienstunfähigkeit einen Laufbahnwechsel – z. B. für den allgemeinen Verwaltungsdienst – vollzogen haben. Diese Möglichkeit ist zur Erprobung der Maßnahme zur Vermeidung von Dienstunfähigkeit zunächst bis zum 31. Dezember 2014 befristet.
		Zu Absatz 5
(3) … [3]Besitzt der Beamte nicht die Befähigung für die andere Laufbahn, hat er an Maßnahmen für den Erwerb der neuen Befähigung teilzunehmen.	(5) **Die Beamtin oder** der Beamte, **die oder der** nicht die Befähigung für eine andere Laufbahn **besitzt, ist verpflichtet, an Qualifizierungsmaßnahmen** für den Erwerb der neuen Befähigung teilzunehmen.	Entspricht dem bisherigen § 42 Abs. 3 Satz 3. Mit „Qualifizierungsmaßnahmen“ sind Schulungs- und Weiterbildungsangebote zum Erwerb einer neuen Befähigung gemeint.

		Zu Absatz 6
(1) … [3]Bestehen Zweifel über die Dienstunfähigkeit des Beamten, so ist er verpflichtet, sich nach Weisung der Behörde ärztlich untersuchen und, falls ein Amtsarzt dies für erforderlich hält, auch beobachten zu lassen.	(6) Bestehen Zweifel über die Dienstunfähigkeit, **besteht die Verpflichtung**, sich nach Weisung der Behörde ärztlich untersuchen und, falls dies **aus amtsärztlicher Sicht** für erforderlich **gehalten wird, auch beobachten zu lassen.**	Absatz 6 entspricht mit Anpassungen an die geschlechtergerechte Sprache dem bisherigen § 42 Abs. 1 Satz 3.
		Zu Absatz 7
(2) Gesetzliche Vorschriften, die für einzelne Beamtengruppen andere Voraussetzungen für die Beurteilung der Dienstunfähigkeit bestimmen, bleiben unberührt.	(7) Gesetzliche Vorschriften, die für einzelne **Gruppen von Beamtinnen und Beamten** andere Voraussetzungen für die Beurteilung der Dienstunfähigkeit bestimmen, bleiben unberührt.	Absatz 7 entspricht mit redaktionellen Änderungen dem bisherigen § 42 Abs. 2. Damit sind z. B. besondere Regelungen zur Dienstunfähigkeit für Polizeivollzugsbeamtinnen und Polizeivollzugsbeamte gemeint.
§ 42a	**§ 45 Begrenzte Dienstfähigkeit**	**§ 45** (Begrenzte Dienstfähigkeit)
		Zu Absatz 1
(1) Von der Versetzung des Beamten in den Ruhestand wegen Dienstunfähigkeit soll abgesehen werden, wenn der Beamte unter Beibehaltung seines Amtes seine Dienstpflichten noch während mindestens der Hälfte der regelmäßigen Arbeitszeit erfüllen kann (begrenzte Dienstfähigkeit).	(1) [1]Von der Versetzung in den Ruhestand wegen Dienstunfähigkeit **ist abzusehen**, wenn **die Beamtin oder** der Beamte unter Beibehaltung **des übertragenen** Amtes die Dienstpflichten noch während mindestens der Hälfte der regelmäßigen Arbeitszeit erfüllen kann (begrenzte Dienstfähigkeit). [2]**Von der begrenzten Dienstfähigkeit soll abgesehen werden, wenn der Beamtin oder**	Enthält mit redaktionellen Anpassungen an die geschlechtergerechte Sprache die bisher in § 42a getroffenen Regelungen zur begrenzten Dienstfähigkeit. Die bisherige Sollvorschrift wird in eine gesetzliche Verpflichtung umgewandelt. Die Notwendigkeit der vollen Nutzung knapper personeller Ressourcen rechtfertigt diese Mussvorschrift im Zusammenhang mit der Vermeidung von

BBG/BRRG alt	BBG neu	Erläuterungen
	dem Beamten nach § 44 Abs. 2 oder 3 ein anderes Amt oder eine geringerwertige Tätigkeit übertragen werden kann.	Frühpensionierungen. Satz 2 entspricht inhaltlich dem bisherigen § 42a Abs. 3.
(2) Die Arbeitszeit des Beamten ist entsprechend der begrenzten Dienstfähigkeit herabzusetzen. Er kann mit seiner Zustimmung auch in einer nicht seinem Amt entsprechenden Tätigkeit eingeschränkt verwendet werden. (3) Von einer eingeschränkten Verwendung des Beamten nach Absatz 2 soll abgesehen werden, wenn ihm nach § 42 Abs. 3 ein anderes Amt oder eine geringerwertige Tätigkeit übertragen werden kann.	(2) [1]Die Arbeitszeit ist entsprechend der begrenzten Dienstfähigkeit **zu verkürzen.** [2]**Mit Zustimmung der Beamtin oder des Beamten ist auch eine Verwendung** in einer nicht **dem** Amt entsprechenden Tätigkeit **möglich.**	**Zu Absatz 2** Entspricht dem bisherigen § 42a Abs. 2.
(4) § 42 Abs. 1 Satz 3 sowie die §§ 44, 46a und 47 gelten entsprechend. § 65 Abs. 2 Satz 4 gilt mit der Maßgabe, daß von der regelmäßigen Arbeitszeit des Beamten unter Berücksichtigung der verminderten Arbeitszeit nach Absatz 2 auszugehen ist.	**(3) [1]Die für die Ernennung zuständige Behörde entscheidet über die Feststellung der begrenzten Dienstfähigkeit. [2]Für das Verfahren gelten die Vorschriften über die Dienstunfähigkeit entsprechend.**	**Zu Absatz 3** Die für die Ernennung zuständige Behörde entscheidet über die Feststellung der begrenzten Dienstfähigkeit. Da die begrenzte Dienstfähigkeit oft eine Vorstufe der Dienstunfähigkeit darstellt, kann wie bisher in § 42a Abs. 4 Satz 1 hinsichtlich des Verfahrens auf die entsprechende Anwendbarkeit der Vorschriften über die Dienstunfähigkeit verwiesen werden. Dies gilt z. B. für den

(5) aufgehoben		Zeitraum der vorherigen Erkrankung, die Verpflichtung zur amtsärztlichen Untersuchung sowie für das Verfahren zur Feststellung der Voraussetzungen. Die bisher in § 42a Abs. 4 Satz 2 enthaltene Regelung zur Anwendung der nebentätigkeitsrechtlichen Fünftel-Vermutung bei begrenzter Dienstfähigkeit wird aus systematischen Gründen in § 99 Abs. 3 Satz 2 eingefügt.
§ 43 (1) Beantragt der Beamte, ihn nach § 42 Abs. 1 in den Ruhestand zu versetzen, so wird seine Dienstunfähigkeit dadurch festgestellt, dass sein unmittelbarer Dienstvorgesetzter auf Grund eines ärztlichen (§ 46a) Gutachtens über den Gesundheitszustand erklärt, er halte ihn nach pflichtgemäßem Ermessen für dauernd unfähig, seine Amtspflichten zu erfüllen. (2) Die über die Versetzung in den Ruhestand entscheidende Behörde ist an die Erklärung des unmittelbaren Dienstvorgesetzten nicht gebunden; sie kann auch andere Beweise erheben.	–	Die Möglichkeit, dass die Beamtin oder der Beamte einen Antrag auf Dienstunfähigkeit stellen kann, entfällt künftig. Das soll den Grundsatz des Vorrangs der Weiterverwendung vor Versorgung stärken und deutlich machen, dass die Dienststelle alle Maßnahmen vor Versetzung in den Ruhestand prüfen muss. Die Frage der Versetzung in den Ruhestand steht nicht im Belieben des Beamten.

BBG/BRRG alt	BBG neu	Erläuterungen
§ 45	§ 46 **Wiederherstellung der Dienstfähigkeit**	**§ 46** (Wiederherstellung der Dienstfähigkeit) **Zu Absatz 1**
(1) [1]Ein wegen Dienstunfähigkeit in den Ruhestand versetzter Beamter ist, solange er das dreiundsechzigste Lebensjahr noch nicht vollendet hat, verpflichtet, einer erneuten Berufung in das Beamtenverhältnis Folge zu leisten, wenn ihm im Dienstbereich seines früheren Dienstherrn ein Amt seiner früheren oder einer anderen Laufbahn mit mindestens demselben Endgrundgehalt übertragen werden soll und zu erwarten ist, dass der Beamte den gesundheitlichen Anforderungen des neuen Amtes genügt; Stellenzulagen gelten hierbei nicht als Bestandteile des Grundgehaltes. [2]Besitzt der Beamte nicht die Befähigung für die andere Laufbahn, hat er an Maßnahmen für den Erwerb der neuen Befähigung teilzunehmen. [3]Dem wegen Dienstunfähigkeit in den Ruhestand versetzten Beamten kann ferner unter Übertragung eines Amtes seiner früheren Laufbahn nach Satz 1 auch eine geringerwertige Tätigkeit innerhalb seiner Laufbahngruppe übertragen werden, wenn eine anderweitige Verwendung	(1) [1]**Beamtinnen und Beamte, die** wegen Dienstunfähigkeit in den Ruhestand **versetzt wurden, sind** verpflichtet, einer erneuten Berufung in das Beamtenverhältnis Folge zu leisten, wenn **ihnen** im Dienstbereich **ihres** früheren Dienstherrn ein Amt **ihrer** früheren oder einer anderen Laufbahn mit mindestens demselben Endgrundgehalt übertragen werden soll und zu erwarten ist, dass **sie** den gesundheitlichen Anforderungen des neuen Amtes **genügen**. [2]**Der Dienstherr ist verpflichtet, in regelmäßigen Abständen das Vorliegen der Voraussetzungen für die Dienstunfähigkeit zu überprüfen, es sei denn, nach den Umständen des Einzelfalls kommt eine erneute Berufung in das Beamtenverhältnis nicht in Betracht.**	Entspricht mit redaktionellen Anpassungen an die geschlechtergerechte Sprache dem bisherigen § 45 Abs. 1 Satz 1. Eine Altersgrenze für die Reaktivierung wird gesetzlich nicht mehr festgelegt. Die Entscheidung über die Prüfung einer Reaktivierung auch lebensälterer Beamtinnen und Beamter liegt damit in der Hand der Personalverwaltung. Satz 2 enthält eine gesetzliche Verpflichtung des Dienstherrn, in regelmäßigen Abständen zu prüfen, ob die Voraussetzungen, die zur Dienstunfähigkeit geführt haben, weiterhin vorliegen. Der zeitliche Abstand der Überprüfung bleibt der Personalpraxis überlassen und hängt jeweils von den Umständen des Einzelfalls ab, sollte jedoch in der Regel nicht mehr als zwei Jahre betragen. Von einer Überprüfung kann abgesehen werden, wenn aufgrund des Krankheitsbildes (z. B. unheilbare Erkrankung) die Entscheidung feststeht, dass eine erneute Berufung in das Beamtenverhältnis ausgeschlossen ist.

nicht möglich ist und dem Beamten die Wahrnehmung der neuen Aufgabe unter Berücksichtigung seiner früheren Tätigkeit zuzumuten ist. [4]Nach Ablauf von fünf Jahren seit Eintritt in den Ruhestand ist eine erneute Berufung in das Beamtenverhältnis nur mit Zustimmung des Beamten zulässig, wenn er das fünfundfünfzigste Lebensjahr vollendet hat. [5]§ 40 gilt entsprechend.	(2) **Beamtinnen und Beamten, die** wegen Dienstunfähigkeit in den Ruhestand **versetzt wurden**, kann ferner unter Übertragung eines Amtes **ihrer** früheren Laufbahn nach Absatz 1 auch eine geringerwertige Tätigkeit übertragen werden, wenn eine anderweitige Verwendung nicht möglich ist und **ihnen** die Wahrnehmung der neuen Aufgabe unter Berücksichtigung **ihrer** früheren Tätigkeit **zumutbar** ist.	**Zu Absatz 2** Absatz 2 entspricht dem bisherigen § 45 Abs. 1 Satz 3.
	(3) **Beamtinnen und** Beamte, **die** nicht die Befähigung für die andere Laufbahn **besitzen**, **haben an Qualifizierungsmaßnahmen** für den Erwerb der neuen Befähigung teilzunehmen.	**Zu Absatz 3** Absatz 3 entspricht mit redaktionellen Anpassungen an die geschlechtergerechte Sprache dem bisherigen § 45 Abs. 1 Satz 2. § 45 Abs. 1 Satz 4 und 5 der bisherigen Fassung entfällt, da unabhängig vom Alter eine erneute Berufung in das Beamtenverhältnis und damit die Rückkehr der oder des zuvor Dienstunfähigen in den Beruf möglich sein soll, wenn die Dienstfähigkeit wiederhergestellt ist. Diese Streichung der Altersbegrenzung von 55 Jahren für eine erneute Berufung beruht auf einem Beschluss des Rechnungsprüfungsausschusses des Deutschen Bundestages vom 25. Februar 2005 im Rahmen der Beratungen zur Eindämmung von Frühpensionierungen.

BBG/BRRG alt	BBG neu	Erläuterungen
	(4) [1]Beamtinnen und Beamte sind verpflichtet, zur Wiederherstellung ihrer Dienstfähigkeit an geeigneten und zumutbaren gesundheitlichen und beruflichen Rehabilitationsmaßnahmen teilzunehmen. [2]Diese Verpflichtung gilt auch zur Vermeidung einer drohenden Dienstunfähigkeit. [3]Vor der Versetzung in den Ruhestand sind sie auf diese Pflicht hinzuweisen, es sei denn, nach den Umständen des Einzelfalls kommt eine erneute Berufung in das Beamtenverhältnis nicht in Betracht. [4]Der Dienstherr hat, sofern keine anderen Ansprüche bestehen, die Kosten für die erforderlichen gesundheitlichen und beruflichen Rehabilitationsmaßnahmen zu tragen.	**Zu Absatz 4** Nach Absatz 4 sind wegen Dienstunfähigkeit in den vorzeitigen Ruhestand versetzte Beamtinnen und Beamte künftig auf Weisung der Personaldienststelle verpflichtet, an geeigneten und zumutbaren Rehabilitationsmaßnahmen im Rahmen der geltenden Gesunderhaltungspflicht teilzunehmen. Diese Verpflichtung gilt auch für noch nicht in den Ruhestand versetzte Beamtinnen und Beamte, wenn durch die Teilnahme an Rehabilitationsmaßnahmen eine drohende Dienstunfähigkeit vermieden werden kann. Die Einführung dieser Verpflichtung geht ebenfalls auf den Beschluss des Rechnungsprüfungsausschusses des Deutschen Bundestages vom 25. Februar 2005 zurück. Es muss nach der ärztlichen Begutachtung Aussicht auf Wiederherstellung der vollen oder zumindest begrenzten Dienstfähigkeit bestehen. Der Dienstherr hat die Aufgaben eines Rehabilitationsträgers entsprechend dem Neunten Buch Sozialgesetzbuch. Satz 2 legt fest, dass die Beamtinnen und Beamten vor der Versetzung in den Ruhestand auf diese Verpflichtung ausdrücklich hingewie-

		sen werden. In den Fällen, in denen aufgrund der Schwere der Erkrankung die Wiederherstellung der Dienstfähigkeit ausgeschlossen ist und damit eine erneute Berufung in das Beamtenverhältnis nicht in Betracht kommt, kann der Hinweis entfallen. Nach Satz 4 sind die hierfür anfallenden Kosten vom Dienstherrn zu tragen, sofern keine anderen Ansprüche, z. B. nach dem Beihilferecht, bestehen. Die Kosten sind den Versorgungskosten zuzurechnen, denn eine Wiederherstellung der Dienstfähigkeit entlastet den Versorgungshaushalt.
(2) Beantragt der Beamte nach Wiederherstellung seiner Dienstfähigkeit und vor Ablauf von fünf Jahren seit dem Eintritt in den Ruhestand, ihn erneut in das Beamtenverhältnis zu berufen, so ist diesem Antrag zu entsprechen, falls nicht zwingende dienstliche Gründe entgegenstehen.	(5) **Beantragen Beamtinnen oder** Beamte nach Wiederherstellung **ihrer** Dienstfähigkeit **die erneute Berufung in das Beamtenverhältnis**, ist diesem Antrag zu entsprechen, falls nicht zwingende dienstliche Gründe entgegenstehen.	**Zu Absatz 5** Absatz 5 entspricht mit redaktionellen Anpassungen an die geschlechtergerechte Sprache dem bisherigen § 45 Abs. 2.
(3) Die erneute Berufung in ein Beamtenverhältnis ist auch in den Fällen der begrenzten Dienstfähigkeit (§ 42a) möglich.	(6) Die erneute Berufung in ein Beamtenverhältnis ist auch in den Fällen der begrenzten Dienstfähigkeit möglich.	**Zu Absatz 6** Absatz 6 entspricht mit redaktionellen Anpassungen an die geschlechtergerechte Sprache dem bisherigen § 45 Abs. 3.
(4) [1]Zur Nachprüfung der Dienstfähigkeit ist der Beamte verpflichtet, sich nach	(7) [1]Zur **Prüfung ihrer** Dienstfähigkeit **sind Beamtinnen und** Beamte	**Zu Absatz 7** Absatz 7 entspricht mit redaktionellen Anpassungen an die geschlechter-

BBG/BRRG alt	BBG neu	Erläuterungen
Weisung der Behörde ärztlich (§ 46a) untersuchen zu lassen. [2]Der Beamte kann eine solche Untersuchung verlangen, wenn er einen Antrag nach Absatz 2 zu stellen beabsichtigt.	verpflichtet, sich nach Weisung der Behörde ärztlich untersuchen zu lassen. [2]**Sie können** eine solche Untersuchung verlangen, wenn **sie** einen Antrag **auf erneute Berufung in das Beamtenverhältnis stellen.**	gerechte Sprache dem bisherigen § 45 Abs. 4.
	(8) Bei einer erneuten Berufung gilt das frühere Beamtenverhältnis als fortgesetzt.	**Zu Absatz 8** Durch die gesetzliche Fiktion der Fortsetzung nach Unterbrechung des bisherigen Beamtenverhältnisses werden die beamtenrechtlichen Rahmenbedingungen für eine Reaktivierung verbessert. Die Regelung ist notwendig, weil nach § 30 Nr. 4 das Beamtenverhältnis durch Eintritt oder Versetzung in den Ruhestand endet.
§ 44	**§ 47 Verfahren bei Dienstunfähigkeit**	**§ 47** (Verfahren bei Dienstunfähigkeit) Die Vorschrift regelt klarer und verständlicher als bisher das Verfahren und die Zuständigkeit bei Dienstunfähigkeit. Sie entspricht mit redaktionellen Anpassungen an die geschlechtergerechte Sprache den bisherigen §§ 44 und 47 Abs. 1 und 2, die für das Verfahren bei Dienstunfähigkeit übernommen werden.

		Zu den Absätzen 1 und 2
(1) Hält der Dienstvorgesetzte den Beamten auf Grund eines ärztlichen (§ 46a) Gutachtens über den Gesundheitszustand für dienstunfähig und beantragt dieser die Versetzung in den Ruhestand nicht, so teilt der Dienstvorgesetzte dem Beamten oder seinem Vertreter mit, dass seine Versetzung in den Ruhestand beabsichtigt sei; dabei sind die Gründe für die Versetzung in den Ruhestand anzugeben.	(1) [1]Hält **die oder** der Dienstvorgesetzte **die Beamtin oder** den Beamten aufgrund eines ärztlichen Gutachtens über den Gesundheitszustand für dienstunfähig und **ist eine anderweitige Verwendung nicht möglich oder liegen die Voraussetzungen für die begrenzte Dienstfähigkeit nicht vor,** teilt **sie oder er der Beamtin oder** dem Beamten mit, dass **die** Versetzung in den Ruhestand beabsichtigt **ist.** [2]Dabei sind die Gründe für die Versetzung in den Ruhestand anzugeben.	Entsprechen mit redaktionellen Anpassungen dem bisherigen § 44 Abs. 1 und 2.
(2) [1]Der Beamte oder sein Vertreter können innerhalb eines Monats Einwendungen erheben. [2]Danach entscheidet die nach § 47 Abs. 1 zuständige Behörde. [3]Eine Versetzung in den Ruhestand erfolgt im Einvernehmen mit der obersten Dienstbehörde. [4]Mit dem Ende des Monats, in dem die Versetzung in den Ruhestand dem Beamten mitgeteilt worden ist, werden die Dienstbezüge einbehalten, die das Ruhegehalt übersteigen.	(2) [1]**Die Beamtin oder** der Beamte kann innerhalb eines Monats Einwendungen erheben. [2]Danach entscheidet die **für die Ernennung** zuständige Behörde **über die** Versetzung in den Ruhestand im Einvernehmen mit der obersten Dienstbehörde, **soweit gesetzlich nichts anderes bestimmt ist.**	
§ 47		**Zu Absatz 3**
(1) [1]Die Versetzung in den Ruhestand wird, soweit gesetzlich nichts anderes	**(3)** [1]**Die Versetzungsverfügung ist der Beamtin oder dem Beamten schriftlich**	Absatz 3 entspricht mit redaktionellen Anpassungen an die geschlechter-

BBG/BRRG alt	BBG neu	Erläuterungen
bestimmt ist, von der Stelle verfügt, die nach § 10 Abs. 1 für die Ernennung des Beamten zuständig wäre; in den Fällen des § 42 Abs. 1 erfolgt die Versetzung in den Ruhestand im Einvernehmen mit der obersten Dienstbehörde. [2]Die Verfügung ist dem Beamten schriftlich, aber nicht in elektronischer Form zuzustellen; sie kann bis zum Beginn des Ruhestandes zurückgenommen werden.	**zuzustellen.** [2]**Sie kann bis zum Beginn des Ruhestands zurückgenommen werden.**	gerechte Sprache dem bisherigen § 47 Abs. 1 Satz 2. Für die Verfügung wird die elektronische Form nicht ausdrücklich ausgeschlossen. Die qualifizierte elektronische Signatur gewährleistet in umfassender Weise die Sicherheit und Dauerhaftigkeit des elektronischen Verwaltungshandelns.
		Zu Absatz 4
(2) Der Ruhestand beginnt, abgesehen von den Fällen der §§ 37, 41 und 42 Abs. 4, mit dem Ende des Monats, in dem die Versetzung in den Ruhestand dem Beamten mitgeteilt worden ist.	(4) [1]Der Ruhestand beginnt mit dem Ende des Monats, in dem die Versetzung in den Ruhestand **der Beamtin oder** dem Beamten **bekannt gegeben** worden ist. [2]**Zu diesem Zeitpunkt wird die Besoldung einbehalten, die das Ruhegehalt übersteigt.**	Absatz 4 entspricht mit redaktionellen Anpassungen an die geschlechtergerechte Sprache den bisherigen § 47 Abs. 2 und § 44 Abs. 2 Satz 4.
(3) Der Ruhestandsbeamte erhält lebenslänglich Ruhegehalt nach den Vorschriften des Beamtenversorgungsgesetzes.		§ 47 Abs. 3 der bisherigen Fassung entfällt, da es sich um eine Doppelregelung zum Beamtenversorgungsgesetz handelt.
§ 46a	**§ 48 Ärztliche Untersuchung**	**§ 48** (Ärztliche Untersuchung)
(1) [1]In den Fällen der §§ 42 bis 46 kann der Dienstvorgesetzte die ärztliche Untersuchung nur einem Amtsarzt oder einem als Gutachter beauftragten Arzt	(1) [1]In den Fällen der §§ 44 bis 47 kann **die zuständige Behörde** die ärztliche Untersuchung nur **einer Amtsärztin oder** einem Amtsarzt übertragen **oder**	Entspricht mit redaktionellen Anpassungen an die geschlechtergerechte Sprache im Wesentlichen dem bisherigen § 46a.

übertragen. [2]Die oberste Dienstbehörde bestimmt, welche Ärzte als Gutachter beauftragt werden können; sie kann diese Befugnis auf nachgeordnete Behörden übertragen.	**einer Ärztin oder einem Arzt, die oder der als Gutachterin oder Gutachter zugelassen ist.** [2]Die oberste Dienstbehörde bestimmt, **welche Ärztin oder welcher Arzt mit der Fertigung von Gutachten** beauftragt werden **kann**. [3]Sie kann diese Befugnis auf nachgeordnete Behörden übertragen.	Absatz 1 legt fest, wer die ärztliche Untersuchung durchführen darf. Die Möglichkeit zur Bestellung einer anderen ärztlichen Gutachterin oder eines anderen ärztlichen Gutachters durch spezialgesetzliche Regelungen bleibt davon unberührt.
(2) Wird eine ärztliche Untersuchung nach Absatz 1 durchgeführt, teilt der Arzt nur im Einzelfall auf Anforderung der Behörde das die tragenden Feststellungen und Gründe enthaltende Gutachten mit, soweit deren Kenntnis für die Behörde unter Beachtung des Grundsatzes der Verhältnismäßigkeit für die von ihr zu treffende Entscheidung erforderlich ist. (3) Die Mitteilung des Arztes über die Untersuchungsbefunde ist in einem gesonderten, verschlossenen und versiegelten Umschlag zu übersenden; sie ist verschlossen zu der Personalakte des Beamten zu nehmen. Die an die Behörde übermittelten Daten dürfen nur für die nach § 42 Abs. 3, § 43 Abs. 2 und den §§ 44 bis 46 zu treffende Entscheidung verarbeitet oder genutzt werden.	(2) [1]**Die Ärztin oder der Arzt** teilt der Behörde auf Anforderung im Einzelfall die tragenden Gründe des Gutachtens mit, soweit deren Kenntnis für die Behörde unter Beachtung des Grundsatzes der Verhältnismäßigkeit für die von ihr zu treffende Entscheidung erforderlich ist. [2]**Diese** Mitteilung ist in einem gesonderten und versiegelten Umschlag zu übersenden **und versiegelt zur** Personalakte zu nehmen. [3]**Sie darf** nur für die Entscheidung **der in Absatz 1 genannten Fälle verwendet werden**.	
(4) [1]Zu Beginn der Untersuchung ist der Beamte auf deren Zweck und die Übermittlungsbefugnis an die Behörde hinzuweisen. [2]Der Arzt übermittelt dem	(3) [1]Zu Beginn der Untersuchung ist **die Beamtin oder** der Beamte auf deren Zweck und die **Mitteilungspflicht nach Absatz 2** hinzuweisen. [2]**Die Ärztin oder**	

BBG/BRRG alt	BBG neu	Erläuterungen
Beamten oder, soweit dem ärztliche Gründe entgegenstehen, seinem Vertreter eine Kopie der auf Grund dieser Vorschrift an die Behörden erteilten Auskünfte.	der Arzt übermittelt der Beamtin oder dem Beamten oder, soweit dem ärztliche Gründe entgegenstehen, **einer oder einem Bevollmächtigten ein Doppel der Mitteilung nach Absatz 2.**	
§ 46	**§ 49 Ruhestand beim Beamtenverhältnis auf Probe wegen Dienstunfähigkeit**	**§ 49** (Ruhestand beim Beamtenverhältnis auf Probe wegen Dienstunfähigkeit)
(1) Der Beamte auf Probe ist in den Ruhestand zu versetzen, wenn er infolge Krankheit, Verwundung oder sonstiger Beschädigung, die er sich ohne grobes Verschulden bei Ausübung oder aus Veranlassung des Dienstes zugezogen hat, dienstunfähig (§ 42) geworden ist.	(1) **Beamtinnen auf Probe und** Beamte auf Probe **sind** in den Ruhestand zu versetzen, wenn **sie** infolge Krankheit, Verwundung oder sonstiger Beschädigung, die **sie** sich ohne grobes Verschulden bei Ausübung oder aus Veranlassung des Dienstes zugezogen haben, dienstunfähig geworden **sind**.	**Zu Absatz 1** Entspricht mit Anpassungen an die geschlechtergerechte Sprache dem bisherigen § 46 Abs. 1.
(2) [1]Er kann in den Ruhestand versetzt werden, wenn er aus anderen Gründen dienstunfähig geworden ist. [2]Die Entscheidung trifft die oberste Dienstbehörde im Einvernehmen mit dem Bundesminister des Innern; sie kann ihre Befugnis im Einvernehmen mit diesem Minister auf andere Behörden übertragen.	(2) [1]**Beamtinnen auf Probe und Beamte auf Probe können** in den Ruhestand versetzt werden, wenn **sie** aus anderen Gründen dienstunfähig geworden **sind**. [2]Die Entscheidung trifft die oberste Dienstbehörde. [3]**Die** Befugnis kann auf andere Behörden übertragen **werden**.	Zu Absatz 2 Entspricht mit Anpassungen an die geschlechtergerechte Sprache dem bisherigen § 46 Abs. 2. Künftig wird auf das Einvernehmen mit dem Bundesministerium des Innern verzichtet.

		Zu Absatz 3
(3) § 42 Abs. 3 und die §§ 43 bis 45 finden entsprechende Anwendung.	**(3) Die §§ 44 bis 48 mit Ausnahme des § 44 Abs. 4 sind entsprechend anzuwenden.**	Entspricht dem bisherigen § 46 Abs. 3. Aus systematischen Gründen wird die Verweisung ergänzt. Dazu gehört auch die Verweisung auf die begrenzte Dienstfähigkeit. Vor der Versetzung in den Ruhestand ist auch bei Beamtinnen auf Probe und Beamten auf Probe zu prüfen, ob eine anderweitige Verwendung oder die begrenzte Dienstfähigkeit in Betracht kommen.
	Unterabschnitt 3 Ruhestand	**Unterabschnitt 3** (Ruhestand)
§ 35	**§ 50 Wartezeit**	**§ 50** (Wartezeit)
Für den Eintritt in den Ruhestand gelten die Vorschriften der §§ 36 bis 47. Sind die Voraussetzungen des § 4 Abs. 1 Beamtenversorgungsgesetz nicht erfüllt, so endet das Beamtenverhältnis statt durch Eintritt in den Ruhestand durch Entlassung, § 42 Abs. 3 ist sinngemäß anzuwenden.	**Der** Eintritt in den Ruhestand **setzt eine versorgungsrechtliche Wartezeit voraus, soweit gesetzlich nichts anderes bestimmt ist.**	Entspricht der Regelung des bisherigen § 35 zur Voraussetzung der versorgungsrechtlichen Wartezeit für die Regelfälle des Ruhestands. Soweit die Wartezeit nicht erfüllt ist, endet das Beamtenverhältnis grundsätzlich nicht durch Eintritt in den Ruhestand, sondern durch Entlassung.
§ 41	**§ 51 Ruhestand wegen Erreichens der Altersgrenze**	**§ 51** (Ruhestand wegen Erreichens der Altersgrenze)
		§ 51 ersetzt die bisherigen §§ 41 und 41a und regelt den Ruhestand wegen Erreichens der Altersgrenze. Entsprechend dem Gesetz zur Anpassung der Regelaltersgrenze an die demographische Ent-

BBG/BRRG alt	BBG neu	Erläuterungen
		wicklung und zur Stärkung der Finanzierungsgrundlagen der gesetzlichen Rentenversicherung (RV-Altersgrenzenanpassungsgesetz) vom 30. April 2007 (BGBl. I S 554) erfolgt die wirkungsgleiche Übertragung der Maßnahmen in der gesetzlichen Rentenversicherung unter Berücksichtigung der Unterschiedlichkeit der Systeme zeitgleich in das Beamtenrecht. **Zu Absatz 1**
(1) [1]Der Beamte auf Lebenszeit tritt mit dem Ende des Monats in den Ruhestand, in dem er das fünfundsechzigste Lebensjahr vollendet. [2]Für einzelne Beamtengruppen kann gesetzlich eine andere Altersgrenze bestimmt werden.	(1) [1]**Beamtinnen auf Lebenszeit und** Beamte auf Lebenszeit **treten** mit dem Ende des Monats in den Ruhestand, in dem **sie die für sie jeweils geltende Altersgrenze erreichen.** [2]**Die Altersgrenze wird in der Regel mit Vollendung des 67. Lebensjahres erreicht (Regelaltersgrenze), soweit nicht** gesetzlich eine andere Altersgrenze **(besondere Altersgrenze)** bestimmt **ist**.	Satz 1 definiert die gesetzliche Regelaltersgrenze von 67 Jahren, die nach der Übergangsvorschrift des Absatzes 2 gelten wird. Für einzelne Gruppen von Beamtinnen und Beamten kann durch Gesetz eine besondere Altersgrenze bestimmt werden. Dies kommt insbesondere für Polizeivollzugsbeamtinnen und Polizeivollzugsbeamte sowie Beamtinnen und Beamte im feuerwehrtechnischen Dienst in Betracht.
(2) [1]Der Eintritt in den Ruhestand kann auf Antrag des Beamten, wenn es im dienstlichen Interesse liegt, über das vollendete fünfundsechzigste Lebensjahr hinaus um eine bestimmte Frist, die jeweils ein Jahr nicht übersteigen darf, hinausgeschoben werden, jedoch	**(2)** [1]**Beamtinnen auf Lebenszeit und Beamte auf Lebenszeit, die vor dem 1. Januar 1947 geboren sind, erreichen die Regelaltersgrenze mit Vollendung des 65. Lebensjahres.** [2]**Für Beamtinnen auf Lebenszeit und Beamte auf Lebenszeit, die nach dem 31. Dezember**	Absatz 2 enthält die Übergangsregelung zur schrittweisen Anhebung der Regelaltersgrenze auf 67 Jahre wie in der gesetzlichen Rentenversicherung. Entsprechend der rentenrechtlichen Regelung wird die Regelaltersgrenze von 2012 an beginnend mit dem Jahrgang

nicht länger als bis zum vollendeten achtundsechzigsten Lebensjahr. [2]Unter den gleichen Voraussetzungen kann der Eintritt in den Ruhestand bei einer nach Absatz 1 Satz 2 gesetzlich bestimmten früheren Altersgrenze um bis zu drei Jahre hinausgeschoben werden.

(3) [1]Wenn dringende dienstliche Belange im Einzelfall die Fortführung der Dienstgeschäfte durch einen bestimmten Beamten erfordern, kann auf Antrag der obersten Dienstbehörde die Bundesregierung den Eintritt in den Ruhestand über das fünfundsechzigste Lebensjahr hinaus für eine bestimmte Frist, die jeweils ein Jahr nicht übersteigen darf, hinausschieben, jedoch nicht über die Vollendung des siebzigsten Lebensjahres hinaus. [2]Unter den gleichen Voraussetzungen kann die Bundesregierung eine nach Absatz 1 Satz 2 festgesetzte frühere Altersgrenze bis zum fünfundsechzigsten Lebensjahr hinausschieben.

1946 geboren sind, wird die Regelaltersgrenze wie folgt angehoben:

Geburtsjahr	Anhebung um Monate	Altersgrenze	
		Jahr	Monat
1947	1	65	1
1948	2	65	2
1949	3	65	3
1950	4	65	4
1951	5	65	5
1952	6	65	6
1953	7	65	7
1954	8	65	8
1955	9	65	9
1956	10	65	10
1957	11	65	11
1958	12	66	0
1959	14	66	2
1960	16	66	4
1961	18	66	6
1962	20	66	8
1963	22	66	10

1947 bis zum Jahr 2029 stufenweise auf 67 Jahre angehoben. Die Stufen der Anhebung betragen zunächst einen Monat pro Jahrgang (Regelaltersgrenze von 65 auf 66 Jahre) und dann ab Jahrgang 1959 zwei Monate pro Jahrgang. In der Übergangsphase wird die Regelaltersgrenze abhängig vom Geburtsjahr durch diese Vorschrift bestimmt. Für alle nach 1963 Geborenen gilt die Regelaltersgrenze von 67 Jahren.

§ 41a

Die Beamten auf Lebenszeit im Feuerwehrdienst der Bundeswehr treten mit dem Ende des Monats in den Ruhe-

(3) [1]Beamtinnen auf Lebenszeit und Beamte auf Lebenszeit im Feuerwehrdienst der Bundeswehr treten mit dem

Zu Absatz 3

Absatz 3 entspricht dem bisherigen § 41a und regelt die besondere Altersgrenze für den Feuerwehrdienst der

<table>
<tr><th>BBG/BRRG alt</th><th>BBG neu</th><th>Erläuterungen</th></tr>
<tr>
<td>stand, in dem sie das sechzigste Lebensjahr vollenden.</td>
<td>Ende des Monats in den Ruhestand, in dem sie das 62. Lebensjahr vollenden. [2]Dies gilt auch für Beamtinnen auf Lebenszeit und Beamte auf Lebenszeit in den Laufbahnen des feuerwehrtechnischen Dienstes, die 22 Jahre im Feuerwehrdienst beschäftigt waren. [3]Beamtinnen und Beamte im Sinne der Sätze 1 und 2 treten mit dem Ende des Monats in den Ruhestand, in dem sie das 60. Lebensjahr vollenden, wenn sie vor dem 1. Januar 1952 geboren sind. [4]Für Beamtinnen und Beamte im Sinne der Sätze 1 und 2, die nach dem 31. Dezember 1951 geboren sind, wird die Altersgrenze wie folgt angehoben:
<table>
<tr><th rowspan="2">Geburtsjahr</th><th rowspan="2">Anhebung um Monate</th><th colspan="2">Altersgrenze</th></tr>
<tr><th>Jahr</th><th>Monat</th></tr>
<tr><td>1952</td><td></td><td></td><td></td></tr>
<tr><td>Januar</td><td>1</td><td>60</td><td>1</td></tr>
<tr><td>Februar</td><td>2</td><td>60</td><td>2</td></tr>
<tr><td>März</td><td>3</td><td>60</td><td>3</td></tr>
<tr><td>April</td><td>4</td><td>60</td><td>4</td></tr>
<tr><td>Mai</td><td>5</td><td>60</td><td>5</td></tr>
<tr><td>Juni-Dezember</td><td>6</td><td>60</td><td>6</td></tr>
<tr><td>1953</td><td>7</td><td>60</td><td>7</td></tr>
</table>
</td>
<td>Bundeswehr mit den entsprechenden Übergangsregelungen zur Anhebung der Altersgrenze auf das vollendete 62. Lebensjahr.

Neu ist die Einführung des Beschäftigungserfordernisses von 22 Jahren. Damit wird eine Ungleichbehandlung der Beamtinnen und Beamten, die sich über viele Jahre hinweg den besonderen physischen und psychischen Belastungen des aktiven Feuerwehrdienstes ausgesetzt haben, bei Vollendung des 62. Lebensjahres aber nicht mehr im aktiven Feuerwehrdienst tätig waren, und damit unter die Regelaltersgrenze fallen im Vergleich zu den Beamtinnen und Beamten, die bei Vollendung des 62. Lebensjahres im aktiven Feuerwehrdienst beschäftigt sind, beseitigt. Aufgrund der Altersstruktur bei Übernahme in den feuerwehrtechnischen Dienst wird die 22-jährige Beschäftigungszeit in der Regel nicht vor Erreichen des 50. Lebensjahres erfüllt.

Absatz 3 regelt die Übergangsvorschrift zur Anhebung der Altersgrenze im Feuerwehrdienst auf 62 Jahre. Satz 3 regelt, dass die Altersgrenze für Beamtinnen und Beamte im Sinne des Satzes 1, die vor dem 1. Januar 1952 geboren sind,</td>
</tr>
</table>

Geburtsjahr	Anhebung um Monate	Altersgrenze	
		Jahr	Monat
1954	8	60	8
1955	9	60	9
1956	10	60	10
1957	11	60	11
1958	12	61	0
1959	14	61	2
1960	16	61	4
1961	18	61	6
1962	20	61	8
1963	22	61	10

weiterhin bei 60 Jahren liegt. Satz 4 regelt die stufenweise Anhebung der Altersgrenze von 60 Jahren für Beamtinnen und Beamte im Sinne des Satzes 1, die nach dem 31. Dezember 1951 geboren sind. Entsprechend der rentenrechtlichen Regelung erfolgen die ersten sechs Anhebungsschritte in Monatsschritten. Demnach erhöht sich die Altersgrenze für im Januar 1952 Geborene auf 60 Jahre und einen Monat, im Februar 1952 Geborene auf 60 Jahre und zwei Monate usw. Schließlich erhöht sich die Altersgrenze für im Juni bis Dezember 1952 Geborene auf 60 Jahre und sechs Monate. Dies entspricht der Anhebung der Regelaltersgrenze um sechs Monate auf 65 Jahre und sechs Monate für 1952 Geborene. Die weiteren Anhebungsschritte der Altersgrenze erfolgen – parallel zur Anhebung der Regelaltersgrenze – zunächst in Stufen von einem Monat pro Jahrgang (Altersgrenze auf 61 Jahre) und dann zwei Monate pro Jahrgang (von Altersgrenze 61 auf 62 Jahre). Für alle nach 1963 Geborenen gilt die Altersgrenze 62 Jahre (Satz 1)

§ 41

…

(4) [1]Wer das fünfundsechzigste Lebensjahr vollendet hat, darf nicht zum Beam-

(4) [1]Wer die Regelaltersgrenze oder eine gesetzlich bestimmte besondere Altersgrenze erreicht hat, darf nicht

Zu Absatz 4

Entspricht mit redaktionellen Anpassungen dem bisherigen § 41 Abs. 4.

BBG/BRRG alt	BBG neu	Erläuterungen
ten ernannt werden; in den Fällen des Absatzes 1 Satz 2 tritt an die Stelle des fünfundsechzigsten Lebensjahres die für die einzelne Beamtengruppe vorgesehene andere Altersgrenze. [2]Ist der Beamte trotzdem ernannt worden, so ist er zu entlassen.	**zur Beamtin oder zum Beamten ernannt werden. [2]Wer trotzdem ernannt worden ist, ist zu entlassen.**	
(5) Der in den einstweiligen Ruhestand versetzte Beamte gilt mit Vollendung des fünfundsechzigsten Lebensjahres als dauernd in den Ruhestand versetzt.		Der bisherige § 41 Abs. 5 wird aus systematischen Gründen in § 58 Abs. 2 geregelt.
§ 42	**§ 52 Ruhestand auf Antrag**	**§ 52** (Ruhestand wegen Erreichens der Altersgrenze) **Zu Absatz 1**
…		
(4) Der Beamte auf Lebenszeit kann auch ohne Nachweis der Dienstunfähigkeit auf seinen Antrag in den Ruhestand versetzt werden, wenn er 1. das sechzigste Lebensjahr vollendet hat und schwerbehindert im Sinne des § 2 Abs. 2 des Neunten Buches Sozialgesetzbuch ist oder	**(1) Beamtinnen auf Lebenszeit und Beamte auf Lebenszeit können auf ihren Antrag in den Ruhestand versetzt werden, wenn** **1. sie das 62. Lebensjahr vollendet haben und** **2. schwerbehindert im Sinne des § 2 Abs. 2 des Neunten Buches Sozialgesetzbuch sind.**	Absatz 1 entspricht dem bisherigen § 42 Abs. 4 und regelt die Versetzung in den Ruhestand auf Antrag bei Vorliegen einer Schwerbehinderung nach § 2 Abs. 2 des Neunten Buches Sozialgesetzbuch. Danach wird die Altersgrenze für schwerbehinderte Beamtinnen und Beamte auf das 62. Lebensjahr angehoben.

(2) [1]Beamtinnen auf Lebenszeit und Beamte auf Lebenszeit, die schwerbehindert im Sinne des § 2 Abs. 2 des Neunten Buches Sozialgesetzbuch sind und die vor dem 1. Januar 1952 geboren sind, können auf ihren Antrag in den Ruhestand versetzt werden, wenn sie das 60. Lebensjahr vollendet haben. [2]Für Beamtinnen auf Lebenszeit und Beamte auf Lebenszeit, die schwerbehindert im Sinne des § 2 Abs. 2 des Neunten Buches Sozialgesetzbuch sind und nach dem 31. Dezember 1951 geboren sind, wird die Altersgrenze wie folgt angehoben:

Beamtin/ Beamter/ Geburtsjahr	Anhebung um Monate	Altersgrenze	
		Jahr	Monat
1952			
Januar	1	60	1
Februar	2	60	2
März	3	60	3
April	4	60	4
Mai	5	60	5
Juni-Dezember	6	60	6
1953	7	60	7
1954	8	60	8

Zu Absatz 2

Absatz 2 enthält die Übergangsvorschrift bis zur vollständigen Anhebung der Antragsaltersgrenze auf 62 Jahre. Danach können schwerbehinderte Beamtinnen und schwerbehinderte Beamte, die vor dem 1. Januar 1952 geboren sind, weiterhin mit Vollendung des 60. Lebensjahres auf Antrag in den Ruhestand gehen. Für schwerbehinderte Beamtinnen und schwerbehinderte Beamte, die nach dem 31. Dezember 1951 geboren sind, wird die stufenweise Anhebung der Antragsaltersgrenze von 60 Jahren wie in der gesetzlichen Rentenversicherung vorgesehen. Entsprechend der rentenrechtlichen Regelung erfolgen die ersten sechs Anhebungsschritte in Monatsschritten. Demnach erhöht sich die Antragsaltersgrenze für im Januar 1952 Geborene auf 60 Jahre und einen Monat, im Februar 1952 Geborene auf 60 Jahre und zwei Monate usw. Die Antragsaltersgrenze für im Juni bis Dezember 1952 Geborene erhöht sich auf 60 Jahre und sechs Monate. Die weiteren Anhebungsschritte der Antragsaltersgrenze erfolgen – parallel zur Anhebung der Regelaltersgrenze – zunächst in Stufen von einem Monat pro Jahrgang (Antragsaltersgrenze auf 61 Jahre) und dann zwei Monate pro Jahrgang (von 61

<table>
<tr><th>BBG/BRRG alt</th><th>BBG neu</th><th>Erläuterungen</th></tr>
<tr><td></td><td>
<table>
<tr><th rowspan="2">Beamtin/ Beamter/ Geburtsjahr</th><th rowspan="2">Anhebung um Monate</th><th colspan="2">Altersgrenze</th></tr>
<tr><th>Jahr</th><th>Monat</th></tr>
<tr><td>1955</td><td>9</td><td>60</td><td>9</td></tr>
<tr><td>1956</td><td>10</td><td>60</td><td>10</td></tr>
<tr><td>1957</td><td>11</td><td>60</td><td>11</td></tr>
<tr><td>1958</td><td>12</td><td>61</td><td>0</td></tr>
<tr><td>1959</td><td>14</td><td>61</td><td>2</td></tr>
<tr><td>1960</td><td>16</td><td>61</td><td>4</td></tr>
<tr><td>1961</td><td>18</td><td>61</td><td>6</td></tr>
<tr><td>1962</td><td>20</td><td>61</td><td>8</td></tr>
<tr><td>1963</td><td>22</td><td>61</td><td>10</td></tr>
</table>
</td><td>auf 62 Jahre). Die Antragsaltersgrenze für alle nach 1963 Geborenen liegt bei 62 Jahren.</td></tr>
<tr><td>2. das dreiundsechzigste Lebensjahr vollendet hat.</td><td>(3) Beamtinnen auf Lebenszeit und Beamte auf Lebenszeit können auf ihren Antrag in den Ruhestand versetzt werden, wenn sie das 63. Lebensjahr vollendet haben.</td><td>Zu Absatz 3
Absatz 3 entspricht mit redaktionellen Anpassungen an die geschlechtergerechte Sprache dem bisherigen § 42 Abs. 4 Nr. 2. Die bisherige Antragsaltersgrenze für Beamtinnen auf Lebenszeit und Beamte auf Lebenszeit von 63 Jahren wird beibehalten und ermöglicht somit weiterhin den früheren Eintritt in den Ruhestand vor Erreichen der Regelaltersgrenze. Der Ruhestand auf Antrag mit Vollendung des 63. Lebensjahres hat jedoch entsprechende Pensionsabschläge pro Jahr des vorzeitigen Ausscheidens zur Folge.</td></tr>
</table>

§ 41	§ 53 Hinausschieben der Altersgrenze	§ 53 (Hinausschieben der Altersgrenze)
…		**Zu Absatz 1**
(2) [1]Der Eintritt in den Ruhestand kann auf Antrag des Beamten, wenn es im dienstlichen Interesse liegt, über das vollendete fünfundsechzigste Lebensjahr hinaus um eine bestimmte Frist, die jeweils ein Jahr nicht übersteigen darf, hinausgeschoben werden, jedoch nicht länger als bis zum vollendeten achtundsechzigsten Lebensjahr. [2]Unter den gleichen Voraussetzungen kann der Eintritt in den Ruhestand bei einer nach Absatz 1 Satz 2 gesetzlich bestimmten früheren Altersgrenze um bis zu drei Jahre hinausgeschoben werden.	(1) [1]**Auf Antrag der Beamtin oder des Beamten kann** der Eintritt in den Ruhestand **bis zu drei Jahre hinausgeschoben werden**, wenn **dies** im dienstlichen Interesse liegt. [2]Unter den gleichen Voraussetzungen kann der Eintritt in den Ruhestand bei einer **besonderen** Altersgrenze um bis zu drei Jahre hinausgeschoben werden. [3]**Der Antrag ist spätestens sechs Monate vor dem Eintritt in den Ruhestand zu stellen.**	Die Regelung entspricht mit redaktionellen Änderungen der Regelung des bisherigen § 41 Abs. 2. Die Dienststellen entscheiden künftig über den jeweiligen Zeitraum der Verlängerung im Rahmen ihrer Personalhoheit. Die Verlängerung kann auch in mehreren Schritten erfolgen, darf jedoch insgesamt drei Jahre nicht überschreiten. Mit Satz 3 wird eine Frist von 6 Monaten für die Antragstellung vorgesehen, um der Personalverwaltung ausreichend Zeit für die Planung und Entscheidung zu geben.
		Zu Absatz 2
(3) [1]Wenn dringende dienstliche Belange im Einzelfall die Fortführung der Dienstgeschäfte durch einen bestimmten Beamten erfordern, kann auf Antrag der obersten Dienstbehörde die Bundesregierung den Eintritt in den Ruhestand über das fünfundsechzigste Lebensjahr hinaus für eine bestimmte Frist, die jeweils ein Jahr nicht übersteigen darf, hinausschieben, jedoch nicht über die Vollendung des siebzigsten Lebensjahres hinaus. [2]Unter den gleichen Voraus-	(2) [1]**Die oberste Dienstbehörde kann** im Einzelfall **den Eintritt in den Ruhestand bis zu drei Jahre hinausschieben, wenn** die Fortführung der Dienstgeschäfte durch **eine bestimmte Beamtin oder** einen bestimmten Beamten **dies erfordert**. [2]**Das Gleiche gilt bei einer besonderen Altersgrenze.**	Absatz 2 entspricht weitgehend dem bisherigen § 41 Abs. 3. Die Entscheidung über das Hinausschieben des Eintritts in den Ruhestand trifft die oberste Dienstbehörde und nicht mehr die Bundesregierung durch Kabinettbeschluss. Dieses aufwendige Verfahren hat sich als nicht praktikabel erwiesen.

BBG/BRRG alt	BBG neu	Erläuterungen
setzungen kann die Bundesregierung eine nach Absatz 1 Satz 2 festgesetzte frühere Altersgrenze bis zum fünfundsechzigsten Lebensjahr hinausschieben.	**(3) Die Absätze 1 und 2 gelten im Beamtenverhältnis auf Probe nach § 24 entsprechend.**	**Zu Absatz 3** Absatz 3 bestimmt, dass auch bei Beamtinnen und Beamten in Führungsämtern auf Probe die Altersgrenze entsprechend den Absätzen 1 und 2 hinausgeschoben werden kann. Dies war nach bisherigem Recht nicht möglich und führte in Einzelfällen dazu, dass der Zeitpunkt der Entlassung aus dem Beamtenverhältnis auf Probe und der Zeitpunkt des Eintritts in den Ruhestand nicht identisch waren.
§ 36	**§ 54 Einstweiliger Ruhestand**	**§ 54** (Einstweiliger Ruhestand) Entspricht mit Anpassung an die geschlechtergerechte Sprache der Regelung des bisherigen § 36. **Zu Absatz 1**
(1) Der Bundespräsident kann jederzeit in den einstweiligen Ruhestand versetzen 1. Staatssekretäre und Ministerialdirektoren, 2. sonstige Beamte des höheren Dienstes im auswärtigen Dienst von der Besoldungsgruppe B 3 an aufwärts sowie Botschafter in der Besoldungsgruppe A 16,	(1) **Die Bundespräsidentin oder** der Bundespräsident kann jederzeit **die nachfolgend genannten politischen Beamtinnen und politischen Beamten** in den einstweiligen Ruhestand versetzen, **wenn sie Beamtinnen auf Lebenszeit oder Beamte auf Lebenszeit sind:** 1. **Staatssekretärinnen und** Staatssekretäre **sowie Ministerialdirektorinnen** und Ministerialdirektoren,	Neu ist die Definition der politischen Beamtin oder des politischen Beamten durch eine enumerative Aufzählung.

3. Beamte des höheren Dienstes des Amtes für den Militärischen Abschirmdienst, des Bundesamtes für Verfassungsschutz und des Bundesnachrichtendienstes von der Besoldungsgruppe B 6 an aufwärts, 4. den Chef des Presse- und Informationsamtes der Bundesregierung, dessen Stellvertreter und den Stellvertretenden Sprecher der Bundesregierung, 5. den Generalbundesanwalt beim Bundesgerichtshof und den Oberbundesanwalt beim Bundesverwaltungsgericht, 6. den Bundesbeauftragten für den Zivildienst, 7. den Präsidenten des Bundeskriminalamtes, 8. den Präsidenten des Bundespolizeipräsidiums.	2. sonstige **Beamtinnen und** Beamte des höheren Dienstes im auswärtigen Dienst von der Besoldungsgruppe B 3 an aufwärts sowie **Botschafterinnen und** Botschafter in der Besoldungsgruppe A 16, 3. **Beamtinnen und** Beamte des höheren Dienstes des Amtes für den Militärischen Abschirmdienst, des Bundesamtes für Verfassungsschutz und des Bundesnachrichtendienstes von der Besoldungsgruppe B 6 an aufwärts, 4. **die Chefin oder** den Chef des Presse- und Informationsamtes der Bundesregierung, **deren oder** dessen Stellvertretung und **die Stellvertretende Sprecherin oder** den Stellvertretenden Sprecher der Bundesregierung, 5. **die Generalbundesanwältin oder** den Generalbundesanwalt beim Bundesgerichtshof, 6. **die Bundesbeauftragte oder** den Bundesbeauftragten für den Zivildienst, 7. **die Präsidentin oder** den Präsidenten des Bundeskriminalamtes **und** 8. **die Präsidentin oder** den Präsidenten des Bundespolizeipräsidiums.	

BBG/BRRG alt	BBG neu	Erläuterungen
(2) Gesetzliche Vorschriften, nach denen andere Beamte in den einstweiligen Ruhestand versetzt werden können, bleiben unberührt.	(2) Gesetzliche Vorschriften, nach denen andere **politische Beamtinnen und politische** Beamte in den einstweiligen Ruhestand versetzt werden können, bleiben unberührt.	**Zu Absatz 2** Absatz 2 wurde ohne inhaltliche Änderung nur an die geschlechtergerechte Sprache angepasst.
§ 36a	**§ 55 Einstweiliger Ruhestand bei organisatorischen Veränderungen**	**§ 55** (Einstweiliger Ruhestand bei organisatorischen Veränderungen)
(1) [1]Im Falle der Auflösung oder einer wesentlichen Änderung des Aufbaues einer Behörde oder der Verschmelzung von Behörden kann ein Beamter auf Lebenszeit, dessen Aufgabengebiet davon betroffen ist und der ein Amt der Bundesbesoldungsordnung B innehat, in den einstweiligen Ruhestand versetzt werden, wenn durch die organisatorische Änderung eine seinem Amt entsprechende Planstelle eingespart wird und eine Versetzung nach § 26 nicht möglich ist. [2]Frei werdende Planstellen sollen den in den einstweiligen Ruhestand versetzten Beamten vorbehalten werden, die dafür geeignet sind.	[1]Im Falle der Auflösung oder einer wesentlichen Änderung des Aufbaus **oder der Aufgaben** einer Behörde oder der Verschmelzung von Behörden **können Beamtinnen auf Lebenszeit und Beamte auf Lebenszeit, deren** Aufgabengebiet davon betroffen ist und **die** ein Amt der Bundesbesoldungsordnung B **wahrnehmen**, in den einstweiligen Ruhestand versetzt werden, wenn durch die organisatorische Änderung eine **ihrem** Amt entsprechende Planstelle eingespart wird und eine Versetzung nicht möglich ist. [2]Frei werdende Planstellen sollen den in den einstweiligen Ruhestand versetzten **Beamtinnen und** Beamten, die dafür geeignet sind, **vorbehalten werden**.	Entspricht mit redaktionellen Anpassungen an die geschlechtergerechte Sprache dem bisherigen § 36a. Die Möglichkeit des einstweiligen Ruhestands ist künftig auch gegeben bei einer wesentlichen Änderung der Aufgaben einer Behörde.

(2) Von der Möglichkeit nach Absatz 1 darf nur bis zum 31. Dezember 2010 Gebrauch gemacht werden.		Die Befristung im bisherigen § 36a Abs. 2 entfällt, da die Regelung nunmehr als Dauerregelung bei organisatorischen Veränderungen gelten soll.
§ 37	**§ 56 Beginn des einstweiligen Ruhestands**	**§ 56** (Beginn des einstweiligen Ruhestands)
[1]Der einstweilige Ruhestand beginnt, wenn nicht im Einzelfalle ausdrücklich ein späterer Zeitpunkt festgesetzt wird, mit dem Zeitpunkt, in dem die Versetzung in den Ruhestand dem Beamten mitgeteilt wird, spätestens jedoch mit dem Ende der drei Monate, die auf den Monat der Mitteilung folgen. [2]Die Verfügung kann bis zum Beginn des Ruhestandes zurückgenommen werden.	[1]**Wenn** nicht im Einzelfall ausdrücklich ein späterer Zeitpunkt festgesetzt wird, **beginnt der einstweilige Ruhestand** mit dem Zeitpunkt, **zu** dem die Versetzung **in den einstweiligen Ruhestand der Beamtin oder** dem Beamten **bekannt gegeben** wird, spätestens jedoch mit dem Ende des dritten Monats, der auf den Monat der **Bekanntgabe folgt**. [2]Die Verfügung kann bis zum Beginn des Ruhestands zurückgenommen werden.	[5]Entspricht mit Anpassung an die geschlechtergerechte Sprache dem bisherigen § 37.
§ 38 *(weggefallen)*		
§ 39	**§ 57 Erneute Berufung**	**§ 57** (Erneute Berufung)
Der in den einstweiligen Ruhestand versetzte Beamte ist verpflichtet, einer erneuten Berufung in das Beamtenver hältnis auf Lebenszeit Folge zu leisten, wenn ihm ein Amt im Dienstbereich seines früheren Dienstherrn verliehen	Die in den einstweiligen Ruhestand versetzten **Beamtinnen und** Beamten **sind** verpflichtet, einer erneuten Berufung in das Beamtenverhältnis auf Lebenszeit Folge zu leisten, wenn **ihnen** im Dienstbereich **ihres** früheren Dienstherrn **ein**	Die Vorschrift entspricht mit Anpassung an die geschlechtergerechte Sprache dem bisherigen § 39.

BBG/BRRG alt	BBG neu	Erläuterungen
werden soll, das derselben oder einer mindestens gleichwertigen Laufbahn angehört wie das frühere Amt und mit mindestens demselben Endgrundgehalt (§ 26 Abs. 1 Satz 2) verbunden ist.	**Amt mit mindestens demselben Endgrundgehalt** verliehen werden soll.	
§ 40	**§ 58 Ende des einstweiligen Ruhestands**	**§ 58** (Ende des einstweiligen Ruhestands) **Zu Absatz 1**
Der einstweilige Ruhestand endet bei erneuter Berufung in das Beamtenverhältnis auf Lebenszeit (§ 39).	(1) Der einstweilige Ruhestand endet bei erneuter Berufung in das Beamtenverhältnis auf Lebenszeit.	Absatz 1 entspricht dem bisherigen § 40.
§ 41 …		**Zu Absatz 2**
(5) Der in den einstweiligen Ruhestand versetzte Beamte gilt mit Vollendung des fünfundsechzigsten Lebensjahres als dauernd in den Ruhestand versetzt.	(2) **Die** in den einstweiligen Ruhestand versetzten **Beamtinnen und** Beamten **gelten** mit **Erreichen der Regelaltersgrenze** als dauernd in den Ruhestand versetzt.	Absatz 2 wird aus systematischen Gründen an dieser Stelle aufgenommen, entspricht aber inhaltlich dem bisherigen § 41 Abs. 5.
§ 47	**§ 59 Zuständigkeit bei Versetzung in den Ruhestand**	**§ 59** (Zuständigkeit bei Versetzung in den Ruhestand)
(1) [1]Die Versetzung in den Ruhestand wird, soweit gesetzlich nichts anderes bestimmt ist, von der Stelle verfügt, die nach § 10 Abs. 1 für die Ernennung des	[1]Die Versetzung in den Ruhestand wird von der **für die Ernennung zuständigen** Stelle verfügt, **soweit gesetzlich nichts anderes bestimmt ist.** [2]Die **Ver-**	Die Vorschrift enthält die Festlegung der zuständigen Behörde. Soweit in anderen Vorschriften keine abweichende Zuständigkeitsregelung enthalten ist, ist

Beamten zuständig wäre; in den Fällen des § 42 Abs. 1 erfolgt die Versetzung in den Ruhestand im Einvernehmen mit der obersten Dienstbehörde. [2]Die Verfügung ist dem Beamten schriftlich, aber nicht in elektronischer Form zuzustellen; sie kann bis zum Beginn des Ruhestandes zurückgenommen werden. (2) Der Ruhestand beginnt, abgesehen von den Fällen der §§ 37, 41 und 42 Abs. 4, mit dem Ende des Monats, in dem die Versetzung in den Ruhestand dem Beamten mitgeteilt worden ist. (3) Der Ruhestandsbeamte erhält lebenslänglich Ruhegehalt nach den Vorschriften des Beamtenversorgungsgesetzes.	**setzungsverfügung** ist **der Beamtin oder** dem Beamten schriftlich zuzustellen. [3]Sie kann bis zum Beginn des Ruhestands zurückgenommen werden.	die für die Ernennung zuständige Stelle auch für die Versetzung in den Ruhestand zuständig. Die Versetzungsverfügung ist der Beamtin oder dem Beamten schriftlich zuzustellen. Bis zum Beginn des Ruhestands kann die Versetzungsverfügung zurückgenommen werden.
Abschnitt III **Rechtliche Stellung der Beamten**	**Abschnitt 6** **Rechtliche Stellung im Beamtenverhältnis**	**Abschnitt 6** (Rechtliche Stellung im Beamtenverhältnis)
1. Pflichten	**Unterabschnitt 1** **Allgemeine Pflichten und Rechte**	**Unterabschnitt 1** (Allgemeine Pflichten und Rechte)
a) Allgemeines **§ 52**	**§ 60 Grundpflichten**	**§ 60** (Grundpflichten) **Zu Absatz 1**
(1) [1]Der Beamte dient dem ganzen Volk, nicht einer Partei. [2]Er hat seine Aufga-	(1) [1]**Beamtinnen und** Beamte **dienen** dem ganzen Volk, nicht einer Partei.	Entspricht mit Anpassungen an die geschlechtergerechte Sprache dem bisherigen § 52.

BBG/BRRG alt	BBG neu	Erläuterungen
ben unparteiisch und gerecht zu erfüllen und bei seiner Amtsführung auf das Wohl der Allgemeinheit Bedacht zu nehmen. (2) Der Beamte muss sich durch sein gesamtes Verhalten zu der freiheitlichen demokratischen Grundordnung im Sinne des Grundgesetzes bekennen und für deren Erhaltung eintreten.	[2]**Sie haben ihre** Aufgaben unparteiisch und gerecht zu erfüllen und bei **ihrer** Amtsführung auf das Wohl der Allgemeinheit Bedacht zu nehmen. [3]**Beamtinnen und** Beamte **müssen** sich durch **ihr** gesamtes Verhalten zu der freiheitlichen demokratischen Grundordnung im Sinne des Grundgesetzes bekennen und für deren Erhaltung eintreten.	
§ 53 Der Beamte hat bei politischer Betätigung diejenige Mäßigung und Zurückhaltung zu wahren, die sich aus seiner Stellung gegenüber der Gesamtheit und aus der Rücksicht auf die Pflichten seines Amtes ergeben.	(2) **Beamtinnen und** Beamte **haben** bei politischer Betätigung diejenige Mäßigung und Zurückhaltung zu wahren, die sich aus **ihrer** Stellung gegenüber der **Allgemeinheit** und aus der Rücksicht auf die Pflichten **ihres** Amtes ergeben.	**Zu Absatz 2** Entspricht mit redaktionellen Anpassungen an die geschlechtergerechte Sprache dem bisherigen § 53.
§ 54	**§ 61 Wahrnehmung der Aufgaben, Verhalten**	**§ 61** (Wahrnehmung der Aufgaben, Verhalten)
[1]Der Beamte hat sich mit voller Hingabe seinem Beruf zu widmen. [2]Er hat sein Amt uneigennützig nach bestem Gewissen zu verwalten. [3]Sein Verhalten innerhalb und außerhalb des Dienstes muss der Achtung und dem Vertrauen gerecht werden, die sein Beruf erfordert.	(1) [1]**Beamtinnen und** Beamte **haben** sich mit **vollem persönlichem Einsatz ihrem** Beruf zu widmen. [2]**Sie haben** das **ihnen übertragene** Amt uneigennützig nach bestem Gewissen **wahrzunehmen**. [3]**Ihr** Verhalten innerhalb und außerhalb des Dienstes muss der Achtung und	**Zu Absatz 1** Absatz 1 nimmt die Regelungen des bisherigen § 54 mit redaktionellen Anpassungen an die geschlechtergerechte Sprache auf. In Satz 1 wird durch die neue Wortwahl „mit vollem persönlichem Einsatz" dem Umstand Rechnung getragen, dass durch den Eintritt in das

	dem Vertrauen gerecht werden, die **ihr** Beruf erfordert.	Beamtenverhältnis die durch die Verfassung geschützte persönliche Rechtsstellung in dem Umfang erhalten bleibt, in dem nicht durch das Dienst- und Treueverhältnis Einschränkungen geboten sind. Auch wird die Eigenverantwortlichkeit stärker hervorgehoben. **Zu Absatz 2**
	(2) Beamtinnen und Beamte sind verpflichtet, an Maßnahmen der dienstlichen Qualifizierung zur Erhaltung oder Fortentwicklung ihrer Kenntnisse und Fähigkeiten teilzunehmen.	Absatz 2 normiert die bisher bereits in § 42 Bundeslaufbahnverordnung geregelte Fortbildungspflicht der Beamtinnen und Beamten. Danach besteht eine Verpflichtung zur Teilnahme an Qualifizierungsmaßnahmen zur Erhaltung oder Fortentwicklung der Kenntnisse und Fähigkeiten für die Wahrnehmung der übertragenen Aufgaben, aber auch im Hinblick auf die Übernahme höherwertiger Dienstposten. Mit der Schaffung einer gesetzlichen Pflicht soll die Qualifizierungsverpflichtung der Beamtinnen und Beamten stärker betont werden. Im Hinblick auf die stetige Erhöhung der Anforderungen an die Aufgabenerledigung ist ein lebenslanges Lernen erforderlich.
§ 55	**§ 62 Folgepflicht**	**§ 62** (Folgepflicht) **Zu Absatz 1**
[1]Der Beamte hat seine Vorgesetzten zu beraten und zu unterstützen. [2]Er ist ver-	(1) [1]**Beamtinnen und** Beamte **haben ihre** Vorgesetzten zu beraten und zu un-	Nimmt mit redaktionellen Änderungen an die geschlechtergerechte Sprache im

BBG/BRRG alt	BBG neu	Erläuterungen
pflichtet, die von ihnen erlassenen Anordnungen auszuführen und ihre allgemeinen Richtlinien zu befolgen, sofern es sich nicht um Fälle handelt, in denen er nach besonderer gesetzlicher Vorschrift an Weisungen nicht gebunden und nur dem Gesetz unterworfen ist.	terstützen. [2]**Sie sind** verpflichtet, **deren dienstliche** Anordnungen auszuführen und **deren** allgemeine Richtlinien zu befolgen. [3]**Dies gilt nicht, soweit die Beamtinnen und Beamten nach besonderen gesetzlichen Vorschriften** an Weisungen nicht gebunden und nur dem Gesetz unterworfen sind.	Wesentlichen unverändert die Regelungen des bisherigen § 55 auf. Die Neufassung von Satz 2 und 3 stellt aber klar, dass eine Folgepflicht nur für Anordnungen von Vorgesetzten besteht, die den Dienst, die Dienstausübung und das Dienstverhältnis betreffen. Soweit kraft Gesetzes in bestimmten Angelegenheiten inhaltliche Weisungsfreiheit besteht, sind Beamtinnen und Beamte partiell von der Geltung des Satzes 1 ausgenommen. **Zu Absatz 2**
	(2) Beamtinnen und Beamte haben bei organisatorischen Veränderungen dem Dienstherrn Folge zu leisten.	Absatz 2 bezieht sich auf gemischte dienstlich-persönliche Weisungen, die außer der Art der Aufgabenerfüllung auch die Rechtsstellung oder die persönliche Sphäre und dadurch möglicherweise auch persönliche Rechte der Beamtin oder des Beamten berühren. Gemeint sind damit Maßnahmen im Rahmen der Personal- und Organisationshoheit des Dienstherrn. Hierzu zählt die Pflicht, bei organisatorischen Veränderungen einer Umsetzung Folge zu leisten oder zum Ortswechsel bei einer Behördenverlegung.

§ 56	§ 63 **Verantwortung für die Rechtmäßigkeit**	**§ 63** (Verantwortung für die Rechtmäßigkeit)
(1) Der Beamte trägt für die Rechtmäßigkeit seiner dienstlichen Handlungen die volle persönliche Verantwortung.	(1) **Beamtinnen und** Beamte **tragen** für die Rechtmäßigkeit **ihrer** dienstlichen Handlungen die volle persönliche Verantwortung.	**Zu Absatz 1** Nimmt mit redaktionellen Anpassungen an die geschlechtergerechte Sprache die Regelungen des bisherigen § 56 auf.
(2) [1]Bedenken gegen die Rechtmäßigkeit dienstlicher Anordnungen hat der Beamte unverzüglich bei seinem unmittelbaren Vorgesetzten geltend zu machen. [2]Wird die Anordnung aufrechterhalten, so hat sich der Beamte, wenn seine Bedenken gegen ihre Rechtmäßigkeit fortbestehen, an den nächsthöheren Vorgesetzten zu wenden. [3]Bestätigt dieser die Anordnung, so muss der Beamte sie ausführen, sofern nicht das ihm aufgetragene Verhalten strafbar oder ordnungswidrig und die Strafbarkeit oder Ordnungswidrigkeit für ihn erkennbar ist oder das ihm aufgetragene Verhalten die Würde des Menschen verletzt; von der eigenen Verantwortung ist er befreit. [4]Die Bestätigung hat auf Verlangen schriftlich zu erfolgen.	(2) [1]Bedenken gegen die Rechtmäßigkeit dienstlicher Anordnungen **haben Beamtinnen und** Beamte unverzüglich **bei der oder dem** unmittelbaren Vorgesetzten geltend zu machen. [2]Wird die Anordnung aufrechterhalten, **haben sie sich**, wenn **ihre** Bedenken gegen **deren** Rechtmäßigkeit fortbestehen, an **die nächsthöhere Vorgesetzte oder** den nächsthöheren Vorgesetzten zu wenden. [3]**Wird die Anordnung bestätigt, müssen die Beamtinnen und** Beamten sie ausführen **und sind** von der eigenen Verantwortung befreit. [4]**Dies gilt nicht, wenn das aufgetragene Verhalten die Würde des Menschen verletzt oder strafbar oder ordnungswidrig ist und die Strafbarkeit oder Ordnungswidrigkeit für die Beamtinnen und Beamten erkennbar ist.** [5]Die Bestätigung hat auf Verlangen schriftlich zu erfolgen.	**Zu Absatz 2** Die Neufassung enthält keine materielle Änderung der Regelung des bisherigen § 56 Abs. 2. Sie soll aber deutlich machen, dass die Remonstration bei der oder dem nächsthöheren Vorgesetzten nur erforderlich ist, wenn die Bedenken der Beamtin oder des Beamten gegen die Rechtmäßigkeit einer Weisung fortbestehen. Die Formulierung „an die oder den nächsthöheren Vorgesetzten" in Satz 2 unterstreicht dabei, dass auch bei Fortsetzung einer Remonstration grundsätzlich weiterhin der Dienstweg einzuhalten ist. Ausnahmen kommen insbesondere im Fall des Absatzes 3 in Betracht. Zur Bestätigung der Anordnung, auf die Satz 3 abstellt, sind alle höheren Vorgesetzten befugt, nicht nur die nächsthöheren Vorgesetzten. Dies hat z. B. Bedeutung, wenn auch die oder der nächsthöhere Vorgesetzte Bedenken

BBG/BRRG alt	BBG neu	Erläuterungen
		gegen die Rechtmäßigkeit der ursprünglichen Anordnung geltend macht, dessen unmittelbare Vorgesetzte oder unmittelbarer Vorgesetzter aber diese Anordnung gegenüber der Beamtin oder dem Beamten bestätigt.
		Zu Absatz 3
(3) Verlangt der unmittelbare Vorgesetzte die sofortige Ausführung der Anordnung, weil Gefahr im Verzuge besteht und die Entscheidung des nächsthöheren Vorgesetzten nicht rechtzeitig herbeigeführt werden kann, so gilt Absatz 2 Satz 3 und 4 entsprechend.	(3) Verlangt **eine Vorgesetzte oder ein Vorgesetzter** die sofortige Ausführung der Anordnung, weil Gefahr im Verzug ist und die Entscheidung **der oder des höheren** Vorgesetzten nicht rechtzeitig herbeigeführt werden kann, gilt Absatz 2 Satz 3 bis 5 entsprechend.	Durch die Änderung in Absatz 2 ist auch eine Änderung in der Bestimmung des Vorgesetzten oder der Vorgesetzten notwendig.
b) Diensteid		
§ 58	**§ 64 Eidespflicht, Eidesformel**	**§ 64** (Eidespflicht, Eidesformel)
		Zu den Absätzen 1 und 2
(1) Der Beamte hat folgenden Diensteid zu leisten: „Ich schwöre, das Grundgesetz für die Bundesrepublik Deutschland und alle in der Bundesrepublik geltenden Gesetze zu wahren und meine Amtspflichten gewissenhaft zu erfüllen, so wahr mir Gott helfe."	(1) **Beamtinnen und** Beamte **haben** folgenden Diensteid zu leisten: „Ich schwöre, das Grundgesetz und alle in der Bundesrepublik **Deutschland** geltenden Gesetze zu wahren und meine Amtspflichten gewissenhaft zu erfüllen, so wahr mir Gott helfe."	Entsprechen mit redaktionellen Anpassungen an die geschlechtergerechte Sprache dem bisherigen § 58 Abs. 1 und 2.
(2) Der Eid kann auch ohne die Worte „so wahr mir Gott helfe" geleistet werden.	(2) Der Eid kann auch ohne die Worte „so wahr mir Gott helfe" geleistet werden.	

(3) Gestattet ein Gesetz den Mitgliedern einer Religionsgesellschaft, an Stelle der Worte „Ich schwöre“ andere Beteuerungsformeln zu gebrauchen, so kann der Beamte, der Mitglied einer solchen Religionsgesellschaft ist, diese Beteuerungsformel sprechen.	(3) **Lehnt eine Beamtin oder ein Beamter aus Glaubens- oder Gewissensgründen die Ablegung des vorgeschriebenen Eides ab, können** an Stelle der Worte „Ich schwöre“ **die Worte „Ich glaube“ oder eine** andere Beteuerungsformel **gesprochen werden.**	**Zu Absatz 3** Absatz 3 lässt wie bisher Ausnahmen von der Eidesformel zu. Für die feierliche Bekräftigung des Versprechens kann eine andere Beteuerungsformel zugelassen werden, wenn die Beamtin oder der Beamte die Eidesformel „Ich schwöre“ aus Glaubens- oder Gewissensgründen ablehnt. Auf den nach dem geltenden Absatz 3 erforderlichen Gesetzesvorbehalt wird verzichtet. Ein entsprechendes Gesetz, dass konkret bestimmt, für Mitglieder welcher Religions- oder Weltanschauungsgemeinschaften eine andere Beteuerungsformel festgelegt werden kann, ist nie erlassen worden und ist im Hinblick auf die durch Artikel 4 des Grundgesetzes garantierte Glaubens- und Gewissensfreiheit nicht erforderlich.
(4) In den Fällen, in denen nach § 7 Abs. 3 eine Ausnahme von § 7 Abs. 1 Nr. 1 zugelassen worden ist, kann von einer Eidesleistung abgesehen werden; der Beamte hat, sofern gesetzlich nichts anderes bestimmt ist, zu geloben, daß er seine Amtspflichten gewissenhaft erfüllen wird.	(4) [1]In den Fällen, in denen nach § 7 Abs. 3 eine Ausnahme von § 7 Abs. 1 Nr. 1 zugelassen worden ist, kann von einer Eidesleistung abgesehen werden. [2]Sofern gesetzlich nichts anderes bestimmt ist, **hat die Beamtin oder der Beamte in diesen Fällen** zu geloben, **ihre oder** seine Amtspflichten gewissenhaft **zu erfüllen**.	**Zu Absatz 4** Entspricht dem bisherigen § 58 Abs. 4.

BBG/BRRG alt	BBG neu	Erläuterungen
c) Beschränkung bei Vornahme von Amtshandlungen		
§ 59	**§ 65 Befreiung von Amtshandlungen**	**§ 65** (Befreiung von Amtshandlungen)
(1) Der Beamte ist von Amtshandlungen zu befreien, die sich gegen ihn selbst oder einen Angehörigen richten würden. (2) Angehörige im Sinne des Absatzes 1 sind Personen, zu deren Gunsten dem Beamten wegen familienrechtlicher Beziehungen im Strafverfahren das Zeugnisverweigerungsrecht zusteht.	(1) **Beamtinnen und** Beamte **sind** von Amtshandlungen zu befreien, die sich gegen **sie** selbst oder Angehörige richten würden, zu deren Gunsten **ihnen** wegen familienrechtlicher Beziehungen im Strafverfahren das Zeugnisverweigerungsrecht zusteht.	Entspricht mit redaktionellen Anpassungen an die geschlechtergerechte Sprache dem bisherigen § 59.
(3) Gesetzliche Vorschriften, nach denen der Beamte von einzelnen Amtshandlungen ausgeschlossen ist, bleiben unberührt.	(2) Gesetzliche Vorschriften, nach denen **Beamtinnen oder** Beamte von einzelnen Amtshandlungen ausgeschlossen **sind**, bleiben unberührt.	
§ 60	**§ 66 Verbot der Führung der Dienstgeschäfte**	**§ 66** (Verbot der Führung der Dienstgeschäfte)
(1) [1]Die oberste Dienstbehörde oder die von ihr bestimmte Behörde kann einem Beamten aus zwingenden dienstlichen Gründen die Führung seiner Dienstgeschäfte verbieten. [2]Das Verbot erlischt, sofern nicht bis zum Ablauf von drei Monaten gegen den Beamten ein Disziplinarverfahren oder ein sonstiges auf Rücknahme der Ernennung oder auf	[1]Die oberste Dienstbehörde oder die von ihr bestimmte Behörde kann **einer Beamtin oder** einem Beamten aus zwingenden dienstlichen Gründen die Führung der Dienstgeschäfte verbieten. [2]Das Verbot erlischt, **wenn** nicht bis zum Ablauf von drei Monaten gegen die Beamtin oder den Beamten ein Disziplinarverfahren oder ein sonstiges	Entspricht mit redaktionellen Anpassungen an die geschlechtergerechte Sprache dem bisherigen § 60.

Beendigung des Beamtenverhältnisses gerichtetes Verfahren eingeleitet worden ist. (2) Der Beamte soll vor Erlass des Verbotes gehört werden.	auf Rücknahme der Ernennung oder auf Beendigung des Beamtenverhältnisses gerichtetes Verfahren eingeleitet worden ist.	Der bisherige § 60 Abs. 2 entfällt, da es sich bei dem Verbot der Führung der Dienstgeschäfte um einen Verwaltungsakt handelt, vor dessen Erlass Beteiligte stets zu hören sind (§ 28 Verwaltungsverfahrensgesetz).
d) Amtsverschwiegenheit		
§ 61	**§ 67 Verschwiegenheitspflicht**	**§ 67** (Verschwiegenheitspflicht) **Zu Absatz 1**
(1) [1]Der Beamte hat, auch nach Beendigung des Beamtenverhältnisses, über die ihm bei seiner amtlichen Tätigkeit bekanntgewordenen Angelegenheiten Verschwiegenheit zu bewahren. [2]Dies gilt nicht für Mitteilungen im dienstlichen Verkehr oder über Tatsachen, die offenkundig sind oder ihrer Bedeutung nach keiner Geheimhaltung bedürfen. [3]Die Verschwiegenheitspflicht gilt auch nicht, soweit gegenüber der zuständigen obersten Dienstbehörde oder einer Strafverfolgungsbehörde ein durch Tatsachen begründeter Verdacht einer Korruptionsstraftat nach den §§ 331 bis 337 des Strafgesetzbuchs angezeigt wird. [4]Die oberste Dienstbehörde kann weitere Behörden oder außerdienstliche Stellen bestimmen, denen gegenüber nach Satz 3 eine Korruptionsstraftat angezeigt werden kann.	(1) [1]**Beamtinnen und** Beamte **haben** über die **ihnen** bei **oder bei Gelegenheit ihrer** amtlichen Tätigkeit bekannt gewordenen **dienstlichen** Angelegenheiten Verschwiegenheit zu bewahren. [2]**Dies gilt auch über den Bereich eines Dienstherrn hinaus sowie nach Beendigung des Beamtenverhältnisses.**	Entspricht mit Anpassungen an die geschlechtergerechte Sprache inhaltlich dem bisherigen § 61 Abs. 1. In Satz 1 wird klarstellend aufgenommen, dass die Verschwiegenheitspflicht sich sowohl auf Angelegenheiten, die bei der Wahrnehmung der Dienstgeschäfte bekannt geworden sind, als auch auf solche, die bei Gelegenheit der dienstlichen Tätigkeit bekannt werden, erstreckt. Zwischen der Kenntnis und der dienstlichen Tätigkeit muss also ein innerer Zusammenhang bestehen. Das Erfordernis dieser Amtskausalität wird durch den Begriff „dienstliche Angelegenheiten" weiter verdeutlicht. Die Regelung des § 124 BRRG, wonach die Verschwiegenheitspflicht über den Bereich eines Dienstherrn hinausgeht wird in Satz 2 in das Bundesbeamtengesetz übernommen.,

BBG/BRRG alt	BBG neu	Erläuterungen
	(2) [1]**Absatz 1** gilt nicht, **soweit** 1. Mitteilungen im dienstlichen Verkehr **geboten sind**, 2. Tatsachen **mitgeteilt werden**, die offenkundig sind oder ihrer Bedeutung nach keiner Geheimhaltung bedürfen, **oder** 3. gegenüber der zuständigen obersten Dienstbehörde, einer Strafverfolgungsbehörde **oder einer von der obersten Dienstbehörde bestimmten weiteren Behörde oder außerdienstlichen Stelle** ein durch Tatsachen begründeter Verdacht einer Korruptionsstraftat nach den §§ 331 bis 337 des Strafgesetzbuches angezeigt wird.	**Zu Absatz 2** Die Regelung nimmt den Inhalt des bisherigen § 61 Abs. 1 Satz 2 bis 4 auf. Aus Gründen der Übersichtlichkeit bilden die Ausnahmen vom Grundsatz des Absatzes 1 einen eigenen Absatz.
(4) Unberührt bleibt die gesetzlich begründete Pflicht des Beamten, Straftaten anzuzeigen und bei Gefährdung der freiheitlichen demokratischen Grundordnung für deren Erhaltung einzutreten.	[2]**Im Übrigen bleiben die gesetzlich begründeten Pflichten, geplante Straftaten anzuzeigen und für die Erhaltung der freiheitlichen demokratischen Grundordnung einzutreten, von Absatz 1 unberührt.**	Satz 2 entspricht mit Anpassungen an die geschlechtergerechte Sprache dem bisherigen § 61 Abs. 4. § 58 Abs. 1 Satz 3 verpflichtet ebenso wie der bisherige § 52 Abs. 2 Beamtinnen und Beamte, für die Erhaltung der freiheitlich demokratischen Grundordnung einzutreten. Auf den einschränkenden Zusatz „bei deren Gefährdung“ im bisherigen § 61 Abs. 4 kann daher ohne inhaltliche Änderung verzichtet werden, zumal es sich inso-

		weit nicht um eine konstitutive Regelung, sondern lediglich um einen Verweis auf anderweitig begründete Verpflichtungen handelt.
(2) [1]Der Beamte darf ohne Genehmigung über solche Angelegenheiten weder vor Gericht noch außergerichtlich aussagen oder Erklärungen abgeben. [2]Die Genehmigung erteilt der Dienstvorgesetzte oder, wenn das Beamtenverhältnis beendet ist, der letzte Dienstvorgesetzte.	(3) [1]**Beamtinnen und** Beamte **dürfen** ohne Genehmigung über Angelegenheiten **nach Absatz 1** weder vor Gericht noch außergerichtlich aussagen oder Erklärungen abgeben. [2]Die Genehmigung erteilt **die oder** der Dienstvorgesetzte oder, wenn das Beamtenverhältnis beendet ist, **die oder** der letzte Dienstvorgesetzte. [3]**Hat sich der Vorgang, der den Gegenstand der Äußerung bildet, bei einem früheren Dienstherrn ereignet, darf die Genehmigung nur mit dessen Zustimmung erteilt werden.**	**Zu Absatz 3** Entspricht mit Anpassungen an die geschlechtergerechte Sprache dem bisherigen § 61 Abs. 2. Entsprechend der Regelung in Absatz 1 Satz 2 ist bei einem Dienstherrnwechsel auch der frühere Dienstherr zu beteiligen.
(3) [1]Der Beamte hat, auch nach Beendigung des Beamtenverhältnisses, auf Verlangen des Dienstvorgesetzten oder des letzten Dienstvorgesetzten amtliche Schriftstücke, Zeichnungen, bildliche Darstellungen sowie Aufzeichnungen jeder Art über dienstliche Vorgänge, auch soweit es sich um Wiedergaben handelt, herauszugeben. [2]Die gleiche Verpflichtung trifft seine Hinterbliebenen und seine Erben.	(4) **Beamtinnen und** Beamte **haben**, auch nach Beendigung des Beamtenverhältnisses, auf Verlangen **der oder** des Dienstvorgesetzten oder **der oder** des letzten Dienstvorgesetzten amtliche Schriftstücke, Zeichnungen, bildliche Darstellungen sowie Aufzeichnungen jeder Art über dienstliche Vorgänge, auch soweit es sich um Wiedergaben handelt, herauszugeben. **Entsprechendes gilt für ihre** Hinterbliebenen und Erben.	**Zu Absatz 4** Entspricht mit Anpassungen an die geschlechtergerechte Sprache dem bisherigen § 61 Abs. 3.

BBG/BRRG alt	BBG neu	Erläuterungen
§ 62	**§ 68 Versagung der Aussagegenehmigung**	**§ 68** (Versagung der Aussagegenehmigung) **Zu Absatz 1**
(1) Die Genehmigung, als Zeuge auszusagen, darf nur versagt werden, wenn die Aussage dem Wohle des Bundes oder eines deutschen Landes Nachteile bereiten oder die Erfüllung öffentlicher Aufgaben ernstlich gefährden oder erheblich erschweren würde.	(1) Die Genehmigung, als **Zeugin oder** Zeuge auszusagen, darf nur versagt werden, wenn die Aussage dem Wohle des Bundes oder eines deutschen Landes Nachteile bereiten oder die Erfüllung öffentlicher Aufgaben ernstlich gefährden oder erheblich erschweren würde.	Entspricht mit redaktionellen Anpassungen an die geschlechtergerechte Sprache dem bisherigen § 62 Abs. 1.
(2) Die Genehmigung, ein Gutachten zu erstatten, kann versagt werden, wenn die Erstattung den dienstlichen Interessen Nachteile bereiten würde.		Die Regelung des bisherigen § 62 Abs. 2 wird in § 69 übernommen. **Zu Absatz 2**
(3) [1]Ist der Beamte Partei oder Beschuldigter in einem gerichtlichen Verfahren oder soll sein Vorbringen der Wahrnehmung seiner berechtigten Interessen dienen, so darf die Genehmigung auch dann, wenn die Voraussetzungen des Absatzes 1 erfüllt sind, nur versagt werden, wenn die dienstlichen Rücksichten dies unabweisbar erfordern. [2]Wird sie versagt, so hat der Dienstvorgesetzte dem Beamten den Schutz zu gewähren, den die dienstlichen Rücksichten zulassen.	(2) [1]Sind **Beamtinnen oder** Beamte Partei oder Beschuldigte in einem gerichtlichen Verfahren oder soll **ihr** Vorbringen der Wahrnehmung **ihrer** berechtigten Interessen dienen, darf die Genehmigung auch dann, wenn die Voraussetzungen des Absatzes 1 erfüllt sind, nur versagt werden, wenn die dienstlichen Rücksichten dies unabweisbar erfordern. [2]Wird **die Genehmigung** versagt, **haben die oder** der Dienstvorgesetzte **der Beamtin oder** dem Beamten den Schutz zu gewähren, den die dienstlichen Rücksichten zulassen.	Entspricht dem bisherigen § 62 Abs. 3.

(4) Über die Versagung der Genehmigung entscheidet die oberste Aufsichtsbehörde.	(3) [1]Über die Versagung der Genehmigung entscheidet die oberste **Dienstbehörde.** [2]**Sie kann diese Befugnis auf andere Behörden übertragen.**	**Zu Absatz 3** Absatz 3 entspricht dem bisherigen § 62 Abs.4. Neu wird geregelt, dass die Entscheidungsbefugnis auf andere Behörden übertragen werden kann.
§ 62	**§ 69 Gutachtenerstattung**	**§ 69** (Gutachtenerstattung)
… (2) Die Genehmigung, ein Gutachten zu erstatten, kann versagt werden, wenn die Erstattung den dienstlichen Interessen Nachteile bereiten würde.	[1]Die Genehmigung, ein Gutachten zu erstatten, kann versagt werden, wenn die Erstattung den dienstlichen Interessen Nachteile bereiten würde. [2]**§ 68 Abs. 3 gilt entsprechend.**	Satz 1 entspricht dem bisherigen § 62 Abs. 2. Satz 2 enthält für die Frage der Zuständigkeit die Verweisung auf § 68 Abs. 3.
§ 63	**§ 70 Auskünfte an die Medien**	**§ 70** (Auskünfte an die Medien)
Auskünfte an die Presse erteilt der Vorstand der Behörde oder der von ihm bestimmte Beamte.	Die Leitung der Behörde entscheidet, wer den Medien Auskünfte erteilt.	Entspricht dem bisherigen § 63. Der bisher verwendete Begriff „Presse“ wird durch den weiteren Begriff „Medien“ ersetzt, damit sind Presse, Rundfunk und Telemedien erfasst. Ohne materielle Änderung ist geregelt, dass die jeweilige Leitung der Behörde zur Entscheidung befugt ist.
§ 70	**§ 71 Verbot der Annahme von Belohnungen, Geschenken und sonstigen Vorteilen**	**§ 71** (Verbot der Annahme von Belohnungen, Geschenken und sonstigen Vorteilen)
(1) [1]Der Beamte darf, auch nach Beendigung des Beamtenverhältnisses, keine Belohnungen, Geschenke oder	(1) [1]**Beamtinnen und** Beamte **dürfen**, auch nach Beendigung des Beamtenverhältnisses, keine Belohnungen, Ge-	Entspricht mit redaktionellen Anpassungen an die geschlechtergerechte Sprache dem bisherigen § 70.

BBG/BRRG alt	BBG neu	Erläuterungen
sonstigen Vorteile für sich oder einen Dritten in Bezug auf sein Amt fordern, sich versprechen lassen oder annehmen. [2]Ausnahmen bedürfen der Zustimmung der obersten oder der letzten obersten Dienstbehörde. [3]Die Befugnis zur Zustimmung kann auf andere Behörden übertragen werden. (2) [1]Wer gegen das in Absatz 1 genannte Verbot verstößt, hat das aufgrund des pflichtwidrigen Verhaltens Erlangte auf Verlangen dem Dienstherrn herauszugeben, soweit nicht im Strafverfahren der Verfall angeordnet worden oder es auf andere Weise auf den Staat übergegangen ist. [2]Für den Umfang des Herausgabenanspruchs gelten die Vorschriften des Bürgerlichen Gesetzbuches über die Herausgabe einer ungerechtfertigten Bereicherung entsprechend. [3]Die Herausgabepflicht nach Satz 1 umfasst auch die Pflicht, dem Dienstherrn Auskunft über Art, Umfang und Verbleib des Erlangten zu geben.	schenke oder sonstigen Vorteile für sich oder einen Dritten in Bezug auf ihr Amt fordern, sich versprechen lassen oder annehmen. [2]Ausnahmen bedürfen der Zustimmung der obersten oder der letzten obersten Dienstbehörde. [3]Die Befugnis zur Zustimmung kann auf andere Behörden übertragen werden. (2) [1]Wer gegen das in Absatz 1 genannte Verbot verstößt, hat **auf Verlangen** das aufgrund des pflichtwidrigen Verhaltens Erlangte dem Dienstherrn herauszugeben, soweit nicht im Strafverfahren der Verfall angeordnet worden oder es auf andere Weise auf den Staat übergegangen ist. [2]Für den Umfang des Herausgabeanspruchs gelten die Vorschriften des Bürgerlichen Gesetzbuches über die Herausgabe einer ungerechtfertigten Bereicherung entsprechend. [3]Die Herausgabepflicht nach Satz 1 umfasst auch die Pflicht, dem Dienstherrn Auskunft über Art, Umfang und Verbleib des Erlangten zu geben.	Der Begriff des „Dritten" bleibt als feststehender juristischer Begriff im generischen Maskulinum. Das Annahmeverbot gilt auch für Auszeichnungen und Prämien für im Dienst erbrachte Leistungen (z.B. Wissenschaftspreise), sofern diese nicht vom Dienstherrn selbst, sondern von dritter Seite verliehen werden. Die Annahme solcher Auszeichnungen und Prämien bedarf daher der vorherigen Zustimmung, über deren Erteilung nach Prüfung der Umstände des Einzelfalls unter Berücksichtigung des Schutzzweckes der Vorschrift zu entscheiden ist. Dabei kann die Zustimmung zur Annahme des „immateriellen Teiles" einer Ehrung großzügig gehandhabt werden. Ausnahmsweise kann zugelassen werden, dass die Beamtin oder der Beamte auch das Preisgeld annehmen und behalten darf, wenn nach den konkreten Gegebenheiten jeder Anschein eines Interessenkonfliktes oder einer Beeinflussung der Dienstausübung ausgeschlossen werden kann (z.B. Forschungspreise unabhängiger Wissenschaftsorganisationen im Bereich der Grundlagenforschung). In der Regel wird die Zustimmung zur Annahme eines Preisgeldes

		allerdings mit der Auflage zu verbinden sein, dieses ganz oder teilweise an den Dienstherrn oder eine andere Einrichtung abzuführen (s. BVerwG, Urteil vom 20. Januar 2000, 2 C 19/99).
§ 71 Der Beamte darf Titel, Orden und Ehrenzeichen von einem ausländischen Staatsoberhaupt oder einer ausländischen Regierung nur mit Genehmigung des Bundespräsidenten annehmen.	–	Der bisherige § 71 entfällt, da der Norminhalt in § 5 des Gesetzes über Titel, Orden und Ehrenzeichen geregelt ist.
§ 74	§ 72 **Wahl der Wohnung**	**§ 72** (Wahl der Wohnung)
(1) Der Beamte hat seine Wohnung so zu nehmen, daß er in der ordnungsmäßigen Wahrnehmung seiner Dienstgeschäfte nicht beeinträchtigt wird.	(1) **Beamtinnen und** Beamte **haben ihre** Wohnung so zu nehmen, dass die ordnungsmäßige Wahrnehmung **ihrer** Dienstgeschäfte nicht beeinträchtigt wird.	Entspricht mit redaktionellen Anpassungen an die geschlechtergerechte Sprache dem bisherigen § 74.
(2) Der Dienstvorgesetzte kann ihn, wenn die dienstlichen Verhältnisse es erfordern, anweisen, seine Wohnung innerhalb bestimmter Entfernung von seiner Dienststelle zu nehmen oder eine Dienstwohnung zu beziehen.	(2) **Die oder** der Dienstvorgesetzte kann, wenn die dienstlichen Verhältnisse es erfordern, anweisen, dass die Wohnung innerhalb einer bestimmten Entfernung von **der** Dienststelle zu nehmen oder eine Dienstwohnung zu beziehen **ist**.	
§ 75	§ 73 **Aufenthaltspflicht**	**§ 73** (Aufenthaltspflicht)
Wenn besondere dienstliche Verhältnisse es dringend erfordern, kann der Beamte angewiesen werden, sich wäh-	Wenn besondere dienstliche Verhältnisse es dringend erfordern, kann **die Beamtin oder** der Beamte angewiesen	Entspricht mit redaktionellen Anpassungen an die geschlechtergerechte Sprache dem bisherigen § 75.

BBG/BRRG alt	BBG neu	Erläuterungen
rend der dienstfreien Zeit in erreichbarer Nähe seines Dienstortes aufzuhalten.	werden, sich während der dienstfreien Zeit in erreichbarer Nähe **des** Dienstortes aufzuhalten.	
§ 76	§ 74 **Dienstkleidung**	**§ 74** (Dienstkleidung)
Der Bundespräsident erlässt die Bestimmungen über Dienstkleidung, die bei Ausübung des Amtes üblich oder erforderlich ist. Er kann die Ausübung dieser Befugnis auf andere Stellen übertragen.	**Die Bundespräsidentin oder** der Bundespräsident **oder die von ihr oder ihm bestimmte Stelle** erlässt die Bestimmungen über Dienstkleidung, die bei **Wahrnehmung** des Amtes üblich oder erforderlich ist.	Entspricht mit redaktionellen Anpassungen an die geschlechtergerechte Sprache dem bisherigen § 76.
§ 78	§ 75 **Pflicht zum Schadensersatz**	**§ 75** (Pflicht zum Schadensersatz) **Zu Absatz 1**
(1) Verletzt ein Beamter vorsätzlich oder grob fahrlässig die ihm obliegenden Pflichten, so hat er dem Dienstherrn, dessen Aufgaben er wahrgenommen hat, den daraus entstehenden Schaden zu ersetzen. Haben mehrere Beamte gemeinsam den Schaden verursacht, so haften sie als Gesamtschuldner.	(1) **Beamtinnen und** Beamte, die vorsätzlich oder grob fahrlässig die **ihnen** obliegenden Pflichten **verletzt haben, haben** dem Dienstherrn, dessen Aufgaben **sie** wahrgenommen haben, den daraus entstehenden Schaden zu ersetzen. **Haben zwei oder** mehr **Beamtinnen und** Beamte gemeinsam den Schaden verursacht, haften sie **gesamtschuldnerisch.**	Entspricht mit redaktionellen Anpassungen an die geschlechtergerechte Sprache dem bisherigen § 78 Abs. 1.
		Zu Absatz 2
(2) Ansprüche nach Absatz 1 verjähren in drei Jahren von dem Zeitpunkt an, in dem der Dienstherr von dem Schaden	(2) Hat der Dienstherr Dritten Schadensersatz geleistet, **gilt als Zeitpunkt**, **zu** dem der Dienstherr Kenntnis **im Sinne**	Die Sonderregelung zur Verjährung im bisherigen § 78 Abs. 2 entfällt. Die Verjährung der Ansprüche aus Absatz 1

und der Person des Ersatzpflichtigen Kenntnis erlangt hat, ohne Rücksicht auf diese Kenntnis in zehn Jahren von der Begehung der Handlung an. Hat der Dienstherr einem Dritten Schadenersatz geleistet, so tritt an die Stelle des Zeitpunktes, in dem der Dienstherr von dem Schaden Kenntnis erlangt, der Zeitpunkt, in dem der Ersatzanspruch des Dritten diesem gegenüber vom Dienstherrn anerkannt oder dem Dienstherrn gegenüber rechtskräftig festgestellt wird.	**der Verjährungsvorschriften des Bürgerlichen Gesetzbuches** erlangt, der Zeitpunkt, **zu** dem der Ersatzanspruch **gegenüber** Dritten vom Dienstherrn anerkannt oder dem Dienstherrn gegenüber rechtskräftig festgestellt wird.	richtet sich nach den allgemeinen Verjährungsvorschriften des Bürgerlichen Gesetzbuches. Es besteht kein Grund, den öffentlichen Dienstherrn von der grundsätzlichen Vereinheitlichung des Verjährungsrechts auszunehmen. Durch die Neufassung von Absatz 2 wird aber sichergestellt, dass sich die Beamtin oder der Beamte in Fällen des Regresses nicht auf Verjährung berufen kann, wenn der Dienstherr noch schadenersatzpflichtig ist. Verzichtet wurde auf eine besondere gesetzliche Regelung für den Fall, dass ein Dienstherr wegen einer Pflichtverletzung, die einen Schaden an Leib, Leben oder Freiheit einer oder eines Dritten zur Folge hatte, kurz vor Ablauf der dreißigjährigen Frist nach § 199 Abs. 2 des Bürgerlichen Gesetzbuchs verklagt und erst nach Ablauf der Frist rechtskräftig verurteilt wird. In diesem Fall kann sich die Beamtin oder der Beamte deshalb auf Verjährung nach § 199 Abs. 3 Satz 1 Nr. 2 des Bürgerlichen Gesetzbuches berufen. Dies entspricht der Befriedungsfunktion des Rechtsinstituts der Verjährung. Im Übrigen dürften solche Fälle außerordentlich selten sein.

BBG/BRRG alt	BBG neu	Erläuterungen
		Zu Absatz 3
(3) Leistet der Beamte dem Dienstherrn Ersatz und hat dieser einen Ersatzanspruch gegen einen Dritten, so geht der Ersatzanspruch auf den Beamten über.	(3) Leistet **die Beamtin oder** der Beamte dem Dienstherrn Ersatz und hat dieser einen Ersatzanspruch gegen **Dritte**, geht der Ersatzanspruch auf **sie oder ihn** über.	Entspricht mit redaktionellen Anpassungen an die geschlechtergerechte Sprache dem bisherigen § 78 Abs. 3.
§ 87a	**§ 76 Übergang eines Schadensersatzanspruchs gegen Dritte**	**§ 76** (Übergang eines Schadensersatzanspruchs gegen Dritte)
[1]Wird ein Beamter oder Versorgungsberechtigter oder einer ihrer Angehörigen körperlich verletzt oder getötet, so geht ein gesetzlicher Schadenersatzanspruch, der diesen Personen infolge der Körperverletzung oder der Tötung gegen einen Dritten zusteht, insoweit auf den Dienstherrn über, als dieser während einer auf der Körperverletzung beruhenden Aufhebung der Dienstfähigkeit oder infolge der Körperverletzung oder der Tötung zur Gewährung von Leistungen verpflichtet ist. [2]Der Übergang des Anspruchs kann nicht zum Nachteil des Verletzten oder der Hinterbliebenen geltend gemacht werden.	[1]**Werden Beamtinnen, Beamte, Versorgungsberechtigte oder ihre** Angehörigen körperlich verletzt oder getötet, geht ein gesetzlicher Schadensersatzanspruch, der diesen Personen infolge der Körperverletzung oder der Tötung gegen **Dritte** zusteht, insoweit auf den Dienstherrn über, als dieser während einer auf der Körperverletzung beruhenden Aufhebung der Dienstfähigkeit oder infolge der Körperverletzung oder der Tötung zur Gewährung von Leistungen verpflichtet ist. [2]**Ist eine Versorgungskasse zur Gewährung der Versorgung verpflichtet, geht der Anspruch auf sie über.** [3]Der Übergang des Anspruchs kann nicht zum Nachteil **der** Verletzten oder der Hinterbliebenen geltend gemacht werden.	Entspricht mit redaktionellen Anpassungen an die geschlechtergerechte Sprache dem bisherigen § 87a. Den Besonderheiten von Versorgungskassen wird Rechnung getragen.

§ 77	§ 77 **Nichterfüllung von Pflichten**	**§ 77** (Nichterfüllung von Pflichten) Entspricht mit redaktionellen Anpassungen an die geschlechtergerechte Sprache dem bisherigen § 77.
(1) Der Beamte begeht ein Dienstvergehen, wenn er schuldhaft die ihm obliegenden Pflichten verletzt. Ein Verhalten des Beamten außerhalb des Dienstes ist ein Dienstvergehen, wenn es nach den Umständen des Einzelfalles in besonderem Maße geeignet ist, Achtung und Vertrauen in einer für sein Amt oder das Ansehen des Beamtentums bedeutsamen Weise zu beeinträchtigen.	(1) **Beamtinnen und** Beamte **begehen** ein Dienstvergehen, wenn **sie** schuldhaft die **ihnen** obliegenden Pflichten **verletzen**. **Außerhalb** des Dienstes **ist dieses nur dann** ein Dienstvergehen, wenn **die Pflichtverletzung** nach den Umständen des Einzelfalls in besonderem Maße geeignet ist, das Vertrauen in einer für **ihr** Amt oder das Ansehen des Beamtentums bedeutsamen Weise zu beeinträchtigen.	**Zu Absatz 1** Ein Verhalten außerhalb des Dienstes kann nur dann ein Dienstvergehen darstellen, wenn eine Pflichtverletzung – in der Regel ein Verstoß gegen § 61 Abs. 1 Satz 3 – vorliegt. Die Formulierung im neuen Absatz 1 Satz 2 soll diesen Zusammenhang verdeutlichen. Die für eine Bewertung als Dienstvergehen erforderliche besondere Schwere des außerdienstlichen Pflichtverstoßes bleibt unberührt. Durch die Neufassung von Satz 2 hat das außerdienstliche Verhalten von Beamtinnen und Beamten nur noch insoweit Bedeutung für die Pflichten aus dem beamtenrechtlichen Dienst- und Treueverhältnis, als es um die Wahrung des Vertrauens der Bürgerinnen und Bürger in die Integrität der Amtsführung geht.
(2) Bei einem Ruhestandsbeamten oder früheren Beamten mit Versorgungsbezügen gilt es als Dienstvergehen, wenn er	(2) Bei **Ruhestandsbeamtinnen und** Ruhestandsbeamten sowie früheren **Beamtinnen mit Versorgungsbezügen und** früheren Beamten mit Versor-	**Zu Absatz 2** Entspricht dem bisherigen § 77 Abs. 2.

BBG/BRRG alt	BBG neu	Erläuterungen
1. sich gegen die freiheitliche demokratische Grundordnung im Sinne des Grundgesetzes betätigt oder 2. an Bestrebungen teilnimmt, die darauf abzielen, den Bestand oder die Sicherheit der Bundesrepublik zu beeinträchtigen, oder 3. gegen § 61 (Verletzung der Amtsverschwiegenheit), gegen § 69a (Anzeigepflicht und Verbot einer Tätigkeit) oder gegen § 70 (Verbot der Annahme von Belohnungen oder Geschenken) verstößt oder 4. entgegen § 39 oder § 45 Abs. 1 einer erneuten Berufung in das Beamtenverhältnis schuldhaft nicht nachkommt.	gungsbezügen gilt es als Dienstvergehen, wenn sie 1. sich gegen die freiheitliche demokratische Grundordnung im Sinne des Grundgesetzes betätigen, 2. an Bestrebungen teilnehmen, die darauf abzielen, den Bestand oder die Sicherheit der Bundesrepublik **Deutschland** zu beeinträchtigen, 3. gegen **die Verschwiegenheitspflicht**, gegen **die Anzeigepflicht oder das Verbot einer Tätigkeit nach Beendigung des Beamtenverhältnisses** oder gegen **das Verbot der Annahme von Belohnungen, Geschenken und sonstigen Vorteilen verstoßen** oder 4. entgegen § 46 Abs. 1 oder 2 oder § 57 einer erneuten Berufung in das Beamtenverhältnis schuldhaft nicht nachkommen.	
(3) Das Nähere regelt das Bundesdisziplinargesetz.	(3) **Die Verfolgung von Dienstvergehen richtet sich nach dem** Bundesdisziplinargesetz.	**Zu Absatz 3** Entspricht dem bisherigen § 77 Abs. 3.
§ 79 [1]Der Dienstherr hat im Rahmen des Dienst- und Treueverhältnisses für das Wohl des Beamten und seiner Familie,	**§ 78 Fürsorgepflicht des Dienstherrn** [1]Der Dienstherr hat im Rahmen des Dienst- und Treueverhältnisses für das Wohl **der Beamtinnen und** Beamten	**§ 78** (Fürsorgepflicht des Dienstherrn) Entspricht mit redaktionellen Anpassungen an die geschlechtergerechte Sprache dem bisherigen § 79.

auch für die Zeit nach Beendigung des Beamtenverhältnisses, zu sorgen. [2]Er schützt ihn bei seiner amtlichen Tätigkeit und in seiner Stellung als Beamter.	und **ihrer Familien**, auch für die Zeit nach Beendigung des Beamtenverhältnisses, zu sorgen. [2]Er schützt **die Beamtinnen und** Beamten bei **ihrer** amtlichen Tätigkeit und in i**hrer** Stellung.	
§ 80	**§ 79 Mutterschutz, Elternzeit und Jugendarbeitsschutz**	**§ 79 (Mutterschutz, Elternzeit und Jugendarbeitsschutz)**
Die Bundesregierung regelt durch Rechtsverordnung die der Eigenart des öffentlichen Dienstes entsprechende Anwendung 1. der Vorschriften des Mutterschutzgesetzes auf Beamtinnen, 2. der Vorschriften des Bundeselterngeld- und Elternzeitgesetzes über die Elternzeit auf Beamte; der Bundesminister des Innern kann Polizeivollzugsbeamten in der Bundespolizei in Fällen des Artikels 91 Abs. 2 und des Artikels 115f Abs. 1 Nr. 1 des Grundgesetzes aus zwingenden Gründen der inneren Sicherheit einen beantragten Urlaub versagen oder einen gewährten Urlaub widerrufen.	(1) Die Bundesregierung regelt durch Rechtsverordnung die der Eigenart des öffentlichen Dienstes entsprechende Anwendung **der Vorschriften** 1. des Mutterschutzgesetzes auf Beamtinnen, 2. des Bundeselterngeld- und Elternzeitgesetzes über die Elternzeit auf Beamtinnen und Beamte. **Das Bundesministerium des Innern kann in den Fällen des Artikels 91 Abs. 2 und des Artikels 115f Abs. 1 Nr. 1 des Grundgesetzes den Anspruch auf Elternzeit für Polizeivollzugsbeamtinnen und** Polizeivollzugsbeamte in der Bundespolizei aus zwingenden Gründen der inneren Sicherheit **aufheben oder beschränken**.	**Zu Absatz 1** Entspricht mit redaktionellen Anpassungen auch an die geschlechtergerechte Sprache dem bisherigen § 80. Die Regelung in Satz 2 wird an die – vom früheren „Erziehungsurlaub" abweichende – Ausgestaltung der Elternzeit als unmittelbarer gesetzlicher Anspruch angepasst. In den in Satz 2 genannten Fällen kann das Bundesministerium des Innern bei Vorliegen der Voraussetzungen Polizeivollzugsbeamtinnen und Polizeivollzugsbeamte in Elternzeit zur Dienstaufnahme verpflichten bzw. den Antritt der Elternzeit untersagen. Die Möglichkeit der Versagung oder des Widerrufs von Urlaub ergibt sich bereits aus den geltenden urlaubsrechtlichen Bestimmungen.
§ 80a		**Zu Absatz 2**
(1) Das Gesetz zum Schutze der arbeitenden Jugend (Jugendarbeitsschutzgesetz)	**(2)** [1]**Das Jugendarbeitsschutzgesetz gilt für jugendliche Beamtinnen und ju-**	Entspricht mit redaktionellen Anpassungen auch an die geschlechtergerechte

BBG/BRRG alt	BBG neu	Erläuterungen
vom 12. April 1976 (BGBl. I S. 965) gilt für jugendliche Beamte entsprechend. (2) Soweit die Eigenart des Polizeivollzugsdienstes und die Belange der inneren Sicherheit es erfordern, kann die Bundesregierung durch Rechtsverordnung Ausnahmen von den Vorschriften des Jugendarbeitsschutzgesetzes für jugendliche Polizeivollzugsbeamte bestimmen.	**gendliche Beamte entsprechend. [2]Die Bundesregierung kann durch Rechtsverordnung Ausnahmen von den Vorschriften des Jugendarbeitsschutzgesetzes für jugendliche Polizeivollzugsbeamtinnen und jugendliche Polizeivollzugsbeamte bestimmen, soweit diese aufgrund der Eigenart des Polizeivollzugsdienstes oder aus Gründen der inneren Sicherheit erforderlich sind.**	Sprache dem bisherigen § 80a. Durch die geänderte Zitierweise des Jugendarbeitsschutzgesetzes wird klargestellt, dass es sich um eine dynamische Verweisung handelt.
§ 79a Beihilfe in Krankheits-, Pflege- und Geburtsfällen	**§ 80 Beihilfe in Krankheits-, Pflege- und Geburtsfällen**	**§ 80 (Beihilfe in Krankheits-, Pflege- und Geburtsfällen)** Entspricht mit redaktionellen Anpassungen auch an die geschlechtergerechte Sprache dem bisherigen § 79a.
(1) [1]Beihilfe erhalten 1. Beamte, die Anspruch auf Dienstbezüge oder Anwärterbezüge haben, 2. Versorgungsempfänger, die Anspruch auf Versorgungsbezüge haben, 3. frühere Beamte während des Bezugs von Unterhaltsbeiträgen oder Übergangsgeld nach dem Beamtenversorgungsgesetz,	(1) [1]Beihilfe erhalten 1. **Beamtinnen und** Beamte, die Anspruch auf **Besoldung haben oder Elternzeit in Anspruch nehmen**, 2. **Versorgungsempfängerinnen und** Versorgungsempfänger, die Anspruch auf Versorgungsbezüge haben, 3. **frühere Beamtinnen und** frühere Beamte während des Bezugs von Un-	**Zu Absatz 1** Absatz 1 legt fest, wer beihilfeberechtigt ist. Gleichzeitig wird klargestellt, dass Beamtinnen und Beamte auch während der Elternzeit beihilfeberechtigt sind. Die Regelung legt außerdem fest, wer zu den berücksichtigungsfähigen Angehörigen zählt.

4. frühere Beamte auf Zeit während des Bezugs von Übergangsgeld nach dem Beamtenversorgungsgesetz. [2]Satz 1 gilt auch, wenn Bezüge wegen der Anwendung von Ruhens- und Anrechnungsvorschriften nicht gezahlt werden. [3]Beihilfefähig sind die Aufwendungen des Ehegatten des Beihilfeberechtigten, der kein zur wirtschaftlichen Selbständigkeit führendes Einkommen hat, und der im Familienzuschlag nach dem Bundesbesoldungsgesetz berücksichtigungsfähigen Kinder als berücksichtigungsfähige Angehörige. [4]Satz 3 gilt nicht für Fälle des § 23 des Beamtenversorgungsgesetzes.	terhaltsbeitrag oder Übergangsgeld nach dem Beamtenversorgungsgesetz, 4. **frühere Beamtinnen auf Zeit und** frühere Beamte auf Zeit während des Bezugs von Übergangsgeld nach dem Beamtenversorgungsgesetz. [2]Satz 1 gilt auch, wenn Bezüge wegen der Anwendung von Ruhens- **oder** Anrechnungsvorschriften nicht gezahlt werden. [3]**Für** Aufwendungen **der Ehegattin des Beihilfeberechtigten oder** des Ehegatten der Beihilfeberechtigten, **die oder** der kein zur wirtschaftlichen Selbstständigkeit führendes Einkommen hat, und der im Familienzuschlag nach dem Bundesbesoldungsgesetz berücksichtigungsfähigen Kinder **wird ebenfalls Beihilfe gewährt.** [4]Satz 3 gilt nicht für Fälle des § 23 des Beamtenversorgungsgesetzes.	
(2) Beihilfefähig sind grundsätzlich nur notwendige und wirtschaftlich angemessene Aufwendungen 1. in Krankheits- und Pflegefällen, 2. zur Vorbeugung und Behandlung von Krankheiten oder Behinderungen, 3. in Geburtsfällen, zur Empfängnisverhütung, bei künstlicher Befruchtung	(2) Beihilfefähig sind grundsätzlich nur notwendige und wirtschaftlich angemessene Aufwendungen 1. in Krankheits- und Pflegefällen, 2. zur Vorbeugung und Behandlung von Krankheiten oder Behinderungen, 3. in Geburtsfällen, zur Empfängnisverhütung, bei künstlicher Befruchtung	**Zu Absatz 2** Die Vorschrift legt das System zur Gewährung von Beihilfe in Krankheits-, Pflege- und Geburtsfällen und sonstigen Fällen fest und beschreibt abschließend die durch das Beihilfesystem abzusichernden Risiken. Die Regelung legt fest, dass grundsätzlich nur notwendige und wirtschaftlich angemessene Aufwendungen beihil-

BBG/BRRG alt	BBG neu	Erläuterungen
sowie in Ausnahmefällen bei Sterilisation und Schwangerschaftsabbruch und 4. zur Früherkennung von Krankheiten und zu Schutzimpfungen.	sowie in Ausnahmefällen bei Sterilisation und Schwangerschaftsabbruch und 4. zur Früherkennung von Krankheiten und zu Schutzimpfungen.	fefähig sein können. Der Nachweis der Wirksamkeit wird nach den jeweils einschlägigen Rechtsvorschriften geführt, z. B. dem Arzneimittelgesetz und dem Gesetz über Medizinprodukte. Beihilfeleistungen werden auch im Fall der Pflegebedürftigkeit gewährt. Beihilfeberechtigte, die in der sozialen Pflegeversicherung versichert sind, erhalten die Leistungen der Pflegeversicherung zur Hälfte, der andere Teil soll nach der Konzeption der Pflegeversicherung von der Beihilfe erbracht werden. Beihilfeberechtigte, die in der privaten Pflegeversicherung versichert sind, erhalten die Leistungen entsprechend den Beihilfebemessungssätzen. Die gewährte Beihilfe darf zusammen mit den Leistungen der privaten oder gesetzlichen Pflegeversicherung die Leistungen der sozialen Pflegeversicherung insgesamt nicht unterschreiten.
(3) [1]Beihilfe wird als mindestens hälftige Erstattung der beihilfefähigen Aufwendungen gewährt. [2]Beihilfe kann in Pflegefällen in Form einer Pauschale gewährt werden, deren Höhe sich am tatsächlichen Versorgungsaufwand orien-	(3) [1]Beihilfe wird als mindestens **50prozentige** Erstattung der beihilfefähigen Aufwendungen gewährt. [2]**Sie** kann in Pflegefällen in Form einer Pauschale gewährt werden, deren Höhe sich am tatsächlichen Versorgungsaufwand orien-	**Zu Absatz 3** Beihilfe wird als Prozentsatz der beihilfefähigen Aufwendungen gewährt. Satz 1 legt als Untergrenze mindestens 50 Prozent der beihilfefähigen Aufwendungen fest.

tiert. [3]Es können Eigenbehalte von den beihilfefähigen Aufwendungen oder der Beihilfe abzogen und Belastungsgrenzen festgelegt werden. [4]Beihilfe darf nur gewährt werden, wenn sie zusammen mit von dritter Seite zustehenden Erstattungen die dem Grunde nach beihilfefähigen Aufwendungen nicht überschreitet. [5]Zustehende Leistungen zu Aufwendungen nach Absatz 2 sind von den beihilfefähigen Aufwendungen abzuziehen. [6]Nicht beihilfefähig sind Aufwendungen von Beihilfeberechtigten, denen Leistungen nach § 70 Abs. 2 des Bundesbesoldungsgesetzes zustehen.	tiert. [3]Es können Eigenbehalte von den beihilfefähigen Aufwendungen oder der Beihilfe abgezogen und Belastungsgrenzen festgelegt werden. [4]Beihilfe darf nur gewährt werden, wenn sie zusammen mit von dritter Seite zustehenden Erstattungen die dem Grunde nach beihilfefähigen Aufwendungen nicht überschreitet. [5]Zustehende Leistungen zu Aufwendungen nach Absatz 2 sind von den beihilfefähigen Aufwendungen abzuziehen. [6]Nicht beihilfefähig sind Aufwendungen von Beihilfeberechtigten, denen Leistungen nach § 70 Abs. 2 des Bundesbesoldungsgesetzes zustehen.	Die durch die Beihilfe nicht abgedeckten Aufwendungen können die Beihilfeberechtigten bei einer privaten Krankenversicherung absichern. Ab dem 1. Januar 2009 sind nach dem durch Artikel 43 Nummer 01 des Gesetzes zur Stärkung des Wettbewerbs in der gesetzlichen Krankenversicherung (GKV-Wettbewerbsstärkungsgesetz – GKV-WSG) eingefügten Absatz 5 des § 178a des Gesetzes über den Versicherungsvertrag auch Beamtinnen und Beamte verpflichtet, sich für die durch die Beihilfe nicht abgesicherten Teile der Aufwendungen durch eine Versicherung abzusichern. Satz 2 ermöglicht in Pflegefällen die Gewährung von Pauschalen, weil in der Pflegeversicherung Leistungen teilweise pauschaliert werden. Die Höhe der Pauschalen wird grundsätzlich in Anlehnung an das Elfte Buch Sozialgesetzbuch festgelegt. Satz 3 regelt, dass zur Kostenbegrenzung und zur Erzielung von Steuerungseffekten Eigenbehalte abgezogen werden können. Dabei wird sowohl ein Abzug von den beihilfefähigen Aufwendungen (beispielsweise bei Arzneimitteln, Fahrtkosten usw.) als auch ein Abzug von der Beihilfe insgesamt zugelassen. Von der letzteren Möglichkeit hat der Vorschrif-

BBG/BRRG alt	BBG neu	Erläuterungen
		tengeber insbesondere bei dem Eigenbehalt für die erste Inanspruchnahme einer Ärztin oder eines Arztes im Quartal, der „Praxisgebühr“ (§ 12 Abs. 1 Satz 2 der Allgemeinen Verwaltungsvorschrift für Beihilfen in Krankheits-, Pflege- und Geburtsfällen (Beihilfevorschriften – BhV)), Gebrauch gemacht. Dies war vor allem notwendig, um eine wirkungsgleiche Belastung der Beihilfeberechtigten bei der Praxisgebühr gegenüber den gesetzlich Krankenversicherten zu erreichen. Diese Differenzierung war erforderlich, weil in der vielfach die Beihilfe ergänzenden privaten Krankenversicherung aufgrund der abgeschlossenen Verträge in den meisten Fällen keine Möglichkeit besteht, nachträglich den Leistungsrahmen zu verändern und daher die Beihilfeempfängerinnen und Beihilfeempfänger andernfalls nur in geringerem Umfang belastet worden wären als gesetzlich Krankenversicherte. Mit dieser Vorschrift wurde die wirkungsgleiche Übertragung des Gesetzes zur Modernisierung der gesetzlichen Krankenversicherung (GKV-Modernisierungsgesetz – GMG) in den Beihilfebereich vorgenommen. Eigenbehalte wurden bereits vor dem 1. Januar 2004 von den beihilfefähigen Aufwen-

		dungen in Abzug gebracht (§ 12 Abs. 1 Satz 1 BhV). Die Regelung lässt auch zu, dass, ebenso wie in der gesetzlichen Krankenversicherung, für Arzneimittel nach § 31 Abs. 3 Satz 4 des Fünften Buches Sozialgesetzbuch auf Eigenbehalte verzichtet werden kann. Entsprechend den Regelungen in der gesetzlichen Krankenversicherung, die Höchstgrenzen für den Abzug von Eigenbehalten vorsehen, können Belastungsgrenzen festgelegt werden. Wird diese Grenze überschritten, werden für das laufende Kalenderjahr – auf Antrag der oder des Beihilfeberechtigten – keine Eigenbehalte mehr abgezogen. Satz 4 schließt aus, dass die Erstattungen, die eine Beihilfeberechtigte oder ein Beihilfeberechtigter aus dem Beihilfesystem und einer Krankenversicherung erhält, höher sind als die tatsächlichen Aufwendungen. Ein solcher Fall kann eintreten, wenn der von der Krankenkasse zu zahlende Anteil höher ist als die tatsächlichen Aufwendungen. Sollte ein solcher Fall eintreten, wird die Beihilfe entsprechend reduziert. Nach der Rechtsprechung des Bundesverfassungsgerichts verstößt es nicht gegen den Grundsatz der Fürsorgepflicht, dass die Beihilfe einschließlich der Erstattungen der Krankenkassen nicht mehr als

BBG/BRRG alt	BBG neu	Erläuterungen
		100 Prozent der Krankheitskosten betragen darf. Durch die Krankheit soll nämlich kein Gewinn erzielt werden können (BVerfGE 83, 89). Satz 5 ist die dem Subsidiaritätscharakter der Beihilfe entsprechende Generalvorschrift und bezieht sich sowohl auf die oder den Beihilfeberechtigten als auch die berücksichtigungsfähigen Angehörigen, soweit Ansprüche auf Krankenhilfe, Geldleistungen oder Kostenerstattung sowie Sach- und Dienstleistungen aufgrund von Rechtsvorschriften oder arbeitsvertraglichen Vereinbarungen bestehen. Leistungen aufgrund gesetzlicher und arbeitsvertraglicher Grundlage sind bei der Festsetzung der Beihilfen in voller Höhe in Abzug zu bringen. Leistungen aus einer privaten Krankenversicherung sind von dieser Vorschrift nicht erfasst. Satz 6 stellt klar, dass Angehörige, die nach § 70 Abs. 2 des Bundesbesoldungsgesetzes Anspruch auf Heilfürsorge haben, keine ergänzenden Beihilfeansprüche geltend machen können. Davon unberührt bleiben die Ansprüche der berücksichtigungsfähigen Angehörigen, da diese keine Ansprüche auf Leistun-

		gen nach § 70 Abs. 2 des Bundesbesoldungsgesetzes haben.
(4) Das Bundesministerium des Innern regelt im Einvernehmen mit dem Auswärtigen Amt, dem Bundesministerium der Finanzen, dem Bundesministerium der Verteidigung und dem Bundesministerium für Gesundheit durch Rechtsverordnung ohne Zustimmung des Bundesrates die näheren Einzelheiten der Beihilfegewährung, insbesondere der Höchstbeträge, des völligen oder teilweisen Ausschlusses von Arznei-, Heil- und Hilfsmitteln in Anlehnung an das Fünfte Buch Sozialgesetzbuch und der Berücksichtigung von Kindern.	(4) Das Bundesministerium des Innern regelt im Einvernehmen mit dem Auswärtigen Amt, dem Bundesministerium der Finanzen, dem Bundesministerium der Verteidigung und dem Bundesministerium für Gesundheit durch Rechtsverordnung die Einzelheiten der Beihilfegewährung, insbesondere der Höchstbeträge, des völligen oder teilweisen Ausschlusses von Arznei-, Heil- und Hilfsmitteln in Anlehnung an das Fünfte Buch Sozialgesetzbuch und der Berücksichtigung von Kindern.	**Zu Absatz 4** Angesichts der mit dem Erlass der Beihilfeverordnung, mit der die genaue Ausgestaltung der Beihilfegewährung vorgenommen wird, verbundenen finanziellen Folgewirkungen für den Haushalt sowie der Verbindung zwischen Beihilfe und gesetzlicher Krankenversicherung erscheint es sachgerecht, den Erlass der Rechtsverordnung durch das Bundesministerium des Innern von der Herstellung des Einvernehmens mit dem Bundesministerium der Finanzen und dem Bundesministerium für Gesundheit abhängig zu machen. Angesichts der besonderen Bedeutung der Beihilferegelungen für die Beschäftigten des Bundesministeriums der Verteidigung sowie der abweichenden Regelungen zur Beihilfegewährung an Beamtinnen und Beamte mit dienstlichen Wohnsitz im Ausland wird die Rechtsverordnung zur Regelung der Gewährung von Beihilfe in Krankheits-, Pflege- und Geburtsfällen zusätzlich vom Einvernehmen des Auswärtigen Amtes und des Bundesministeriums der Verteidigung abhängig gemacht.

BBG/BRRG alt	BBG neu	Erläuterungen
		Bei dem Ausschluss der Beihilfefähigkeit von Arznei-, Heil- und Hilfsmitteln wird im Wesentlichen Bezug genommen auf die entsprechenden Regelungen des Fünften Buches Sozialgesetzbuch. Damit ist sichergestellt, dass insoweit für die Beihilfe das gleiche Leistungsprogramm gilt wie für gesetzlich Krankenversicherte. Gleichzeitig bringt diese Regelung erhebliche Erleichterungen für die Leistungserbringer, weil diese die Festlegungen und Ausschlüsse bereits aus der Behandlung von Versicherten der gesetzlichen Krankenversicherung kennen. Die hier gesetzlich statuierten Ausschlüsse sind seit Erlass der 27. Allgemeinen Verwaltungsvorschrift zur Änderung der Beihilfevorschrift (GMBl 2004 S. 379) bereits Gegenstand der derzeitigen Beihilfevorschriften. Insbesondere wurde darin die Beihilfefähigkeit von Arzneimitteln neu geregelt. Ebenfalls durch Rechtsverordnung können Höchstbeträge für bestimmte Leistungen festgelegt werden. Bis zum Inkrafttreten der auf der Grundlage dieser Norm ergangenen Rechtsverordnung bleiben die bisherigen Beihilferegelungen, die nicht in Form einer Rechtsverordnung ergangen

		sind, weiter gültig. Das Bundesverwaltungsgericht hat in seinem Urteil vom 17. Juni 2004 (2 C 50/02) diese Möglichkeit eingeräumt.
§ 79b *(weggefallen)* **§ 88**	**§ 81 Reisekosten**	**§ 81** (Reisekosten) Die Vorschrift ersetzt den bisherigen § 88. **Zu Absatz 1**
Reise- und Umzugskostenvergütungen der Beamten werden durch Gesetz geregelt.	**(1) [1]Beamtinnen und Beamte erhalten die notwendigen Kosten einer dienstlich veranlassten Reise (Dienstreise) vergütet. [2]Die Reisekostenvergütung umfasst die Fahrt- und Flugkosten, eine Wegstreckenentschädigung, Tage- und Übernachtungsgelder, Reisebeihilfen für Familienheimfahrten sowie sonstige Kosten, die durch die Reise veranlasst sind.**	Die Vorschrift definiert den Anspruch auf Reisekostenvergütung und legt den Kreis der Anspruchsberechtigten sowie den Umfang der Reisekostenvergütung fest. Aufgrund des § 46 des Deutschen Richtergesetzes und dessen Verweisung sind die Richterinnen und Richter im Bundesdienst und nach § 30 Abs. 1 Satz 1 des Soldatengesetzes die Soldatinnen und Soldaten von der Verordnungsermächtigung erfasst. Die Wendung „dienstlich veranlasste Reise“ ist weit gefasst und erfasst auch die Einstellungsreise aus Anlass des Dienstantritts, Reisen zum Zwecke der Aus- und Fortbildung, die teilweise im dienstlichen Interesse liegen, und aus Fürsorgegründen gebotene Besuchsreisen Angehöriger zu am auswärtigen Dienstort erkrankten Dienstreisenden.

BBG/BRRG alt	BBG neu	Erläuterungen
	(2) [1]Die Einzelheiten zu Art und Umfang der Reisekostenvergütung sowie die Grundsätze des Abrechnungsverfahrens regelt die Bundesregierung durch Rechtsverordnung. [2]Bei der Bemessung der Reisekostenvergütung können Höchstgrenzen oder Pauschalen für eine Erstattung festgesetzt und abweichende Regelungen für besondere Fälle getroffen werden.	**Zu Absatz 2** Ermächtigt die Bundesregierung, eine Rechtsverordnung zu den Einzelheiten der Reisekostenvergütung zu erlassen. Gleichzeitig legt die Norm die Inhalte der zu erlassenden Rechtsverordnung fest. Der bisher in § 88 für die Regelung der Reisekosten der Bundesbeamten enthaltene Gesetzesvorbehalt wird durch die neue Ermächtigungsnorm zum Erlass einer Rechtsverordnung ersetzt. Die Ermächtigung erfolgt auf der Grundlage des Artikels 80 des Grundgesetzes. Dadurch wird gewährleistet, dass die im Zuge des Bürokratieabbaus vorgesehene Novellierung des Reisekostenrechts künftig in einer Rechtsverordnung der Bundesregierung geregelt werden kann. Die Reduzierung von Gesetzen trägt der Zielsetzung der Bundesregierung zur Deregulierung gesetzlicher Regelungen Rechnung. Die Reisekosten können in einer Rechtsverordnung angemessener geregelt werden, weil die zu regelnden Materien nicht so wesentlich sind, dass sie zwingend durch förmliches Gesetz geregelt werden müssen. Dies gilt gerade im Vergleich mit anderen Mate-

		rien des Beamtenrechts, die – obwohl von größerer (auch finanzieller) – Bedeutung, untergesetzlich geregelt sind, wie z. B. Trennungsgeld und Beihilfe. Ausschlaggebend ist daneben, dass mit einer Rechtsverordnung eine flexiblere Handhabbarkeit bei künftig erforderlichem Anpassungsbedarf gewährleistet wird. Inhaltlich entsprechen die Regelungen den geltenden Vorschriften des Bundesreisekostengesetzes in der zum 1. September 2005 in Kraft getretenen Fassung.
	(3) [1]Für Reisen nach Absatz 1 im oder in das Ausland sowie vom Ausland in das Inland (Auslandsdienstreisen) kann das Bundesministerium des Innern im Einvernehmen mit dem Auswärtigen Amt, dem Bundesministerium der Verteidigung und dem Bundesministerium der Finanzen durch Rechtsverordnung abweichende Vorschriften erlassen. [2]Dazu gehören die Anordnung und Genehmigung von Dienstreisen sowie der Umfang der Reisekostenvergütung einschließlich zusätzlich zu erstattender notwendiger Kosten, die der Erreichung des Zwecks von Auslandsdienstreisen dienen und die die besonderen Verhältnisse im Ausland berücksichtigen.	**Zu Absatz 3** Enthält die Verordnungsermächtigung für den Erlass der Auslandsreisekostenverordnung. Diese Verordnung schafft die Rechtsgrundlage zur reisekostenrechtlichen Berücksichtigung der besonderen Verhältnisse im Ausland. Der Regelung bedürfen insbesondere die Anordnung und die Genehmigung von Auslandsdienstreisen sowie die Kostentragung für die Fahrt- und Flugkosten, das Auslandstage- und Auslandsübernachtungsgeld, die Reisebeihilfe für Familienheimfahrten, die Kosten klimabedingter Bekleidung und anderer Nebenkosten, die bei Dienstreisen im Ausland entstehen.

BBG/BRRG alt	BBG neu	Erläuterungen
	§ 82 Umzugskosten	**Zu § 82** (Umzugskosten)
		Zu Absatz 1
	(1) Beamtinnen und Beamte sowie ihre Hinterbliebenen erhalten die notwendigen Kosten für einen Umzug vergütet (Umzugskostenvergütung), wenn die Übernahme der Umzugskosten zugesagt worden ist. Die Umzugskostenzusage kann bei einem dienstlich veranlassten Umzug oder in besonderen Fällen gegeben werden. Die Umzugskostenvergütung umfasst **1. Beförderungsauslagen,** **2. Reisekosten,** **3. Trennungsgeld,** **4. Mietentschädigung und** **5. sonstige Auslagen.**	Die neue Vorschrift definiert den Anspruch auf Umzugskostenvergütung und legt den Kreis der Anspruchsberechtigten sowie den Umfang der Umzugskostenvergütung fest. Aufgrund des § 46 des Deutschen Richtergesetzes und dessen Verweisung sind die Richterinnen und Richter im Bundesdienst und nach § 30 Abs. 1 Satz 1 des Soldatengesetzes die Soldatinnen und Soldaten von der Verordnungsermächtigung erfasst. Hinterbliebene haben einen eigenen Anspruch auf Umzugskostenvergütung gegen den Dienstherrn. Soweit aus dem Vermögen der verstorbenen Beamtin oder des verstorbenen Beamten Aufwendungen getätigt worden sind, die zu Ansprüchen auf Erstattung gegenüber dem Dienstherrn geführt hätten, können diese von den Erben geltend gemacht werden.
		Zu Absatz 2
	(2) [1]Die Einzelheiten zu Art und Umfang der Umzugskostenvergütung sowie die Grundsätze des Abrechnungs-	Ermächtigt die Bundesregierung, eine Rechtsverordnung zu den Einzelheiten der Umzugskostenvergütung zu

	verfahrens regelt die Bundesregierung durch Rechtsverordnung. [2]Bei der Bemessung der Umzugskostenvergütung können Höchstgrenzen oder Pauschalen für eine Erstattung festgesetzt und abweichende Regelungen für besondere Fälle getroffen werden.	erlassen. Die Ermächtigung erstreckt sich auch auf die Regelung des Abrechnungsverfahrens, die Festsetzung von Höchstgrenzen oder Pauschalen für eine Erstattung und auf abweichende Regelungen für besondere Fälle. Der bisher in § 88 für die Regelung der Umzugskosten der Bundesbeamtinnen und Bundesbeamten enthaltene Gesetzesvorbehalt wird durch die neue Ermächtigungsnorm zum Erlass einer Rechtsverordnung ersetzt. Die Ermächtigung erfolgt auf der Grundlage des Artikels 80 des Grundgesetzes. Dadurch wird gewährleistet, dass die im Zuge des Bürokratieabbaus vorgesehene Novellierung des Umzugskostenrechts künftig in einer Rechtsverordnung der Bundesregierung geregelt werden kann. Die Reduzierung von Gesetzen trägt der Zielsetzung der Bundesregierung zur Deregulierung gesetzlicher Regelungen Rechnung. Die Umzugskosten können in einer Rechtsverordnung angemessener geregelt werden, weil die zu regelnden Materien nicht so wesentlich sind, dass sie zwingend durch förmliches Gesetz geregelt werden müssen. Dies gilt gerade im Vergleich mit anderen Materien des Beamtenrechts, die – obwohl von größerer (auch finanzieller) – Bedeutung, untergesetzlich geregelt sind,

BBG/BRRG alt	BBG neu	Erläuterungen
		wie z.B. Trennungsgeld und Beihilfe. Ausschlaggebend ist daneben, dass mit einer Rechtsverordnung eine flexiblere Handhabbarkeit bei künftig erforderlichem Anpassungsbedarf gewährleistet wird. Inhaltlich entsprechen die Regelungen den geltenden Vorschriften des Bundesumzugskostengesetzes.
		Zu Absatz 3
–	**(3) Für Umzüge nach Absatz 1 im oder in das Ausland sowie aus dem Ausland in das Inland (Auslandsumzüge) kann das Auswärtige Amt im Einvernehmen mit dem Bundesministerium des Innern, dem Bundesministerium der Verteidigung und dem Bundesministerium der Finanzen durch Rechtsverordnung abweichende Vorschriften zur Umzugskostenvergütung erlassen, soweit die besonderen Bedürfnisse des Auslandsdienstes und die besonderen Verhältnisse im Ausland es erfordern.**	Enthält die Verordnungsermächtigung zum Erlass der Auslandsumzugskostenverordnung. Diese Verordnung schafft die Rechtsgrundlage zur umzugskostenrechtlichen Berücksichtigung der besonderen Bedürfnisse des Auslandsdienstes und der besonderen Verhältnisse im Ausland.
	§ 83 Trennungsgeld	**Zu § 83** (Trennungsgeld)
		Zu Absatz 1
	(1) [1]Beamtinnen und Beamte, die an einen Ort außerhalb des Dienst- oder Wohnortes abgeordnet, versetzt, zugewiesen oder aufgrund einer anderen	Die neue Vorschrift definiert den Anspruch auf Trennungsgeld und legt den Kreis der Anspruchsberechtigten sowie den Umfang des Anspruchs auf Tren-

	personellen Maßnahme an einem Ort außerhalb ihres bisherigen Dienst- oder Wohnortes beschäftigt werden, erhalten die notwendigen Kosten erstattet, die durch die häusliche Trennung oder in besonderen Fällen entstehen (Trennungsgeld). [2]Dabei sind die häuslichen Ersparnisse zu berücksichtigen.	nungsgeld und Reisebeihilfe für Familienheimfahrten fest. Aufgrund des § 46 des Deutschen Richtergesetzes und dessen Verweisung sind die Richterinnen und Richter im Bundesdienst und nach § 30 Abs. 1 Satz 1 des Soldatengesetzes die Soldatinnen und Soldaten von der Verordnungsermächtigung erfasst. Mit dem Trennungsgeld soll nur der notwendige Mehraufwand abgegolten werden, der dadurch entsteht, dass an einem anderen Ort als dem Dienst- oder Wohnort Dienst geleistet werden muss. Beim Trennungsgeld handelt es sich nicht um eine Entschädigung für den auswärtigen Einsatz. Bei der Bemessung des Trennungsgeldes kann hinsichtlich der Zumutbarkeit ein anderer Maßstab an die Zumutbarkeit für die oder den Bediensteten anzulegen sein, als dies beispielsweise bei einer Dienstreise der Fall ist.
	(2) Werden Beamtinnen auf Widerruf und Beamte auf Widerruf im Vorbereitungsdienst zum Zweck ihrer Ausbildung einer Ausbildungsstelle an einen anderen Ort als dem bisherigen Dienst- oder Wohnort zugewiesen, können ihnen die dadurch entstehen-	**Zu Absatz 2** Ermöglicht abweichende Regelungen für die Gewährung von Trennungsgeld an Beamtinnen auf Widerruf und Beamte auf Widerruf.

BBG/BRRG alt	BBG neu	Erläuterungen
	den notwendigen Mehrausgaben ganz oder teilweise erstattet werden.	
	(3) [1]Die Einzelheiten zu Art und Umfang des Trennungsgeldes und der Gewährung von Reisebeihilfen für Familienheimfahrten sowie die Grundsätze des Abrechnungsverfahrens regelt die Bundesregierung durch Rechtsverordnung. [2]Bei der Bemessung des Trennungsgeldes und der Reisebeihilfen für Familienheimfahrten können Höchstgrenzen und Pauschalen für eine Erstattung festgesetzt und abweichende Regelungen für besondere Fälle getroffen werden.	**Zu Absatz 3** Ermächtigt die Bundesregierung, eine Rechtsverordnung zu den Einzelheiten von Trennungsgeld und Reisebeihilfen für Familienheimfahrten zu erlassen. Die Ermächtigung erstreckt sich auch auf die Regelung des Abrechnungsverfahrens, die Festsetzung von Höchstgrenzen oder Pauschalen für eine Erstattung und auf abweichende Regelungen für besondere Fälle. Die Ermächtigung erfolgt auf der Grundlage des Artikels 80 des Grundgesetzes. Dadurch wird gewährleistet, dass das Trennungsgeldrecht auch künftig in einer Rechtsverordnung der Bundesregierung geregelt werden kann. Auf künftig erforderlich werdenden Anpassungsbedarf kann in einer Rechtsverordnung flexibel reagiert werden. Die Regelungen zum Trennungsgeld werden aufgrund des Sachzusammenhangs jeweils in die Rechtsverordnung Reisekosten und die Rechtsverordnung Umzugskosten integriert.
	(4) Für Maßnahmen nach Absatz 1 im oder in das Ausland sowie vom	**Zu Absatz 4** Enthält die Verordnungsermächtigung zum Erlass der Auslandstrennungs-

	Ausland in das Inland kann das Auswärtige Amt im Einvernehmen mit dem Bundesministerium des Innern, dem Bundesministerium der Verteidigung und dem Bundesministerium der Finanzen durch Rechtsverordnung abweichende Vorschriften zu Trennungsgeld und Reisebeihilfen für Familienheimfahrten erlassen, soweit die besonderen Bedürfnisse des Auslandsdienstes und die besonderen Verhältnisse im Ausland es erfordern.	geldverordnung. Diese Verordnung schafft die Rechtsgrundlage zur trennungsgeldrechtlichen Berücksichtigung der besonderen Bedürfnisse des Auslandsdienstes und der besonderen Verhältnisse im Ausland.
§ 80b [1]Den Beamten kann bei Dienstjubiläen eine Jubiläumszuwendung gewährt werden. [2]Das Nähere regelt die Bundesregierung durch Rechtsverordnung.	§ 84 **Jubiläumszuwendung** [1]**Beamtinnen und** Beamten **wird** bei Dienstjubiläen eine **Zuwendung** gewährt. [2]Das Nähere regelt die Bundesregierung durch Rechtsverordnung.	**§ 84** (Jubiläumszuwendung) Entspricht mit redaktionellen Anpassungen an die geschlechtergerechte Sprache dem bisherigen § 80b. Die Vorschrift sieht aber im Gegensatz zur bisherigen Regelung einen Anspruch auf eine Zuwendung bei einem Dienstjubiläum vor.
§ 92 [1]Dem Beamten wird nach Beendigung des Beamtenverhältnisses auf Antrag von seinem letzten Dienstvorgesetzten ein Dienstzeugnis über Art und Dauer der von ihm bekleideten Ämter erteilt. [2]Das Dienstzeugnis muss auf Verlangen des Beamten auch über die von ihm aus-	§ 85 **Dienstzeugnis** [1]**Beamtinnen und** Beamten wird auf Antrag ein Dienstzeugnis über Art und Dauer der von **ihnen wahrgenommenen** Ämter erteilt, **wenn sie daran ein berechtigtes Interesse haben oder das Beamtenverhältnis beendet ist.** [2]Das Dienstzeugnis muss auf Verlangen auch	**§ 85** (Dienstzeugnis) Entspricht mit redaktionellen Anpassungen an die geschlechtergerechte Sprache im Wesentlichen dem bisherigen § 92. Der Zeugnisanspruch wird bei berechtigtem Interesse, z.B. für eine ander-

BBG/BRRG alt	BBG neu	Erläuterungen
geübte Tätigkeit und seine Leistungen Auskunft geben.	über die ausgeübte Tätigkeit und **die erbrachten** Leistungen Auskunft geben.	weitige Bewerbung, bereits zeitlich vor Beendigung des Beamtenverhältnisses gewährt.
§ 81	§ 86 **Amtsbezeichnungen**	**§ 86 (Amtsbezeichnungen)** Die Vorschrift entspricht inhaltlich mit redaktionellen Anpassungen an die geschlechtergerechte Sprache dem bisherigen § 81 Abs. 1, 2 und Abs. 3 Satz 1. **Zu Absatz 1**
(1) Der Bundespräsident setzt die Amtsbezeichnungen der Beamten fest, soweit gesetzlich nichts anderes bestimmt ist oder er die Ausübung dieser Befugnis nicht anderen Stellen überträgt.	(1) **Die Bundespräsidentin oder** der Bundespräsident **oder eine von ihr oder ihm bestimmte Stelle** setzt die Amtsbezeichnungen fest, soweit gesetzlich nichts anderes bestimmt ist.	Absatz 1 entspricht dem bisherigen § 81 Abs. 1. **Zu Absatz 2**
(2) [1]Der Beamte führt im Dienst die Amtsbezeichnung des ihm übertragenen Amtes; er darf sie auch außerhalb des Dienstes führen. [2]Nach dem Übertritt in ein anderes Amt darf der Beamte die bisherige Amtsbezeichnung nicht mehr führen; in den Fällen der Versetzung in ein Amt mit geringerem Endgrundgehalt (§ 26 Abs. 2) gilt Absatz 3 Satz 2 und 3 entsprechend.	(2) [1]**Beamtinnen und** Beamte führen im Dienst die Amtsbezeichnung des **ihnen** übertragenen Amtes. [2]**Sie dürfen** sie auch außerhalb des Dienstes führen. [3]Nach dem **Wechsel** in ein anderes Amt **dürfen sie** die bisherige Amtsbezeichnung nicht mehr führen. [4]**Ist das neue** Amt mit **einem** niedrigeren Endgrundgehalt **verbunden, darf neben der neuen Amtsbezeichnung die des früheren Amtes mit dem Zusatz „außer Dienst" oder „a. D." geführt werden.**	Absatz 2 entspricht dem bisherigen § 81 Abs. 2.

		Zu Absatz 3
(3) [1]Ruhestandsbeamte dürfen die ihnen bei der Versetzung in den Ruhestand zustehende Amtsbezeichnung mit dem Zusatz „außer Dienst“ („a.D.“) und die im Zusammenhang mit dem Amt verliehenen Titel weiterführen. [2]Wird ihnen ein neues Amt übertragen, so erhalten sie die Amtsbezeichnung des neuen Amtes; gehört dieses Amt nicht einer Besoldungsgruppe mit mindestens demselben Endgrundgehalt (§ 26 Abs. 1 Satz 2) an wie das bisherige Amt, so dürfen sie neben der neuen Amtsbezeichnung die des früheren Amtes mit dem Zusatz „außer Dienst“ („a. D.“) führen. [3]Ändert sich die Bezeichnung des früheren Amtes, so darf die geänderte Amtsbezeichnung geführt werden.	(3) [1]**Ruhestandsbeamtinnen und** Ruhestandsbeamte dürfen die ihnen bei der Versetzung in den Ruhestand zustehende Amtsbezeichnung mit dem Zusatz „außer Dienst“ **oder** „a. D.“ und die im Zusammenhang mit dem Amt verliehenen Titel weiter führen. [2]Ändert sich die Bezeichnung des früheren Amtes, darf die geänderte Amtsbezeichnung geführt werden.	Absatz 3 entspricht dem bisherigen § 81 Abs. 3. Der bisherige Satz 2 entfällt durch Straffung des Gesetzestextes.
(4) [1]Einem entlassenen Beamten kann die oberste Dienstbehörde die Erlaubnis erteilen, die Amtsbezeichnung mit dem Zusatz „außer Dienst“ („a. D.“) sowie die im Zusammenhang mit dem Amt verliehenen Titel zu führen. [2]Die Erlaubnis kann zurückgenommen werden, wenn der frühere Beamte sich ihrer als nicht würdig erweist.		Der bisherige Absatz 4 wird aus systematischen Gründen in § 39 aufgenommen.

BBG/BRRG alt	BBG neu	Erläuterungen
	Unterabschnitt 2 Arbeitszeit	**Unterabschnitt 2 (Arbeitszeit)**
§ 72	**§ 87 Arbeitszeit**	**§ 87** (Arbeitszeit) **Zu Absatz 1**
(1) Die regelmäßige Arbeitszeit darf wöchentlich im Durchschnitt vierundvierzig Stunden nicht überschreiten.	(1) Die regelmäßige Arbeitszeit darf wöchentlich im Durchschnitt **44** Stunden nicht überschreiten.	Entspricht dem bisherigen § 72 Abs. 1.
(2) …		**Zu Absatz 2**
(3) Soweit der Dienst in Bereitschaft besteht, kann die Arbeitszeit entsprechend den dienstlichen Bedürfnissen verlängert werden; im wöchentlichen Zeitraum dürfen vierundfünfzig Stunden nicht überschritten werden.	(2) Soweit **Bereitschaftsdienst** besteht, kann die Arbeitszeit entsprechend den dienstlichen Bedürfnissen verlängert werden.	Es bleibt bei der Regelung, dass die höchstzulässige Arbeitszeit des Absatzes 1 bei Bereitschaftsdienst überschritten werden darf. Eine Regelung zur Höhe der bei Bereitschaftsdienst zulässigen wöchentlichen Arbeitszeit ist jedoch verzichtbar. Es gilt die höchstzulässige Arbeitszeit der Richtlinie 2003/88/EG des Europäischen Parlaments und des Rates vom 4. November 2003 über bestimmte Aspekte der Arbeitszeitgestaltung. Diese ist in § 13 der Arbeitszeitverordnung umgesetzt worden. Hiernach darf die durchschnittliche Arbeitszeit in einem Bezugszeitraum von zwölf Monaten 48 Stunden im Siebentageszeitraum nicht überschreiten.

		Zu Absatz 3
(4) [1]Das Nähere zur Regelung der Arbeitszeit, insbesondere zur Dauer, zu Möglichkeiten ihrer flexiblen Ausgestaltung und zur Kontrolle ihrer Einhaltung, regelt die Bundesregierung durch Rechtsverordnung ohne Zustimmung des Bundesrates. [2]Eine Kontrolle der Einhaltung der Arbeitszeit mittels automatisierter Datenverarbeitungssysteme ist zulässig, soweit diese Systeme eine Mitwirkung der Beamten erfordern. [3]Die erhobenen Daten dürfen nur für Zwecke der Arbeitszeitkontrolle, zur Wahrung arbeitsschutzrechtlicher Bestimmungen und für Zwecke des gezielten Personaleinsatzes verwendet werden, soweit dies zur Aufgabenwahrnehmung der jeweils zuständigen Stelle erforderlich ist. [4]In der Rechtsverordnung sind Löschfristen für die erhobenen Daten vorzusehen.	(3) [1]Das Nähere zur Regelung der Arbeitszeit, insbesondere zur Dauer, zu Möglichkeiten ihrer flexiblen Ausgestaltung und zur Kontrolle ihrer Einhaltung, regelt die Bundesregierung durch Rechtsverordnung. [2]Eine Kontrolle der Einhaltung der Arbeitszeit mittels automatisierter Datenverarbeitungssysteme ist zulässig, soweit diese Systeme eine Mitwirkung der **Beamtinnen und** Beamten erfordern. [3]Die erhobenen Daten dürfen nur für Zwecke der Arbeitszeitkontrolle, **der** Wahrung arbeitsschutzrechtlicher Bestimmungen und des gezielten Personaleinsatzes verwendet werden, soweit dies zur Aufgabenwahrnehmung der jeweils zuständigen Stelle erforderlich ist. [4]In der Rechtsverordnung sind Löschfristen für die erhobenen Daten vorzusehen.	Entspricht bis auf die Anpassung an die geschlechtergerechte Sprache dem bisherigen § 72 Abs. 4.
§ 72	§ 88 **Mehrarbeit**	**§ 88** (Mehrarbeit)
…		
(2) [1]Der Beamte ist verpflichtet, ohne Vergütung über die regelmäßige wöchentliche Arbeitszeit hinaus Dienst zu tun, wenn zwingende dienstliche Verhältnisse dies erfordern und sich	[1]**Beamtinnen und** Beamte **sind** verpflichtet, ohne Vergütung über die regelmäßige wöchentliche Arbeitszeit hinaus Dienst zu tun, wenn zwingende dienstliche Verhältnisse dies erfordern und sich die Mehrarbeit auf Ausnahme-	Entspricht mit redaktionellen Anpassungen dem bisherigen § 72 Abs. 2. Auf die Höchstgrenze von 480 Stunden wird verzichtet. Durch Satz 3 wird die Grenze für Teilzeitbeschäftigte, ab der Mehrarbeit nach Satz 2 durch Dienstbe-

BBG/BRRG alt	BBG neu	Erläuterungen
die Mehrarbeit auf Ausnahmefälle beschränkt. [2]Wird er durch eine dienstlich angeordnete oder genehmigte Mehrarbeit mehr als fünf Stunden im Monat über die regelmäßige Arbeitszeit hinaus beansprucht, ist ihm innerhalb eines Jahres für die über die regelmäßige Arbeitszeit hinaus geleistete Mehrarbeit entsprechende Dienstbefreiung zu gewähren. [3]Ist die Dienstbefreiung aus zwingenden dienstlichen Gründen nicht möglich, so können an ihrer Stelle Beamte in Besoldungsgruppen mit aufsteigenden Gehältern für einen Zeitraum bis zu 480 Stunden im Jahr eine Vergütung erhalten.	fälle beschränkt. [2]**Werden sie** durch eine dienstlich angeordnete oder genehmigte Mehrarbeit mehr als fünf Stunden im Monat über die regelmäßige Arbeitszeit hinaus beansprucht, ist **ihnen** innerhalb eines Jahres für die Mehrarbeit, die sie über die regelmäßige Arbeitszeit hinaus leisten, entsprechende Dienstbefreiung zu gewähren. [3]Bei Teilzeitbeschäftigung sind die fünf Stunden anteilig zu kürzen. [4]Ist die Dienstbefreiung aus zwingenden dienstlichen Gründen nicht möglich, können **Beamtinnen und** Beamte in Besoldungsgruppen mit aufsteigenden Gehältern **eine Vergütung** erhalten.	freiung auszugleichen ist, entsprechend dem Umfang der bewilligten Teilzeitbeschäftigung herabgesetzt. Diese Neuregelung steht im Zusammenhang mit der zeitgleich erfolgten Neuregelung des § 48 Abs. 1 BBesG.
§ 89	**§ 89 Erholungsurlaub**	**§ 89** (Erholungsurlaub)
(1) [1]Dem Beamten steht alljährlich ein Erholungsurlaub unter Fortgewährung der Dienstbezüge zu. [2]Die Erteilung und Dauer des Erholungsurlaubs regelt die Bundesregierung durch Rechtsverordnung. [3]Die Erteilung zusätzlichen Urlaubs an ins Ausland entsandte Beamte des Auswärtigen Dienstes wird in § 18 des Gesetzes über den Auswärtigen Dienst geregelt.	[1]**Beamtinnen und** Beamten steht **jährlich** ein Erholungsurlaub unter Fortgewährung der **Besoldung** zu. [2]Die **Bewilligung** und Dauer des Erholungsurlaubs regelt die Bundesregierung durch Rechtsverordnung. [3]Die **Dauer des** zusätzlichen Urlaubs für in das Ausland entsandte **Beamtinnen und** Beamte des Auswärtigen Dienstes **regelt das Gesetz** über den Auswärtigen Dienst.	Entspricht mit redaktionellen Anpassungen an die geschlechtergerechte Sprache dem bisherigen § 89 Abs. 1.

	§ 90 Urlaub aus anderen Anlässen, Mandatsträgerinnen und Mandatsträger	**§ 90** (Urlaub aus anderen Anlässen, Mandatsträgerinnen und Mandatsträger) Die Regelungen zu Urlaub aus anderen Anlässen werden in einer eigenen Vorschrift zusammengefasst.
		Zu Absatz 1
(2) [1]Die Bundesregierung regelt ferner die Bewilligung von Urlaub aus anderen Anlässen und bestimmt, ob und inwieweit die Dienstbezüge während eines solchen Urlaubs zu belassen sind. [2]Stimmt ein Beamter seiner Aufstellung als Bewerber für die Wahl zum Deutschen Bundestag oder zu der gesetzgebenden Körperschaft eines Landes zu, ist ihm auf Antrag innerhalb der letzten zwei Monate vor dem Wahltag der zur Vorbereitung seiner Wahl erforderliche Urlaub unter Wegfall der Dienstbezüge zu gewähren.	(1) Die Bundesregierung regelt **durch Rechtsverordnung** die Bewilligung von Urlaub aus anderen Anlässen und bestimmt, inwieweit die **Besoldung** während eines solchen Urlaubs **fortbesteht**. (2) **Stimmen Beamtinnen und** Beamte ihrer Aufstellung als **Bewerberinnen oder** Bewerber für die Wahl zum Deutschen Bundestag oder **zum Europäischen Parlament oder** zu der gesetzgebenden Körperschaft eines Landes zu, ist **ihnen** auf Antrag innerhalb der letzten zwei Monate vor dem Wahltag der zur Vorbereitung **ihrer** Wahl erforderliche Urlaub unter Wegfall der **Besoldung** zu gewähren.	Entspricht mit redaktioneller Anpassung dem bisherigen § 89 Abs. 2 Satz 1. **Zu Absatz 2** Entspricht mit redaktionellen Anpassungen an die geschlechtergerechte Sprache dem bisherigen § 89 Abs. 2 Satz 2. Die Ausdehnung dieser Regelung auf Wahlen zum Europäischen Parlament entspricht der Neuregelung in § 40.
§ 89a		
(1) Für einen Beamten, der nach dem 1. Juni 1978 in die gesetzgebende Körperschaft eines Landes gewählt worden ist und dessen Amt kraft Gesetzes mit dem		Der bisherige § 89a Abs. 1 entfällt.

BBG/BRRG alt	BBG neu	Erläuterungen
Mandat unvereinbar ist, gelten die für in den Deutschen Bundestag gewählte Beamte maßgebenden Vorschriften in den §§ 5 bis 7, 8 Abs. 2, §§ 9, 23 Abs. 5 und in § 36 Abs. 1 des Abgeordnetengesetzes entsprechend.		
(2) [1]Einem Beamten, der nach dem 1. Juni 1978 in die gesetzgebende Körperschaft eines Landes gewählt worden ist und dessen Rechte und Pflichten aus dem Dienstverhältnis nicht nach Absatz 1 ruhen, ist zur Ausübung des Mandats auf Antrag 1. die Arbeitszeit bis auf dreißig vom Hundert der regelmäßigen Arbeitszeit zu ermäßigen oder 2. ein Urlaub ohne Besoldung zu gewähren. [2]Der Antrag soll jeweils für einen Zeitraum von mindestens sechs Monaten gestellt werden. [4]§ 23 Abs. 5 des Abgeordnetengesetzes ist sinngemäß anzuwenden. [5]Auf einen Beamten, dem nach Satz 1 Nr. 2 Urlaub ohne Besoldung gewährt wird, ist § 7 Abs. 1, 3, 4 des Abgeordnetengesetzes sinngemäß anzuwenden.	(3) **Beamtinnen und** Beamten, die in die gesetzgebende Körperschaft eines Landes gewählt worden **sind** und **deren** Rechte und Pflichten aus dem **Beamtenverhältnis** nicht nach **§ 40 Abs. 1** ruhen, ist zur Ausübung des Mandats auf Antrag 1. **Teilzeit im Umfang von mindestens 30 Prozent** der regelmäßigen Arbeitszeit zu **bewilligen** oder 2. ein Urlaub **unter Wegfall der** Besoldung zu gewähren. Der Antrag soll jeweils für den Zeitraum von mindestens sechs Monaten gestellt werden. § 23 Abs. 5 des Abgeordnetengesetzes ist entsprechend anzuwenden. Auf **Beamtinnen und** Beamte, denen nach Satz 1 Nr. 2 Urlaub unter Wegfall der Besoldung gewährt wird, ist § 7 Abs. 1, 3 und 4 des Abgeordnetengesetzes **entsprechend** anzuwenden.	**Zu Absatz 3** Entspricht mit redaktionellen Anpassungen dem bisherigen § 89a Abs. 2. Auf den bisher genannten Zeitpunkt der Wahl kann aufgrund von Zeitablauf verzichtet werden. Der Wortlaut von Nummer 1 wird neu gefasst. Bei der nach der bisherigen Fassung auf bis zu 30 Prozent „ermäßigten" Arbeitszeit handelt es sich materiell um Teilzeittätigkeit.

§ 89 … (3) [1]Für die Tätigkeit als Mitglied einer kommunalen Vertretung, eines nach Kommunalverfassungsrecht gebildeten Ausschusses oder vergleichbarer Einrichtungen in Gemeindebezirken ist dem Beamten der erforderliche Urlaub unter Belassung der Besoldung zu gewähren. [2]Satz 1 gilt auch für die von einer kommunalen Vertretung gewählten ehrenamtlichen Mitglieder von Ausschüssen, die auf Grund eines Gesetzes gebildet worden sind.	(4) [1]Für die Tätigkeit als Mitglied einer kommunalen Vertretung, eines nach Kommunalverfassungsrecht gebildeten Ausschusses oder vergleichbarer Einrichtungen in Gemeindebezirken ist **Beamtinnen und** Beamten der erforderliche Urlaub unter **Fortzahlung** der Besoldung zu gewähren. [2]Satz 1 gilt auch für die von einer kommunalen Vertretung gewählten ehrenamtlichen Mitglieder von Ausschüssen, die aufgrund eines Gesetzes gebildet worden sind.	**Zu Absatz 4** Entspricht mit redaktionellen Anpassungen an die geschlechtergerechte Sprache dem bisherigen § 89 Abs. 3.
§ 72a (1) Beamten mit Dienstbezügen kann auf Antrag Teilzeitbeschäftigung bis zur Hälfte der regelmäßigen Arbeitszeit und bis zur jeweils beantragten Dauer bewilligt werden, soweit dienstliche Belange nicht entgegenstehen. (2) [1]Dem Antrag nach Absatz 1 darf nur entsprochen werden, wenn der Beamte sich verpflichtet, während des Bewilligungszeitraumes außerhalb des Beamtenverhältnisses berufliche Verpflichtungen nur in dem Umfang einzugehen, in dem nach den §§ 64 bis 66 den vollzeitbeschäftigten Beamten die Aus-	**§ 91 Teilzeit** (1) **Beamtinnen und** Beamten, **die Anspruch auf Besoldung haben**, kann auf Antrag Teilzeitbeschäftigung bis zur Hälfte der regelmäßigen Arbeitszeit und bis zur jeweils beantragten Dauer bewilligt werden, soweit dienstliche Belange **dem** nicht entgegenstehen. (2) [1]Dem Antrag nach Absatz 1 darf nur entsprochen werden, wenn **die Beamtinnen** und Beamten sich **verpflichten**, während des Bewilligungszeitraumes außerhalb des Beamtenverhältnisses berufliche Verpflichtungen nur in dem Umfang einzugehen, **der den Vollzeit-**	**§ 91 (Teilzeit)** Die Absätze 1 bis 3 entsprechen mit redaktionellen Anpassungen dem bisherigen § 72a Abs. 1 bis 3. Neu ist in Absatz 1 die Erweiterung des Anwendungsbereichs auf Beamtinnen und Beamte mit Anwärterbezügen, da unter dem Begriff „Besoldung" auch die Anwärterbezüge fallen. Auch für sie ist künftig die Möglichkeit einer Teilzeitbeschäftigung gegeben, soweit dienstliche Belange nicht entgegenstehen.

BBG/BRRG alt	BBG neu	Erläuterungen
übung von Nebentätigkeiten gestattet ist. [2]Ausnahmen hiervon sind nur zulässig, soweit dies mit dem Beamtenverhältnis vereinbar ist. [3]§ 65 Abs. 2 Satz 3 gilt mit der Maßgabe, dass von der regelmäßigen wöchentlichen Arbeitszeit ohne Rücksicht auf die Bewilligung von Teilzeitbeschäftigung auszugehen ist. [4]Wird die Verpflichtung nach Satz 1 schuldhaft verletzt, soll die Bewilligung widerrufen werden.	**beschäftigten für** die Ausübung von Nebentätigkeiten gestattet ist. [2]Ausnahmen hiervon sind nur zulässig, soweit dies mit dem Beamtenverhältnis vereinbar ist. [3]Dabei ist von der regelmäßigen wöchentlichen Arbeitszeit ohne Rücksicht auf die Bewilligung von Teilzeitbeschäftigung auszugehen. [4]Wird die Verpflichtung nach Satz 1 schuldhaft verletzt, soll die Bewilligung widerrufen werden.	
(3) [1]Die zuständige Dienstbehörde kann auch nachträglich die Dauer der Teilzeitbeschäftigung beschränken oder den Umfang der zu leistenden Arbeitszeit erhöhen, soweit zwingende dienstliche Belange dies erfordern. [2]Sie soll eine Änderung des Umfangs der Teilzeitbeschäftigung oder den Übergang zur Vollzeitbeschäftigung zulassen, wenn dem Beamten die Teilzeitbeschäftigung im bisherigen Umfang nicht mehr zugemutet werden kann und dienstliche Belange nicht entgegenstehen.	(3) [1]Die zuständige Dienstbehörde kann nachträglich die Dauer der Teilzeitbeschäftigung beschränken oder den Umfang der zu leistenden Arbeitszeit erhöhen, soweit zwingende dienstliche Belange dies erfordern. [2]Sie soll eine Änderung des Umfangs der Teilzeitbeschäftigung oder den Übergang zur Vollzeitbeschäftigung zulassen, wenn **der Beamtin oder** dem Beamten die Teilzeitbeschäftigung im bisherigen Umfang nicht mehr zugemutet werden kann und dienstliche Belange dem nicht entgegenstehen.	

§ 72a	**§ 92 Familienbedingte Teilzeit und Beurlaubung**	**§ 92** (Familienbedingte Teilzeit und Beurlaubung) Die Vorschrift entspricht mit redaktionellen Anpassungen dem bisherigen § 72a Abs. 4 bis 8. **Zu Absatz 1**
… (4) [1]Einem Beamten mit Dienstbezügen ist auf Antrag auch bei Stellen mit Vorgesetzten- und Leitungsaufgaben, wenn zwingende dienstliche Belange nicht entgegenstehen, 1. Teilzeitbeschäftigung bis zur Hälfte der regelmäßigen Arbeitszeit zu bewilligen, 2. Urlaub ohne Dienstbezüge bis zur Dauer von zwölf Jahren zu gewähren, wenn er a) mindestens ein Kind unter 18 Jahren oder b) einen nach ärztlichem Gutachten pflegebedürftigen sonstigen Angehörigen tatsächlich betreut oder pflegt.	(1) [1]**Beamtinnen und** Beamten, **die Anspruch auf Besoldung haben**, ist auf Antrag, **wenn sie mindestens ein Kind unter 18 Jahren oder nach ärztlichem Gutachten eine pflegebedürftige sonstige Angehörige oder einen pflegebedürftigen sonstigen Angehörigen tatsächlich betreuen oder pflegen und** zwingende dienstliche Belange dem nicht entgegenstehen, 1. Teilzeitbeschäftigung zu bewilligen **oder** 2. Urlaub ohne **Besoldung** bis zur Dauer von **15** Jahren zu **bewilligen**. [2]**Der Urlaub darf auch in Verbindung mit einer Beurlaubung ohne Besoldung wegen eines Überhangs an Bewerberinnen und Bewerbern sowie Teilzeitbeschäftigung mit weniger als der Hälfte der regelmäßigen Arbeitszeit die Dauer von 15 Jahren nicht überschreiten.** [3]**§ 91 Abs. 3 Satz 1 gilt entsprechend.**	Absatz 1 legt die Voraussetzungen für familienbedingte Teilzeit und Beurlaubung fest. Diese ist für alle Beamtinnen und Beamte ohne Beschränkung auf bestimmte Funktionen möglich. Neu ist in Absatz 1 die Erweiterung des Anwendungsbereichs auf Beamtinnen und Beamte mit Anwärterbezügen, da unter dem Begriff „Besoldung" auch die Anwärterbezüge fallen. Anders als im vormaligen § 72a Abs. 4 Nr. 1 ist jetzt nur noch geregelt, dass eine Teilzeitbeschäftigung gewährt werden kann. Die Worte „bis zur Hälfte der regelmäßigen Arbeitszeit" sind nicht mehr genannt, so dass nach Absatz 1 Nr. 1 bei Vorliegen der familienbedingten Voraussetzungen auch unterhälftige Teilzeit mit weniger als der Hälfte der regelmäßigen Arbeitszeit gewährt werden kann. Als redaktionelle Folge dieser Änderung konnte auf eine Regelung wie die des bisherigen § 72a Abs. 5 verzichtet werden.

BBG/BRRG alt	BBG neu	Erläuterungen
		Die Höchstdauer für die Beurlaubung ohne Besoldung bei Kinderbetreuung oder Pflege wird zur Verbesserung der Vereinbarkeit von Familie und Beruf von 12 auf 15 Jahre erhöht. Dabei wird wie bisher nur die unterhälftige Teilzeitbeschäftigung angerechnet. **Zu Absatz 2**
[2]Die Dienststelle muss die Ablehnung von Anträgen im Einzelnen begründen. [3]Bei Beamten im Schul- und Hochschuldienst kann der Bewilligungszeitraum bis zum Ende des laufenden Schulhalbjahres oder Semesters ausgedehnt werden. [4]Der Antrag auf Verlängerung einer Beurlaubung ist spätestens sechs Monate vor Ablauf der genehmigten Beurlaubung zu stellen. [5]Die Dauer des Urlaubs darf auch in Verbindung mit Urlaub nach § 72e Abs. 1 sowie Teilzeitbeschäftigung nach Absatz 5 zwölf Jahre nicht überschreiten. [6]Absatz 3 Satz 1 gilt entsprechend.	(2) [1]Die Dienststelle muss die Ablehnung von Anträgen im Einzelnen begründen. [2]Bei **Beamtinnen und** Beamten im Schul- und Hochschuldienst kann der Bewilligungszeitraum bis zum Ende des laufenden Schulhalbjahres oder Semesters ausgedehnt werden. [3]Der Antrag auf Verlängerung einer Beurlaubung ist spätestens sechs Monate vor Ablauf der genehmigten Beurlaubung zu stellen. **(3) Während einer Freistellung vom Dienst nach Absatz 1 dürfen nur solche Nebentätigkeiten genehmigt werden, die dem Zweck der Freistellung nicht zuwiderlaufen.**	Entspricht § 72a Abs. 4 Satz 2 bis 4. **Zu Absatz 3** Entspricht dem bisherigen § 72 Abs. 6. **Zu Absatz 4**
[7]Die zuständige Dienstbehörde kann eine Rückkehr aus dem Urlaub zulassen, wenn dem Beamten eine Fortsetzung des Urlaubs nicht zugemutet werden kann und dienstliche Belange nicht entgegenstehen. [8]Teilzeitbeschäftigte	(4) [1]Die zuständige **Dienststelle** kann eine Rückkehr aus dem Urlaub zulassen, wenn **die** Fortsetzung des Urlaubs **nicht zumutbar ist** und dienstliche Belange **dem** nicht entgegenstehen. [2]**Teilzeitbeschäftigte mit** Familienpflichten,	Entspricht dem bisherigen § 72a Abs. 4 Satz 7 und 8.

Beamtinnen und Beamte mit Familienpflichten, die eine Vollzeitbeschäftigung beantragen, und Beurlaubte mit Familienpflichten, die eine vorzeitige Rückkehr aus der Beurlaubung beantragen, müssen bei der Besetzung von Vollzeitstellen unter Beachtung des Leistungsprinzips und der Regelungen des Bundesgleichstellungsgesetzes vorrangig berücksichtigt werden.	die eine Vollzeitbeschäftigung beantragen, und Beurlaubte mit Familienpflichten, die eine vorzeitige Rückkehr aus der Beurlaubung beantragen, müssen bei der Besetzung von Vollzeitstellen unter Beachtung des Leistungsprinzips und der Regelungen des Bundesgleichstellungsgesetzes vorrangig berücksichtigt werden.	
(5) [1]Einem Beamten mit Dienstbezügen kann Teilzeitbeschäftigung mit weniger als der Hälfte der regelmäßigen Arbeitszeit bis zur Dauer von insgesamt zwölf Jahren bewilligt werden, wenn die Voraussetzungen des Absatzes 4 Satz 1 vorliegen und zwingende dienstliche Belange nicht entgegenstehen. [2]Die Dauer der Teilzeitbeschäftigung darf auch zusammen mit Urlaub nach Absatz 4 Satz 1 Nr. 2 zwölf Jahre nicht überschreiten.		
(6) Während einer Freistellung vom Dienst nach Absatz 4 dürfen nur solche Nebentätigkeiten genehmigt werden, die dem Zweck der Freistellung nicht zuwiderlaufen.		**Zu Absatz 5**
(7) [1]Während der Zeit der Beurlaubung ohne Dienstbezüge nach Absatz 4 Satz 1 Nr. 2 besteht ein Anspruch auf Leistungen der Krankheitsfürsorge in entsprechender Anwendung der Beihilferegelungen für Beamte mit Dienstbezügen.	(5) [1]Während der Zeit der Beurlaubung ohne **Besoldung** nach Absatz 1 Satz 1 Nr. 2 besteht ein Anspruch auf Leistungen der Krankheitsfürsorge in entsprechender Anwendung der Beihilferegelungen für **Beamtinnen mit Anspruch**	Entspricht mit redaktionellen Änderungen dem bisherigen § 72a Abs. 7. Absatz 5 Satz 3 regelt die Gewährung eines Zuschusses zu den Krankenversicherungsbeiträgen in Höhe des Mindest-

BBG/BRRG alt	BBG neu	Erläuterungen
[2]Dies gilt nicht, wenn der Beamte berücksichtigungsfähiger Angehöriger eines Beihilfeberechtigten wird oder Anspruch auf Familienhilfe nach § 10 des Fünften Buches Sozialgesetzbuch hat.	**auf Besoldung** und Beamte mit **Anspruch auf Besoldung**. [2]Dies gilt nicht, wenn **die Beamtin oder** der Beamte **berücksichtigungsfähige Angehörige oder** berücksichtigungsfähiger Angehöriger **einer oder** eines Beihilfeberechtigten wird oder in der gesetzlichen Krankenversicherung nach § 10 Abs. 1 des Fünften Buches Sozialgesetzbuch versichert ist. [3]**Beamtinnen und Beamte, die die Voraussetzungen des § 3 Abs. 1 des Pflegezeitgesetzes erfüllen, erhalten für die Dauer der Pflegezeit nach § 4 des Pflegezeitgesetzes Leistungen entsprechend § 44a Abs. 1 des Elften Buches Sozialgesetzbuch.**	beitrags der gesetzlichen Krankenversicherung für sechs Monate. Damit wird für Beamtinnen und Beamte während der Zeit der Pflege neben dem weiter bestehenden Beihilfeanspruch eine vollwertige Absicherung im Krankheitsfall sichergestellt. Der Zuschuss deckt zwar nicht alle Kosten einer ergänzenden Krankenversicherung ab, ist aber geeignet, die Entscheidung zur Pflege von Angehörigen zu fördern. Damit wird eine wesentliche Maßnahme des Pflege-Weiterentwicklungsgesetzes und des Pflegezeitgesetzes, die nicht unmittelbar auf Beamtinnen und Beamte anwendbar sind, in das Dienstrecht des Bundes übertragen.
(8) [1]Die Dienststelle hat durch geeignete Maßnahmen den aus familiären Gründen Beurlaubten die Verbindung zum Beruf und den beruflichen Wiedereinstieg zu erleichtern. [2]Dazu gehören das Angebot von Urlaubs- und Krankheitsvertretungen, ihre rechtzeitige Unterrichtung über das Fortbildungsprogramm und das Angebot der Teilnahme an der Fortbildung während oder nach der Beurlaubung. [3]Die Teilnahme an	6) [1]Die Dienststelle hat durch geeignete Maßnahmen den aus familiären Gründen Beurlaubten die Verbindung zum Beruf und den beruflichen Wiedereinstieg zu erleichtern. [2]Dazu gehören das Angebot von Urlaubs- und Krankheitsvertretungen, ihre rechtzeitige Unterrichtung über das Fortbildungsprogramm und das Angebot der Teilnahme an der Fortbildung während oder nach der Beurlaubung. [3]Die Teilnahme an	**Zu Absatz 6** Entspricht dem bisherigen § 72a Abs. 8.

einer Fortbildungsveranstaltung während der Beurlaubung begründet einen Anspruch auf bezahlte Dienstbefreiung nach Ende der Beurlaubung. [4]Die Dauer der bezahlten Dienstbefreiung richtet sich nach der Dauer der Fortbildung. [5]Mit den Beurlaubten sind rechtzeitig vor Ablauf einer Beurlaubung Beratungsgespräche zu führen, in denen sie über die Möglichkeiten ihrer Beschäftigung nach der Beurlaubung informiert werden.	einer Fortbildungsveranstaltung während der Beurlaubung begründet einen Anspruch auf bezahlte Dienstbefreiung nach Ende der Beurlaubung. [4]Die Dauer der bezahlten Dienstbefreiung richtet sich nach der Dauer der Fortbildung. [5]Mit den Beurlaubten sind rechtzeitig vor Ablauf einer Beurlaubung Beratungsgespräche zu führen, in denen sie über die Möglichkeiten ihrer Beschäftigung nach der Beurlaubung informiert werden.	
§ 72b	**§ 93 Altersteilzeit**	**§ 93 (Altersteilzeit)** Im Zusammenhang mit der demographischen Entwicklung und den fiskalischen Folgen der Altersteilzeit ist eine Änderung der beamtengesetzlichen Altersteilzeitregelung notwendig. Denn Altersteilzeit, gerade in Form des sog. Blockmodells, führt zu einem vorzeitigen Ausscheiden der Beamtinnen und Beamten. Eine Nachbesetzung während der Freistellungsphase ist aus finanziellen Gründen wegen der damit verbundenen Belastungen des Bundeshaushalts grundsätzlich nicht mehr möglich. Daher stehen der weiteren Bewilligung von Altersteilzeit im Blockmodell dringende dienstliche Belange entgegen. Die Altersteilzeit in der Bundesverwaltung wurde aus diesem Grund in den Jahren

BBG/BRRG alt	BBG neu	Erläuterungen
		2005 und 2006 durch Rundschreiben des Bundesministeriums des Innern eingeschränkt. Die Bewilligung der Altersteilzeit im Blockmodell ist derzeit auf besonders festgelegte Stellenabbaubereiche beschränkt. Diese Einschränkungen sollen durch Änderung des bisherigen § 72b gesetzlich normiert werden. **Zu Absatz 1**
(1) [1]Beamten mit Dienstbezügen kann auf Antrag, der sich auf die Zeit bis zum Beginn des Ruhestandes erstrecken muss, Teilzeitbeschäftigung als Altersteilzeit mit der Hälfte der bisherigen Arbeitszeit, höchstens der Hälfte der in den letzten zwei Jahren vor Beginn der Altersteilzeit durchschnittlich zu leistenden Arbeitszeit, bewilligt werden, wenn 1. sie das 55. Lebensjahr vollendet haben, 2. sie in den letzten fünf Jahren vor Beginn der Altersteilzeit drei Jahre mindestens teilzeitbeschäftigt waren, 3. die Altersteilzeit vor dem 1. Januar 2010 beginnt und 4. dringende dienstliche Belange nicht entgegenstehen.	(1) **Beamtinnen und** Beamten, **die Anspruch auf Besoldung haben**, kann auf Antrag, der sich auf die Zeit bis zum Beginn des Ruhestands erstrecken muss, Teilzeitbeschäftigung als Altersteilzeit mit der Hälfte der bisherigen Arbeitszeit, höchstens der Hälfte der in den letzten zwei Jahren vor Beginn der Altersteilzeit durchschnittlich zu leistenden Arbeitszeit, bewilligt werden, wenn 1. a) sie das **60.** Lebensjahr vollendet haben, b) **das 55. Lebensjahr vollendet haben und zum Zeitpunkt der Antragstellung schwerbehindert im Sinne des § 2 Abs. 2 des Neunten Buches Sozialgesetzbuch sind oder** c) **das 55. Lebensjahr vollendet haben und in einem besonders**	Absatz 1 sieht die Heraufsetzung der Altersgrenze auf das 60. Lebensjahr vor (Nummer 1a). Zur Förderung eines längeren Berufslebens wird das sogenannte Blockmodell der Altersteilzeit grundsätzlich zugunsten der Teilzeitbeschäftigung bis zum Eintritt in den Ruhestand abgeschafft. Nach Absatz 1 Nr. 1b können Beamtinnen und Beamte weiterhin ab dem 55. Lebensjahr Altersteilzeit beantragen, wenn sie schwerbehindert im Sinne des § 2 Abs. 2 des Neunten Buches Sozialgesetzbuch sind. Die Blockbildung ist aus den oben genannten Gründen jedoch auch für sie ausgeschlossen. Nach Absatz 1 Nr. 1 c kann Altersteilzeit ab dem 55. Lebensjahr ausnahmsweise bewilligt werden, wenn die Beamtin oder der

	festgelegten Stellenabbaubereich beschäftigt sind **und** 2. sie in den letzten fünf Jahren vor Beginn der Altersteilzeit drei Jahre mindestens teilzeitbeschäftigt waren, 3. die Altersteilzeit vor dem 1. Januar 2010 beginnt und 4. dringende dienstliche Belange **dem** nicht entgegenstehen.	Beamte in einem besonders festgelegten Stellenabbaubereich beschäftigt ist. Die Nummern 2 bis 4 entsprechen den bisherigen Voraussetzungen des § 72b Nr. 2 bis 4.
[2]Altersteilzeit mit weniger als der Hälfte der regelmäßigen Arbeitszeit kann nur bewilligt werden, wenn die Zeiten der Freistellung von der Arbeit in der Weise zusammengefasst werden, dass der Beamte zuvor mit mindestens der Hälfte der regelmäßigen Arbeitszeit, im Fall des § 72a Abs. 5 oder des § 1 Abs. 3 Satz 1 der Elternzeitverordnung mindestens im Umfang der bisherigen Teilzeitbeschäftigung, Dienst leistet; dabei bleiben geringfügige Unterschreitungen des notwendigen Umfangs der Arbeitszeit außer Betracht. [3]Änderungen der regelmäßigen Wochenarbeitszeit nach der Arbeitszeitverordnung gelten für die zu leistende Arbeitszeit entsprechend. (2) Beamten, die das sechzigste Lebensjahr vollendet haben, ist Altersteilzeit	(2) [1]**Beamtinnen und** Beamten **kann** Altersteilzeit **in Form der Blockbildung im Sinne des § 9 der Arbeitszeitverordnung nach Maßgabe des Absatzes 1 bewilligt werden, wenn sie** 1. **das 60. Lebensjahr vollendet haben und bei vorheriger Teilzeitbeschäftigung** die Zeiten der Freistellung von der Arbeit in der Weise zusammengefasst werden, dass zuvor mit mindestens der Hälfte der regelmäßigen Arbeitszeit, **im Fall des § 92 Abs. 1** oder bei Teilzeitbeschäftigung während der Elternzeit mindestens im Umfang der bisherigen Teilzeitbeschäftigung Dienst **geleistet wird**, wobei geringfügige Unterschreitungen des notwendigen Umfangs der Arbeitszeit **unberücksichtigt bleiben**, oder	**Zu Absatz 2** Nach Absatz 2 ist Altersteilzeit in Form der Blockbildung bei Vorliegen der Voraussetzungen des Absatzes 1 Nr. 2 bis 4 möglich. Die Blockbildung ist aber auf zwei Personengruppen beschränkt. Dieses sind die zuvor teilzeitbeschäftigten Beamtinnen und Beamten, die von einer Altersteilzeitbeschäftigung auch in Form des Teilzeitmodells wegen des Verbots der unterhälftigen Teilzeit ausgeschlossen werden müssten (Nummer 1). Dies entspricht der bisherigen Regelung des § 72b Abs. 1 Satz 2. Absatz 2 Satz 1 Nr. 1 nimmt auf § 1 Abs. 4 Elternzeitverordnung Bezug.

BBG/BRRG alt	BBG neu	Erläuterungen
nach Maßgabe des Absatzes 1 zu bewilligen.	2. **die Voraussetzungen des Absatzes 1 Nr. 1 c vorliegen.** [2]**Im Fall des Satzes 1 Nr. 2 treten Beamtinnen auf Lebenszeit und Beamte auf Lebenszeit entgegen § 51 Abs. 2 mit Vollendung des 65. Lebensjahres in den Ruhestand.** [3]**Beim Ruhestand auf Antrag nach § 52 bleibt es bei der Altersgrenze nach § 42 Abs. 4 des Bundesbeamtengesetzes in der bis zum 11. Februar 2009 geltenden Fassung.**	Nach Nummer 2 können Beamtinnen und Beamte ab dem 55. Lebensjahr Altersteilzeit wie bisher in Form des Blockmodells beantragen, wenn die Voraussetzungen des Absatzes 1 Nr. 1c vorliegen. Dabei muss es sich um Bereiche der Bundesverwaltung handeln, in denen die Altersteilzeit als Instrument eines sozialverträglichen Personalabbaus im Rahmen von Umstrukturierungsmaßnahmen benötigt wird. Es ist ausrei chend, wenn von Umstrukturierungsmaßnahmen Teile von Behörden erfasst werden. Einzelanträge auf Bewilligung von Altersteilzeit fallen jedoch nicht darunter, auch wenn die Planstelle im konkreten Einzelfall nicht nachbesetzt werden sollen. Weil in diesen Bereichen freiwerdende Dienstposten nicht nachbesetzt und insbesondere auch keine Ersatzplanstellen ausgebracht werden, besteht dort nicht die Gefahr, dass durch die Bewilligung von Altersteilzeit Mehrausgaben verursacht werden, vielmehr werden Einsparungen erzielt. Die Stellenabbaubereiche werden im Einvernehmen mit den jeweiligen Ressorts durch das Bundesministerium der Finanzen und im Einvernehmen mit dem Haushaltsausschuss des Deutschen Bundestages festgelegt.

		Satz 2 regelt die Übergangsvorschrift für Beamtinnen und Beamten, die sich in Altersteilzeit befinden bzw. denen vor dem 1. Januar 2010 im sog. Blockmodell im Sinne des § 9 Arbeitszeitverordnung Altersteilzeit bewilligt wird. Die Altersteilzeit im Bund ist aufgrund der haushaltsmäßigen Belastung und der demographischen Entwicklung stark eingeschränkt worden. Aufgrund der bisher durch Rundschreiben des Bundesministeriums des Innern festgelegten Ein schränkung der Altersteilzeit kann seit dem 17. Februar 2006 Altersteilzeit im Blockmodell nur noch in sog. Stellenabbaubereichen bewilligt werden. Ziel der Bewilligung von Altersteilzeit im Blockmodell ist hier der sozialverträgliche Abbau eines Personalüberhangs. Altersteilzeit im Teilzeitmodell ist grundsätzlich erst ab dem 60. Lebensjahr möglich. Aufgrund des mit der Altersteilzeit im Blockmodell bezweckten Personalabbaus ist eine Erhöhung der Lebensarbeitszeit nicht sinnvoll. Es verbleibt nach Satz 2 in den Fällen vorheriger Altersteilzeit bei der Altersgrenze von 65 Jahren. Beamtinnen und Beamte, denen vor dem 17. Februar 2006 Altersteilzeit im Blockmodell außerhalb der Stellenabbaubereiche bewilligt wurde, genießen damit ebenfalls Vertrauensschutz. Aus

BBG/BRRG alt	BBG neu	Erläuterungen
		Gründen des Vertrauensschutzes werden auch die Fälle aufgenommen, in denen der Ruhestand auf Antrag im Fall der Schwerbehinderung oder ab dem 63. Lebensjahr nach § 42 Abs. 4 des Bundesbeamtengesetzes erfolgt oder Urlaub bis zum Beginn des Ruhestands nach § 72e Abs. 1 Nr. 2 und Abs. 4 des Bundesbeamtengesetzes, jeweils in der bis zum Inkrafttreten des neuen BBG geltenden Fassung, bewilligt wurde.
		Zu Absatz 3
	(3) Änderungen der regelmäßigen wöchentlichen Arbeitszeit nach den Arbeitszeitregelungen gelten für die zu leistende Arbeitszeit entsprechend.	Absatz 3 entspricht § 72b Abs. 1 Satz 3.
		Zu Absatz 4
(3) § 72a Abs. 2 gilt entsprechend.	(4) § 91 Abs. 2 gilt entsprechend.	Absatz 4 entspricht § 72b Abs. 3.
§ 72c	**§ 94 Hinweispflicht**	**§ 94** (Hinweispflicht)
Wird eine Reduzierung der Arbeitszeit oder eine langfristige Beurlaubung beantragt, sind die Dienstkräfte auf die Folgen reduzierter Arbeitszeit oder langfristiger Beurlaubungen hinzuweisen, insbesondere auf die Folgen für Ansprüche auf Grund beamtenrechtlicher Regelungen sowie auf die Möglichkeit	Wird eine **Verkürzung** der Arbeitszeit oder eine langfristige Beurlaubung beantragt, sind die **Beamtinnen und Beamten** auf die Folgen **verkürzter** Arbeitszeit oder langfristiger Beurlaubungen hinzuweisen, insbesondere auf die Folgen für Ansprüche aufgrund beamtenrechtlicher Regelungen sowie auf die	Entspricht dem bisherigen § 72c.

einer Befristung mit Verlängerung und deren Folgen.	Möglichkeit einer Befristung mit Verlängerung und deren Folgen.	
§ 72d Die Ermäßigung der Arbeitszeit nach § 72a darf das berufliche Fortkommen nicht beeinträchtigen; eine unterschiedliche Behandlung von Beamten mit ermäßigter Arbeitszeit gegenüber Beamten mit regelmäßiger Arbeitszeit ist nur zulässig, wenn zwingende sachliche Gründe sie rechtfertigen.		Die Regelung des Benachteiligungsverbots bei verkürzter Arbeitszeit ist in § 25 enthalten.
§ 72e	**§ 95 Beurlaubung ohne Besoldung**	**§ 95** (Beurlaubung ohne Besoldung) **Zu Absatz 1**
(1) Beamten mit Dienstbezügen kann in Bereichen, in denen wegen der Arbeitsmarktsituation ein außergewöhnlicher Bewerberüberhang besteht und deshalb ein dringendes öffentliches Interesse daran gegeben ist, verstärkt Bewerber im öffentlichen Dienst zu beschäftigen, 1. auf Antrag Urlaub ohne Dienstbezüge bis zur Dauer von insgesamt sechs Jahren, 2. nach Vollendung des fünfundfünfzigsten Lebensjahres auf Antrag, der sich auf die Zeit bis zum Beginn des Ruhestandes erstrecken muss, Urlaub ohne Dienstbezüge	(1) **Beamtinnen und** Beamten, **die Anspruch auf Besoldung haben**, kann in Bereichen, in denen wegen der Arbeitsmarktsituation ein außergewöhnlicher **Überhang an Bewerberinnen und Bewerbern** besteht und deshalb ein dringendes öffentliches Interesse daran **besteht**, verstärkt **Bewerberinnen und** Bewerber im öffentlichen Dienst zu beschäftigen, **auf Antrag Urlaub ohne Besoldung** 1. bis zur Dauer von insgesamt sechs Jahren **oder** 2. **für einen Zeitraum, der sich** bis zum Beginn des Ruhestands erstrecken muss,	Entspricht mit redaktionellen Anpassungen an die geschlechtergerechte Sprache dem bisherigen § 72e Abs. 1. In Nummer 2 ist das Erfordernis der Vollendung des 55. Lebensjahres entfallen, da Altersgrenzen diskriminierende Wirkung haben können. Der Zeitraum der Beurlaubung muss sich allerdings weiterhin bis zum Ende des Ruhestands erstrecken.

BBG/BRRG alt	**BBG neu**	**Erläuterungen**
bewilligt werden, wenn dienstliche Belange nicht entgegenstehen.	bewilligt werden, wenn dienstliche Belange **dem** nicht entgegenstehen.	
	(2) Beamtinnen und Beamten, die Anspruch auf Besoldung haben, kann in Bereichen, in denen ein Stellenüberhang abgebaut werden soll, auf Antrag Urlaub ohne Besoldung bewilligt werden, wenn dienstliche Belange dem nicht entgegenstehen.	**Zu Absatz 2** Absatz 2 regelt die Möglichkeit der Beurlaubung ohne Besoldung in Bereichen der Bundesverwaltung, in denen ein Stellenüberhang abgebaut werden soll. Hier soll künftig, unabhängig von den engen Voraussetzungen des Absatzes 1, die Beurlaubung auf Antrag zulässig sein, wenn dienstliche Belange dem nicht entgegenstehen. Für die Frage der Zulassung von Nebentätigkeiten und die Höchstdauer gelten die Absätze 3 und 4.
(2) [1]Dem Antrag nach Absatz 1 darf nur entsprochen werden, wenn der Beamte erklärt, während der Dauer des Bewilligungszeitraumes auf die Ausübung entgeltlicher Nebentätigkeiten zu verzichten und entgeltliche Tätigkeiten nach § 66 Abs. 1 nur in dem Umfang auszuüben, wie er sie bei Vollzeitbeschäftigung ohne Verletzung dienstlicher Pflichten ausüben könnte. [2]Wird diese Verpflichtung schuldhaft verletzt, soll die Bewilligung widerrufen wer-	(3) [1]Dem Antrag nach **den Absätzen** 1 **und 2** darf nur entsprochen werden, wenn **die Beamtinnen und** Beamten **erklären**, während der Dauer des Bewilligungszeitraums auf die Ausübung **genehmigungspflichtiger** Nebentätigkeiten zu verzichten und nicht **genehmigungspflichtige Nebentätigkeiten** nur in dem Umfang auszuüben, wie sie bei Vollzeitbeschäftigung ohne Verletzung dienstlicher Pflichten **ausgeübt werden könnten**. [2]Wird diese Verpflichtung	**Zu Absatz 3** Entspricht mit redaktionellen Anpassungen an die geschlechtergerechte Sprache dem bisherigen § 72e Abs. 2.

den. [3]Die zuständige Dienstbehörde darf trotz der Erklärung des Beamten nach Satz 1 Nebentätigkeiten genehmigen, soweit sie dem Zweck der Bewilligung des Urlaubs nicht zuwiderlaufen. [4]Sie kann eine Rückkehr aus dem Urlaub zulassen, wenn dem Beamten die Fortsetzung des Urlaubs nicht zugemutet werden kann und dienstliche Belange nicht entgegenstehen.	schuldhaft verletzt, soll die Bewilligung widerrufen werden. [3]Die zuständige Dienstbehörde darf trotz der Erklärung **der Beamtinnen oder** Beamten nach Satz 1 Nebentätigkeiten genehmigen, soweit sie dem Zweck der Bewilligung des Urlaubs nicht zuwiderlaufen. [4]Sie kann eine Rückkehr aus dem Urlaub zulassen, wenn **der Beamtin oder** dem Beamten die Fortsetzung des Urlaubs nicht zugemutet werden kann und dienstliche Belange **dem** nicht entgegenstehen.	
(3) [1]Urlaub nach Absatz 1 darf, auch im Zusammenhang mit Urlaub nach § 72a Abs. 4 Satz 1 Nr. 2 sowie Teilzeitbeschäftigung nach § 72a Abs. 5, die Dauer von zwölf Jahren nicht überschreiten. [2]Bei Beamten im Schul- und Hochschuldienst kann der Bewilligungszeitraum bis zum Ende des laufenden Schulhalbjahres oder Semesters ausgedehnt werden. [3]In den Fällen des Absatzes 1 Nr. 2 findet Satz 1 keine Anwendung, wenn es dem Beamten nicht mehr zuzumuten ist, zur Voll- oder Teilzeitbeschäftigung zurückzukehren.	(4) [1]Urlaub nach **den Absätzen** 1 **und 2** darf, auch im Zusammenhang mit Urlaub **oder Teilzeitbeschäftigung** nach § 92 Abs. 1 die Dauer von 15 Jahren nicht überschreiten. [2]Bei **Beamtinnen im Schul- und Hochschuldienst und** Beamten im Schul- und Hochschuldienst kann der Bewilligungszeitraum bis zum Ende des laufenden Schulhalbjahres oder Semesters ausgedehnt werden. [3]In den Fällen des Absatzes 1 Nr. 2 **ist** Satz 1 **nicht anzuwenden**, wenn es **den Beamtinnen und** Beamten nicht mehr zuzumuten ist, zur Voll- oder Teilzeitbeschäftigung zurückzukehren.	**Zu Absatz 4** Entspricht dem bisherigen § 72e Abs. 3. Die Gesamtfreistellungsmöglichkeit wurde von 12 auf 15 Jahre erweitert. Unberührt bleiben gesetzliche Sonderregelungen, wie z. B. § 4 Abs. 3 des Postpersonalrechtsgesetzes.
(4) Bis zum 31. Dezember 2004 kann Beamten Urlaub nach Absatz 1 Nr. 2 bereits nach Vollendung des fünfzigsten Le-		Der bisherige § 72e Abs. 4 entfällt ersatzlos wegen Zeitablaufs.

BBG/BRRG alt	BBG neu	Erläuterungen
bensjahres bewilligt werden. Absatz 3 Satz 1 ist mit der Maßgabe anzuwenden, dass die Dauer des Urlaubs fünfzehn Jahre nicht überschreiten darf.		
	(5) In den Fällen, in denen nach § 72e Abs. 1 Nr. 2 und Abs. 4 des Bundesbeamtengesetzes in der bis zum 11. Februar 2009 geltenden Fassung Urlaub ohne Dienstbezüge bis zum Beginn des Ruhestands bewilligt worden ist, gilt § 93 Abs. 2 Satz 2 entsprechend.	**Zu Absatz 5** Die Regelung in Absatz 5 dient der Klarstellung, dass bei Inanspruchnahme des sogenannten Altersurlaubs ohne Dienstbezüge nach dem bisherigen § 72e Abs. 1 Nr. 2 und Abs. 4 BBG von der schrittweisen Anpassung der Altersgrenze auf 67 Jahre abgesehen wird.
§ 73 (1) [1]Der Beamte darf dem Dienst nicht ohne Genehmigung seines Dienstvorgesetzten fernbleiben. [2]Dienstunfähigkeit infolge Krankheit ist auf Verlangen nachzuweisen. (2) Verliert der Beamte wegen unentschuldigten Fernbleibens vom Dienst nach dem Bundesbesoldungsgesetz seinen Anspruch auf Bezüge, so wird dadurch die Durchführung eines Disziplinarverfahrens nicht ausgeschlossen.	**§ 96 Fernbleiben vom Dienst** (1) [1]**Beamtinnen und** Beamte **dürfen** dem Dienst nicht ohne Genehmigung **ihrer** Dienstvorgesetzten fernbleiben. [2]Dienstunfähigkeit infolge **von** Krankheit ist auf Verlangen nachzuweisen. (2) Verliert **die Beamtin oder** der Beamte wegen unentschuldigten Fernbleibens vom Dienst nach dem Bundesbesoldungsgesetz den Anspruch auf **Besoldung**, wird dadurch die Durchführung eines Disziplinarverfahrens nicht ausgeschlossen.	**§ 96** (Fernbleiben vom Dienst) Entspricht mit redaktionellen Anpassungen an die geschlechtergerechte Sprache dem bisherigen § 73.

e) Nebentätigkeit und Tätigkeit nach Beendigung des Beamtenverhältnisses	**Unterabschnitt 3 Nebentätigkeit** § 97 **Begriffsbestimmungen** **(1) Nebentätigkeit ist die Wahrnehmung eines Nebenamtes oder die Ausübung einer Nebenbeschäftigung.** **(2) Nebenamt ist ein nicht zu einem Hauptamt gehörender Kreis von Aufgaben, der aufgrund eines öffentlich-rechtlichen Dienst- oder Amtsverhältnisses wahrgenommen wird.** **(3) Nebenbeschäftigung ist jede sonstige, nicht zu einem Hauptamt gehörende Tätigkeit innerhalb oder außerhalb des öffentlichen Dienstes.** **(4) Als Nebentätigkeit gilt nicht die Wahrnehmung öffentlicher Ehrenämter sowie einer unentgeltlichen Vormundschaft, Betreuung oder Pflegschaft.**	**Unterabschnitt 3** (Nebentätigkeit) **§ 97** (Begriffsbestimmungen) Die Definitionen aus § 1 der Bundesnebentätigkeitsverordnung werden mit redaktioneller Anpassung in das Gesetz übernommen. Absatz 4 nimmt die Regelung des bisherigen § 65 Abs. 1 Satz 2 sowie einen Teil des bisherigen § 66 Abs. 1 Nr. 1a auf. Damit entfällt die Anzeigepflicht für unentgeltliche Vormundschaft, Betreuung oder Pflegschaft eines oder einer Angehörigen und die nicht mehr ausdrücklich genannte unentgeltliche Testamentsvollstreckung sowie die bisherige Genehmigungspflicht bei unentgeltlicher Vormundschaft, Betreuung oder Pflegschaft von Personen außerhalb des Angehörigenkreises.

BBG/BRRG alt	BBG neu	Erläuterungen
§ 64 Der Beamte ist verpflichtet, auf Verlangen seiner obersten Dienstbehörde eine Nebentätigkeit (Nebenamt, Nebenbeschäftigung) im öffentlichen Dienst zu übernehmen und fortzuführen, sofern diese Tätigkeit seiner Vorbildung oder Berufsausbildung entspricht und ihn nicht über Gebühr in Anspruch nimmt. Die oberste Dienstbehörde kann die Befugnis auf nachgeordnete Behörden übertragen.	**§ 98 Nebentätigkeit im öffentlichen Dienst** **Beamtinnen und** Beamte **sind** verpflichtet, auf Verlangen ihrer Dienstbehörde eine Nebentätigkeit im öffentlichen Dienst **auszuüben**, sofern diese Tätigkeit **ihrer** Vorbildung oder Berufsausbildung entspricht und sie nicht über Gebühr in Anspruch nimmt.	**§ 98** (Nebentätigkeit im öffentlichen Dienst) Entspricht mit redaktionellen Anpassungen und Anpassungen an die geschlechtergerechte Sprache der Regelung des bisherigen § 64.
§ 65	**§ 99 Genehmigungspflichtige Nebentätigkeiten**	**§ 99** (Genehmigungspflichtige Nebentätigkeiten) Die Vorschrift fasst die genehmigungspflichtigen Nebentätigkeiten zusammen. Durch den geänderten Aufbau der bisherigen §§ 65 und 66 wird die grundsätzliche Unterscheidung zwischen entgeltlichen und unentgeltlichen Nebentätigkeiten deutlicher herausgestellt und das System der Ausnahmen und Unterausnahmen des bisherigen § 66 Abs. 1 durch eine eindeutige Anordnung der Genehmigungspflicht für die enumerativ aufgeführten unentgeltlichen Nebentätigkeiten ersetzt.

(1) [1]Der Beamte bedarf zur Übernahme jeder Nebentätigkeit, mit Ausnahme der in § 66 Abs. 1 abschließend aufgeführten, der vorherigen Genehmigung, soweit er nicht nach § 64 zu ihrer Wahrnehmung verpflichtet ist. [2]Als Nebentätigkeit gilt nicht die Wahrnehmung öffentlicher Ehrenämter sowie einer unentgeltlichen Vormundschaft, Betreuung oder Pflegschaft eines Angehörigen; ihre Übernahme ist vor Aufnahme schriftlich anzuzeigen.	(1) [1]**Beamtinnen und** Beamte bedürfen zur **Ausübung** jeder entgeltlichen Nebentätigkeit, mit Ausnahme der in § 100 Abs. 1 abschließend aufgeführten, der vorherigen Genehmigung, soweit **sie** nicht nach § 98 zu ihrer **Ausübung** verpflichtet sind. [2]**Gleiches gilt für folgende unentgeltliche Nebentätigkeiten:** **1. Wahrnehmung eines Nebenamtes,** **2. gewerbliche oder freiberufliche Tätigkeiten oder die Mitarbeit bei einer dieser Tätigkeiten und** **3. Eintritt in ein Organ eines Unternehmens mit Ausnahme einer Genossenschaft.**	**Zu Absatz 1** Absatz 1 Satz 2 des bisherigen § 65 wurde in § 97 Abs. 4 eingefügt. Der neue Absatz 1 Satz 2 enthält Teile des bisherigen § 66 Abs. 1, die gestrafft wurden. Die Wahrnehmung einer unentgeltlichen Vormundschaft, Betreuung, Pflegschaft oder einer Testamentsvollstreckung wird nach § 97 Abs. 4 nicht mehr als Nebentätigkeit angesehen und somit genehmigungsfrei gestellt, da solche unentgeltlichen familienrechtlichen Ämter ganz überwiegend innerhalb des Familien- und Verwandtschaftsbereiches aufgrund moralischer Verpflichtungen, die über Artikel 6 des Grundgesetzes auch einen verfassungsrechtlichen Hintergrund haben, übernommen werden und damit der Privatsphäre der Beamtin oder des Beamten zuzuordnen sind. Ein Regelungsbedürfnis für die Übernahme einer unentgeltlichen Treuhänderschaft wird nicht mehr gesehen.
(2) [1]Die Genehmigung ist zu versagen, wenn zu besorgen ist, dass durch die Nebentätigkeit dienstliche Interessen beeinträchtigt werden. [2]Ein solcher Versagungsgrund liegt insbesondere vor, wenn die Nebentätigkeit	(2) [1]Die Genehmigung ist zu versagen, wenn zu besorgen ist, dass durch die Nebentätigkeit dienstliche Interessen beeinträchtigt werden. [2]Ein solcher Versagungsgrund liegt insbesondere vor, wenn die Nebentätigkeit	**Zu Absatz 2** Entspricht mit Anpassungen an die geschlechtergerechte Sprache dem bisherigen § 65 Abs. 2 Satz 1 bis 3.

BBG/BRRG alt	BBG neu	Erläuterungen
1. nach Art und Umfang die Arbeitskraft des Beamten so stark in Anspruch nimmt, dass die ordnungsgemäße Erfüllung seiner dienstlichen Pflichten behindert werden kann, 2. den Beamten in einen Widerstreit mit seinen dienstlichen Pflichten bringen kann, 3. in einer Angelegenheit ausgeübt wird, in der die Behörde, der der Beamte angehört, tätig wird oder tätig werden kann, 4. die Unparteilichkeit oder Unbefangenheit des Beamten beeinflussen kann, 5. zu einer wesentlichen Einschränkung der künftigen dienstlichen Verwendbarkeit des Beamten führen kann, 6. dem Ansehen der öffentlichen Verwaltung abträglich sein kann. 3Ein solcher Versagungsgrund liegt in der Regel auch vor, wenn sich die Nebentätigkeit wegen gewerbsmäßiger Dienst- oder Arbeitsleistung oder sonst nach Art, Umfang, Dauer oder Häufigkeit als Ausübung eines Zweitberufs darstellt. 4Die Voraussetzung des Satzes 2 Nr. 1 gilt in der Regel als erfüllt, wenn die zeitliche Beanspruchung durch eine oder mehrere Nebentätigkeiten in der	1. nach Art und Umfang die Arbeitskraft so stark in Anspruch nimmt, dass die ordnungsgemäße Erfüllung der dienstlichen Pflichten behindert werden kann, 2. **die Beamtin oder** den Beamten in einen Widerstreit mit **den** dienstlichen Pflichten bringen kann, 3. in einer Angelegenheit ausgeübt wird, in der die Behörde, der **die Beamtin oder** der Beamte angehört, tätig wird oder tätig werden kann, 4. die Unparteilichkeit oder Unbefangenheit **der Beamtin oder** des Beamten beeinflussen kann, 5. zu einer wesentlichen Einschränkung der künftigen dienstlichen Verwendbarkeit **der Beamtin oder** des Beamten führen kann **oder** 6. dem Ansehen der öffentlichen Verwaltung abträglich sein kann. Ein solcher Versagungsgrund liegt in der Regel auch vor, wenn sich die Nebentätigkeit wegen gewerbsmäßiger Dienst- oder Arbeitsleistung oder sonst nach Art, Umfang, Dauer oder Häufigkeit als Ausübung eines Zweitberufs darstellt.	

Woche ein Fünftel der regelmäßigen wöchentlichen Arbeitszeit überschreitet.	(3) [1]Die Voraussetzung des Absatzes 2 Satz 2 Nr. 1 gilt in der Regel als erfüllt, wenn die zeitliche Beanspruchung durch eine oder mehrere Nebentätigkeiten in der Woche ein Fünftel der regelmäßigen wöchentlichen Arbeitszeit überschreitet. [2]**Bei begrenzter Dienstfähigkeit ist ein Fünftel der nach § 45 Abs. 2 Satz 1 verkürzten Arbeitzeit zugrunde zu legen.** [3]**Soweit der Gesamtbetrag der Vergütung für eine oder mehrere Nebentätigkeiten 40 Prozent des jährlichen Endgrundgehalts des Amtes der Beamtin oder des Beamten übersteigt, liegt ein Versagungsgrund vor.** [4]**Die Dienstbehörde kann Ausnahmen zulassen, wenn die Beamtin oder der Beamte durch Angabe bestimmter Tatsachen nachweist, dass die zeitliche Beanspruchung ein Fünftel der regelmäßigen wöchentlichen Arbeitszeit nicht übersteigt oder die Versagung unter Berücksichtigung der Umstände des Einzelfalls nicht angemessen wäre.** [5]**Bei Anwendung der Sätze 1 bis 4 sind genehmigungs- und anzeigepflichtige Nebentätigkeiten zusammen zu berücksichtigen.**	**Zu Absatz 3** Satz 1 entspricht dem bisherigen § 65 Abs. 2 Satz 4. Satz 2 entspricht inhaltlich dem bisherigen § 42a Abs. 4 Satz 2. Eine Beeinträchtigung der dienstlichen Interessen ist dann anzunehmen, wenn eine Gefährdung der dienstlichen Leistungen im Hauptamt nahe liegend ist. Neben der bisherigen Regelung, die im Einzelnen auf die zeitliche Beanspruchung abstellt, wird mit dem neuen Satz 3 zusätzlich eine Vergütungsgrenze eingeführt. Dies ist angezeigt, da zwischen Höhe der Vergütung und der zeitlichen Inanspruchnahme typischerweise ein enger Zusammenhang besteht. Es handelt sich aus Gründen der Verhältnismäßigkeit jedoch nicht um eine starre Grenze. Für den Fall des Überschreitens der Vergütungsgrenze hat die Beamtin oder der Beamte noch die Möglichkeit nachzuweisen, dass eine übermäßige zeitliche Beanspruchung trotz des erheblichen Verdienstes nicht vorliegt oder sonstige Gründe gegeben sind, die ausnahmsweise eine Genehmigung der Nebentätigkeit rechtfertigen. Eine solche Rechtfertigung ist z. B. im Fall des traditionell aus übergeordneten

BBG/BRRG alt	BBG neu	Erläuterungen
		dienstlichen Gründen gewährten privaten Liquidationsrechts für ärztliche und zahnärztliche Nebentätigkeiten beamteter Krankenhausärzte gegeben. Für den Umgang mit aus solchen Nebentätigkeiten bezogenen Vergütungen enthält § 12 der Bundesnebentätigkeitsverordnung detaillierte eigene Vorschriften. Im Bereich der Hochschullehrerinnen und Hochschullehrer sind sowohl die schon bisher bestehende Fünftelregelung nach Satz 1 als auch die diese ergänzende Regelung in Satz 3 nicht anwendbar, da nach § 132 Abs. 9 Satz 1 für diese Beamtengruppe das Arbeitszeitrecht weder unmittelbar gilt noch als Orientierungsmaßstab herangezogen werden kann. Somit findet der gesamte Absatz im Bereich der Hochschullehrerinnen und Hochschullehrer keine Anwendung. Satz 5 stellt klar, dass für die Anwendung der Fünftelregelung und der Vergütungsgrenze sowohl genehmigungs- als auch anzeigepflichtige Nebentätigkeiten, also alle Nebentätigkeiten, über die der Dienstherr nach den §§ 99 und 100 zu informieren ist, berücksichtigt werden. Ziel ist, die volle Arbeitskraft der Beamtinnen und Beamten für die

		Dienstleistung im Hauptamt zu erhalten und diese nicht durch übermäßige Beanspruchung durch Nebentätigkeiten zu gefährden. Dafür ist es grundsätzlich unerheblich, ob eine genehmigungspflichtige oder eine lediglich anzeigepflichtige Nebentätigkeit ausgeübt wird. Im Rahmen der Regelvermutung nach Satz 1 können allerdings die Umstände des Einzelfalls nach Art der Nebentätigkeit entsprechend gewichtet werden, so dass z. B. bei Hinzutreten einer nur geringfügigen genehmigungsfreien Nebentätigkeit, die zum Überschreiten der Fünftelgrenze führt, eine übermäßige Beanspruchung auch verneint werden kann. Bei der Frage des Überschreitens der Vergütungsgrenze nach Satz 3 kommt eine Differenzierung zwischen genehmigungs- und anzeigepflichtigen Nebentätigkeiten ohnehin nicht in Betracht. Sie kann allenfalls bei der Berücksichtigung der Umstände des Einzelfalls in der zweiten Alternative des Satzes 4 einfließen. Eine Erweiterung der Auskunfts- und Nachweispflichten ist mit der Klarstellung nicht verbunden, weil lediglich auf die Nebentätigkeiten abgestellt wird, über die der Dienstherr ohnehin zu informieren ist.

BBG/BRRG alt	BBG neu	Erläuterungen
[5]Die Genehmigung ist auf längstens fünf Jahre zu befristen; sie kann mit Auflagen und Bedingungen versehen werden. [6]Betrifft die Genehmigung die Mitwirkung an einem Verfahren der Streitbeilegung, beginnt die Frist nach Satz 5 erst mit der Aufnahme des Verfahrens der Streitbeilegung; der Beamte hat die Aufnahme des Verfahrens entsprechend Absatz 6 Satz 2 anzuzeigen. [7]Ergibt sich eine Beeinträchtigung dienstlicher Interessen nach Erteilung der Genehmigung, so ist diese zu widerrufen. (3) [1]Nebentätigkeiten, die der Beamte nicht auf Verlangen, Vorschlag oder Veranlassung seines Dienstvorgesetzten übernommen hat oder bei denen der Dienstvorgesetzte ein dienstliches Interesse an der Übernahme der Nebentätigkeit durch den Beamten nicht anerkannt hat, darf er nur außerhalb der Arbeitszeit ausüben. [2]Ausnahmen dürfen nur in besonders begründeten Fällen, insbesondere im öffentlichen Interesse, zugelassen werden, wenn dienstliche Gründe nicht entgegenstehen und die versäumte Arbeitszeit nachgeleistet wird.	(4) Die Genehmigung ist auf längstens fünf Jahre zu befristen. Sie kann mit Auflagen und Bedingungen versehen werden. Ergibt sich eine Beeinträchtigung dienstlicher Interessen nach Erteilung der Genehmigung, ist diese zu widerrufen.	**Zu Absatz 4** Entspricht dem bisherigen § 65 Abs. 2 Satz 5 und 7. Die Bestimmung wurde zur besseren Übersichtlichkeit als eigener Absatz gefasst. Der bisherige § 65 Abs. 2 Satz 6 wurde aus Gründen der Verwaltungsvereinfachung gestrichen.

(4) [1]Die Genehmigung erteilt die oberste Dienstbehörde. [2]Sie kann die Befugnis auf nachgeordnete Behörden übertragen. (5) [1]Der Beamte darf bei der Ausübung von Nebentätigkeiten Einrichtungen, Personal oder Material des Dienstherrn nur bei Vorliegen eines öffentlichen oder wissenschaftlichen Interesses mit dessen Genehmigung und gegen Entrichtung eines angemessenen Entgelts in Anspruch nehmen. [2]Das Entgelt hat sich nach den dem Dienstherrn entstehenden Kosten zu richten und muss den besonderen Vorteil berücksichtigen, der dem Beamten durch die Inanspruchnahme entsteht.		
(6) [1]Anträge auf Erteilung einer Genehmigung (Absatz 1) oder auf Zulassung einer Ausnahme (Absatz 3 Satz 2) und Entscheidungen über diese Anträge sowie das Verlangen auf Übernahme einer Nebentätigkeit bedürfen der Schriftform. [2]Der Beamte hat dabei die für die Entscheidung seiner Dienstbehörde erforderlichen Nachweise, insbesondere über Art und Umfang der Nebentätigkeit sowie die Entgelte und geldwerten Vorteile hieraus, zu führen; der Beamte	(5) [1]**Die Genehmigung erteilt die oberste Dienstbehörde.** [2]**Sie kann diese Zuständigkeit auf nachgeordnete Behörden übertragen.** [3]Anträge auf Erteilung einer Genehmigung **sowie** Entscheidungen über diese Anträge bedürfen der Schriftform. [4]**Die Beamtin oder** der Beamte hat dabei die für die Entscheidung erforderlichen Nachweise **zu führen**, insbesondere über Art und Umfang der Nebentätigkeit sowie die Entgelte und geldwerten Vorteile hie-	**Zu Absatz 5** Entspricht mit Anpassungen an die geschlechtergerechte Sprache im Wesentlichen dem bisherigen § 65 Abs. 6. Soweit die bisherige Bestimmung sich auf Absatz 3 des bisherigen § 65 bezieht (ausnahmsweise Ausübung der Nebentätigkeit innerhalb der Arbeitszeit), wird dies nunmehr im neuen § 96 geregelt. Zuständig für die Genehmigung wird statt der obersten Dienstbehörde grundsätzlich die jeweilige Dienstbehörde, da diese Zuständigkeit bisher in der Praxis

BBG/BRRG alt	BBG neu	Erläuterungen
hat jede Änderung unverzüglich schriftlich anzuzeigen. [3]Das dienstliche Interesse (Absatz 3 Satz 1) ist aktenkundig zu machen. (7) [1]Eine vor Inkrafttreten des Zweiten Nebentätigkeitsbegrenzungsgesetzes vom 9. September 1997 (BGBl. I S. 2294) erteilte Genehmigung erlischt mit Ablauf von fünf Jahren nach ihrer Erteilung, frühestens aber mit Ablauf des 30. Juni 1999. [2]§ 65 Abs. 2 Satz 6 gilt entsprechend.	raus. [5]Jede Änderung ist unverzüglich schriftlich anzuzeigen.	in weitem Umfang übertragen wurde. Die oberste Dienstbehörde kann sich diese Entscheidung allerdings ganz oder teilweise vorbehalten. Der bisherige Absatz 7 entfällt.
§ 66	**§ 100 Nicht genehmigungspflichtige Nebentätigkeiten**	**§ 100** (Nicht genehmigungspflichtige Nebentätigkeiten) **Zu Absatz 1**
(1) Nicht genehmigungspflichtig ist 1. eine unentgeltliche Nebentätigkeit mit Ausnahme a) der Übernahme eines Nebenamtes, einer in § 65 Abs. 1 Satz 2 Halbsatz 1 nicht genannten Vormundschaft, Betreuung oder Pflegschaft sowie einer Testamentsvollstreckung, b) der Übernahme einer gewerblichen Tätigkeit, der Ausübung eines freien Berufes oder der Mitarbeit bei einer dieser Tätigkeiten,	(1) Nicht genehmigungspflichtig **sind** 1. die Verwaltung eigenen oder der Nutznießung **der Beamtin oder** des Beamten unterliegenden Vermögens, 2. schriftstellerische, wissenschaftliche, künstlerische oder Vortragstätigkeiten, 3. mit Lehr- oder Forschungsaufgaben zusammenhängende selbstständige Gutachtertätigkeiten von **Lehrerinnen und** Lehrern an öffentlichen Hochschulen und an Hochschulen	Der bisherige § 66 Nummer 1 wird zu § 99 Abs. 1 Satz 2. Darüber hinaus ist die Vorschrift ohne inhaltliche Änderung sprachlich überarbeitet und an die geschlechtergerechte Sprache angepasst.

c) des Eintritts in ein Organ eines Unternehmens mit Ausnahme einer Genossenschaft sowie der Übernahme einer Treuhänderschaft, 2. die Verwaltung eigenen oder der Nutznießung des Beamten unterliegenden Vermögens, 3. eine schriftstellerische, wissenschaftliche, künstlerische oder Vortragstätigkeit des Beamten, 4. die mit Lehr- oder Forschungsaufgaben zusammenhängende selbständige Gutachtertätigkeit von Lehrern an öffentlichen Hochschulen und an Hochschulen der Bundeswehr sowie von Beamten an wissenschaftlichen Instituten und Anstalten, 5. die Tätigkeit zur Wahrung von Berufsinteressen in Gewerkschaften oder Berufsverbänden oder in Selbsthilfeeinrichtungen der Beamten.	der Bundeswehr sowie von Beamtinnen und Beamten an wissenschaftlichen Instituten und Anstalten **und** 4. Tätigkeiten zur Wahrung von Berufsinteressen in Gewerkschaften oder Berufsverbänden oder in Selbsthilfeeinrichtungen **der Beamtinnen und** Beamten.	
(2) [1]Eine Tätigkeit nach Absatz 1 Nr. 3 und 4 sowie eine Tätigkeit in Selbsthilfeeinrichtungen der Beamten nach Absatz 1 Nr. 5 hat der Beamte, wenn hierfür ein Entgelt oder ein geldwerter Vorteil geleistet wird, in jedem Einzelfall vor ihrer Aufnahme seiner Dienstbehörde unter Angabe insbesondere von Art und Umfang der Nebentätigkeit sowie der voraussichtlichen Höhe der Entgelte	(2) [1]Tätigkeiten nach Absatz 1 Nr. 2 und 3 sowie eine Tätigkeit in Selbsthilfeeinrichtungen nach Absatz 1 Nr. 4 **sind der Dienstbehörde schriftlich** vor ihrer Aufnahme **anzuzeigen, wenn für sie ein Entgelt oder ein geldwerter Vorteil geleistet wird.** [2]**Hierbei sind insbesondere Art und Umfang der Nebentätigkeit sowie die voraussichtliche Höhe der Entgelte und geldwerten Vorteile**	**Zu Absatz 2** Entspricht inhaltlich dem bisherigen § 66 Abs. 2 Satz 1. Die Vorschrift ist sprachlich überarbeitet und an die geschlechtergerechte Sprache angepasst.

BBG/BRRG alt	BBG neu	Erläuterungen
und geldwerten Vorteile hieraus schriftlich anzuzeigen; der Beamte hat jede Änderung unverzüglich schriftlich mitzuteilen.	**anzugeben.** [3]Jede Änderung ist unverzüglich schriftlich mitzuteilen.	
[2]Die Dienstbehörde kann im übrigen aus begründetem Anlass verlangen, dass der Beamte über eine von ihm ausgeübte nicht genehmigungspflichtige Nebentätigkeit, insbesondere über deren Art und Umfang, schriftlich Auskunft erteilt. [3]Eine nicht genehmigungspflichtige Nebentätigkeit ist ganz oder teilweise zu untersagen, wenn der Beamte bei ihrer Ausübung dienstliche Pflichten verletzt.	(3) Die Dienstbehörde kann aus begründetem Anlass verlangen, dass über eine ausgeübte nicht genehmigungspflichtige Nebentätigkeit **schriftlich Auskunft erteilt wird**, insbesondere über deren Art und Umfang. (4) Eine nicht genehmigungspflichtige Nebentätigkeit ist ganz oder teilweise zu untersagen, wenn **die Beamtin oder** der Beamte bei ihrer Ausübung dienstliche Pflichten verletzt.	**Zu Absatz 3** Entspricht dem bisherigen § 66 Abs. 2 Satz 2. **Zu Absatz 4** Entspricht mit Anpassungen an die geschlechtergerechte Sprache dem bisherigen § 66 Abs. 2 Satz 3.
(3) Die in Absatz 2 Satz 1 geregelte Anzeigepflicht gilt entsprechend für die vor Inkrafttreten des Zweiten Nebentätigkeitsbegrenzungsgesetzes vom 9. September 1997 (BGBl. I S. 2294) aufgenommenen und nach diesem Zeitpunkt weiter ausgeübten Nebentätigkeiten.		Absatz 3 des bisherigen § 66 entfällt, da kein Regelungsbedürfnis mehr besteht.
§ 65	**§ 101 Ausübung von Nebentätigkeiten**	**§ 101** (Ausübung von Nebentätigkeiten) Diese weiteren Bestimmungen zur Ausübung von Nebentätigkeiten werden zur besseren Übersichtlichkeit aus dem bisherigen § 65 herausgelöst und in einer

		eigenen Vorschrift zusammengefasst, da sie auf genehmigungspflichtige wie genehmigungsfreie Nebentätigkeiten gleichermaßen Anwendung finden.
(6) [1]Anträge auf Erteilung einer Genehmigung (Absatz 1) oder auf Zulassung einer Ausnahme (Absatz 3 Satz 2) und Entscheidungen über diese Anträge sowie das Verlangen auf Übernahme einer Nebentätigkeit bedürfen der Schriftform. [2]Der Beamte hat dabei die für die Entscheidung seiner Dienstbehörde erforderlichen Nachweise, insbesondere über Art und Umfang der Nebentätigkeit sowie die Entgelte und geldwerten Vorteile hieraus, zu führen; der Beamte hat jede Änderung unverzüglich schriftlich anzuzeigen. [3]Das dienstliche Interesse (Absatz 3 Satz 1) ist aktenkundig zu machen.	(1) [1]Nebentätigkeiten **dürfen** nur außerhalb der Arbeitszeit ausgeübt werden, **es sei denn, sie werden auf Verlangen der oder des Dienstvorgesetzten ausgeübt oder es besteht ein dienstliches Interesse an der Ausübung der Nebentätigkeit.** [2]**Das dienstliche Interesse ist aktenkundig zu machen.** [3]Ausnahmen dürfen nur in besonders begründeten Fällen, insbesondere im öffentlichen Interesse, **auf schriftlichen Antrag** zugelassen werden, wenn dienstliche Gründe **dem** nicht entgegenstehen und die versäumte Arbeitszeit nachgeleistet wird.	**Zu Absatz 1** Entspricht mit Anpassungen an die geschlechtergerechte Sprache im Wesentlichen dem bisherigen § 65 Abs. 3. Während der Arbeitszeit darf eine Nebentätigkeit nur ausgeübt werden, wenn sie auf ausdrückliches Verlangen des oder der Dienstvorgesetzten übernommen wurde. Bei bloßer „Veranlassung" durch Dienstvorgesetzte ist dies nur noch möglich, wenn auch ein dienstliches Interesse besteht, das aktenkundig zu machen ist. Ohne ein solches dienstliches Interesse ist die Inanspruchnahme der Arbeitszeit im Hauptamt grundsätzlich nicht gerechtfertigt. Dem entfallenden Begriff „Vorschlag" kam daneben ohnehin keine eigenständige Bedeutung zu.
(5) [1]Der Beamte darf bei der Ausübung von Nebentätigkeiten Einrichtungen, Personal oder Material des Dienstherrn nur bei Vorliegen eines öffentlichen oder wissenschaftlichen Interesses mit dessen Genehmigung und gegen Entrichtung eines angemessenen Entgelts in Anspruch nehmen. [2]Das Entgelt hat	(2) [1]Bei der Ausübung von Nebentätigkeiten **dürfen** Einrichtungen, Personal oder Material des Dienstherrn nur bei Vorliegen eines öffentlichen oder wissenschaftlichen Interesses mit dessen Genehmigung und gegen Entrichtung eines angemessenen Entgelts in Anspruch **genommen werden**. [2]Das Entgelt	**Zu Absatz 2** Entspricht sprachlich gestrafft und mit Anpassungen an die geschlechtergerechte Sprache dem bisherigen § 65 Abs. 5.

BBG/BRRG alt	BBG neu	Erläuterungen
sich nach den dem Dienstherrn entstehenden Kosten zu richten und muss den besonderen Vorteil berücksichtigen, der dem Beamten durch die Inanspruchnahme entsteht.	ist nach den dem Dienstherrn entstehenden Kosten zu **bemessen** und muss den besonderen Vorteil berücksichtigen, der **der Beamtin oder** dem Beamten durch die Inanspruchnahme entsteht.	
§ 67	**§ 102 Regressanspruch für die Haftung aus angeordneter Nebentätigkeit**	**§ 102** (Regressanspruch für die Haftung aus angeordneter Nebentätigkeit)
[1]Der Beamte, der aus einer auf Verlangen, Vorschlag oder Veranlassung seines Dienstvorgesetzten übernommenen Tätigkeit im Vorstand, Aufsichtsrat, Verwaltungsrat oder in einem sonstigen Organ einer Gesellschaft, Genossenschaft oder eines in einer anderen Rechtsform betriebenen Unternehmens haftbar gemacht wird, hat gegen den Dienstherrn Anspruch auf Ersatz des ihm entstandenen Schadens. [2]Ist der Schaden vorsätzlich oder grob fahrlässig herbeigeführt, so ist der Dienstherr nur dann ersatzpflichtig, wenn der Beamte auf Verlangen eines Vorgesetzten gehandelt hat.	[1]**Beamtinnen und** Beamte, die aus einer auf Verlangen, Vorschlag oder Veranlassung **der oder** des Dienstvorgesetzten ausgeübten Tätigkeit im Vorstand, Aufsichtsrat, Verwaltungsrat oder in einem sonstigen Organ einer Gesellschaft, Genossenschaft oder eines in einer anderen Rechtsform betriebenen Unternehmens haftbar gemacht werden, **haben** gegen den Dienstherrn Anspruch auf Ersatz des **ihnen** entstandenen Schadens. [2]Ist der Schaden vorsätzlich oder grob fahrlässig herbeigeführt, ist der Dienstherr nur dann ersatzpflichtig, wenn **die Beamtin oder** der Beamte auf Verlangen **der oder** des Vorgesetzten gehandelt hat.	Entspricht mit Anpassungen an die geschlechtergerechte Sprache dem bisherigen § 67.

§ 68 Endet das Beamtenverhältnis, so enden, wenn im Einzelfall nichts anderes bestimmt wird, auch die Nebenämter und Nebenbeschäftigungen, die dem Beamten im Zusammenhang mit seinem Hauptamt übertragen sind oder die er auf Verlangen, Vorschlag oder Veranlassung seines Dienstvorgesetzten übernommen hat.	**§ 103 Erlöschen der mit dem Hauptamt verbundenen Nebentätigkeit** Endet das Beamtenverhältnis, enden, wenn im Einzelfall nichts anderes bestimmt wird, auch die Nebenämter und Nebenbeschäftigungen, die im Zusammenhang mit **dem** Hauptamt übertragen sind oder die auf Verlangen, Vorschlag oder Veranlassung **der oder** des Dienstvorgesetzten **ausgeübt worden sind**.	**§ 103** (Erlöschen der mit dem Hauptamt verbundenen Nebentätigkeit) Entspricht mit Anpassungen an die geschlechtergerechte Sprache dem bisherigen § 68.
§ 69 [1]Die zur Ausführung der §§ 64 bis 68 notwendigen Vorschriften über die Nebentätigkeit der Beamten erlässt die Bundesregierung durch Rechtsverordnung. [2]In ihr kann bestimmt werden, 1. welche Tätigkeiten als öffentlicher Dienst im Sinne dieser Vorschriften anzusehen sind oder ihm gleichstehen, 2. ob und inwieweit der Beamte für eine im öffentlichen Dienst ausgeübte oder auf Verlangen, Vorschlag oder Veranlassung seines Dienstvorgesetzten übernommene Nebentätigkeit eine Vergütung erhält oder eine erhaltene Vergütung abzuführen hat,	**§ 104 Erlass ausführender Rechtsverordnungen** [1]Die zur Ausführung der §§ 97 bis 103 notwendigen **weiteren** Vorschriften **zu** Nebentätigkeiten von **Beamtinnen und** Beamten erlässt die Bundesregierung durch Rechtsverordnung. [2]In ihr kann bestimmt werden, 1. welche Tätigkeiten als öffentlicher Dienst im Sinne dieser Vorschriften anzusehen sind oder ihm gleichstehen, 2. ob und inwieweit eine im öffentlichen Dienst ausgeübte oder auf Verlangen, Vorschlag oder Veranlassung **der oder** des Dienstvorgesetzten **ausgeübte** Nebentätigkeit **vergütet wird** oder eine Vergütung abzuführen **ist**,	**§ 104** (Erlass ausführender Rechtsverordnungen) Entspricht mit Anpassungen an die geschlechtergerechte Sprache dem bisherigen § 69.

BBG/BRRG alt	BBG neu	Erläuterungen
3. welche Beamtengruppen auch zu einer der in § 66 Abs. 1 Nr. 2 und 3 bezeichneten Nebentätigkeiten der Genehmigung bedürfen, soweit es nach der Natur des Dienstverhältnisses erforderlich ist, 4. unter welchen Voraussetzungen der Beamte zur Ausübung von Nebentätigkeiten Einrichtungen, Personal oder Material des Dienstherrn in Anspruch nehmen darf und in welcher Höhe hierfür ein Entgelt an den Dienstherrn zu entrichten ist. [3]Das Entgelt kann pauschaliert in einem Vomhundertsatz des aus der Nebentätigkeit erzielten Bruttoeinkommens festgelegt werden und bei unentgeltlich ausgeübter Nebentätigkeit entfallen, 5. dass der Beamte verpflichtet werden kann, nach Ablauf eines jeden Kalenderjahres seinem Dienstvorgesetzten die ihm zugeflossenen Entgelte und geldwerten Vorteile aus Nebentätigkeiten anzugeben.	3. unter welchen Voraussetzungen **die Beamtin oder** der Beamte zur Ausübung von Nebentätigkeiten Einrichtungen, Personal oder Material des Dienstherrn in Anspruch nehmen darf und in welcher Höhe hierfür ein Entgelt an den Dienstherrn zu entrichten ist; **das** Entgelt kann pauschaliert in einem **Prozentsatz** des aus der Nebentätigkeit erzielten Bruttoeinkommens festgelegt werden und bei unentgeltlich ausgeübter Nebentätigkeit entfallen, 4. dass **die Beamtin oder** der Beamte verpflichtet werden kann, nach Ablauf eines jeden Kalenderjahres **der oder dem** Dienstvorgesetzten die **ihr oder** ihm zugeflossenen Entgelte und geldwerten Vorteile aus Nebentätigkeiten anzugeben.	Der bisherige Satz 2 Nr. 3 (Ausdehnung der Genehmigungspflicht auf bestimmte Beamtengruppen) entfällt, da von dieser Vorschrift bisher kein Gebrauch gemacht wurde und auch für die Zukunft kein Regelungsbedürfnis gesehen wird.
§ 69a	**§ 105 Anzeigepflicht nach Beendigung des Beamtenverhältnisses**	**§ 105 (Anzeigepflicht nach Beendigung des Beamtenverhältnisses)** Entspricht mit Anpassungen an die geschlechtergerechte Sprache inhaltlich dem bisherigen § 69a.

(1) Ein Ruhestandsbeamter oder früherer Beamter mit Versorgungsbezügen, der nach Beendigung des Beamtenverhältnisses innerhalb eines Zeitraums von fünf Jahren oder, wenn der Beamte mit dem Ende des Monats in den Ruhestand tritt, in dem er das fünfundsechzigste Lebensjahr vollendet, innerhalb eines Zeitraums von drei Jahren außerhalb des öffentlichen Dienstes eine Beschäftigung oder Erwerbstätigkeit aufnimmt, die mit seiner dienstlichen Tätigkeit in den letzten fünf Jahren vor Beendigung des Beamtenverhältnisses im Zusammenhang steht und durch die dienstliche Interessen beeinträchtigt werden können, hat die Beschäftigung oder Erwerbstätigkeit der letzten obersten Dienstbehörde anzuzeigen.	**(1) [1]Ruhestandsbeamtinnen, Ruhestandsbeamte, frühere Beamtinnen mit Versorgungsbezügen und frühere Beamte mit Versorgungsbezügen haben eine Erwerbstätigkeit oder sonstige Beschäftigung außerhalb des öffentlichen Dienstes, die mit ihrer dienstlichen Tätigkeit in den letzten fünf Jahren vor Beendigung des Beamtenverhältnisses im Zusammenhang steht und durch die dienstliche Interessen beeinträchtigt werden können, vor ihrer Aufnahme schriftlich anzuzeigen. [2]Die Anzeigepflicht endet, wenn die Beamtinnen und Beamten mit Erreichen der Regelaltersgrenze in den Ruhestand treten, drei Jahre, im Übrigen fünf Jahre nach Beendigung des Beamtenverhältnisses.**	**Zu Absatz 1** Die Vorschrift wird zur besseren Lesbarkeit sprachlich neu gefasst. Die Begriffe „Beschäftigung oder Erwerbstätigkeit" werden zur Verdeutlichung durch „Erwerbstätigkeit oder sonstige Beschäftigung" ersetzt. Mit Erwerbstätigkeit sind entgeltliche Tätigkeiten gemeint, während „Beschäftigung" als der weitere Begriff auch unentgeltliche Tätigkeiten und damit insbesondere Umgehungstatbestände erfasst. Entsprechend der insoweit vergleichbaren Bestimmung zu anzeigepflichtigen Nebentätigkeiten (§ 100 Abs. 2) wird ausdrücklich geregelt, dass die Anzeige vor Aufnahme der Tätigkeit erfolgen muss, damit in den Fällen, in denen tatsächlich eine Beeinträchtigung dienstlicher Interessen zu besorgen ist, eine Untersagung nach Absatz 2 rechtzeitig ausgesprochen werden kann. Die Vorschrift soll verhindern, dass durch den Anschein einer voreingenommenen Amtsführung im Hinblick auf spätere Karriereaussichten oder durch die private Verwertung von Amtswissen nach Beendigung des Beamtenverhältnisses das Vertrauen der Allgemeinheit in die Integrität des öffentlichen Dienstes beeinträchtigt wird. Ist eine Untersagung nach Absatz 2 erforderlich, sollte diese möglichst noch

BBG/BRRG alt	BBG neu	Erläuterungen
		vor Aufnahme einer Tätigkeit, die einen „bösen Anschein“ begründen könnte, ausgesprochen werden können. Eine Mindestfrist zwischen Anzeige und Beginn der Tätigkeit wird jedoch nicht vorgegeben, da grundsätzlich auch die kurzfristige oder spontane Aufnahme einer Beschäftigung im Sinne von Satz 1 möglich sein muss. Zudem kann die Anzeigepflicht auch erst nach Tätigkeitsbeginn entstehen, wenn erst zu einem späteren Zeitpunkt Umstände hinzutreten, die die Möglichkeit der Beeinträchtigung dienstlicher Interessen begründen. Anders als bei anzeigepflichtigen Nebentätigkeiten nach § 100 Abs. 2 ist im Rahmen der Tätigkeiten nach Beendigung des Beamtenverhältnisses aus Gründen der Verhältnismäßigkeit somit keine umfassende Präventivkontrolle durch den Dienstherrn, sondern lediglich eine anlassbezogene Informationspflicht vorgesehen, die eine Prüfung in Fällen möglicher Interessenkonflikte ermöglicht. **Zu Absatz 2**
(2) Die Beschäftigung oder Erwerbstätigkeit ist zu untersagen, wenn zu besorgen ist, dass durch sie dienstliche Interessen beeinträchtigt werden.	**(2)** [1]Die Erwerbstätigkeit oder **sonstige Beschäftigung** ist zu untersagen**, soweit** zu besorgen ist, dass durch sie dienstliche Interessen beeinträchtigt werden.	Satz 2 entspricht der bisherigen Regelung. Das Wort „wenn“ wird durch „soweit“ ersetzt, um klarzustellen, dass ggf. statt einer völligen Untersagung

	[2]**Die Untersagung ist für den Zeitraum bis zum Ende der Anzeigepflicht auszusprechen, es sei denn, die Voraussetzungen für eine Untersagung liegen nur für einen kürzeren Zeitraum vor.**	auch partielle Beschränkungen oder Auflagen in Betracht kommen. Die Bestimmung zur Bemessung der Untersagungsfrist (bisher Absatz 3 zweiter Halbsatz) wird als Satz 3 angefügt. Die neue Formulierung beinhaltet insoweit keine materielle Änderung. Auch nach der bisherigen Regelung ist die Untersagung für den Zeitraum auszusprechen, für den ihre Voraussetzungen vorliegen, d. h. eine Beeinträchtigung dienstlicher Interessen zu besorgen ist. Dieser Zeitraum ist auch bisher aus Gründen der Verhältnismäßigkeit auf höchstens fünf Jahre bzw. eine nach Absatz 1 entsprechend kürzere Dauer der Anzeigepflicht beschränkt. Eine Tätigkeit, die nach den Fristbestimmungen in Absatz 1 nicht mehr angezeigt werden müsste, kann auch nicht mehr untersagt werden. Die Neufassung bringt zum einen den Zusammenhang zwischen Dauer der Anzeigepflicht und Bemessung der Untersagungsfrist deutlicher zum Ausdruck. Zum anderen soll sie insbesondere durch Verzicht auf das Wort „spätestens" klarstellen, dass in der Frage der Bemessung der Untersagungsfrist kein Ermessen besteht, diese sich vielmehr allein nach der Dauer der Erfüllung der tatbestandlichen Voraussetzungen im Einzelfall richtet.

BBG/BRRG alt	BBG neu	Erläuterungen
(3) [1]Das Verbot wird durch die letzte oberste Dienstbehörde ausgesprochen; es endet spätestens mit Ablauf von fünf Jahren nach Beendigung des Beamtenverhältnisses. [2]Die oberste Dienstbehörde kann ihre Befugnisse auf nachgeordnete Behörden übertragen.	(3) Zuständig ist die letzte oberste Dienstbehörde. Sie kann ihre Zuständigkeit auf nachgeordnete Behörden übertragen.	**Zu Absatz 3** Nach Absatz 2 Satz 1 liegt die Zuständigkeit grundsätzlich bei der letzten obersten Dienstbehörde, weil eine Zentralisierung der Bewertung von Anschlusstätigkeiten aus Gründen der Vereinheitlichung der Verwaltungspraxis im Interesse einer effektiven Korruptionsprävention sinnvoll erscheint. Sie kann jedoch auf nachgeordnete Behörden übertragen werden.
c) Dienst- und Versorgungsbezüge		
§ 82 *(weggefallen)*		
§ 83 Die Besoldung der Beamten wird durch das Bundesbesoldungsgesetz geregelt.		Die bisherigen §§ 83 bis 87 entfallen, da sie keinen eigenständigen Regelungsinhalt besitzen oder kein Regelungsbedürfnis mehr besteht.
§ 83a *(weggefallen)*		

§ 84 (1) Der Beamte kann, wenn gesetzlich nichts anderes bestimmt ist, Ansprüche auf Dienstbezüge nur insoweit abtreten oder verpfänden, als sie der Pfändung unterliegen. (2) [1]Der Dienstherr kann ein Aufrechnungs- oder Zurückbehaltungsrecht gegenüber Ansprüchen auf Dienstbezüge nur insoweit geltend machen, als sie pfändbar sind. [2]Diese Einschränkung gilt nicht, soweit gegen den Empfänger ein Anspruch auf Schadenersatz wegen vorsätzlicher unerlaubter Handlung besteht. **§ 85** Die Versorgung richtet sich nach den Vorschriften des Beamtenversorgungsgesetzes. **§ 86** Dienst- und Versorgungsbezüge sowie die Einreihung der Beamten in die Gruppen der Besoldungsordnung können nur durch Gesetz geändert werden. **§ 87** (1) Werden Beamte oder Versorgungsberechtigte durch eine Änderung ihrer		

BBG/BRRG alt	BBG neu	Erläuterungen
Bezüge oder ihrer Einreihung in die Gruppen der Besoldungsordnungen mit rückwirkender Kraft schlechter gestellt, so sind die Unterschiedsbeträge nicht zu erstatten. (2) [1]Im übrigen regelt sich die Rückforderung zuviel gezahlter Dienst- oder Versorgungsbezüge nach den Vorschriften des Bürgerlichen Gesetzbuchs über die Herausgabe einer ungerechtfertigten Bereicherung. [2]Der Kenntnis des Mangels des rechtlichen Grundes der Zahlung steht es gleich, wenn der Mangel so offensichtlich war, dass der Empfänger ihn hätte erkennen müssen. [3]Von der Rückforderung kann aus Billigkeitsgründen mit Zustimmung der obersten Dienstbehörde ganz oder teilweise abgesehen werden.		
f) Personalakten	**Unterabschnitt 4 Personalaktenrecht**	**Unterabschnitt 4** (Personalaktenrecht)
§ 90	**§ 106 Personalakte**	**§ 106** (Personalakte) Entspricht mit Anpassungen an die geschlechtergerechte Sprache weitgehend dem bisherigen § 90. Der bisherige § 90 Abs. 3 wird § 107 Abs. 1. Die Regelung wird durch Aufteilung in zwei Paragraphen entzerrt, Zweckbindungs- und

		Zugangsregelungen werden jeweils an einer Stelle zusammengefasst.
		Zu Absatz 1
(1) [1]Über jeden Beamten ist eine Personalakte zu führen; sie ist vertraulich zu behandeln und vor unbefugter Einsicht zu schützen. [2]Zur Personalakte gehören alle Unterlagen einschließlich der in Dateien gespeicherten, die den Beamten betreffen, soweit sie mit seinem Dienstverhältnis in einem unmittelbaren inneren Zusammenhang stehen (Personalaktendaten); andere Unterlagen dürfen in die Personalakte nicht aufgenommen werden. [3]Personalaktendaten dürfen nur für Zwecke der Personalverwaltung oder Personalwirtschaft verwendet werden, es sei denn, der Beamte willigt in die anderweitige Verwendung ein. [4]Nicht Bestandteil der Personalakte sind Unterlagen, die besonderen, von der Person und dem Dienstverhältnis sachlich zu trennenden Zwecken dienen, insbesondere Prüfungs-, Sicherheits- und Kindergeldakten. [5]Kindergeldakten können mit Besoldungs- und Versorgungsakten verbunden geführt werden, wenn diese von der übrigen Personalakte getrennt sind und von einer von der Personalverwaltung getrennten Organisationseinheit bearbeitet werden; § 35 des Ersten Buches Sozialgesetzbuch und die §§ 67	(1) [1]**Für jede Beamtin und** jeden Beamten ist eine Personalakte zu führen. [2]**Sie** ist vertraulich zu behandeln und **durch technische und organisatorische Maßnahmen** vor unbefugter **Einsichtnahme** zu schützen. [3]**Die Akte kann in Teilen oder vollständig automatisiert geführt werden.** [4]Zur Personalakte gehören alle Unterlagen, die **die Beamtin oder** den Beamten betreffen, soweit sie **mit ihrem oder** seinem Dienstverhältnis in einem unmittelbaren inneren Zusammenhang stehen (Personalaktendaten). [5]**Andere** Unterlagen dürfen in die Personalakte nicht aufgenommen werden. [6]Nicht Bestandteil der Personalakte sind Unterlagen, die besonderen, von der Person und dem Dienstverhältnis sachlich zu trennenden Zwecken dienen, insbesondere Prüfungs-, Sicherheits- und Kindergeldakten. [7]Kindergeldakten können mit Besoldungs- und Versorgungsakten verbunden geführt werden, wenn diese von der übrigen Personalakte getrennt sind und von einer von der Personalverwaltung getrennten Organisationseinheit bearbeitet werden.	Entspricht dem bisherigen § 90 Abs. 1. Satz 2 wird an die datenschutzrechtliche Terminologie angepasst. Mit dem neuen Satz 3 wird klargestellt, dass die Personalakte sowohl in Schriftform als auch automatisiert („elektronisch“) geführt werden kann, ohne dass damit ein Verstoß gegen das „Verbot der geheimen Personalakten“ vorliegt. Der bisherige § 90 Abs. 1 Satz 3 wird Absatz 3 Satz 1. Im Zuge der Einführung moderner Systeme der Vorgangsbearbeitung im Personalaktenwesen besteht ein Bedürfnis für das Führen sogenannter Hybridakten (teils in elektronischer, teils in Papierform). Auch in diesen Fällen der gemischten Aktenführung verbleibt es begrifflich bei einer (einzigen) Personalakte, weil auf den materiell-rechtlichen Aktenbegriff abzustellen ist. Die Einführung entsprechender Aktenführung darf jedoch weder zu Zweifeln an der Eindeutigkeit der Personalakte führen, noch dürfen damit Einschränkungen der Rechte der Beamtinnen und Beamten, insbesondere datenschutzrechtlicher Art, verbunden sein. Eine parallele Führung gleicher Aktenteile in Papierform und in elektronischer Form ist da-

BBG/BRRG alt	BBG neu	Erläuterungen
bis 78 des Zehnten Buches Sozialgesetzbuch bleiben unberührt.		her zu vermeiden (siehe hierzu auch die Regelung in Absatz 2 Satz 4). Aus zwingenden technischen Gründen vorzuhaltende Sicherungskopien und Backups stellen aufgrund des materiellen Personalaktenbegriffs keinen Verstoß gegen den Grundsatz der einen Personalakte dar. Auch insoweit ist allerdings durch geeignete Maßnahmen jeder Zweifel an der Eindeutigkeit der Personalakte auszuschließen. Sobald die erforderlichen technischen Voraussetzungen vorliegen, insbesondere die Beweiskraft elektronisch gespeicherter Urkunden durch eine qualifizierte elektronische Signatur (§ 3a Abs. 2 Verwaltungsverfahrensgesetz, § 2 Nr. 3 Signaturgesetz) gewährleistet ist, kann die Personalakte auch ausschließlich elektronisch geführt werden. Der im bisherigen § 90 Abs. 1 Satz 5 zweiter Halbsatz enthaltene Hinweis auf Regelungen des Sozialgesetzbuches entfällt. Da die allgemeinen Schutzregelungen ohnehin gelten, ist die gesetzliche Nennung lediglich deklaratorischer Art und damit entbehrlich.

(2) [1]Die Personalakte kann nach sachlichen Gesichtspunkten in Grundakte und Teilakten gegliedert werden. [2]Teilakten können bei der für den betreffenden Aufgabenbereich zuständigen Behörde geführt werden. [3]Nebenakten (Unterlagen, die sich auch in der Grundakte oder in Teilakten befinden) dürfen nur geführt werden, wenn die personalverwaltende Behörde nicht zugleich Beschäftigungsbehörde ist oder wenn mehrere personalverwaltende Behörden für den Beamten zuständig sind; sie dürfen nur solche Unterlagen enthalten, deren Kenntnis zur rechtmäßigen Aufgabenerledigung der betreffenden Behörde erforderlich ist. [4]In die Grundakte ist ein vollständiges Verzeichnis aller Teil- und Nebenakten aufzunehmen.	(2) [1]Die Personalakte kann nach sachlichen Gesichtspunkten in Grundakte und Teilakten gegliedert werden. [2]Teilakten können bei der für den betreffenden Aufgabenbereich zuständigen Behörde geführt werden. [3]Nebenakten (Unterlagen, die sich auch in der Grundakte oder in Teilakten befinden) dürfen nur geführt werden, wenn die personalverwaltende Behörde nicht zugleich Beschäftigungsbehörde ist oder wenn mehrere personalverwaltende Behörden für **die Beamtin oder** den Beamten zuständig sind; sie dürfen nur solche Unterlagen enthalten, deren Kenntnis zur rechtmäßigen Aufgabenerledigung der betreffenden Behörde erforderlich ist. [4]In die Grundakte ist ein vollständiges Verzeichnis aller Teil- und Nebenakten aufzunehmen. [5]**Wird die Personalakte nicht vollständig in Schriftform oder vollständig automatisiert geführt, legt die personalverwaltende Stelle jeweils schriftlich fest, welche Teile in welcher Form geführt werden und nimmt dies in das Verzeichnis nach Satz 4 auf.**	**Zu Absatz 2** Entspricht mit Anpassungen an die geschlechtergerechte Sprache der bisherigen Regelung. Der neue Satz 4 gewährleistet Transparenz bei der Führung von Hybridakten. Der Datenfluss zwischen Grund- und Teilakte, wie z. B. der Austausch von Stammdaten zwischen Grundakte und Besoldungs- oder Versorgungsakte, bedarf keiner ausdrücklichen Regelung, da es sich insoweit aufgrund des materiellen Personalaktenbegriffs um eine einzige Akte handelt. Dies gilt auch, wenn die Teilakte bei einer anderen Stelle im Bereich des Dienstherrn geführt wird. Es handelt sich dann lediglich um Aktualisierungen und Anpassungen innerhalb der Personalakte und nicht um eine Datenübermittlung nach außen. Von daher steht das Personalaktenrecht auch bisher schon etwa der Bearbeitung von Besoldungs- und Versorgungsangelegenheiten mehrerer Behörden durch eine als „zentraler Dienstleister" eingesetzte Stelle im Bereich des Dienstherrn nicht entgegen. Der ausdrücklichen Regelung zur Datenweitergabe in § 108 Abs. 2 bedarf es allein wegen der damit verbundenen Erweiterung der besonders engen Zweckbindung von Beihilfedaten sowie im Hinblick auf einen Datenaustausch

BBG/BRRG alt	BBG neu	Erläuterungen
		mit der grundsätzlich (Absatz 1 Satz 5) nicht zur Personalakte gehörenden Kindergeldakte. Wird die Kindergeldakte nach Absatz 1 Satz 6 mit der Besoldungs- oder Versorgungsakte verbunden, ist diese notwendigerweise auch in den zur sachgerechten Bearbeitung erforderlichen Datenaustausch zwischen Grund- und Teilakte einbezogen. Der bisherige Absatz 3 entfällt.
(3) [1]Zugang zur Personalakte dürfen nur Beschäftigte haben, die im Rahmen der Personalverwaltung mit der Bearbeitung von Personalangelegenheiten beauftragt sind, und nur soweit dies zu Zwecken der Personalverwaltung oder der Personalwirtschaft erforderlich ist; dies gilt auch für den Zugang im automatisierten Abrufverfahren. [2]Zugang zu entscheidungsrelevanten Teilen der Personalakte haben auch Gleichstellungsbeauftragte, soweit dies zur Wahrnehmung ihrer Aufgaben erforderlich ist.	**(3) [1]Personalaktendaten dürfen nur für Zwecke der Personalverwaltung oder Personalwirtschaft verwendet werden, es sei denn, die Beamtin oder der Beamte willigt in die anderweitige Verwendung ein. [2]Eine Verwendung für andere als die in Satz 1 genannten Zwecke liegt nicht vor, wenn Personalaktendaten ausschließlich für Zwecke der Datenschutzkontrolle verwendet werden. [3]Gleiches gilt, soweit im Rahmen der Datensicherung oder der Sicherung des ordnungsgemäßen Betriebes eines Datenverarbeitungssystems eine nach dem Stand der Technik nicht oder nur mit unverhältnismäßigem Aufwand zu vermeidende Kennt-**	**Zu Absatz 3** Im neuen Absatz 3 werden die Bestimmungen zur Zweckbindung von Personalaktendaten zusammengeführt. Soweit eine Verwendung ausschließlich zu Zwecken der Datenschutzkontrolle oder zur Sicherstellung eines ordnungsgemäßen Betriebes der Datenverarbeitungsanlage erfolgt, wird der Schutzzweck des personalaktenrechtlichen Geheimhaltungsgebotes nicht berührt. Daher wird, entsprechend dem Gedanken des § 14 Abs. 3 und 4 des Bundesdatenschutzgesetzes, klarstellend die Verwendung durch behördliche Datenschutzbeauftragte und die technisch unvermeidbare Einsichtnahme z.B. durch IT-Administratoren geregelt. Im Hin-

	nisnahme von Personalaktendaten erfolgt.	blick auf die besondere Schutzwürdigkeit der Personalaktendaten und auch zum Schutz der mit der technischen Administration beauftragten Beschäftigten sollten solche Einsichtsnahmen protokolliert werden.
(4) [1]Der Dienstherr darf personenbezogene Daten über Bewerber, Beamte und ehemalige Beamte nur erheben, soweit dies zur Begründung, Durchführung, Beendigung oder Abwicklung des Dienstverhältnisses oder zur Durchführung organisatorischer, personeller und sozialer Maßnahmen, insbesondere auch zu Zwecken der Personalplanung und des Personaleinsatzes, erforderlich ist oder eine Rechtsvorschrift dies erlaubt. [2]Fragebogen, mit denen solche personenbezogenen Daten erhoben werden, bedürfen vom 1. Januar 1994 an der Genehmigung durch die zuständige oberste Dienstbehörde.	(4) Der Dienstherr darf personenbezogene Daten über **Bewerberinnen,** Bewerber, **Beamtinnen und** Beamte **sowie über ehemalige Beamtinnen und** ehemalige Beamte nur erheben, soweit dies zur Begründung, Durchführung, Beendigung oder Abwicklung des Dienstverhältnisses **oder** zur Durchführung organisatorischer, personeller **oder** sozialer Maßnahmen, insbesondere zu Zwecken der Personalplanung **oder** des Personaleinsatzes, erforderlich ist oder eine Rechtsvorschrift dies erlaubt.	**Zu Absatz 4** Entspricht mit Anpassungen an die geschlechtergerechte Sprache und redaktionellen Anpassungen dem bisherigen § 90 Abs. 4 Satz 1. Auf den bisherigen Satz 2 kann verzichtet werden, weil davon auszugehen ist, dass die Dienstbehörden die datenschutzrechtlichen Anforderungen bei der Erhebung personenbezogener Daten auch ohne eine solche einzelfallbezogene Aufsicht beachten. Da es sich um eine bereichsspezifische Datenschutzregelung handelt, kommen als weitere Rechtsvorschriften, die eine Erhebung der hier genannten Daten erlauben können, nur sonstige bereichsspezifische Regelungen in Betracht. Ein Rückgriff auf datenschutzrechtliche Generalklauseln ist insoweit nicht zulässig.

BBG/BRRG alt	BBG neu	Erläuterungen
§ 90	**§ 107 Zugang zur Personalakte**	**§ 107** (Zugang zur Personalakte) **Zu Absatz 1**
… (3) [1]Zugang zur Personalakte dürfen nur Beschäftigte haben, die im Rahmen der Personalverwaltung mit der Bearbeitung von Personalangelegenheiten beauftragt sind, und nur soweit dies zu Zwecken der Personalverwaltung oder der Personalwirtschaft erforderlich ist; dies gilt auch für den Zugang im automatisierten Abrufverfahren. [2]Zugang zu entscheidungsrelevanten Teilen der Personalakte haben auch Gleichstellungsbeauftragte, soweit dies zur Wahrnehmung ihrer Aufgaben erforderlich ist.	(1) [1]Zugang zur Personalakte dürfen nur Beschäftigte haben, die im Rahmen der Personalverwaltung mit der Bearbeitung von Personalangelegenheiten beauftragt sind, und nur soweit dies zu Zwecken der Personalverwaltung oder der Personalwirtschaft erforderlich ist. [2]Zugang zu entscheidungsrelevanten Teilen der Personalakte haben auch Gleichstellungsbeauftragte, soweit dies zur Wahrnehmung ihrer Aufgaben erforderlich ist.	Entspricht dem bisherigen § 90 Abs. 3. Auf den bisherigen Satz 1 zweiter Halbsatz kann im Hinblick auf die ausdrückliche Zulassung automatisierter Verfahren in § 106 Abs. 1 Satz 3 und § 114 verzichtet werden. Die Beschränkung des Zugangs auf Beschäftigte, die im Rahmen der Personalverwaltung mit der Bearbeitung von Personalangelegenheiten befasst sind, schließt z. B. Fachvorgesetzte von einem eigenständigen Zugangsrecht aus.
	(2) [1]Auf Verlangen ist Beauftragten für den Datenschutz nach § 4f des Bundesdatenschutzgesetzes Zugang zur Personalakte zu gewähren. [2]Zugang haben ferner die mit Angelegenheiten der Innenrevision beauftragten Beschäftigten, soweit sie die zur Durchführung ihrer Aufgaben erforderlichen Erkenntnisse nur auf diesem Weg und nicht durch Auskunft aus der	**Zu Absatz 2** Der neue Absatz 2 Satz 1 regelt klarstellend den Zugang für behördliche Datenschutzbeauftragte nach § 4f des Bundesdatenschutzgesetzes. Satz 2 regelt den Zugang für mit Angelegenheiten der Innenrevision beauftragte Beschäftigte. Diese sind i. d. R. nicht mit der Bearbeitung von Personalangelegenheiten im Sinne des Satzes 1 betraut, müssen aber in Ausnahmefällen auch

	Personalakte gewinnen können. [3]Jede Einsichtnahme nach Satz 2 ist aktenkundig zu machen.	Zugang zu Personalakten erhalten können. Der Zugang ist an enge Voraussetzungen geknüpft. Vorrang hat die Auskunft durch die personalaktenführende Stelle. Erkenntnisse können etwa dann nur durch Zugang zur Personalakte gewonnen werden, wenn es gerade um die Überprüfung der Aktenführung durch die Personalsachbearbeiter geht. Sind diese Zugangsvoraussetzungen nicht erfüllt, ist ein Zugang nur mit Einwilligung der betroffenen Beamtinnen und Beamten möglich.
§ 90a	**§ 108 Beihilfeakte**	**§ 108** (Beihilfeakte) **Zu Absatz 1**
[1]Unterlagen über Beihilfen sind stets als Teilakte zu führen. [2]Diese ist von der übrigen Personalakte getrennt aufzubewahren. [3]Sie soll in einer von der übrigen Personalverwaltung getrennten Organisationseinheit bearbeitet werden; Zugang sollen nur Beschäftigte dieser Organisationseinheit haben. [4]Die Beihilfeakte darf für andere als für Beihilfezwecke nur verwendet oder weitergegeben werden, wenn der Beihilfeberechtigte und der bei der Beihilfegewährung berücksichtigte Angehörige im Einzelfall einwilligen, die Einleitung oder Durchführung eines im Zusammenhang mit einem Beihilfeantrag ste-	(1) [1]Unterlagen über Beihilfen sind als Teilakte zu führen. [2]Diese ist von der übrigen Personalakte getrennt aufzubewahren. [3]Sie soll in einer von der übrigen Personalverwaltung getrennten Organisationseinheit bearbeitet werden. [4]Zugang sollen nur Beschäftigte dieser Organisationseinheit haben. [5]Die Beihilfeakte darf für andere als für Beihilfezwecke nur genutzt oder weitergegeben werden, wenn **die oder** der Beihilfeberechtigte und bei der Beihilfegewährung berücksichtigte Angehörige im Einzelfall einwilligen, die Einleitung oder Durchführung eines im Zusammenhang mit einem Beihilfeantrag ste-	Absatz 1 entspricht dem bisherigen § 90a. Die Geltung des Trennungsgebotes in Satz 1 bleibt durch Streichung des inhaltlich verzichtbaren Wortes „stets" unberührt. Die von der übrigen Personalverwaltung getrennte Organisationseinheit nach Satz 3 kann auch außerhalb der personalaktenführenden Stelle liegen, es muss sich jedoch um eine Stelle im Bereich des Dienstherrn handeln. Ein „Outsourcing" der Beihilfebearbeitung über den Zuständigkeitsbereich des Dienstherrn hinaus bedürfte einer ausdrücklichen gesetzlichen Ermächtigung (vgl. OVG Rheinland-Pfalz vom 19. April 2002 – 2 A 10209/02 –, OVG

BBG/BRRG alt	BBG neu	Erläuterungen
henden behördlichen oder gerichtlichen Verfahrens dies erfordert oder soweit es zur Abwehr erheblicher Nachteile für das Gemeinwohl, einer sonst unmittelbar drohenden Gefahr für die öffentliche Sicherheit oder einer schwerwiegenden Beeinträchtigung der Rechte einer anderen Person erforderlich ist. [5]Die Sätze 1 bis 4 gelten entsprechend für Unterlagen über Heilfürsorge und Heilverfahren.	henden behördlichen oder gerichtlichen Verfahrens dies erfordert oder soweit es zur Abwehr erheblicher Nachteile für das Gemeinwohl, einer sonst unmittelbar drohenden Gefahr für die öffentliche Sicherheit oder einer schwerwiegenden Beeinträchtigung der Rechte einer anderen Person erforderlich ist. [6]Die Sätze 1 bis 4 gelten entsprechend für Unterlagen über Heilfürsorge und Heilverfahren.	Nordrhein-Westfalen vom 23. September 2003, – 15 A 2053/98 –), welche in dieser Regelung nicht enthalten ist.
	(2) [1]Abweichend von Absatz 1 Satz 4 dürfen personenbezogene Daten aus der Beihilfeakte auch ohne Einwilligung der Betroffenen genutzt oder an eine andere Behörde weitergegeben werden, soweit sie für die Festsetzung und Berechnung der Besoldung oder Versorgung oder für die Prüfung der Kindergeldberechtigung erforderlich sind. [2]Dies gilt auch für Daten aus der Besoldungsakte und der Versorgungsakte, soweit sie für die Festsetzung und Berechnung der Beihilfe erforderlich sind.	**Zu Absatz 2** Der neue Absatz 2 ermöglicht den Beihilfebehörden, in der Person der Beamtin oder des Beamten und der Familienangehörigen liegende, für die genannten Leistungsbereiche anspruchsbegründende und anspruchshemmende relevante Umstände an die Bezügestellen als Familienkasse zu übermitteln. Dies gilt umgekehrt für die Bezügestellen an die Beihilfestelle. Die in Absatz 1 angeordnete enge Zweckbindung für Beihilfedaten dient der Abschottung aller Daten, die mit dem Gesundheitszustand der Beihilfeberechtigten und der Familienangehörigen zusammenhängen, nicht aber der Daten, die sowohl die Beihilfeberechtigung als auch die Bezügeberechnung oder die Kindergeldberechnung gleichermaßen begründen.

		Eine Übermittlung ist mit Datenschutzgrundsätzen vereinbar, weil diese Daten nicht dem besonderen Schutz der Beihilfedaten im engeren Sinn unterliegen und sie die Beamtinnen und Beamten von mehrfachen Mitteilungen entlastet. Betroffen sind hiervon der Beihilfebehörde bekannt werdende Daten über den Familienstand und Kinder, über die Krankenkassenzugehörigkeit und über den Tod einer beihilfeberechtigten Empfängerin oder eines beihilfeberechtigten Empfängers. Diese Daten werden auch von den Bezügestellen für die Festsetzung des Kindergeldes und der Familien-/Orts- und Sozialzuschläge, die Durchführung der Krankenversicherung der Rentnerinnen und Rentner bei Versorgungsempfängerinnen und Versorgungsempfängern und für die möglichst frühzeitige Zahlungseinstellung bei verstorbenen Versorgungsempfängerinnen und Versorgungsempfängern benötigt. Sensible Daten, die Rückschlüsse auf den Gesundheitszustand zulassen, wie z. B. über Krankheiten, Diagnosen, Behandlungen und Medikamente, sind für diese Zwecke nicht erforderlich und dürfen daher weiterhin nur unter den Voraussetzungen des Absatzes 1 übermittelt werden.

BBG/BRRG alt	BBG neu	Erläuterungen
§ 90b [1]Der Beamte ist zu Beschwerden, Behauptungen und Bewertungen, die für ihn ungünstig sind oder ihm nachteilig werden können, vor deren Aufnahme in die Personalakte zu hören, soweit die Anhörung nicht nach anderen Rechtsvorschriften erfolgt. [2]Die Äußerung des Beamten ist zur Personalakte zu nehmen.	**§ 109 Anhörungspflicht** [1]**Beamtinnen und** Beamte **sind** zu Beschwerden, Behauptungen und Bewertungen, die für sie ungünstig sind oder **ihnen** nachteilig werden können, vor deren Aufnahme in die Personalakte zu hören, soweit die Anhörung nicht nach anderen Rechtsvorschriften erfolgt. [2]**Ihre** Äußerungen **sind** zur Personalakte zu nehmen.	**§ 109** (Anhörungspflicht) Entspricht mit Anpassungen an die geschlechtergerechte Sprache dem bisherigen § 90b.
§ 90c (1) Der Beamte hat, auch nach Beendigung des Beamtenverhältnisses, ein Recht auf Einsicht in seine vollständige Personalakte. (2) [1]Einem Bevollmächtigten des Beamten ist Einsicht zu gewähren, soweit dienstliche Gründe nicht entgegenstehen. [2]Dies gilt auch für Hinterbliebene, wenn ein berechtigtes Interesse glaubhaft gemacht wird, und deren Bevollmächtigte. [3]Für Auskünfte aus der Personalakte gelten die Sätze 1 und 2 entsprechend. (3) [1]Die personalaktenführende Behörde bestimmt, wo die Einsicht gewährt wird. [2]Soweit dienstliche Gründe nicht entgegenstehen, können Auszüge, Ab-	**§ 110 Einsichtsrecht** (1) **Beamtinnen und** Beamte **haben**, auch nach Beendigung des Beamtenverhältnisses, ein Recht auf Einsicht in **ihre** vollständige Personalakte. (2) [1]Bevollmächtigten **der Beamtin oder** des Beamten ist Einsicht zu gewähren, soweit dienstliche Gründe **dem** nicht entgegenstehen. [2]**Entsprechendes** gilt für Hinterbliebene und deren Bevollmächtigte, **wenn ein berechtigtes Interesse glaubhaft gemacht wird.** [3]Für Auskünfte aus der Personalakte gelten die Sätze 1 und 2 entsprechend. (3) [1]Die personalaktenführende Behörde bestimmt, wo die Einsicht gewährt wird. [2]Soweit dienstliche Gründe dem nicht entgegenstehen, können Auszüge,	**§ 110** (Einsichtsrecht) Entspricht mit Anpassungen an die geschlechtergerechte Sprache und die neuere datenschutzrechtliche Terminologie („verwenden" statt „verarbeiten und nutzen") dem bisherigen § 90c.

schriften, Ablichtungen oder Ausdrucke gefertigt werden; dem Beamten ist auf Verlangen ein Ausdruck der zu seiner Person automatisiert gespeicherten Personalaktendaten zu überlassen. (4) [1]Der Beamte hat ein Recht auf Einsicht auch in andere Akten, die personenbezogene Daten über ihn enthalten und für sein Dienstverhältnis verarbeitet oder genutzt werden, soweit gesetzlich nichts anderes bestimmt ist; dies gilt nicht für Sicherheitsakten. [2]Die Einsichtnahme ist unzulässig, wenn die Daten des Betroffenen mit Daten Dritter oder geheimhaltungsbedürftigen nicht-personenbezogenen Daten derart verbunden sind, dass ihre Trennung nicht oder nur mit unverhältnismäßig großem Aufwand möglich ist. [3]In diesem Fall ist dem Beamten Auskunft zu erteilen.	Abschriften, Kopien oder Ausdrucke gefertigt werden. [3]**Der Beamtin oder** dem Beamten ist auf Verlangen ein Ausdruck der zu **ihrer oder** seiner Person automatisiert gespeicherten Personalaktendaten zu überlassen. (4) [1]**Beamtinnen und** Beamte **haben** ein Recht auf Einsicht auch in andere Akten, die personenbezogene Daten über **sie** enthalten und für **ihr** Dienstverhältnis **verwendet** werden, soweit gesetzlich nichts anderes bestimmt ist. [2]Dies gilt nicht für Sicherheitsakten. [3]Die Einsichtnahme ist unzulässig, wenn die Daten **der oder** des Betroffenen mit Daten Dritter oder geheimhaltungsbedürftigen nicht personenbezogenen Daten derart verbunden sind, dass ihre Trennung nicht oder nur mit unverhältnismäßig großem Aufwand möglich ist. [4]In diesem Fall ist **der Beamtin oder** dem Beamten Auskunft zu erteilen.	
§ 90d	**§ 111 Vorlage von Personalakten und Auskünfte an Dritte**	**§ 111** (Vorlage von Personalakten und Auskünfte an Dritte) Entspricht mit Anpassungen an die geschlechtergerechte Sprache dem bisherigen § 90d.

BBG/BRRG alt	BBG neu	Erläuterungen
(1) [1]Ohne Einwilligung des Beamten ist es zulässig, die Personalakte für Zwecke der Personalverwaltung oder Personalwirtschaft der obersten Dienstbehörde oder einer im Rahmen der Dienstaufsicht weisungsbefugten Behörde vorzulegen. [2]Das gleiche gilt für Behörden desselben Geschäftsbereichs, soweit die Vorlage zur Vorbereitung oder Durchführung einer Personalentscheidung notwendig ist, sowie für Behörden eines anderen Geschäftsbereichs desselben Dienstherrn, soweit diese an einer Personalentscheidung mitzuwirken haben. [3]Ärzten, die im Auftrag der personalverwaltenden Behörde ein medizinisches Gutachten erstellen, darf die Personalakte ebenfalls ohne Einwilligung vorgelegt werden. [4]Für Auskünfte aus der Personalakte gelten die Sätze 1 bis 3 entsprechend. [5]Soweit eine Auskunft ausreicht, ist von einer Vorlage abzusehen.	(1) [1]Ohne Einwilligung **der Beamtin oder** des Beamten ist es zulässig, die Personalakte der obersten Dienstbehörde oder einer im Rahmen der Dienstaufsicht weisungsbefugten Behörde vorzulegen, **soweit dies für Zwecke der Personalverwaltung oder Personalwirtschaft erforderlich ist.** [2]Das Gleiche gilt für Behörden desselben Geschäftsbereichs, soweit die Vorlage zur Vorbereitung oder Durchführung einer Personalentscheidung notwendig ist, sowie für Behörden eines anderen Geschäftsbereichs desselben Dienstherrn, soweit diese an einer Personalentscheidung mitzuwirken haben. [3]**Einer Ärztin oder einem Arzt,** die **oder der** im Auftrag der personalverwaltenden Behörde ein medizinisches Gutachten **erstellt**, darf die Personalakte ebenfalls ohne Einwilligung vorgelegt werden. [4]Für Auskünfte aus der Personalakte gelten die Sätze 1 bis 3 entsprechend. [5]Soweit eine Auskunft ausreicht, ist von einer Vorlage abzusehen.	**Zu Absatz 1** In Absatz 1 Satz 1 wird die Zweckbestimmung klarstellend durch die ausdrückliche Aufnahme des Erforderlichkeitsgrundsatzes ergänzt. Der obersten Dienstbehörde oder einer anderen im Rahmen der Dienstaufsicht weisungsbefugten Behörde ist somit ggf. nur eine Teil- oder Nebenakte vorzulegen, wenn dies im Einzelfall für den konkreten Zweck der Personalverwaltung oder der Personalwirtschaft genügt. Eine nur auszugsweise Vorlage der Grundakte wird dagegen in der Regel nicht in Betracht kommen, da eine Eingrenzung des Informationsbedürfnisses der übergeordneten Behörde durch eine nachgeordnete Behörde dem Prinzip des hierarchischen Aufbaus der Verwaltung widerspräche. Der Grundsatz der Vertraulichkeit und Zweckbindung der Personalakte gilt auch für die übergeordnete Behörde. Dementsprechend hat diese in eigener Verantwortung zu prüfen, ob sie die Vorlage der gesamten Akte oder nur eines Teiles davon benötigt oder ob eine Auskunft ausreicht.

		Zu Absatz 2
(2) [1]Auskünfte an Dritte dürfen nur mit Einwilligung des Beamten erteilt werden, es sei denn, dass die Abwehr einer erheblichen Beeinträchtigung des Gemeinwohls oder der Schutz berechtigter, höherrangiger Interessen des Dritten die Auskunftserteilung zwingend erfordert. [2]Inhalt und Empfänger der Auskunft sind dem Beamten schriftlich mitzuteilen.	(2) [1]Auskünfte an Dritte dürfen nur mit Einwilligung **der Beamtin oder** des Beamten erteilt werden, es sei denn, dass die Abwehr einer erheblichen Beeinträchtigung des Gemeinwohls oder der Schutz berechtigter, höherrangiger Interessen **der oder** des Dritten die Auskunftserteilung zwingend erfordert. [2]**Die Auskunft ist auf den jeweils erforderlichen Umfang zu beschränken.** [3]Inhalt und **Empfängerin oder** Empfänger der Auskunft sind **der Beamtin oder** dem Beamten schriftlich mitzuteilen.	Die Geltung des Erforderlichkeitsgrundsatzes wird statt in Absatz 3 nunmehr in Absatz 1 Satz 1 und 4 für Vorlage und Auskunft zu internen Zwecken und in Absatz 2 Satz 2 für Auskünfte an Dritte jeweils unmittelbar angeordnet. Die in Absatz 2 Satz 1 als Voraussetzung für die Auskunftserteilung an Dritte ohne Einwilligung der Beamtin oder des Beamten genannte Abwehr einer erheblichen Beeinträchtigung des Gemeinwohls stellt eine niedrigere Schwelle dar als die Abwehr erheblicher Nachteile für das Gemeinwohl in § 108 Abs. 1 Satz 4, da die Beihilfeakte eines noch höheren Schutzes bedarf als andere Teile der Personalakte. Der bisherige Absatz 3 entfällt.
(3) Vorlage und Auskunft sind auf den jeweils erforderlichen Umfang zu beschränken.		
§ 90e	**§ 112 Entfernung von Unterlagen**	**§ 112** (Entfernung von Unterlagen)
(1) [1]Unterlagen über Beschwerden, Behauptungen und Bewertungen, auf die § 16 Abs. 3 und 4 Satz 1 des Bundesdisziplinargesetzes nicht anzuwenden ist, sind, 1. falls sie sich als unbegründet oder falsch erwiesen haben, mit Zustimmung des Beamten unverzüglich aus	1) [1]Unterlagen über Beschwerden, Behauptungen und Bewertungen, auf die § 16 Abs. 3 und 4 Satz 1 des Bundesdisziplinargesetzes nicht anzuwenden ist, sind, 1. falls sie sich als unbegründet oder falsch erwiesen haben, mit Zustimmung **der Beamtin oder** des Beamten	Entspricht mit Anpassungen an die geschlechtergerechte Sprache dem bisherigen § 90e.

BBG/BRRG alt	BBG neu	Erläuterungen
der Personalakte zu entfernen und zu vernichten, 2. falls sie für den Beamten ungünstig sind oder ihm nachteilig werden können, auf Antrag des Beamten nach zwei Jahren zu entfernen und zu vernichten; dies gilt nicht für dienstliche Beurteilungen.	(unverzüglich aus der Personalakte zu entfernen und zu vernichten, **oder** 2. falls sie für **die Beamtin oder** den Beamten ungünstig sind oder **ihr oder** ihm nachteilig werden können, auf Antrag nach zwei Jahren zu entfernen und zu vernichten; dies gilt nicht für dienstliche Beurteilungen.	
[2]Die Frist nach Satz 1 Nr. 2 wird durch erneute Sachverhalte im Sinne dieser Vorschrift oder durch die Einleitung eines Straf- oder Disziplinarverfahrens unterbrochen. [3]Stellt sich der erneute Vorwurf als unbegründet oder falsch heraus, gilt die Frist als nicht unterbrochen.	[2]Die Frist nach Satz 1 Nr. 2 wird durch erneute Sachverhalte im Sinne dieser Vorschrift oder durch die Einleitung eines Straf- oder Disziplinarverfahrens unterbrochen. [3]Stellt sich der erneute Vorwurf als unbegründet oder falsch heraus, gilt die Frist als nicht unterbrochen.	
(2) [1]Mitteilungen in Strafsachen, soweit sie nicht Bestandteil einer Disziplinarakte sind, sowie Auskünfte aus dem Bundeszentralregister sind mit Zustimmung des Beamten nach zwei Jahren zu entfernen und zu vernichten. [2]Absatz 1 Satz 2 und 3 gilt entsprechend.	(2) [1]Mitteilungen in Strafsachen, soweit sie nicht Bestandteil einer Disziplinarakte sind, sowie Auskünfte aus dem Bundeszentralregister sind mit Zustimmung **der Beamtin oder** des Beamten nach zwei Jahren zu entfernen und zu vernichten. [2]Absatz 1 Satz 2 und 3 gilt entsprechend.	
§ 90f	**§ 113 Aufbewahrungsfrist**	**§ 113** (Aufbewahrungsfrist) Entspricht mit Anpassungen an die geschlechtergerechte Sprache weitgehend dem bisherigen § 90f.

(1) [1]Personalakten sind nach ihrem Abschluss von der personalaktenführenden Behörde fünf Jahre aufzubewahren. [2]Personalakten sind abgeschlossen, 1. wenn der Beamte ohne Versorgungsansprüche aus dem öffentlichen Dienst ausgeschieden ist, mit Ablauf des Jahres der Vollendung des fünfundsechzigsten Lebensjahres, in den Fällen des § 48 dieses Gesetzes und des § 10 des Bundesdisziplinargesetzes jedoch erst, wenn mögliche Versorgungsempfänger nicht mehr vorhanden sind, 2. wenn der Beamte ohne versorgungsberechtigte Hinterbliebene verstorben ist, mit Ablauf des Todesjahres, 3. wenn nach dem verstorbenen Beamten versorgungsberechtigte Hinterbliebene vorhanden sind, mit Ablauf des Jahres, in dem die letzte Versorgungsverpflichtung entfallen ist.	(1) [1]Personalakten sind nach ihrem Abschluss von der personalaktenführenden Behörde fünf Jahre aufzubewahren. [2]Personalakten sind abgeschlossen, 1. wenn **die Beamtin oder** der Beamte ohne Versorgungsansprüche aus dem öffentlichen Dienst ausgeschieden ist, mit Ablauf des Jahres der Vollendung **der Regelaltersgrenze**, in den Fällen des § 41 oder des § 10 des Bundesdisziplinargesetzes jedoch erst, wenn mögliche **Versorgungsempfängerinnen und** Versorgungsempfänger nicht mehr vorhanden sind, 2. wenn **die Beamtin oder** der Beamte ohne versorgungsberechtigte Hinterbliebene verstorben ist, mit Ablauf des Todesjahres, **oder** 3. wenn nach dem Tod **der Beamtin oder** des Beamten versorgungsberechtigte Hinterbliebene vorhanden sind, mit Ablauf des Jahres, in dem die letzte Versorgungsverpflichtung entfallen ist. [3]Kann der nach Satz 2 Nr. 2 und 3 maßgebliche Zeitpunkt nicht festgestellt werden, ist § 5 Abs. 2 Satz 2 des Bundesarchivgesetzes entsprechend anzuwenden.	**Zu Absatz 1** Da die Versorgungsakten bei Umzügen von Versorgungsempfängerinnen und Versorgungsempfängern jeweils zu den örtlich zuständigen versorgungszahlenden Stellen weitergeleitet werden und entsprechende Mitteilungen zur Grundakte gelegentlich unterlassen werden, kann es vorkommen, dass die personalaktenführende Stelle nicht in der Lage ist, die letzte versorgungsaktenführende Stelle zu ermitteln. Satz 3 dient der Wahrung der Rechtssicherheit für die personalaktenführenden Stellen und der Sicherung einer rechtzeitigen Bewertung der Personalakten durch das Bundesarchiv auch in den Fällen, in denen die personalaktenführenden Stellen über den Tod oder den Wegfall der letzten Versorgungsverpflichtung nicht unterrichtet wurden. Dies darf nicht zu unnötig langen und wirtschaftlich nicht vertretbaren Aufbewahrungsfristen führen. Die nach § 5 Abs. 2 Satz 2 des Bundesarchivgesetzes (BArchG) anzusetzende Frist von 110 Jahren nach der Geburt sichert gleichzeitig, dass bei archivwürdigen Personalakten das archivgesetzliche Zugangsrecht durch das Bundesarchiv gewährleistet werden kann.

BBG/BRRG alt	BBG neu	Erläuterungen
(2) [1]Unterlagen über Beihilfen, Heilfürsorge, Heilverfahren, Unterstützungen, Erholungsurlaub, Erkrankungen, Umzugs- und Reisekosten sind fünf Jahre nach Ablauf des Jahres, in dem die Bearbeitung des einzelnen Vorgangs abgeschlossen wurde, aufzubewahren. [2]Unterlagen, aus denen die Art einer Erkrankung ersichtlich ist, sind unverzüglich zurückzugeben, wenn sie für den Zweck, zu dem sie vorgelegt worden sind, nicht mehr benötigt werden.	(2) [1]Unterlagen über Beihilfen, Heilfürsorge, Heilverfahren, Unterstützungen, Erkrankungen, Umzugs- und Reisekosten sind fünf Jahre, **Unterlagen über Erholungsurlaub sind drei Jahre** nach Ablauf des Jahres aufzubewahren, **in dem die Bearbeitung des einzelnen Vorgangs abgeschlossen wurde.** [2]**Für zahlungsbegründende Unterlagen nach Satz 1 beträgt die Aufbewahrungsfrist sechs Jahre.** [3]Unterlagen, aus denen die Art einer Erkrankung ersichtlich ist, sind unverzüglich zurückzugeben, wenn sie für den Zweck, zu dem sie vorgelegt worden sind, nicht mehr benötigt werden.	**Zu Absatz 2** In Satz 2 wird die Aufbewahrungsfrist von zahlungsbegründenden Unterlagen in Beihilfeakten etc. auf sechs Jahre verlängert, da nach der Bundeshaushaltsordnung zahlungsbegründende Unterlagen sechs Jahre aufzubewahren sind. Für Unterlagen über Erholungsurlaub ist bereits nach drei Jahren ein Aufbewahrungszweck nicht mehr ersichtlich.
(3) Versorgungsakten sind zehn Jahre nach Ablauf des Jahres, in dem die letzte Versorgungszahlung geleistet worden ist, aufzubewahren; besteht die Möglichkeit eines Wiederauflebens des Anspruchs, sind die Akten dreißig Jahre aufzubewahren.	(3) [1]Versorgungsakten sind zehn Jahre nach Ablauf des Jahres aufzubewahren, **in dem die letzte Versorgungszahlung geleistet worden ist.** [2]**Besteht** die Möglichkeit eines Wiederauflebens des Anspruchs, sind die Akten **30** Jahre aufzubewahren.	**Zu Absatz 3** Entspricht dem bisherigen § 90f Abs. 3.
(4) Die Personalakten werden nach Ablauf der Aufbewahrungsfrist vernichtet, sofern sie nicht vom Bundesarchiv oder	(4) Die Personalakten **sind** nach Ablauf der Aufbewahrungsfrist **zu vernichten**, sofern sie nicht nach **§ 2 des Bundesar-**	**Zu Absatz 4** Nach § 2 Abs. 1 BArchG sind auch Personalakten dem Bundesarchiv bzw. im Fall des § 2 Abs. 3 BArchG dem zustän-

von einem Landesarchiv übernommen werden.	(**chivgesetzes** vom Bundesarchiv oder einem Landesarchiv übernommen werden.	digen Landesarchiv zur Übernahme anzubieten. Durch ausdrückliche Bezugnahme auf diese Vorschrift sollen die personalaktenführenden Stellen auf die bestehende archivrechtliche Pflicht, vor der Vernichtung von sich aus das zuständige Archiv zu beteiligen, hingewiesen werden.
§ 90g	**§ 114 Automatisierte Verarbeitung von Personalaktendaten**	**§ 114** (Automatisierte Verarbeitung von Personalaktendaten) Entspricht mit Anpassungen an die geschlechtergerechte Sprache und die neuere datenschutzrechtliche Terminologie dem bisherigen § 90g.
(1) [1]Personalaktendaten dürfen in Dateien nur für Zwecke der Personalverwaltung oder der Personalwirtschaft verarbeitet und genutzt werden. [2]Ihre Übermittlung ist nur nach Maßgabe des § 90d zulässig. [3]Ein automatisierter Datenabruf durch andere Behörden ist unzulässig, soweit durch besondere Rechtsvorschrift nichts anderes bestimmt ist.	(1) [1]Personalaktendaten dürfen nur für Zwecke der Personalverwaltung oder der Personalwirtschaft **automatisiert** verarbeitet werden. [2]Ihre Übermittlung ist nur nach Maßgabe des § 111 zulässig. [3]Ein automatisierter Datenabruf durch andere Behörden ist unzulässig, soweit durch besondere Rechtsvorschrift nichts anderes bestimmt ist.	**Zu Absatz 1** In Satz 1 wird der Begriff „Dateien" durch den der „automatisierte Verarbeitung" im Sinne des § 3 Abs. 1 des Bundesdatenschutzgesetzes ersetzt. Damit wird klargestellt, dass die datenschutzrechtlichen Regelungen dieser Vorschrift sowohl auf die „automatisierte Verarbeitung" i. S. d. § 3 Abs. 2 des Bundesdatenschutzgesetzes als auch auf elektronisch geführte Personalakten bzw. Personalaktenteile Anwendung findet.
(2) Personalaktendaten im Sinne des § 90a dürfen automatisiert nur im Rahmen ihrer Zweckbestimmung und nur von den übrigen Personaldateien tech-	(2) Personalaktendaten im Sinne des § 108 dürfen nur im Rahmen ihrer Zweckbestimmung und nur von den übrigen Personaldateien technisch und	**Zu den Absätzen 2 und 3** Entsprechen den bisherigen Absätzen 2 und 3

BBG/BRRG alt	BBG neu	Erläuterungen
nisch und organisatorisch getrennt verarbeitet und genutzt werden.	organisatorisch getrennt **automatisiert** verarbeitet werden.	
(3) Von den Unterlagen über medizinische oder psychologische Untersuchungen und Tests dürfen im Rahmen der Personalverwaltung nur die Ergebnisse automatisiert verarbeitet oder genutzt werden, soweit sie die Eignung betreffen und ihre Verarbeitung oder Nutzung dem Schutz des Beamten dient.	(3) Von den Unterlagen über medizinische oder psychologische Untersuchungen und Tests dürfen im Rahmen der Personalverwaltung nur die Ergebnisse automatisiert verarbeitet werden, soweit sie die Eignung betreffen und ihre Verwendung dem Schutz **der Beamtin oder** des Beamten dient.	**Zu Absatz 4**
(4) Beamtenrechtliche Entscheidungen dürfen nicht ausschließlich auf Informationen und Erkenntnisse gestützt werden, die unmittelbar durch automatisierte Verarbeitung personenbezogener Daten gewonnen werden.	(4) Beamtenrechtliche Entscheidungen dürfen nicht ausschließlich auf **eine automatisierte Verarbeitung personenbezogener Daten** gestützt werden, die **der Bewertung einzelner Persönlichkeitsmerkmale dienen.**	Mit Einführung der teilweise oder vollständig elektronisch geführten Personalakte kommt automatisierten Verfahren nicht mehr lediglich eine Hilfsfunktion zu. Vielmehr werden „Informationen" zunehmend nur noch auf diesem Wege gespeichert und somit „Erkenntnisse" im Sinne der bisherigen Regelung auch nur noch auf diesem Wege gewonnen werden. Die Vorschrift wird deshalb dahingehend geändert, dass sich Personalentscheidungen wie Stellenbesetzungen oder Beförderungen bei elektronischer Personalaktenführung nunmehr auch ausschließlich auf Informationen und Erkenntnisse aus automatisierter Verarbeitung stützen können. Zugleich wird klargestellt, dass weiterhin eine umfassende individuelle Würdigung

		dieser aus der Personalakte resultierenden Erkenntnisse erfolgen muss. Nach bestimmten Vorgaben automatisiert erstellte Datenbankauswertungen dürfen die individuelle Entscheidungsfindung nicht ersetzen. Soweit die Personalakte nur teilweise elektronisch geführt wird, sind die entscheidungsrelevanten Aktenteile in Schriftform mit heranzuziehen.
(5) [1]Bei erstmaliger Speicherung ist dem Betroffenen die Art der über ihn gemäß Absatz 1 gespeicherten Daten mitzuteilen, bei wesentlichen Änderungen ist er zu benachrichtigen. [2]Ferner sind die Verarbeitungs- und Nutzungsformen automatisierter Personalverwaltungsverfahren zu dokumentieren und einschließlich des jeweiligen Verwendungszweckes sowie der regelmäßigen Empfänger und des Inhalts automatisierter Datenübermittlung allgemein bekanntzugeben.	(5) [1]Bei erstmaliger Speicherung ist **der Beamtin oder dem Beamtin** die Art der **zu ihrer oder seiner Person** nach Absatz 1 gespeicherten Daten mitzuteilen, bei wesentlichen Änderungen sind sie zu benachrichtigen. [2]Ferner sind die Verarbeitungs- und Nutzungsformen automatisierter Personalverwaltungsverfahren zu dokumentieren und einschließlich des jeweiligen Verwendungszweckes sowie der regelmäßigen Empfänger und des Inhalts automatisierter Datenübermittlung allgemein bekannt zu geben.	**Zu Absatz 5** Absatz 5 entspricht dem bisherigen § 90g Abs. 5.
§ 125c BRRG	**§ 115 Übermittlungen in Strafverfahren**	**§ 115** (Übermittlungen in Strafverfahren) Die Vorschrift übernimmt die bisher in § 125c BRRG geregelten Übermittlungspflichten.

BBG/BRRG alt	BBG neu	Erläuterungen
(1) [1]Das Gericht, die Strafverfolgungs- oder die Strafvollstreckungsbehörde hat in Strafverfahren gegen Beamte zur Sicherstellung der erforderlichen dienstrechtlichen Maßnahmen im Falle der Erhebung der öffentlichen Klage a) die Anklageschrift oder eine an ihre Stelle tretende Antragsschrift, b) den Antrag auf Erlass eines Strafbefehls und c) die einen Rechtszug abschließende Entscheidung mit Begründung zu übermitteln; ist gegen die Entscheidung ein Rechtsmittel eingelegt worden, ist die Entscheidung unter Hinweis auf das eingelegte Rechtsmittel zu übermitteln. [2]Der Erlass und der Vollzug eines Haftbefehls oder eines Unterbringungsbefehls sind mitzuteilen.	**(1) [1]Das Gericht, die Strafverfolgungs- oder die Strafvollstreckungsbehörde hat in Strafverfahren gegen Beamtinnen und Beamte zur Sicherstellung der erforderlichen dienstrechtlichen Maßnahmen im Falle der Erhebung der öffentlichen Klage** **1. die Anklageschrift oder eine an ihre Stelle tretende Antragsschrift,** **2. den Antrag auf Erlass eines Strafbefehls und** **3. die einen Rechtszug abschließende Entscheidung mit Begründung** **zu übermitteln. [2]Ist gegen die Entscheidung ein Rechtsmittel eingelegt worden, ist die Entscheidung unter Hinweis auf das eingelegte Rechtsmittel zu übermitteln. [3]Der Erlass und der Vollzug eines Haftbefehls oder eines Unterbringungsbefehls sind mitzuteilen.**	**Zu Absatz 1** Zur Sicherstellung der erforderlichen dienstrechtlichen Maßnahmen haben Justizbehörden bei Erhebung der öffentlichen Klage gegen eine Beamtin oder einen Beamten den jeweiligen Dienstherrn die in Absatz 1 genannten Dokumente und Informationen zu übermitteln.
(2) In Verfahren wegen fahrlässig begangener Straftaten werden die in Absatz 1 Satz 1 bestimmten Übermittlungen nur vorgenommen, wenn	**(2) In Verfahren wegen fahrlässig begangener Straftaten werden die in Absatz 1 Satz 1 bestimmten Übermittlungen nur vorgenommen, wenn**	**Zu den Absätzen 2 bis 4** In den hier geregelten Fällen hat – mit Ausnahme der zwingenden Vorgabe in Absatz 2 Nr. 1 – aus Gründen der Verhältnismäßigkeit vor der Übermittlung

1. es sich um schwere Verstöße, namentlich Vergehen der Trunkenheit im Straßenverkehr oder der fahrlässigen Tötung, handelt oder 2. in sonstigen Fällen die Kenntnis der Daten auf Grund der Umstände des Einzelfalls erforderlich ist, um zu prüfen, ob dienstrechtliche Maßnahmen zu ergreifen sind.	**1. es sich um schwere Verstöße handelt, namentlich Vergehen der Trunkenheit im Straßenverkehr oder der fahrlässigen Tötung, oder** **2. in sonstigen Fällen die Kenntnis der Daten aufgrund der Umstände des Einzelfalls erforderlich ist, um zu prüfen, ob dienstrechtliche Maßnahmen zu ergreifen sind.**	jeweils eine Einzelfallprüfung zu erfolgen. Der neu gefasste Absatz 3 Satz 2 stellt klar, dass z.B. die Entscheidung einer Staatsanwaltschaft über die Einstellung des Verfahrens dann übermittelt werden soll, wenn nach dem darin wiedergegebenen Ergebnis der Ermittlungen hinreichend gesicherte Erkenntnisse vorliegen, die eine Prüfung nach Absatz 2 Nr. 2 veranlassen können.
(3) [1]Entscheidungen über Verfahrenseinstellungen, die nicht bereits nach Absatz 1 oder 2 zu übermitteln sind, sollen übermittelt werden, wenn die in Absatz 2 Nr. 2 genannten Voraussetzungen erfüllt sind. [2]Dabei ist zu berücksichtigen, wie gesichert die zu übermittelnden Erkenntnisse sind.	**(3) [1]Entscheidungen über Verfahrenseinstellungen, die nicht bereits nach Absatz 1 oder 2 zu übermitteln sind, sollen übermittelt werden, wenn die in Absatz 2 Nr. 2 genannten Voraussetzungen erfüllt sind. [2]Dabei ist zu berücksichtigen, wie gesichert die Erkenntnisse sind, die der zu übermittelnden Entscheidung zugrunde liegen.**	
(4) [1]Sonstige Tatsachen, die in einem Strafverfahren bekannt werden, dürfen mitgeteilt werden, wenn ihre Kenntnis auf Grund besonderer Umstände des Einzelfalls für dienstrechtliche Maßnahmen gegen einen Beamten erforderlich ist und soweit nicht für die übermittelnde Stelle erkennbar ist, dass schutzwürdige Interessen des Beamten an dem Ausschluss der Übermittlung überwiegen; erforderlich ist die Kenntnis der Daten auch dann, wenn diese	**(4) [1]Sonstige Tatsachen, die in einem Strafverfahren bekannt werden, dürfen mitgeteilt werden, wenn ihre Kenntnis aufgrund besonderer Umstände des Einzelfalls für dienstrechtliche Maßnahmen gegen eine Beamtin oder einen Beamten erforderlich ist und soweit nicht für die übermittelnde Stelle erkennbar ist, dass schutzwürdige Interessen der Beamtin oder des Beamten an dem Ausschluss der Übermittlung überwiegen. [2]Erforderlich**	

BBG/BRRG alt	BBG neu	Erläuterungen
Anlass zur Prüfung bieten, ob dienstrechtliche Maßnahmen zu ergreifen sind. [2]Absatz 3 Satz 2 ist entsprechend anzuwenden.	**ist die Kenntnis der Daten auch dann, wenn diese Anlass zur Prüfung bieten, ob dienstrechtliche Maßnahmen zu ergreifen sind. [3]Absatz 3 Satz 2 ist entsprechend anzuwenden.**	
(5) Nach den Absätzen 1 bis 4 übermittelte Daten dürfen auch für die Wahrnehmung der Aufgaben nach dem Sicherheitsüberprüfungsgesetz oder einem entsprechenden Landesgesetz verwendet werden.	**(5) Nach den Absätzen 1 bis 4 übermittelte Daten dürfen auch für die Wahrnehmung der Aufgaben nach dem Sicherheitsüberprüfungsgesetz oder einem entsprechenden Gesetz verwendet werden.**	**Zu Absatz 5** Die Vorschrift erweitert die Zweckbindung der übermittelten Informationen auf Aufgaben nach dem Sicherheitsüberprüfungsgesetz und entsprechenden Gesetzen.
(6) [1]Übermittlungen nach den Absätzen 1 bis 3 sind auch zulässig, soweit sie Daten betreffen, die dem Steuergeheimnis (§ 30 der Abgabenordnung) unterliegen. [2]Übermittlungen nach Absatz 4 sind unter den Voraussetzungen des § 30 Abs. 4 Nr. 5 der Abgabenordnung zulässig.	**(6) [1]Übermittlungen nach den Absätzen 1 bis 3 sind auch zulässig, soweit sie Daten betreffen, die dem Steuergeheimnis (§ 30 der Abgabenordnung) unterliegen. [2]Übermittlungen nach Absatz 4 sind unter den Voraussetzungen des § 30 Abs. 4 Nr. 5 der Abgabenordnung zulässig.**	**Zu Absatz 6** Die Übermittlungspflichten nach den Absätzen 1 bis 3 haben Vorrang vor dem Steuergeheimnis nach § 30 der Abgabenordnung. Übermittlungen nach Absatz 4 sind nur zulässig, soweit ein zwingendes öffentliches Interesse unter den engeren Voraussetzungen des § 30 Abs. 4 Nr. 5 der Abgabenordnung gegeben ist.
(7) Mitteilungen sind an den zuständigen Dienstvorgesetzten oder seinen Vertreter im Amt zu richten und als „Vertrauliche Personalsache" zu kennzeichnen.	(7) Mitteilungen sind an **die** zuständigen Dienstvorgesetzten oder **deren Vertretung** im Amt zu richten und als „Vertrauliche Personalsache" zu kennzeichnen.	**Zu Absatz 7** Die Vorschrift übernimmt die datenschutzrechtlichen Bestimmungen des bisherigen § 125c Abs. 7 BRRG mit redaktionellen Anpassungen.

3. Beamtenvertretung	**Abschnitt 7** **Beamtenvertretung**	**Abschnitt 7** (Beamtenvertretung)
§ 91	**§ 116 Mitgliedschaft in Gewerkschaften und Berufsverbänden**	**§ 116** (Mitgliedschaft in Gewerkschaften und Berufsverbänden)
(1) [1]Auf Grund der Vereinigungsfreiheit haben die Beamten das Recht, sich in Gewerkschaften oder Berufsverbänden zusammenzuschließen. [2]Sie können die für sie zuständigen Gewerkschaften oder Berufsverbände mit ihrer Vertretung beauftragen, soweit gesetzlich nichts anderes bestimmt ist. (2) Kein Beamter darf wegen Betätigung für seine Gewerkschaft oder seinen Berufsverband dienstlich gemaßregelt oder benachteiligt werden.	(1) [1]**Beamtinnen und Beamte haben** das Recht, sich in Gewerkschaften oder Berufsverbänden zusammenzuschließen. [2]Sie können die für sie zuständigen Gewerkschaften oder Berufsverbände mit ihrer Vertretung beauftragen, soweit gesetzlich nichts anderes bestimmt ist. (2) **Keine Beamtin und** kein Beamter darf wegen Betätigung für eine Gewerkschaft oder einen Berufsverband dienstlich gemaßregelt oder benachteiligt werden.	Entspricht mit redaktionellen Anpassungen an die geschlechtergerechte Sprache dem bisherigen § 91.
§ 93	**§ 117 Personalvertretung**	**§ 117 (Personalvertretung)**
Die Personalvertretung der Beamten wird durch Gesetz besonders geregelt.	Die Personalvertretung der **Beamtinnen und** Beamten **ist** zu gewährleisten. **Das Nähere** wird durch Gesetz geregelt.	Entspricht mit einer redaktionellen Anpassung dem bisherigen § 93.
§ 94	**§ 118 Beteiligung der Spitzenorganisationen**	**§ 118** (Beteiligung der Spitzenorganisationen)
Die Spitzenorganisationen der zuständigen Gewerkschaften sind bei der Vorbereitung allgemeiner Regelungen der beamtenrechtlichen Verhältnisse zu beteiligen.	Die Spitzenorganisationen der zuständigen Gewerkschaften sind bei der Vorbereitung allgemeiner Regelungen der beamtenrechtlichen Verhältnisse zu beteiligen.	Entspricht dem bisherigen § 94.

BBG/BRRG alt	BBG neu	Erläuterungen
Abschnitt IV **Personalverwaltung**	**Abschnitt 8** **Bundespersonalausschuss**	**Abschnitt 8** (Bundespersonalausschuss)
§ 95	§ 119 **Aufgaben**	**§ 119** (Aufgaben)
Zur einheitlichen Durchführung der beamtenrechtlichen Vorschriften wird ein Bundespersonalausschuss errichtet, der seine Tätigkeit innerhalb der gesetzlichen Schranken unabhängig und in eigener Verantwortung ausübt.	**(1) [1]Der Bundespersonalausschuss dient der einheitlichen Handhabung beamtenrechtlicher Ausnahmevorschriften. [2]Weitere als die in diesem Gesetz vorgesehenen Aufgaben können ihm durch Rechtsverordnung der Bundesregierung übertragen werden.** **(2) Der Bundespersonalausschuss übt seine Tätigkeit unabhängig und in eigener Verantwortung aus.**	Die neue Regelung entspricht im Wesentlichen den bisherigen §§ 95 und 98 Abs. 2. In Absatz 1 Satz 1 erfolgt eine Klarstellung, da die Beschlüsse des Bundespersonalausschusses vor allem der einheitlichen Durchführung beamtenrechtlicher Ausnahmevorschriften dienen. Weitere Aufgaben können ihm durch Rechtsverordnung der Bundesregierung übertragen werden.
§ 96	§ 120 **Mitglieder**	**§ 120 (Mitglieder)** **Zu den Absätzen 1 bis 3**
(1) Der Bundespersonalausschuss besteht aus acht ordentlichen und acht stellvertretenden Mitgliedern. (2) [1]Ständige ordentliche Mitglieder sind der Präsident des Bundesrechnungshofes als Vorsitzender und der Leiter der Personalrechtsabteilung des Bundesministeriums des Innern. [2]Nichtständige ordentliche Mitglieder sind die Leiter der Personalabteilungen von zwei ande ren obersten Bundesbehörden und vier	(1) Der Bundespersonalausschuss besteht aus acht ordentlichen und acht stellvertretenden Mitgliedern. (2) [1]Ständige ordentliche Mitglieder sind **die Präsidentin des Bundesrechnungshofes oder** der Präsident des Bundesrechnungshofes als **Vorsitzende oder** Vorsitzender und **die Leiterin der Dienstrechtsabteilung oder** der Leiter der Dienstrechtsabteilung des Bundesministeriums des Innern. [2]Nichtstän-	Die Absätze 1 bis 3 entsprechen mit redaktionellen Änderungen dem bisherigen § 96. Die Bestimmungen des Bundesgremienbesetzungsgesetzes sind bei der Bestimmung der Mitglieder zu beachten.

andere Bundesbeamte. [3]Stellvertretende Mitglieder sind je ein Bundesbeamter der in Satz 1 genannten Behörden, die Leiter der Personalabteilungen von zwei weiteren obersten Bundesbehörden sowie vier weitere Bundesbeamte.	dige ordentliche Mitglieder sind die **Leiterinnen der Zentralabteilungen und** Leiter der **Zentralabteilungen** von zwei anderen obersten Bundesbehörden und vier weitere **Beamtinnen oder Beamte des Bundes**. [3]Stellvertretende Mitglieder sind je **eine Beamtin oder** ein Beamter des Bundes der in Satz 1 genannten Behörden, die **Leiterinnen der Zentralabteilungen** und Leiter der **Zentralabteilungen** von zwei weiteren obersten Bundesbehörden sowie vier weitere **Beamtinnen oder Beamte des Bundes**.	
(3) Die nichtständigen ordentlichen Mitglieder sowie die stellvertretenden Mitglieder werden vom Bundespräsidenten auf Vorschlag des Bundesministers des Innern auf die Dauer von vier Jahren bestellt, davon vier ordentliche und vier stellvertretende Mitglieder auf Grund einer Benennung durch die Spitzenorganisationen der zuständigen Gewerkschaften.	(3) Die nichtständigen ordentlichen Mitglieder sowie die stellvertretenden Mitglieder werden **von der Bundespräsidentin oder** vom Bundespräsidenten auf Vorschlag **der Bundesministerin des Innern oder** des Bundesministers des Innern **für** die Dauer von vier Jahren bestellt, davon vier ordentliche und vier stellvertretende Mitglieder aufgrund einer Benennung durch die Spitzenorganisationen der zuständigen Gewerkschaften.	
§ 101 (1) … (2) Zur Vorbereitung der Verhandlungen und Durchführung der Beschlüsse bedient er sich der für den Bundespersonalausschuss im Bundesministerium	**(4) Der Bundespersonalausschuss wird zur Durchführung seiner Aufgaben durch eine Geschäftsstelle im Bundesministerium des Innern unterstützt.**	**Zu Absatz 4** Absatz 4 entspricht inhaltlich mit redaktionellen Änderungen dem bisherigen § 101 Abs. 2.

BBG/BRRG alt	BBG neu	Erläuterungen
des Innern einzurichtenden Geschäftsstelle.		
§ 104 [1]Die Dienstaufsicht über die Mitglieder des Bundespersonalausschusses führt im Auftrag der Bundesregierung der Bundesminister des Innern. [2]Sie unterliegt den sich aus § 97 ergebenden Einschränkungen. **§ 97** (1) [1]Die Mitglieder des Bundespersonalausschusses sind unabhängig und nur dem Gesetz unterworfen. [2]Sie scheiden aus ihrem Amt als Mitglied des Bundespersonalausschusses außer durch Zeitablauf durch Ausscheiden aus dem Hauptamt oder aus der Behörde, die für ihre Mitgliedschaft maßgeblich sind, oder durch Beendigung des Beamtenverhältnisses nur unter den gleichen Voraussetzungen aus, unter denen Mitglieder einer Kammer für Disziplinarsachen wegen einer rechtskräftigen Entscheidung im Strafverfahren oder Disziplinarverfahren ihr Amt verlieren; § 60 findet keine Anwendung. (2) Die Mitglieder des Bundespersonalausschusses dürfen wegen ihrer Tätig-	**§ 121 Rechtsstellung der Mitglieder** Die Dienstaufsicht über die Mitglieder des Bundespersonalausschusses führt im Auftrag der Bundesregierung **die Bundesministerin des Innern oder** der Bundesminister des Innern **mit folgenden Maßgaben:** 1. Die Mitglieder des Bundespersonalausschusses sind unabhängig und nur dem Gesetz unterworfen. **Sie dürfen wegen ihrer Tätigkeit weder dienstlich gemaßregelt noch benachteiligt werden.** 2. Sie scheiden aus ihrem Amt als Mitglied des Bundespersonalausschusses aus a) durch Zeitablauf, b) durch Ausscheiden aus dem Hauptamt oder aus der Behörde, die für ihre Mitgliedschaft maßgeblich sind, c) durch Beendigung des Beamtenverhältnisses **oder** d) unter den gleichen Voraussetzungen, unter denen Mitglieder einer Kammer **oder eines Senats** für Disziplinarsachen wegen einer rechtskräftigen Ent-	**§ 121** (Rechtsstellung der Mitglieder) Die Bestimmung fasst mit redaktionellen Änderungen die Regelungen der bisherigen §§ 97 und 104 zusammen.

keit weder dienstlich gemaßregelt noch benachteiligt werden.	scheidung **in einem Straf**- oder Disziplinarverfahren ihr Amt verlieren; § 66 **ist nicht anzuwenden**.	
§ 98 (1) Der Bundespersonalausschuss hat außer den in den §§ 8, 21, 22 und 24 vorgesehenen Entscheidungen folgende Aufgaben: 1. über die allgemeine Anerkennung von Prüfungen zu entscheiden, 2. Vorschläge zur Beseitigung von Mängeln in der Handhabung der beamtenrechtlichen Vorschriften zu machen, 3. für das Beamtenrecht Vorschläge zur Durchsetzung der Chancengleichheit von Frauen und Männern sowie zur besseren Vereinbarkeit von Familie und Beruf zu machen. (2) Die Bundesregierung kann dem Bundespersonalausschuss weitere Aufgaben übertragen. (3) Über die Durchführung der Aufgaben hat der Bundespersonalausschuss die Bundesregierung zu unterrichten.		Der bisherige § 98 entfällt. Eine Entscheidung des Bundespersonalausschusses über die allgemeine Anerkennung von Prüfungen ist nicht mehr erforderlich. Betroffen sind bisher Hochschul- und andere Prüfungen als Vorbildungsvoraussetzungen für die Einstellung in den Vorbereitungsdienst oder in Laufbahnen besonderer Fachrichtungen sowie einer Laufbahnprüfung vergleichbare Prüfungen als Erwerb einer Laufbahnbefähigung. Inländische Prüfungen bedürfen nach § 43 Abs. 2 der Bundeslaufbahnverordnung keiner besonderen Anerkennung. Die Anerkennung von Prüfungen aus der ehemaligen DDR erfolgt auf Grundlage des Artikel 37 des Einigungsvertrags; ausländische Abschlüsse werden auf Grundlage des § 18 beziehungsweise nach den allgemeinen Regelungen des § 17 anerkannt. Es ist Aufgabe aller Dienstherren und sonstigen öffentlichen Einrichtungen, Vorschläge zur Beseitigung von Mängeln bei der Handhabung der beamten-

BBG/BRRG alt	BBG neu	Erläuterungen
		rechtlichen Vorschriften, zur Durchsetzung der Chancenfreiheit von Frauen und Männern und zur besseren Vereinbarkeit von Familie und Beruf zu machen. Einer besonderen Zuweisung dieser Aufgabe an den Bundespersonalausschuss bedarf es insoweit nicht.
§ 99 Der Bundespersonalausschuss gibt sich eine Geschäftsordnung.	**§ 122 Geschäftsordnung** Der Bundespersonalausschuss gibt sich eine Geschäftsordnung.	**§ 122** (Geschäftsordnung) Die Regelung entspricht dem bisherigen § 99.
§ 100 (1) [1]Die Sitzungen des Bundespersonalausschusses sind nicht öffentlich. [2]Der Bundespersonalausschuss kann Beauftragten beteiligter Verwaltungen, Beschwerdeführern und anderen Personen die Anwesenheit bei der Verhandlung gestatten. **§ 101** (1) [1]Der Vorsitzende des Bundespersonalausschusses oder sein Vertreter leitet die Sitzungen. [2]Sind beide verhindert, so tritt an ihre Stelle das dienstälteste Mitglied. …	**§ 123 Sitzungen und Beschlüsse** (1) [1]Die Sitzungen des Bundespersonalausschusses sind nicht öffentlich. [2]Der Bundespersonalausschuss kann **von den Verwaltungen beauftragten** Personen sowie Dritten die Anwesenheit bei der Verhandlung gestatten. **(2) [1]Die oder der Vorsitzende des Bundespersonalausschusses oder die oder der stellvertretende Vorsitzende des Bundespersonalausschusses leitet die Sitzungen. [2]Sind beide verhindert, tritt an ihre Stelle das dienstälteste Mitglied.**	**§ 123** (Sitzungen und Beschlüsse) **Zu den Absätzen 1 bis 4** Die Regelungen entsprechen mit redaktionellen Anpassungen den bisherigen §§ 100 und 101 Abs. 1. Der im bisherigen § 100 Abs. 1 enthaltene Begriff „Beschwerdeführer" ist entfallen, weil Stellungnahmen zu Beschwerden von Beamtinnen und Beamten und zurückgewiesenen Bewerbern in Angelegenheiten von grundsätzlicher Bedeutung seit dem 1. Januar 1999 nicht mehr zu den Aufgaben des Bundespersonalausschusses gehören.

§ 100 … (2) Die Beauftragten der Verwaltungen sind auf Verlangen zu hören. (3) [1]Beschlüsse werden mit Stimmenmehrheit gefasst; zur Beschlussfähigkeit ist die Anwesenheit von mindestens sechs Mitgliedern erforderlich. [2]Bei Stimmengleichheit entscheidet die Stimme des Vorsitzenden.	(3) Die **von den Verwaltungen beauftragten Personen** sind auf Verlangen zu hören. (4) [1]Beschlüsse werden mit Stimmenmehrheit gefasst. [2]Zur Beschlussfähigkeit ist die Anwesenheit von mindestens sechs Mitgliedern erforderlich. [3]Bei Stimmengleichheit entscheidet die Stimme **der oder** des Vorsitzenden.	
§ 103 (1) Beschlüsse des Bundespersonalausschusses sind, soweit sie allgemeine Bedeutung haben, bekanntzumachen. Art und Umfang regelt die Geschäftsordnung. (2) Soweit dem Bundespersonalausschuss eine Entscheidungsbefugnis eingeräumt ist, binden seine Beschlüsse die beteiligten Verwaltungen.	(5) Beschlüsse des Bundespersonalausschusses sind bekannt zu machen, soweit sie allgemeine Bedeutung haben. Art und Umfang regelt die Geschäftsordnung. (6) Soweit dem Bundespersonalausschuss eine Entscheidungsbefugnis eingeräumt ist, binden seine Beschlüsse die beteiligten Verwaltungen.	**Zu den Absätzen 5 und 6** Die Absätze 5 und 6 entsprechen dem bisherigen § 103.
§ 102 (1) Der Bundespersonalausschuss kann zur Durchführung seiner Aufgaben in entsprechender Anwendung der Vorschriften der Verwaltungsgerichtsordnung in der im Bundesgesetzblatt	**§ 124 Beweiserhebung, Auskünfte und Amtshilfe** (1) Der Bundespersonalausschuss kann zur Durchführung seiner Aufgaben in entsprechender Anwendung der Vorschriften der Verwaltungsgerichtsordnung Beweise erheben.	**§ 124** (Beweiserhebung, Auskünfte und Amtshilfe) Entspricht mit redaktionellen Anpassungen dem bisherigen § 102.

BBG/BRRG alt	BBG neu	Erläuterungen
Teil III, Gliederungsnummer 340-1, veröffentlichten bereinigten Fassung, zuletzt geändert durch Artikel 1 des Gesetzes vom 20. Dezember 1982 (BGBl. I S. 1834), Beweise erheben.		
(2) Alle Dienststellen haben dem Bundespersonalausschuss unentgeltlich Amtshilfe zu leisten und ihm auf Verlangen Auskünfte zu erteilen und Akten vorzulegen, soweit dies zur Durchführung seiner Aufgaben erforderlich ist.	(2) [1]**Die beteiligten Verwaltungen** haben dem Bundespersonalausschuss auf Verlangen Auskünfte zu erteilen und Akten vorzulegen, soweit dies zur Durchführung seiner Aufgaben erforderlich ist. [2]Alle Dienststellen haben dem Bundespersonalausschuss unentgeltlich Amtshilfe zu leisten.	
§§ 105 bis 170 *(weggefallen)*		
Abschnitt VI **Beschwerdeweg und Rechtsschutz**	**Abschnitt 9** **Beschwerdeweg und Rechtsschutz**	**Abschnitt 9** (Beschwerdeweg und Rechtsschutz)
§ 171	**§ 125 Dienstweg bei Anträgen und Beschwerden**	**§ 125** (Dienstweg bei Anträgen und Beschwerden, Konfliktlösungsverfahren)
(1) [1]Der Beamte kann Anträge und Beschwerden vorbringen; hierbei hat er den Dienstweg einzuhalten. [2]Der Beschwerdeweg bis zur obersten Dienstbehörde steht offen.	(1) [1]**Beamtinnen und** Beamte **können** Anträge und Beschwerden vorbringen. [2]Hierbei **ist der** Dienstweg einzuhalten. [3]Der Beschwerdeweg bis zur obersten Dienstbehörde steht offen.	Entspricht mit redaktionellen Anpassungen an die geschlechtergerechte Sprache dem bisherigen § 171.
(2) Richtet sich die Beschwerde gegen den unmittelbaren Vorgesetzten (§ 3	(2) Richtet sich die Beschwerde gegen **die unmittelbare Vorgesetzte oder** den	

Abs. 2), so kann sie bei dem nächsthöheren Vorgesetzten unmittelbar eingereicht werden.	unmittelbaren Vorgesetzten, kann sie bei **der oder** dem nächsthöheren Vorgesetzten unmittelbar eingereicht werden.	
§ 172 Für Klagen aus dem Beamtenverhältnis gelten die §§ 126 und 127 des Beamtenrechtsrahmengesetzes.	**§ 126 Verwaltungsrechtsweg**	**§ 126** (Verwaltungsrechtsweg) Mit redaktionellen Anpassungen werden die Regelungen des § 126 BRRG übernommen. Der bisherige § 172, durch den bislang der Rechtsweg für die Bundesbeamtinnen und Bundesbeamten geregelt war, kann entfallen, da es sich hierbei um eine Verweisnorm auf die §§ 126 und 127 des BRRG gehandelt hat, die nunmehr unmittelbar in das BBG integriert werden.
§ 126 BRRG (1) Für alle Klagen der Beamten, Ruhestandsbeamten, früheren Beamten und der Hinterbliebenen aus dem Beamtenverhältnis ist der Verwaltungsrechtsweg gegeben. (2) Für Klagen des Dienstherrn gilt das gleiche.	**(1) Für alle Klagen der Beamtinnen, Beamten, Ruhestandsbeamtinnen, Ruhestandsbeamten, früheren Beamtinnen, früheren Beamten und der Hinterbliebenen aus dem Beamtenverhältnis sowie für Klagen des Dienstherrn ist der Verwaltungsrechtsweg gegeben.**	**Zu Absatz 1** Für alle Klagen aus dem Beamtenverhältnis ist der Verwaltungsrechtsweg gegeben.
(3) Für Klagen nach Absatz 1, einschließlich der Leistungs- und Feststellungsklagen, gelten die Vorschriften des 8. Abschnitts der Verwaltungsgerichtsordnung mit folgenden Maßgaben:	**(2) [1]Vor allen Klagen ist ein Vorverfahren nach den Vorschriften des 8. Abschnitts der Verwaltungsgerichtsordnung durchzuführen. [2]Dies gilt auch dann, wenn die Maßnahme von der**	**Zu Absatz 2** Vor allen Klagen, ausgenommen denen des Dienstherrn, ist ein Vorverfahren vorgeschrieben.

BBG/BRRG alt	BBG neu	Erläuterungen
1. Eines Vorverfahrens bedarf es auch dann, wenn die Maßnahme von der obersten Dienstbehörde getroffen worden ist.	**obersten Dienstbehörde getroffen worden ist.**	
2. Den Widerspruchsbescheid erlässt die oberste Dienstbehörde. Sie kann die Entscheidung für Fälle, in denen sie die Maßnahme nicht selbst getroffen hat, durch allgemeine Anordnung auf andere Behörden übertragen; die Anordnung ist zu veröffentlichen.	**(3) [1]Den Widerspruchsbescheid erlässt die oberste Dienstbehörde. [2]Sie kann die Entscheidung für Fälle, in denen sie die Maßnahme nicht selbst getroffen hat, durch allgemeine Anordnung anderen Behörden übertragen. [3]Die Anordnung ist zu veröffentlichen.**	**Zu Absatz 3** Den Widerspruchsbescheid erlässt stets die oberste Dienstbehörde. Diese kann ihre Zuständigkeit auf andere Behörden übertragen.
3. Widerspruch und Anfechtungsklage gegen die Abordnung oder die Versetzung haben keine aufschiebende Wirkung. 4. Eines Vorverfahrens bedarf es nicht, wenn ein Gesetz dies bestimmt.	**(4) Widerspruch und Anfechtungsklage gegen die Abordnung oder die Versetzung haben keine aufschiebende Wirkung.**	**Zu Absatz 4** Widerspruch und Anfechtungsklage gegen Abordnung und Versetzung haben keine aufschiebende Wirkung.
§ 173 *(weggefallen)*		
§ 174 (1) Bei Klagen aus dem Beamtenverhältnis wird der Dienstherr durch die oberste Dienstbehörde vertreten, der der Beamte untersteht oder bei der Beendi-	**§ 127 Vertretung des Dienstherrn** (1) [1]Bei Klagen aus dem Beamtenverhältnis wird der Dienstherr durch die oberste Dienstbehörde vertreten, der **die Beamtin oder** der Beamte untersteht	**§ 127** (Vertretung des Dienstherrn) Entspricht mit redaktionellen Anpassungen an die geschlechtergerechte Sprache dem bisherigen § 174.

gung des Beamtenverhältnisses unterstanden hat; bei Ansprüchen nach den §§ 53 bis 61 des Beamtenversorgungsgesetzes wird der Dienstherr durch die oberste Dienstbehörde vertreten, deren sachlicher Weisung die Regelungsbehörde untersteht. (2) Besteht die oberste Dienstbehörde nicht mehr und ist eine andere Dienstbehörde nicht bestimmt, so tritt an ihre Stelle der Bundesminister des Innern. (3) Die oberste Dienstbehörde kann die Vertretung durch eine allgemeine Anordnung anderen Behörden übertragen; die Anordnung ist im Bundesgesetzblatt zu veröffentlichen.	oder bei der Beendigung des Beamtenverhältnisses unterstanden hat. [2]Bei Ansprüchen nach den §§ 53 bis 61 des Beamtenversorgungsgesetzes wird der Dienstherr durch die oberste Dienstbehörde vertreten, deren sachlicher Weisung die Regelungsbehörde untersteht. (2) Besteht die oberste Dienstbehörde nicht mehr und ist eine andere Dienstbehörde nicht bestimmt, tritt an ihre Stelle **das Bundesministerium** des Innern. (3) [1]Die oberste Dienstbehörde kann die Vertretung durch eine allgemeine Anordnung anderen Behörden übertragen. [2]Die Anordnung ist im Bundesgesetzblatt zu veröffentlichen.	
§ 175 Verfügungen und Entscheidungen, die dem Beamten oder Versorgungsberechtigten nach den Vorschriften dieses Gesetzes bekanntzugeben sind, sind zuzustellen, wenn durch sie eine Frist in Lauf gesetzt wird oder Rechte des Beamten oder Versorgungsberechtigten durch sie berührt werden. Soweit gesetzlich nichts anderes bestimmt ist, richtet sich die Zustellung nach den Vorschriften des Verwaltungszustellungsgesetzes in der im Bundes-	**§ 128 Zustellung von Verfügungen und Entscheidungen** Verfügungen und Entscheidungen, die **Beamtinnen und** Beamten oder Versorgungsberechtigten nach den Vorschriften dieses Gesetzes bekannt zu geben sind, sind zuzustellen, wenn durch sie eine Frist in Lauf gesetzt wird oder Rechte **der Beamtin oder** des Beamten oder **der** Versorgungsberechtigten durch sie berührt werden. Soweit gesetzlich nichts anderes bestimmt ist, richtet sich die Zustellung nach den Vorschriften des Verwaltungszustellungsgesetzes.	**§ 128** (Zustellung von Verfügungen und Entscheidungen) Entspricht mit redaktionellen Anpassungen an die geschlechtergerechte Sprache dem bisherigen § 175.

BBG/BRRG alt	BBG neu	Erläuterungen
gesetzblatt Teil III, Gliederungsnummer 201-3, veröffentlichten bereinigten Fassung, zuletzt geändert durch Artikel 39 des Gesetzes vom 14. Dezember 1976 (BGBl. I S. 3341).		
Abschnitt VII Beamte des Bundestages, des Bundesrates und des Bundesverfassungsgerichtes	**Abschnitt 10 Besondere Rechtsverhältnisse**	**Abschnitt 10** (Besondere Rechtsverhältnisse)
§ 176	**§ 129 Beamtinnen und Beamte oberster Bundesorgane**	**§ 129** (Beamtinnen und Beamte oberster Bundesorgane) **Zu Absatz 1**
(1) [1]Die Bundestagsbeamten, die Bundesratsbeamten und die Beamten des Bundesverfassungsgerichtes sind Bundesbeamte. [2]Die Ernennung, Entlassung und Zurruhesetzung der Bundestagsbeamten werden durch den Präsidenten des Bundestages, die der Bundesratsbeamten durch den Präsidenten des Bundesrates, die der Beamten des Bundesverfassungsgerichtes durch den Präsidenten des Bundesverfassungsgerichtes vorgenommen. [3]Oberste Dienstbehörde der Bundestagsbeamten ist der Präsident des Bundestages, oberste Dienstbehörde der Bundesratsbeamten ist der Präsident	(1) [1]Die **Beamtinnen und Beamten des Bundestages, des Bundesrates und** des Bundesverfassungsgerichtes sind **Beamtinnen und Beamte des Bundes**. [2]Die Ernennung, Entlassung und **Versetzung in den Ruhestand** werden durch **die Präsidentin oder** den Präsidenten des Bundestages, **die Präsidentin oder** den Präsidenten des Bundesrates oder durch **die Präsidentin oder** den Präsidenten des Bundesverfassungsgerichtes vorgenommen. [3]**Diese sind jeweils die** oberste Dienstbehörde.	Entspricht mit redaktionellen Anpassungen an die geschlechtergerechte Sprache dem bisherigen § 176 Abs. 1.

des Bundesrates, oberste Dienstbehörde der Beamten des Bundesverfassungsgerichtes ist der Präsident des Bundesverfassungsgerichtes.		**Zu Absatz 2**
(2) Der Direktor beim Deutschen Bundestag und der Direktor des Bundesrates können jederzeit in den einstweiligen Ruhestand versetzt werden, soweit sie Beamte auf Lebenszeit sind.	(2) **Die Direktorin oder** der Direktor des Bundesrates kann jederzeit in den einstweiligen Ruhestand versetzt werden, soweit **sie oder** er **Beamtin auf Lebenszeit oder** Beamter auf Lebenszeit ist.	Die Streichung des Amtes der Direktorin oder des Direktors beim Deutschen Bundestag ist eine Folgeänderung der Höherstufung dieses Amtes im Bundesbesoldungsgesetz.
Abschnitt VIII **Leitungs- sowie wissenschaftliches und künstlerisches Personal von Hochschulen**		
§ 176a	**§ 130 Wissenschaftliches und leitendes Personal der Hochschulen des Bundes**	**Zu § 130** (Wissenschaftliches und leitendes Personal der Hochschulen des Bundes) Die durch die Aufhebung des Hochschulrahmengesetzes entfallenden Regelungen der §§ 42, 43, 44, 45, 46, 47, 48, 49, 50 und 53 HRG, auf die der bisherige § 176a Bezug genommen hat, werden für das wissenschaftliche und leitende Personal der Hochschulen des Bundes übernommen. Im Gegensatz zum bisherigen § 176a umfasst die Vorschrift nicht mehr das künstlerische Personal, da die Hochschulen des Bundes kein künstlerisches Personal beschäftigen.

BBG/BRRG alt	BBG neu	Erläuterungen
		Zu Absatz 1
(1) [1]Die beamteten Leiter, die beamteten hauptberuflichen Mitglieder von Leitungsgremien sowie die entsprechend § 42 des Hochschulrahmengesetzes zum wissenschaftlichen und künstlerischen Personal zählenden Beamten einer Hochschule, die nach Landesrecht die Eigenschaft einer staatlich anerkannten Hochschule erhalten hat und deren Personal im Dienst des Bundes steht, sind unmittelbare Bundesbeamte. [2]Steht das Personal der Hochschule im Dienst einer bundesunmittelbaren Körperschaft, Anstalt oder Stiftung des öffentlichen Rechts, sind die in Satz 1 bezeichneten Beamten mittelbare Bundesbeamte.	**(1) Die beamteten Leiterinnen und beamteten Leiter, die beamteten hauptberuflichen Mitglieder von Leitungsgremien sowie die zum wissenschaftlichen Personal zählenden Beamtinnen und Beamten einer Hochschule des Bundes, die nach Landesrecht die Eigenschaft einer staatlich anerkannten Hochschule erhalten hat und deren Personal im Dienst des Bundes steht, stehen in einem Beamtenverhältnis zum Bund.**	Entspricht mit redaktionellen Anpassungen an die geschlechtergerechte Sprache dem bisherigen § 176a Abs. 1. Da die bisherige Unterscheidung von mittelbarem und unmittelbarem Bundesdienst nach dem bisherigen § 2 entfällt, ist eine Differenzierung nicht mehr notwendig. Der bisherige § 176a Abs. 1 Satz 2 entfällt daher. Der bisher in Absatz 1 enthaltene Verweis auf § 42 HRG entfällt und wird mit redaktionellen Änderungen in Absatz 2 ausgeführt.
		Zu Absatz 2
(2) [1]Die beamteten Leiter und die beamteten hauptberuflichen Mitglieder von Leitungsgremien sowie die beamteten Professoren, für die eine befristete Tätigkeit vorgesehen ist, werden für die Dauer von sechs Jahren zu Beamten auf Zeit ernannt. [2]Für beamtete Juniorprofessoren gilt § 48 des Hochschulrahmengesetzes entsprechend. [3]Für beamtete Hochschuldozenten gelten die §§ 42 und 48d, für beamtete Oberassistenten und Oberingenieure die §§ 42 und 48b	**(2) Das wissenschaftliche Personal dieser Hochschulen besteht insbesondere aus den Hochschullehrerinnen und Hochschullehrern (Professorinnen und Professoren, Juniorprofessorinnen und Juniorprofessoren), den wissenschaftlichen Mitarbeiterinnen und wissenschaftlichen Mitarbeitern sowie den Lehrkräften für besondere Aufgaben.** **(3) Die Hochschullehrerinnen und Hochschullehrer nehmen die ihrer**	Entspricht dem bisherigen § 42 HRG. Die in § 42 Satz 2 und 3 bisher enthaltenen Regelungen zur Förderung der Frauen in der Wissenschaft sind aufgrund des § 9 entbehrlich. **Zu Absatz 3** Entspricht dem bisherigen § 43 HRG.

und für beamtete wissenschaftliche und künstlerische Assistenten die §§ 42 und 48 des Hochschulrahmengesetzes in der bis zum 22. Februar 2002 geltenden Fassung entsprechend. (3) [1]Für die auf Zeit ernannten Beamten gelten die Vorschriften für Beamte auf Lebenszeit entsprechend, soweit gesetzlich nichts anderes bestimmt ist. [2]Sie sind mit Ablauf ihrer Amtszeit entlassen.	**Hochschule jeweils obliegenden Aufgaben in Wissenschaft, Forschung, Lehre und Weiterbildung in ihren Fächern nach näherer Ausgestaltung ihres Dienstverhältnisses selbstständig wahr**.	
(4) [1]Die beamteten Leiter und die beamteten Mitglieder von Leitungsgremien, die in dieser Eigenschaft zu Beamten auf Zeit ernannt sind, sind nach Ablauf ihrer ersten Amtszeit verpflichtet, ihr bisheriges Amt unter erneuter Berufung in das Beamtenverhältnis auf Zeit weiterzuführen; kommen sie dieser Verpflichtung nicht nach, so sind sie mit Ablauf der ersten Amtszeit entlassen. 2Abweichend von Absatz 3 Satz 2 treten sie nach Ablauf ihrer Amtszeit oder mit Erreichen der Altersgrenze in den Ruhestand, wenn sie eine Dienstzeit von mindestens zehn Jahren in einem Beamtenverhältnis mit Dienstbezügen oder in einem Dienstverhältnis als Berufssoldat zurückgelegt haben oder aus einem Beamtenverhältnis auf Lebenszeit oder aus einem Dienstver-	**(4) [1]Professuren und Juniorprofessuren sind öffentlich auszuschreiben. [2]Von einer Ausschreibung kann abgesehen werden, wenn** **1. ein bereits bestehendes Beamtenverhältnis auf Zeit auf derselben Professur in ein Beamtenverhältnis auf Lebenszeit umgewandelt oder** **2. eine Juniorprofessorin oder ein Juniorprofessor der eigenen Hochschule berufen** **werden soll.**	**Zu Absatz 4** Entspricht im Wesentlichen dem bisherigen § 45 HRG und konkretisiert die Ausnahmen von der Stellenausschreibungspflicht. Anders als die bisherige Regelung enthält die Vorschrift keinen Hinweis auf eine internationale Stellenausschreibung und entspricht damit der gängigen Verwaltungspraxis.

BBG/BRRG alt	BBG neu	Erläuterungen
hältnis als Berufssoldat zu Beamten auf Zeit ernannt worden waren.		
(5) Für die entsprechend § 42 des Hochschulrahmengesetzes zum wissenschaftlichen und künstlerischen Personal einer Hochschule zählenden Beamten gelten die Vorschriften dieses Gesetzes, soweit nicht die entsprechend anzuwendenden Vorschriften der §§ 43 bis 50, 52 und 53 des Hochschulrahmengesetzes etwas anderes bestimmen; bei der Auflösung der Verschmelzung oder einer wesentlichen Änderung des Aufbaues oder der Aufgaben von staatlich anerkannten Hochschulen des Bundes, deren Ausbildungsgänge ausschließlich auf den öffentlichen Dienst ausgerichtet sind, gilt für beamtete Professoren, Juniorprofessoren und Hochschuldozenten, deren Aufgabengebiet davon berührt wird, § 26 dieses Gesetzes, wenn eine ihrem bisherigen Amt entsprechende Verwendung nicht möglich ist.,	**(5) [1]Wissenschaftliche Mitarbeiterinnen und wissenschaftliche Mitarbeiter sind die Beamtinnen und Beamten, denen wissenschaftliche Dienstleistungen obliegen. [2]In begründeten Fällen kann ihnen auch die selbstständige Wahrnehmung von Aufgaben in Forschung und Lehre übertragen werden.**	**Zu Absatz 5** Entspricht dem bisherigen § 53 Abs. 1 Satz 1 und 3 HRG.
	(6) Lehrkräfte für besondere Aufgaben sind, soweit sie nicht in einem privatrechtlichen Dienstverhältnis stehen, Beamtinnen und Beamte, die auch ohne Erfüllung der Einstellungsvoraussetzungen für Hochschullehrerinnen und Hochschullehrer beschäftigt werden können, sofern überwiegend die Vermittlung praktischer Fähigkeiten und Kenntnisse erforderlich ist.	**Zu Absatz 6** Definiert die in Absatz 2 genannten Lehrkräfte für besondere Aufgaben.

	§ 131 Einstellungsvoraussetzungen für Hochschullehrerinnen und Hochschullehrer sowie wissenschaftliche Mitarbeiterinnen und wissenschaftliche Mitarbeiter	**Zu § 131** (Einstellungsvoraussetzungen für Hochschullehrerinnen und Hochschullehrer sowie wissenschaftliche Mitarbeiterinnen und wissenschaftliche Mitarbeiter) In § 131 werden die bisher für Professorinnen und Professoren in § 44 HRG, für Juniorprofessorinnen und Juniorprofessoren in § 47 HRG und für wissenschaftliche Mitarbeiterinnen und wissenschaftliche Mitarbeiter in § 53 Abs. 3 HRG geregelten Einstellungsvoraussetzungen aufgenommen.
	(1) Einstellungsvoraussetzungen für Professorinnen und Professoren sind neben den allgemeinen dienstrechtlichen Voraussetzungen **1. ein abgeschlossenes Hochschulstudium,** **2. die pädagogische Eignung,** **3. eine besondere Befähigung zu wissenschaftlicher Arbeit, die in der Regel durch die Qualität einer Promotion nachgewiesen wird, und** **4. je nach den Anforderungen der Stelle** **a) zusätzliche wissenschaftliche Leistungen oder**	**Zu Absatz 1** Regelt die bisher in § 44 HRG enthaltenen Einstellungsvoraussetzungen für Professorinnen und Professoren.

BBG/BRRG alt	BBG neu	Erläuterungen
	b) besondere Leistungen bei der Anwendung oder Entwicklung wissenschaftlicher Erkenntnisse und Methoden in einer mehrjährigen beruflichen Praxis.	
	(2) [1]Einstellungsvoraussetzungen für Juniorprofessorinnen und Juniorprofessoren sind neben den allgemeinen dienstrechtlichen Voraussetzungen **1. ein abgeschlossenes Hochschulstudium,** **2. die pädagogische Eignung und** **3. eine besondere Befähigung zu wissenschaftlicher Arbeit, die in der Regel durch die herausragende Qualität einer Promotion nachgewiesen wird.** **[2]Sofern vor oder nach der Promotion ein Beschäftigungsverhältnis als wissenschaftliche Mitarbeiterin oder wissenschaftlicher Mitarbeiter bestand, sollen Promotions- und Beschäftigungsphase zusammen nicht mehr als sechs Jahre betragen haben. [3]Verlängerungen aufgrund von Zeiten eines mutterschutzrechtlichen Beschäftigungsverbots, Inanspruchnahme von Elternzeit, Beurlaubung oder Herab-**	**Zu Absatz 2** Regelt die bisher in § 47 HRG enthaltenen Einstellungsvoraussetzungen für Juniorprofessorinnen und Juniorprofessoren. Satz 3 entspricht dem bisher in § 47 Satz 3 HRG enthaltenen Verweis auf § 57b Abs. 4 Satz 1 Nr. 1 und 3 bis 5 HRG. Satz 4 entspricht dem bisher in § 47 Satz 4 HRG enthaltenen Verweis auf § 57b Abs. 2 Satz 1 HRG.

	setzung der Arbeitszeit wegen Betreuung oder Pflege eines Kindes unter 18 Jahren oder einer oder eines pflegebedürftigen sonstigen Angehörigen sowie einer Freistellung bleiben hierbei unberücksichtigt. [4]Auf die Zeiten nach Satz 2 sind alle befristeten Arbeitsverhältnisse mit mehr als einem Viertel der regelmäßigen Arbeitszeit, die mit einer deutschen Hochschule oder einer Forschungseinrichtung abgeschlossen wurden, sowie entsprechende Beamtenverhältnisse auf Zeit und privatrechtliche Dienstverhältnisse anzurechnen.	
	(3) Einstellungsvoraussetzung für wissenschaftliche Mitarbeiterinnen und wissenschaftliche Mitarbeiter ist neben den allgemeinen dienstrechtlichen Voraussetzungen ein abgeschlossenes Hochschulstudium.	**Zu Absatz 3** Regelt die bisher in § 53 Abs. 3 HRG enthaltenen Einstellungsvoraussetzungen für wissenschaftliche Mitarbeiterinnen und wissenschaftliche Mitarbeiter.
	§ 132 Dienstrechtliche Stellung des hauptberuflichen wissenschaftlichen und leitenden Personals der Hochschulen	**Zu § 132** (Dienstrechtliche Stellung des hauptberuflichen wissenschaftlichen und leitenden Personals der Hochschulen)
	(1) [1]Professorinnen und Professoren werden, soweit kein privatrechtliches Dienstverhältnis begründet wird, bei erstmaliger Berufung in das Professo-	**Zu Absatz 1** Satz 1 entspricht mit redaktionellen Anpassungen an die geschlechtergerechte Sprache im Wesentlichen dem bisherigen § 176a Abs. 2 Satz 1, soweit

BBG/BRRG alt	BBG neu	Erläuterungen
	renverhältnis für sechs Jahre zu Beamtinnen auf Zeit und Beamten auf Zeit ernannt. [2]Abweichend hiervon ist die sofortige Begründung eines Beamtenverhältnisses auf Lebenszeit möglich, wenn **1. Bewerberinnen oder Bewerber für ein Professorenamt sonst nicht gewonnen werden können oder** **2. eine Juniorprofessorin oder ein Juniorprofessor der eigenen Hochschule berufen wird.** **[3]Nach frühestens drei Jahren kann das Beamtenverhältnis auf Zeit in ein solches auf Lebenszeit umgewandelt werden, wenn die Hochschule zuvor ein Bewertungsverfahren mit positivem Ergebnis durchgeführt hat. [4]Erfolgt keine Umwandlung in ein Beamtenverhältnis auf Lebenszeit, sind die Professorinnen und Professoren mit Ablauf ihrer Amtszeit oder Erreichen der Altersgrenze aus dem Beamtenverhältnis auf Zeit entlassen. [5]Eine einmalige erneute Berufung in ein Beamtenverhältnis auf Zeit auf derselben Professur ist zulässig.**	dieser beamtete Professorinnen und beamtete Professoren betrifft. Anders als bisher stellt die zunächst befristete Einstellung in ein Beamtenverhältnis auf Zeit für die Dauer von sechs Jahren mit der Option der Umwandlung in ein Beamtenverhältnis auf Lebenszeit den Regelfall dar. Die sofortige Begründung eines Beamtenverhältnisses auf Lebenszeit ist möglich, wenn eine Bewerberin oder ein Bewerber für ein Professorenamt sonst nicht gewonnen werden kann oder wenn eine Juniorprofessorin oder ein Juniorprofessor der eigenen Hochschule berufen wird. Dies entspricht dem Bedürfnis der Hochschulen nach Erleichterungen für die Einstellung von qualifiziertem Personal, das andernfalls nicht gewonnen werden könnte.

	(2) [1]Juniorprofessorinnen und Juniorprofessoren werden, soweit kein privatrechtliches Dienstverhältnis begründet wird, für drei Jahre zu Beamtinnen auf Zeit oder Beamten auf Zeit ernannt. [2]Das Beamtenverhältnis soll im Laufe des dritten Jahres um weitere drei Jahre verlängert werden, wenn die Juniorprofessorin oder der Juniorprofessor sich als Hochschullehrerin oder Hochschullehrer bewährt hat. [3]Anderenfalls kann es um bis zu einem Jahr verlängert werden. [4]Eine weitere Verlängerung ist, abgesehen von den Fällen des Absatzes 5, nicht zulässig. [5]Dies gilt auch für eine erneute Einstellung als Juniorprofessorin oder Juniorprofessor.	**Zu Absatz 2** Entspricht dem bisherigen § 176a Abs. 2 Satz 2. Der Verweis auf § 48 HRG entfällt. Dessen bisheriger Regelungsinhalt wird nunmehr unmittelbar in der Vorschrift aufgenommen und die Ausgestaltung des Dienstverhältnisses für Juniorprofessorinnen und Juniorprofessoren konkretisiert.
	(3) [1]Wissenschaftliche Mitarbeiterinnen und wissenschaftliche Mitarbeiter, deren Stelle eine befristete Beschäftigung vorsieht, werden, soweit kein privatrechtliches Dienstverhältnis begründet wird, für die Dauer von drei Jahren zu Beamtinnen auf Zeit und Beamten auf Zeit ernannt. [2]Eine einmalige Verlängerung des Beamtenverhältnisses auf Zeit um weitere drei Jahre ist zulässig.	**Zu Absatz 3** Die Vorschrift regelt das Dienstverhältnis für wissenschaftliche Mitarbeiterinnen und wissenschaftliche Mitarbeiter nunmehr in diesem Gesetz. Sie ermöglicht Berufungen sowohl in Beamtenverhältnisse auf Zeit als auch in Beamtenverhältnisse auf Lebenszeit. Die Entscheidung über die Art des Beamtenverhältnisses richtet sich nicht nach der Person der Bewerberin und des Bewerbers, sondern nach organisatorischen Gesichtspunkten.

BBG/BRRG alt	BBG neu	Erläuterungen
	(4) Für beamtete Hochschuldozentinnen und beamtete Hochschuldozenten gelten die §§ 42 und 48d, für beamtete Oberassistentinnen, beamtete Oberassistenten, beamtete Oberingenieurinnen und beamtete Oberingenieure die §§ 42 und 48b und für beamtete wissenschaftliche und künstlerische Assistentinnen und Assistenten die §§ 42 und 48 des Hochschulrahmengesetzes in der bis zum 30. Dezember 2004 geltenden Fassung entsprechend.	**Zu Absatz 4** Entspricht mit redaktionellen Anpassungen an die geschlechtergerechte Sprache dem bisherigen § 176a Abs. 2 Satz 3. Für den betroffenen Personenkreis gelten die genannten Vorschriften des Hochschulrahmengesetzes in der bis zum 30. Dezember 2004 geltenden Fassung entsprechend fort.
	(5) Soweit Hochschullehrerinnen und Hochschullehrer oder wissenschaftliche Mitarbeiterinnen und wissenschaftliche Mitarbeiter Beamtinnen auf Zeit und Beamte auf Zeit sind, ist das Dienstverhältnis, sofern dienstliche Gründe dem nicht entgegenstehen, auf Antrag der Beamtin oder des Beamten um Zeiten eines mutterschutzrechtlichen Beschäftigungsverbots und der Inanspruchnahme von Elternzeit sowie, von bis zu drei Jahren, um Zeiten einer familienbedingten Teilzeit oder Beurlaubung nach § 92 zu verlängern.	**Zu Absatz 5** Entspricht im Wesentlichen dem bisherigen § 50 Abs. 3 HRG. Die Vorschrift konkretisiert, in welchem Umfang eine Verlängerung der Zeitbeamtenverhältnisse erfolgen kann.
	(6) [1]Der Eintritt einer Professorin oder eines Professors in den Ruhestand wegen Erreichens der Altersgrenze wird	**Zu Absatz 6** Die Regelung konkretisiert den Zeitpunkt des Eintritts einer Professorin oder eines Professors in den Ruhestand.

	zum Ende des Semesters oder Trimesters wirksam, in dem die Regelaltersgrenze erreicht wird. [2]Eine Versetzung in den Ruhestand auf Antrag soll zum Ende des Semesters oder Trimesters ausgesprochen werden, es sei denn, dass gesundheitliche Gründe dem entgegenstehen. [3]Eine Entlassung aus dem Beamtenverhältnis auf Antrag kann bis zum Ende des Semesters oder Trimesters hinausgeschoben werden, wenn dienstliche Belange dies erfordern.	
	(7) [1]Auf Antrag der Professorin oder des Professors kann der Eintritt in den Ruhestand insgesamt bis zum Ende des Monats, in dem das 75. Lebensjahr vollendet wird, hinausgeschoben werden, wenn dies wegen der besonderen wissenschaftlichen Leistungen im Einzelfall im dienstlichen Interesse liegt. [2]§ 53 Abs. 1 Satz 3 gilt entsprechend.	**Zu Absatz 7** Die Regelung erlaubt eine Verlängerung der Dienstzeit wissenschaftlicher Leistungsträgerinnen und Leistungsträger über die Möglichkeit des Hinausschiebens der Altersgrenze nach § 53 hinaus bis zur Vollendung des 75. Lebensjahres. Führende Wissenschaftlerinnen und Wissenschaftler können über das 70. Lebensjahr hinaus die Fortsetzung ihrer dienstlichen Tätigkeit beantragen. Voraussetzung ist, dass die weitere Tätigkeit wegen der besonderen wissenschaftlichen Leistungen im Einzelfall im öffentlichen Interesse liegt. Diese Möglichkeit soll auch die Konkurrenzfähigkeit des deutschen Wissenschaftssystems gegenüber Angeboten ausländischer Einrichtungen an Spitzenforscherinnen und -forscher stärken.

BBG/BRRG alt	BBG neu	Erläuterungen
	(8) [1]Beamtete Leiterinnen und beamtete Leiter und beamtete hauptberufliche Mitglieder von Leitungsgremien werden für sechs Jahre in ein Beamtenverhältnis auf Zeit berufen. [2]Sie sind mit Ablauf ihrer Amtszeit oder Erreichen der Regelaltersgrenze aus diesem Beamtenverhältnis entlassen. [3]Abweichend von Satz 2 treten sie mit Ablauf ihrer Amtszeit oder mit Erreichen der Regelaltersgrenze in den Ruhestand, wenn sie **1. eine Dienstzeit von insgesamt mindestens zehn Jahren in Beamtenverhältnissen oder in einem Dienstverhältnis als Berufssoldatin oder Berufssoldat mit Anspruch auf Besoldung zurückgelegt haben oder** **2. aus einem Beamtenverhältnis auf Lebenszeit oder aus einem Dienstverhältnis als Berufssoldatin oder Berufssoldat in ein Beamtenverhältnis auf Zeit berufen worden waren.** **[4]Handelt es sich in den Fällen des Satzes 3 Nr. 2 um ein Beamtenverhältnis auf Lebenszeit zum Bund, ruht dieses Rechtsverhältnis mit allen Rechten und Pflichten für die Dauer des Be-**	**Zu Absatz 8** Satz 1 entspricht mit redaktionellen Anpassungen an die geschlechtergerechte Sprache im Wesentlichen dem bisherigen § 176a Abs. 2 Satz 1. Satz 2 entspricht im Wesentlichen dem bisherigen § 176a Abs. 4 Satz 1. Die Regelung in Satz 3 entspricht im Wesentlichen dem bisherigen § 176a Absatz 4 Satz 2. Sie enthält nunmehr eine Klarstellung, dass die beamteten Leiterinnen und beamteten Leiter und die beamteten hauptberuflichen Mitglieder von Leitungsgremien mit der Beendigung des Zeitbeamtenverhältnisses vor Erreichen der allgemeinen Altersgrenze nicht automatisch in den Ruhestand treten. Die Regelung des Ruhens der Dienstverhältnisse in Satz 4 erleichtert es, qualifiziertes jüngeres Personal für die Hochschulen zu gewinnen. Eine Beurlaubung scheidet für eine Tätigkeit bei demselben Dienstherrn aus. Eine ebenfalls denkbare schriftliche Zusage setzt das Einvernehmen mit dem Dienstherrn sowie das Vorhandensein einer freien Planstelle, die dem letzten Amt im Lebenszeitverhältnis entspricht, zum Zeitpunkt der Beendigung des

	amtenverhältnisses auf Zeit mit Ausnahme der Pflicht zur Verschwiegenheit und des Verbots der Annahme von Belohnungen, Geschenken und sonstigen Vorteilen.	Zeitbeamtenverhältnisses voraus. Dies würde den Bedürfnissen der Personalverwaltung nicht gerecht.
	(9) [1]Die Vorschriften über die Laufbahnen und über den einstweiligen Ruhestand sowie die §§ 87 und 88 sind auf Hochschullehrerinnen und Hochschullehrer nicht anzuwenden. [2]Erfordert der Aufgabenbereich einer Hochschuleinrichtung eine regelmäßige oder planmäßige Anwesenheit, kann die oberste Dienstbehörde die §§ 87 und 88 für bestimmte Gruppen von Beamtinnen und Beamten für anwendbar erklären.	**Zu Absatz 9** Durch die Aufhebung des Hochschulrahmengesetzes und Übernahme der Vorschriften in dieses Gesetz entfällt der im bisherigen § 176a Abs. 5 1. Halbsatz enthaltene Verweis auf die §§ 43, 44, 47 bis 50 und 53 HRG. Der bisherige § 176a Abs. 5 Satz 1 ist daher entbehrlich. Satz 1 bis 3 konkretisieren den Anwendungsbereich dieses Gesetzes auf Hochschullehrerinnen und Hochschullehrer.
	(10) [1]Hochschullehrerinnen und Hochschullehrer können nur mit ihrer Zustimmung abgeordnet oder versetzt werden. [2]Bei der Auflösung, der Verschmelzung oder einer wesentlichen Änderung des Aufbaues oder der Aufgaben von staatlich anerkannten Hochschulen des Bundes, deren Ausbildungsgänge ausschließlich auf den öffentlichen Dienst ausgerichtet sind, gilt § 28 Abs. 3 für beamtete Profes-	**Zu Absatz 10** Entspricht mit redaktionellen Anpassungen an die geschlechtergerechte Sprache dem bisherigen § 176a Abs. 5 2. Halbsatz.

BBG/BRRG alt	BBG neu	Erläuterungen
	sorinnen, Professoren, Juniorprofessorinnen, Juniorprofessoren sowie Hochschuldozentinnen und Hochschuldozenten entsprechend.	
Abschnitt VIII **Ehrenbeamte**		
§ 177	**§ 133 Ehrenbeamtinnen und Ehrenbeamte**	**Zu § 133** (Ehrenbeamtinnen und Ehrenbeamte)
(1) Für Ehrenbeamte (§ 5 Abs. 3) gelten die Vorschriften dieses Gesetzes mit folgenden Maßgaben: 1. [1]Nach Vollendung des fünfundsechzigsten Lebensjahres kann der Ehrenbeamte verabschiedet werden. [2]Er ist zu verabschieden, wenn die sonstigen Voraussetzungen für die Versetzung eines Beamten in den Ruhestand gegeben sind. 2. keine Anwendung finden die §§ 26, 41 Abs. 3, §§ 65, 66, 69, 72, 74, 82 bis 87a, für Honorarkonsularbeamte außerdem § 7 Abs. 1 Nr. 1. 3. Ein Ehrenbeamtenverhältnis kann nicht in ein Beamtenverhältnis anderer Art, ein solches Beamtenverhältnis nicht in ein Ehrenbeamtenverhältnis umgewandelt werden.	(1) Für **Ehrenbeamtinnen und** Ehrenbeamte nach § 6 Abs. 5 gelten die Vorschriften dieses Gesetzes mit folgenden Maßgaben: 1. Nach **Erreichen der Regelaltersgrenze können Ehrenbeamtinnen und** Ehrenbeamte verabschiedet werden. Sie sind zu verabschieden, wenn die sonstigen Voraussetzungen für die Versetzung **einer Beamtin oder** eines Beamten in den Ruhestand gegeben sind. 2. **Nicht anzuwenden sind** die §§ 28, 53 Abs. 2, §§ 72, 76, 87, 88, 97 bis 101 und 104, auf **Honorarkonsularbeamtinnen und** Honorarkonsularbeamte, außerdem § 7 Abs. 1 Nr. 1.	Entspricht mit redaktionellen Anpassungen an die geschlechtergerechte Sprache dem bisherigen § 177.

(2) Die Unfallfürsorge für Ehrenbeamte und ihre Hinterbliebenen richtet sich nach § 68 des Beamtenversorgungsgesetzes. (3) Im übrigen regeln sich die Rechtsverhältnisse der Ehrenbeamten nach den besonderen für die einzelnen Gruppen der Ehrenbeamten geltenden Vorschriften.	(2) Die Unfallfürsorge für **Ehrenbeamtinnen und** Ehrenbeamte und ihre Hinterbliebenen richtet sich nach § 68 des Beamtenversorgungsgesetzes. (3) Im Übrigen regeln sich die Rechtsverhältnisse nach den besonderen für die einzelnen Gruppen der **Ehrenbeamtinnen und** Ehrenbeamten geltenden Vorschriften.	
	Abschnitt 11 **Umbildung von Körperschaften**	**Abschnitt 11** (Umbildung von Körperschaften)
§ 128 BRRG	**§ 134 Umbildung einer Körperschaft**	**Zu § 134** (Umbildung einer Körperschaft) Die Regelungen übernehmen die §§ 128 ff. BRRG mit redaktionellen Anpassungen. Die Vorschriften betreffen die verschiedenen Fälle der Umbildung von Körperschaften oder der Verlagerung von Aufgaben von einer Körperschaft auf eine andere und regeln zum Schutz der Beamtinnen und Beamten die Rechtsstellung bei einem unfreiwilligen Dienstherrenwechsel. Inhaltlich korrespondieren die Vorschriften zur Umbildung mit den Regelungen im Beamtenstatusgesetz.

BBG/BRRG alt	BBG neu	Erläuterungen
(1) Die Beamten einer Körperschaft, die vollständig in eine andere Körperschaft eingegliedert wird, treten mit der Umbildung kraft Gesetzes in den Dienst der aufnehmenden Körperschaft über.	**(1) Beamtinnen und Beamte einer juristischen Person des öffentlichen Rechts mit Dienstherrnfähigkeit (Körperschaft), die vollständig in eine andere Körperschaft eingegliedert wird, treten mit der Umbildung kraft Gesetzes in den Dienst der aufnehmenden Körperschaft über.**	**Zu Absatz 1** Beamtinnen und Beamte einer Körperschaft, die vollständig in eine andere Körperschaft eingegliedert wird, treten kraft Gesetzes in den Dienst der neuen Körperschaft über. Die Definition der Körperschaft des § 133 BRRG wird an dieser Stelle integriert.
(2) [1]Die Beamten einer Körperschaft, die vollständig in mehrere andere Körperschaften eingegliedert wird, sind anteilig in den Dienst der aufnehmenden Körperschaften zu übernehmen. [2]Die beteiligten Körperschaften haben innerhalb einer Frist von sechs Monaten nach dem Zeitpunkt, in dem die Umbildung vollzogen ist, im Einvernehmen miteinander zu bestimmen, von welchen Körperschaften die einzelnen Beamten zu übernehmen sind. [3]Solange ein Beamter nicht übernommen ist, haften alle aufnehmenden Körperschaften für die ihm zustehenden Bezüge als Gesamtschuldner.	**(2) [1]Beamtinnen und Beamte einer Körperschaft, die vollständig in mehrere andere Körperschaften eingegliedert wird, sind anteilig in den Dienst der aufnehmenden Körperschaften zu übernehmen. [2]Die beteiligten Körperschaften haben innerhalb einer Frist von sechs Monaten nach dem Zeitpunkt, in dem die Umbildung vollzogen ist, im Einvernehmen miteinander zu bestimmen, von welchen Körperschaften die einzelnen Beamtinnen und Beamten zu übernehmen sind. [3]Solange die Übernahme nicht erfolgt ist, haften alle beteiligten Körperschaften für die zustehenden Bezüge als Gesamtschuldner.**	**Zu Absatz 2** Absatz 2 regelt die Übernahme, wenn die Körperschaft vollständig in mehrere andere Körperschaften eingegliedert wird, entsprechend anteilig. Aus Gründen der Rechtssicherheit für die von der Umbildung der Körperschaft betroffenen Beamtinnen und Beamten ist innerhalb einer Frist von sechs Monaten zu entscheiden, von welcher neuen Körperschaft sie übernommen werden.

		Zu Absatz 3
(3) [1]Die Beamten einer Körperschaft, die teilweise in eine oder mehrere andere Körperschaften eingegliedert wird, sind zu einem verhältnismäßigen Teil, bei mehreren Körperschaften anteilig, in den Dienst der aufnehmenden Körperschaften zu übernehmen. [2]Absatz 2 Satz 2 findet Anwendung.	**(3) [1]Beamtinnen und Beamte einer Körperschaft, die teilweise in eine oder mehrere andere Körperschaften eingegliedert wird, sind zu einem verhältnismäßigen Teil, bei mehreren Körperschaften anteilig, in den Dienst der aufnehmenden Körperschaften zu übernehmen. [2]Absatz 2 Satz 2 findet Anwendung.**	Im Fall der teilweisen Eingliederung einer zuvor eigenständigen Körperschaft gilt ebenfalls ein anteiliges Verhältnis der Übernahme der betroffenen Beamtinnen oder Beamten.
		Zu Absatz 4
(4) Die Absätze 1 bis 3 gelten entsprechend, wenn eine Körperschaft mit einer oder mehreren anderen Körperschaften zu einer neuen Körperschaft zusammengeschlossen wird, wenn aus einer Körperschaft oder aus Teilen einer Körperschaft eine oder mehrere neue Körperschaften gebildet werden, oder wenn Aufgaben einer Körperschaft vollständig oder teilweise auf eine oder mehrere andere Körperschaften übergehen.	**(4) Die Absätze 1 bis 3 gelten entsprechend, wenn eine Körperschaft mit einer oder mehreren anderen Körperschaften zu einer neuen Körperschaft zusammengeschlossen wird, wenn aus einer Körperschaft oder aus Teilen einer Körperschaft eine oder mehrere neue Körperschaften gebildet werden oder wenn Aufgaben einer Körperschaft vollständig oder teilweise auf eine oder mehrere andere Körperschaften übergehen.**	Die Absätze 1 bis 3 gelten auch, wenn Körperschaften oder Teile von verschiedenen Körperschaften zu einer neuen Körperschaft umgebildet werden.
§ 129 BRRG	**§ 135 Rechtsfolgen der Umbildung**	**Zu § 135** (Rechtsfolgen der Umbildung)
		Für den Fall der Umbildung von Körperschaften wird die Regelung des § 129 BRRG mit redaktionellen Anpassungen übernommen.

BBG/BRRG alt	BBG neu	Erläuterungen
		Zu Absatz 1
(1) Tritt ein Beamter auf Grund des § 128 Abs. 1 kraft Gesetzes in den Dienst einer anderen Körperschaft über oder wird er auf Grund des § 128 Abs. 2 oder 3 von einer anderen Körperschaft übernommen, so gilt § 18 Abs. 4 entsprechend.	**(1) Tritt eine Beamtin oder ein Beamter aufgrund des § 134 Abs. 1 kraft Gesetzes in den Dienst einer anderen Körperschaft über oder wird sie oder er aufgrund des § 134 Abs. 2 oder 3 von einer anderen Körperschaft übernommen, wird das Beamtenverhältnis mit dem neuen Dienstherrn fortgesetzt.**	Rechtsfolge des Übertritts der Beamtin oder des Beamten in eine andere Körperschaft ist die Fortsetzung des Beamtenverhältnisses mit dem neuen Dienstherrn.
		Zu Absatz 2
(2) Im Falle des § 128 Abs. 1 ist dem Beamten von der aufnehmenden oder neuen Körperschaft die Fortsetzung des Beamtenverhältnisses schriftlich zu bestätigen.	**(2) Im Fall des § 134 Abs. 1 ist der Beamtin oder dem Beamten von der aufnehmenden oder neuen Körperschaft die Fortsetzung des Beamtenverhältnisses schriftlich zu bestätigen.**	Die Fortsetzung des Beamtenverhältnisses ist aus Gründen der Rechtssicherheit von der aufnehmenden oder neuen Körperschaft schriftlich zu bestätigen.
		Zu Absatz 3
(3) [1]In den Fällen des § 128 Abs. 2 und 3 wird die Übernahme von der Körperschaft verfügt, in deren Dienst der Beamte treten soll; die Verfügung wird mit der Zustellung an den Beamten wirksam. [2]Der Beamte ist verpflichtet, der Übernahmeverfügung Folge zu leisten; kommt er der Verpflichtung nicht nach, so ist er zu entlassen.	**(3) [1]In den Fällen des § 134 Abs. 2 und 3 wird die Übernahme von der Körperschaft verfügt, in deren Dienst die Beamtin oder der Beamte treten soll. [2]Die Verfügung wird mit der Zustellung an die Beamtin oder den Beamten wirksam. [3]Die Beamtin oder der Beamte ist verpflichtet, der Verfügung Folge zu leisten. [4]Kommt sie oder er der Verpflichtung nicht nach, wird sie oder er entlassen.**	Absatz 3 regelt Zuständigkeits- und Verfahrensfragen. Die Beamtinnen und Beamten sind verpflichtet, der Übernahmeverfügung Folge zu leisten, andernfalls sieht das Gesetz die Entlassung aus dem Beamtenverhältnis vor.

(4) Die Absätze 1 bis 3 gelten entsprechend in den Fällen des § 128 Abs. 4.	**(4) Die Absätze 1 bis 3 gelten entsprechend in den Fällen des § 134 Abs. 4.**	**Zu Absatz 4** Absatz 4 erklärt die Absätze 1 bis 3 auch für den Fall des § 134 Abs. 4 für anwendbar.
§ 130 BRRG	**§ 136 Rechtsstellung der Beamtinnen und Beamten**	**Zu § 136** (Rechtsstellung der Beamtinnen und Beamten) Die Regelung des § 130 BRRG wird mit redaktionellen Anpassungen in das Bundesbeamtengesetz übernommen.
(1) [1]Dem nach § 128 in den Dienst einer anderen Körperschaft kraft Gesetzes übergetretenen oder von ihr übernommenen Beamten soll ein seinem bisherigen Amt nach Bedeutung und Inhalt ohne Rücksicht auf Dienststellung und Dienstalter gleichzubewertendes Amt übertragen werden. [2]Wenn eine dem bisherigen Amt entsprechende Verwendung nicht möglich ist, finden § 18 Abs. 2 Satz 2 und § 23 Abs. 3 Nr. 3 entsprechende Anwendung. [3]Bei Anwendung des § 18 Abs. 2 Satz 2 darf der Beamte neben der neuen Amtsbezeichnung die des früheren Amtes mit dem Zusatz „außer Dienst" („a. D.") führen.	**(1) [1]Den nach § 134 in den Dienst einer anderen Körperschaft übergetretenen oder von ihr übernommenen Beamtinnen und Beamten soll ein dem bisherigen Amt nach Bedeutung und Inhalt gleich zu bewertendes Amt übertragen werden. [2]Wenn eine dem bisherigen Amt entsprechende Verwendung nicht möglich ist, sind § 28 Abs. 3 und § 34 Abs. 1 Nr. 4 entsprechend anzuwenden. [3]Bei Anwendung des § 28 Abs. 3 darf die Beamtin oder der Beamte neben der neuen Amtsbezeichnung die des früheren Amtes mit dem Zusatz „außer Dienst" oder „a. D." führen.**	**Zu Absatz 1** Den Beamtinnen und Beamten soll ein ihrem bisherigen Amt gleich zu bewertendes Amt übertragen werden. Wenn dies nicht möglich ist, kann auch ein anderes Amt derselben oder einer gleichwertigen Laufbahn mit geringerem Endgrundgehalt übertragen werden.
(2) [1]Die aufnehmende oder neue Körperschaft kann, wenn die Zahl der bei	**(2) [1]Die aufnehmende oder neue Körperschaft kann, wenn die Zahl der bei**	**Zu Absatz 2** Die Vorschrift enthält die Möglichkeit, ausnahmsweise auch Beamtinnen auf

BBG/BRRG alt	BBG neu	Erläuterungen
ihr nach der Umbildung vorhandenen Beamten den tatsächlichen Bedarf übersteigt, innerhalb einer Frist von sechs Monaten die entbehrlichen Beamten auf Lebenszeit oder auf Zeit, deren Aufgabengebiet von der Umbildung berührt wurde, in den einstweiligen Ruhestand versetzen. [2]Die Frist des Satzes 1 beginnt im Falle des § 128 Abs. 1 mit dem Übertritt, in den Fällen des § 128 Abs. 2 und 3 mit der Bestimmung derjenigen Beamten, zu deren Übernahme die Körperschaft verpflichtet ist; entsprechendes gilt in den Fällen des § 128 Abs. 4. [3]§ 20 Satz 3 findet Anwendung. [4]Bei Beamten auf Zeit, die nach Satz 1 in den einstweiligen Ruhestand versetzt sind, endet der einstweilige Ruhestand mit Ablauf der Amtszeit; sie gelten in diesem Zeitpunkt als dauernd in den Ruhestand versetzt, wenn sie bei Verbleiben im Amt mit Ablauf der Amtszeit in den Ruhestand getreten wären.	**ihr nach der Umbildung vorhandenen Beamtinnen und Beamten den tatsächlichen Bedarf übersteigt, innerhalb einer Frist von sechs Monaten die entbehrlichen Beamtinnen auf Lebenszeit oder auf Zeit oder die Beamten auf Lebenszeit oder auf Zeit, deren Aufgabengebiet von der Umbildung berührt wurde, in den einstweiligen Ruhestand versetzen. [2]Die Frist des Satzes 1 beginnt im Fall des § 134 Abs. 1 mit dem Übertritt, in den Fällen des § 134 Abs. 2 und 3 mit der Bestimmung derjenigen Beamtinnen und Beamten, zu deren Übernahme die Körperschaft verpflichtet ist. [3]Entsprechendes gilt in den Fällen des § 134 Abs. 4. [4]§ 55 Satz 2 ist anzuwenden. [5]Bei Beamtinnen auf Zeit und Beamten auf Zeit, die nach Satz 1 in den einstweiligen Ruhestand versetzt sind, endet der einstweilige Ruhestand mit Ablauf der Amtszeit. [6]Sie gelten zu diesem Zeitpunkt als dauernd in den Ruhestand versetzt, wenn sie bei Verbleiben im Amt mit Ablauf der Amtszeit in den Ruhestand getreten wären.**	Lebenszeit und Beamte auf Lebenszeit oder Beamtinnen auf Zeit und Beamte auf Zeit in den einstweiligen Ruhestand zu versetzen. Dies ist allerdings nur unter der Voraussetzung möglich, dass das Aufgabengebiet der Betroffenen von der Umbildung berührt wird. Für Beamtinnen auf Zeit und Beamte auf Zeit, die nach dieser Vorschrift in den einstweiligen Ruhestand versetzt werden, wird außerdem geregelt, zu welchem Zeitpunkt sie in den dauernden Ruhestand eintreten.

§ 132 BRRG	§ 137 Rechtsstellung der Versorgungsempfängerinnen und Versorgungsempfänger	**§ 137** (Rechtsstellung der Versorgungsempfängerinnen und Versorgungsempfänger) Für den Fall der Umbildung von Körperschaften wird die Regelung des § 132 BRRG mit redaktionellen Anpassungen übernommen.
(1) Die Vorschriften des § 128 Abs. 1 und 2 und des § 129 gelten entsprechend für die im Zeitpunkt der Umbildung bei der abgebenden Körperschaft vorhandenen Versorgungsempfänger.	**(1) Die Vorschriften des § 134 Abs. 1 und 2 und des § 135 gelten entsprechend für die zum Zeitpunkt der Umbildung bei der abgebenden Körperschaft vorhandenen Versorgungsempfängerinnen und Versorgungsempfänger.**	**Zu Absatz 1** Die Versorgungsempfängerinnen und Versorgungsempfänger, die zum Zeitpunkt der Umbildung vorhanden sind, werden entsprechend wie die aktiven Beamtinnen und aktiven Beamten vollständig oder anteilig übernommen.
(2) In den Fällen des § 128 Abs. 3 bleiben die Ansprüche der im Zeitpunkt der Umbildung vorhandenen Versorgungsempfänger gegenüber der abgebenden Körperschaft bestehen.	**(2) In den Fällen des § 134 Abs. 3 bleiben die Ansprüche der zum Zeitpunkt der Umbildung vorhandenen Versorgungsempfängerinnen und Versorgungsempfänger gegenüber der abgebenden Körperschaft bestehen.**	**Zu Absatz 2** Im Fall der nur teilweisen Eingliederung einer Körperschaft nach § 134 Abs. 3 bleiben die Ansprüche der im Zeitpunkt der Umbildung vorhandenen Versorgungsempfängerinnen und Versorgungsempfänger gegenüber der abgebenden Körperschaft bestehen und gehen damit nicht auf die aufnehmende Körperschaft über.
(3) Die Absätze 1 und 2 gelten entsprechend in den Fällen des § 128 Abs. 4.	**(3) Die Absätze 1 und 2 gelten entsprechend in den Fällen des § 134 Abs. 4.**	**Zu Absatz 3** Im Fall der Umbildung nach § 134 Abs. 4 erfolgt ebenfalls eine entsprechende

BBG/BRRG alt	BBG neu	Erläuterungen
		Aufteilung der vorhandenen Versorgungsempfängerinnen und Versorgungsempfänger nach Anteil an der neu gebildeten Körperschaft.
	Abschnitt 12 **Spannungs- und Verteidigungsfall, Verwendungen im Ausland**	**Abschnitt 12** (Spannungs- und Verteidigungsfall, Verwendungen im Ausland)
§ 133a BRRG [1]Beschränkungen, Anordnungen und Verpflichtungen nach den §§ 133b bis 133e sind nur nach Maßgabe des Artikels 80a des Grundgesetzes zulässig. [2]Sie finden keine Anwendung auf Personen im Sinne des § 5 Abs. 1 des Arbeitssicherstellungsgesetzes vom 9. Juli 1968 (BGBl. I S. 787), zuletzt geändert durch Artikel 32 des Gesetzes vom 18. Dezember 1989 (BGBl. I S. 2261).	**§ 138 Anwendungsbereich** [1]**Beschränkungen, Anordnungen und Verpflichtungen nach den §§ 139 bis 142 sind nur nach Maßgabe des Artikels 80a des Grundgesetzes zulässig.** [2]**Sie sind auf Personen im Sinne des § 5 Abs. 1 des Arbeitssicherstellungsgesetzes nicht anzuwenden.**	**§ 138** (Anwendungsbereich) Die Vorschrift übernimmt die Regelungen des § 133a BRRG. Es wird der Anwendungsbereich der §§ 139 bis 142 festgelegt. Diese zulässigen Beschränkungen, Anordnungen und Verpflichtungen finden nach Satz 2 keine Anwendung auf Personen im Sinne des § 5 Abs. 1 des Arbeitssicherstellungsgesetzes. Zu diesen Personen zählen u. a. schwerbehinderte Menschen und sonstige Personen, bei denen nicht nur vorübergehend eine Minderung der Erwerbsfähigkeit von mindestens 50 Prozent besteht.

§ 133b BRRG	**§ 139 Dienstleistung im Verteidigungsfall**	**§ 139** (Dienstleistung im Verteidigungsfall) Die Vorschrift übernimmt mit Anpassungen an die geschlechtergerechte Sprache die Regelungen des § 133b BRRG in das Bundesbeamtengesetz.
(1) Der Beamte kann für Zwecke der Verteidigung auch ohne seine Zustimmung zu einem anderen Dienstherrn abgeordnet oder zur Dienstleistung bei über- oder zwischenstaatlichen zivilen Dienststellen verpflichtet werden.	**(1) Beamtinnen und Beamte können für Zwecke der Verteidigung auch ohne ihre Zustimmung zu einem anderen Dienstherrn abgeordnet oder zur Dienstleistung bei über- oder zwischenstaatlichen zivilen Dienststellen verpflichtet werden.**	**Zu Absatz 1** Absatz 1 bestimmt, dass Beamtinnen und Beamte für Verteidigungszwecke auch ohne Zustimmung zu einem anderen Dienstherrn abgeordnet werden können und geht damit über die Abordnung nach § 27 Abs. 3 Satz 2, die der Zustimmung bedarf, sofern die Abordnung länger als fünf Jahre dauert, hinaus. Auch die Verpflichtung zur Dienstleistung bei über- oder zwischenstaatlichen zivilen Dienststellen kann zum Zwecke der Verteidigung ohne Zustimmung erfolgen.
(2) [1]Dem Beamten können für Zwecke der Verteidigung auch Aufgaben übertragen werden, die nicht seinem Amt oder seiner Laufbahnbefähigung entsprechen, sofern ihm die Übernahme nach seiner Vor- und Ausbildung und im Hinblick auf die Ausnahmesituation	**(2) [1]Beamtinnen und Beamten können für Zwecke der Verteidigung auch Aufgaben übertragen werden, die nicht ihrem Amt oder ihrer Laufbahnbefähigung entsprechen, sofern ihnen die Übernahme nach ihrer Vor- und Ausbildung und im Hinblick auf**	**Zu Absatz 2** Für Zwecke der Verteidigung können auch Aufgaben übertragen werden, die nicht dem Amt oder der Laufbahnbefähigung entsprechen. Hierfür müssen allerdings folgende Voraussetzungen erfüllt sein: Die Übernahme muss nach der Vor- und Ausbildung und im Hin-

BBG/BRRG alt	BBG neu	Erläuterungen
zumutbar ist. [2]Aufgaben einer niedrigeren Laufbahngruppe dürfen ihm nur übertragen werden, wenn dies aus dienstlichen Gründen unabweisbar ist.	**die Ausnahmesituation zumutbar ist. [2]Aufgaben einer Laufbahn mit geringeren Zugangsvoraussetzungen dürfen ihnen nur übertragen werden, wenn dies aus dienstlichen Gründen unabweisbar ist.**	blick auf die Ausnahmesituation zumutbar sein. Aufgaben einer niedrigeren Laufbahngruppe dürfen der Beamtin oder dem Beamten nur übertragen werden, wenn dies aus dienstlichen Gründen unabweisbar ist. Dieser schwerwiegende Eingriff in die vertikale Aufteilung der Laufbahnen bzw. Laufbahngruppen darf nur in der Ausnahmesituation des Verteidigungsfalls erfolgen. **Zu Absatz 3**
(3) Der Beamte hat bei der Erfüllung der ihm für Zwecke der Verteidigung übertragenen Aufgaben Gefahren und Erschwernisse auf sich zu nehmen, soweit diese ihm nach den Umständen und seinen persönlichen Verhältnissen zugemutet werden können.	**(3) Beamtinnen und Beamte haben bei der Erfüllung der ihnen für Zwecke der Verteidigung übertragenen Aufgaben Gefahren und Erschwernisse auf sich zu nehmen, soweit diese ihnen nach den Umständen und den persönlichen Verhältnissen zugemutet werden können.**	Nach Absatz 3 sind Beamtinnen und Beamte verpflichtet, bei der Erfüllung der ihnen zum Zwecke der Verteidigung übertragenen Aufgaben Gefahren und Erschwernisse auf sich zu nehmen, soweit ihnen dies nach den Umständen und ihren persönlichen Verhältnissen zugemutet werden kann. Der Abwägungsmaßstab ist die Fürsorgepflicht des Dienstherrn. **Zu Absatz 4**
(4) Der Beamte ist bei einer Verlegung der Behörde oder Dienststelle – auch außerhalb des Geltungsbereiches dieses Gesetzes – zur Dienstleistung am neuen Dienstort verpflichtet.	**(4) Beamtinnen und Beamte sind bei einer Verlegung ihrer Behörde oder Dienststelle auch in das Ausland zur Dienstleistung am neuen Dienstort verpflichtet.**	Nach Absatz 4 sind Beamtinnen und Beamte im Spannungs- und Verteidigungsfall, wenn eine Behörde oder Dienststelle verlegt wird, auch in das Ausland, zur Dienstleistung am neuen

		Dienstort verpflichtet. Eine Zustimmung ist nicht erforderlich.
§ 133c BRRG [1]Die Entlassung eines Beamten auf seinen Antrag kann für Zwecke der Verteidigung hinausgeschoben werden, wenn dies im öffentlichen Interesse erforderlich ist und der Personalbedarf der öffentlichen Verwaltung im Bereich seines Dienstherrn auf freiwilliger Grundlage nicht gedeckt werden kann. [2]Satz 1 gilt entsprechend für den Ablauf der Amtszeit bei Beamtenverhältnissen auf Zeit. [3]Der Eintritt des Beamten in den Ruhestand nach Erreichen der Altersgrenze und die vorzeitige Versetzung in den Ruhestand auf Antrag ohne Nachweis der Dienstunfähigkeit können unter den Voraussetzungen des Satzes 1 bis zum Ende des Monats hinausgeschoben werden, in dem der Beamte das 65. Lebensjahr vollendet.	**§ 140 Aufschub der Entlassung und des Ruhestands** **[1]Die Entlassung der Beamtinnen und Beamten auf ihren Antrag kann für Zwecke der Verteidigung hinausgeschoben werden, wenn dies im öffentlichen Interesse erforderlich ist und der Personalbedarf der öffentlichen Verwaltung im Bereich ihres Dienstherrn auf freiwilliger Grundlage nicht gedeckt werden kann. [2]Satz 1 gilt entsprechend für den Ablauf der Amtszeit bei Beamtenverhältnissen auf Zeit. [3]Der Eintritt in den Ruhestand nach Erreichen der Altersgrenze und die vorzeitige Versetzung in den Ruhestand auf Antrag ohne Nachweis der Dienstunfähigkeit können unter den Voraussetzungen des Satzes 1 bis zum Ende des Monats hinausgeschoben werden, in dem die Regelaltersgrenze erreicht wird**.	**§ 140** (Aufschub der Entlassung und des Ruhestands) Die Vorschrift übernimmt mit Anpassungen an die geschlechtergerechte Sprache die Regelungen des § 133c BRRG. Nach § 33 Abs. 1 sind Beamtinnen und Beamte zu entlassen, wenn sie dies schriftlich verlangen. Damit wird ihnen ermöglicht, ihr Dienstverhältnis jederzeit zu beenden. Für Zwecke der Verteidigung kann hiervon abgewichen werden, denn in diesem Fall kann die beantragte Entlassung hinausgeschoben werden. Allerdings ist Voraussetzung, dass dies im öffentlichen Interesse erforderlich ist und dass der Personalbedarf der öffentlichen Verwaltung im Bereich des Dienstherrn der Beamtin oder des Beamten auf freiwilliger Basis nicht gedeckt werden kann. Unter den gleichen Voraussetzungen kann auch der Eintritt in den Ruhestand für Beamtinnen und Beamte auf Zeit hinausgeschoben werden. Satz 3 bestimmt, dass der Eintritt in den Ruhestand nach Erreichen der Alters-

BBG/BRRG alt	BBG neu	Erläuterungen
		grenze und die vorzeitige Versetzung in den Ruhestand auf Antrag ohne Nachweis der Dienstunfähigkeit unter den Voraussetzungen des Satzes 1 bis zum Ende des Monats hinausgeschoben werden können, in dem die Regelaltersgrenze erreicht wird.
§ 133d BRRG	**§ 141 Erneute Berufung von Ruhestandsbeamtinnen und Ruhestandsbeamten**	**§ 141** (Erneute Berufung von Ruhestandsbeamtinnen und Ruhestandsbeamten)
[1]Ein Ruhestandsbeamter, der das 65. Lebensjahr noch nicht vollendet hat, kann für Zwecke der Verteidigung erneut in ein Beamtenverhältnis berufen werden, wenn dies im öffentlichen Interesse erforderlich ist und der Personalbedarf der öffentlichen Verwaltung im Bereich seines bisherigen Dienstherrn auf freiwilliger Grundlage nicht gedeckt werden kann. [2]Das Beamtenverhältnis endet, wenn es nicht vorher beendet wird, mit dem Ende des Monats, in dem der Beamte das 65. Lebensjahr vollendet.	**[1]Ruhestandsbeamtinnen und Ruhestandsbeamte, die die Regelaltersgrenze noch nicht erreicht haben, können für Zwecke der Verteidigung erneut in ein Beamtenverhältnis berufen werden, wenn dies im öffentlichen Interesse erforderlich ist und der Personalbedarf der öffentlichen Verwaltung im Bereich ihres bisherigen Dienstherrn auf freiwilliger Grundlage nicht gedeckt werden kann. [2]Das Beamtenverhältnis endet, wenn es nicht vorher beendet wird, mit dem Ende des Monats, in dem die Regelaltersgrenze erreicht wird.**	Die Vorschrift übernimmt mit Anpassungen an die geschlechtergerechte Sprache die Regelungen des § 133d BRRG. Nach Satz 1 können Ruhestandsbeamtinnen und Ruhestandsbeamte, die die Regelaltersgrenze noch nicht erreicht haben, für Zwecke der Verteidigung reaktiviert werden, wenn dies im öffentlichen Interesse erforderlich ist und der Personalbedarf der öffentlichen Verwaltung auf freiwilliger Grundlage nicht gedeckt werden kann. Reaktivierung ist die Beendigung des Ruhestands und die erneute Ernennung unter Berufung in das Beamtenverhältnis durch Aushändigung einer Ernennungsurkunde. Satz 2 bestimmt, dass das reaktivierte

		Beamtenverhältnis, wenn es nicht vorher beendet wird, mit dem Monat endet, mit dem dann die Regelaltersgrenze erreicht wird.
§ 133e BRRG	**§ 142 Verpflichtung zur Gemeinschaftsunterkunft und Mehrarbeit**	**§ 142** (Verpflichtung zur Gemeinschaftsunterkunft und Mehrarbeit) Die Vorschrift übernimmt mit Anpassungen an die geschlechtergerechte Sprache die Regelungen des § 133e BRRG in das Bundesbeamtengesetz.
(1) Wenn dienstliche Gründe es erfordern, kann der Beamte für Zwecke der Verteidigung verpflichtet werden, vorübergehend in Gemeinschaftsunterkunft zu wohnen und an Gemeinschaftsverpflegung teilzunehmen.	**(1) Wenn dienstliche Gründe es erfordern, können Beamtinnen und Beamte für Zwecke der Verteidigung verpflichtet werden, vorübergehend in einer Gemeinschaftsunterkunft zu wohnen und an einer Gemeinschaftsverpflegung teilzunehmen.**	**Zu Absatz 1** Nach Absatz 1 können Beamtinnen und Beamte zum Zwecke der Verteidigung, wenn dienstliche Gründe es erfordern, verpflichtet werden, vorübergehend in Gemeinschaftsunterkünften zu wohnen und an Gemeinschaftsverpflegung teilzunehmen. Die in einer solchen Verpflichtung liegende Einschränkung des Grundrechts der Freizügigkeit ist sachlich erforderlich und lässt sich mit der Treuepflicht begründen.
(2) [1]Der Beamte ist verpflichtet, für Zwecke der Verteidigung über die regelmäßige Arbeitszeit hinaus ohne besondere Vergütung Dienst zu tun. [2]Für die Mehrbeanspruchung wird ein Frei-	**(2) [1]Beamtinnen und Beamte sind verpflichtet, für Zwecke der Verteidigung über die regelmäßige Arbeitszeit hinaus ohne besondere Vergütung Dienst zu tun. [2]Für die Mehrbeanspruchung**	**Zu Absatz 2** Absatz 2 regelt die Verpflichtung zur Leistung von Mehrarbeit ohne besondere Vergütung im Verteidigungsfall. Ein Freizeitausgleich wird aufgrund der besonderen Umstände nur gewährt,

BBG/BRRG alt	BBG neu	Erläuterungen
zeitausgleich nur gewährt, soweit es die dienstlichen Erfordernisse gestatten.	**wird ein Freizeitausgleich nur gewährt, soweit es die dienstlichen Erfordernisse gestatten.**	soweit es die dienstlichen Erfordernisse gestatten.
§ 133f BRRG	**§ 143 Verwendungen im Ausland**	**§ 143** (Verwendungen im Ausland) Die Vorschrift enthält Sonderregelungen für den Einsatz im Ausland. Sie übernimmt inhaltlich im Wesentlichen die Regelungen des § 133f BRRG in das Bundesbeamtengesetz.
(1) Die Vorschriften dieses Abschnitts gelten für Beamte, die zur Wahrnehmung des ihnen übertragenen Amtes im Ausland oder außerhalb des Deutschen Hoheitsgebiets auf Schiffen oder in Luftfahrzeugen verwendet werden und dabei wegen vom Inland wesentlich abweichender Verhältnisse erhöhten Gefahren ausgesetzt sind. (2) [1]Ein gemäß Absatz 1 verwendeter Beamter kann, soweit dienstliche Gründe es erfordern, verpflichtet werden, 1. vorübergehend in einer Gemeinschaftsunterkunft zu wohnen und an einer Gemeinschaftsverpflegung teilzunehmen,	**(1) [1]Beamtinnen und Beamte, die zur Wahrnehmung des ihnen übertragenen Amts im Ausland oder außerhalb des deutschen Hoheitsgebiets auf Schiffen oder in Luftfahrzeugen verwendet werden und dabei wegen vom Inland wesentlich abweichender Verhältnisse erhöhten Gefahren ausgesetzt sind, können aus dienstlichen Gründen verpflichtet werden,** **1. vorübergehend in einer Gemeinschaftsunterkunft zu wohnen und an einer Gemeinschaftsverpflegung teilzunehmen,** **2. Schutzkleidung zu tragen,** **3. Dienstkleidung zu tragen und**	**Zu Absatz 1** Fasst mit redaktionellen Anpassungen Absätze 1 bis 3 des § 133f BRRG zusammen. Beamtinnen und Beamte können auch im Ausland oder außerhalb des deutschen Hoheitsgebiets eingesetzt werden. Als Ausfluss der Fürsorgepflicht hat der Dienstherr im Rahmen des Möglichen und Zumutbaren diejenigen Maßnahmen zu treffen, die die Beamtinnen und Beamten vor erhöhten Gefahren einer Verwendung im Ausland schützen. Die Beamtinnen und Beamten können zu den genannten Verhaltensweisen verpflichtet werden.

2. Schutzkleidung zu tragen, 3. Dienstkleidung zu tragen, 4. über die regelmäßige Arbeitszeit hinaus ohne besondere Vergütung Dienst zu tun. [2]In den Fällen der Nummer 4 wird für die Mehrbeanspruchung ein Freizeitausgleich nur gewährt, soweit es die dienstlichen Erfordernisse gestatten. (3) Der Dienstherr hat darauf hinzuwirken, dass die erforderlichen Maßnahmen zum Schutz und zur Fürsorge für die gemäß Absatz 1 verwendeten Beamten getroffen werden.	**4. über die regelmäßige Arbeitszeit hinaus ohne besondere Vergütung Dienst zu tun.** **[1]In den Fällen des Satzes 1 Nr. 4 wird für die Mehrbeanspruchung ein Freizeitausgleich nur gewährt, soweit es die dienstlichen Erfordernisse gestatten.**	
(4) Ist ein gemäß Absatz 1 verwendeter Beamter zum Zeitpunkt des vorgesehenen Eintritts in den Ruhestand nach den §§ 25 und 26 oder des vorgesehenen Ablaufs seiner Amtszeit wegen Verschleppung, Gefangenschaft oder aus sonstigen mit dem Dienst zusammenhängenden Gründen, die er nicht zu vertreten hat, dem Einflussbereich des Dienstherrn entzogen, verlängert sich das Dienstverhältnis bis zum Ablauf des auf die Beendigung dieses Zustands folgenden Monats.	**(2) Sind nach Absatz 1 verwendete Beamtinnen und Beamte zum Zeitpunkt des vorgesehenen Eintritts in den Ruhestand nach den §§ 44, 51 und 53 oder des vorgesehenen Ablaufs ihrer Amtszeit wegen Verschleppung, Gefangenschaft oder aus sonstigen mit dem Dienst zusammenhängenden Gründen, die sie nicht zu vertreten haben, dem Einflussbereich des Dienstherrn entzogen, verlängert sich das Beamtenverhältnis bis zum Ablauf des auf die Beendigung dieses Zustands folgenden Monats.**	**Zu Absatz 2** Entspricht mit redaktionellen Anpassungen Absatz 4 des § 133f BRRG. Eine Verlängerung des Dienstverhältnisses der nach Absatz 1 verpflichteten Personen ist vorgesehen, wenn die genannten Voraussetzungen vorliegen und den Eintritt in den Ruhestand oder den vorgesehenen Ablauf der Amtszeit verzögern.

BBG/BRRG alt	BBG neu	Erläuterungen
§ 191 Die Rechtsverhältnisse der im Dienst des Bundes oder einer bundesunmittelbaren Körperschaft, Anstalt oder Stiftung des öffentlichen Rechts stehenden Angestellten und Arbeiter werden durch Tarifvertrag geregelt.		§ 191 entfällt, da kein Regelungsbedürfnis besteht.
§§ 192 bis 198 **(Änderung von Rechtsvorschriften)**		
§ 199 (1) Es werden aufgehoben, soweit sich nicht aus diesem Gesetz etwas anderes ergibt, 1. das Gesetz zur vorläufigen Regelung der Rechtsverhältnisse der im Dienst des Bundes stehenden Personen vom 17. Mai 1950 (BGBl. S. 207) in der Fassung des Gesetzes vom 21. Juli 1951 (BGBl. I S. 470), 2. das Deutsche Beamtengesetz in der Bundesfassung vom 30. Juni 1950 (BGBl. S. 279). (2) Die übrigen in § 2 des Gesetzes zur vorläufigen Regelung der Rechtsverhältnisse der im Dienst des Bundes stehenden Personen vom 17. Mai 1950 genannten beamtenrechtlichen Vorschriften in		§ 199 ist durch Zeitablauf gegenstandslos geworden.

<table>
<tr>
<td>der für die Bundesbeamten geltenden Fassung bleiben bis zur anderweitigen Regelung mit den sich aus diesem Gesetz ergebenden Änderungen in Geltung.

(3) (weggefallen)

(4) Ist in Gesetzen oder Verordnungen auf die nach Absatz 1 aufgehobenen Vorschriften Bezug genommen, so treten an deren Stelle die Vorschriften dieses Gesetzes.

Abschnitt IX
Übergangs- und
Schlussvorschriften

§ 178

Für die bei Inkrafttreten dieses Gesetzes im Dienste des Bundes oder einer bundesunmittelbaren Körperschaft, Anstalt oder Stiftung des öffentlichen Rechts stehenden Beamten und Wartestandsbeamten gilt folgendes:
1. Beamte auf Lebenszeit erhalten die Rechtsstellung eines Beamten auf Lebenszeit nach diesem Gesetz.
2. Beamte auf Widerruf erhalten die Rechtsstellung eines Beamten auf Widerruf nach diesem Gesetz, soweit sie nicht bei Vorliegen der Voraussetzungen des § 5 Abs. 1 Nr. 2 zum Beamten auf Probe ernannt werden.</td>
<td>Abschnitt 13
Übergangs- und
Schlussvorschriften</td>
<td>Abschnitt 13 (Übergangs- und Schlussvorschriften)

§ 178 ist durch Zeitablauf gegenstandslos geworden.</td>
</tr>
</table>

BBG/BRRG alt	BBG neu	Erläuterungen
Wartestandsbeamte gelten mit Inkrafttreten dieses Gesetzes als nach § 36 in den einstweiligen Ruhestand versetzt.		
§ 179 *(Übergangsvorschrift)*		
§§ 180 bis 182 *(weggefallen)*		
§ 183 (1) [1]Zusicherungen, Vereinbarungen und Vergleiche, die dem Beamten eine höhere als nach dem Besoldungsrecht zulässige Besoldung oder eine über dieses Gesetz hinausgehende Versorgung verschaffen sollen, sind unwirksam. [2]Das gleiche gilt für Versicherungsverträge, die zu diesem Zweck abgeschlossen werden. (2) Vereinbarungen, die in Dienstverträgen nach § 8 des Übergangsgesetzes über die Rechtsstellung der Verwaltungsangehörigen der Verwaltung des Vereinigten Wirtschaftsgebietes vom 23. Juni 1948 (Gesetzblatt der Verwaltung des Vereinigten Wirtschaftsgebietes S. 54) getroffen worden sind, bleiben unberührt.		§ 183 entfällt, da die Regelung nicht mehr notwendig ist.

§ 184 *(Übergangsvorschrift)*		
§ 185 Als Reichsgebiet im Sinne dieses Gesetzes gilt das Gebiet des Deutschen Reiches bis zum 31. Dezember 1937 in seinen jeweiligen Grenzen, nach diesem Zeitpunkt in den Grenzen vom 31. Dezember 1937.		§ 185 ist gegenstandslos geworden.
§ 186 *(weggefallen)*		
§ 187 (1) Ist Dienstherr eines Beamten eine bundesunmittelbare Körperschaft, Anstalt oder Stiftung des öffentlichen Rechts, so kann die für die Aufsicht zuständige oberste Bundesbehörde in den Fällen, in denen nach diesem Gesetz oder dem Beamtenversorgungsgesetz die oberste Dienstbehörde die Entscheidung hat, sich diese Entscheidung vorbehalten oder die Entscheidung von ihrer vorherigen Genehmigung abhängig machen; auch kann sie verbindliche Grundsätze für die Entscheidung aufstellen.	**§ 144 Entscheidungsrecht oberster Bundesbehörden** (1) [1]Ist eine bundesunmittelbare Körperschaft, Anstalt oder Stiftung des öffentlichen Rechts Dienstherr **einer Beamtin oder eines Beamten**, kann die für die Aufsicht zuständige oberste Bundesbehörde in den Fällen, in denen nach diesem Gesetz oder dem Beamtenversorgungsgesetz die oberste Dienstbehörde die Entscheidung hat, sich diese Entscheidung vorbehalten oder die Entscheidung von ihrer vorherigen Zustimmung abhängig machen. [2]Sie kann auch verbindliche Grundsätze für die Entscheidung aufstellen.	**§ 144** (Entscheidungsrecht oberster Bundesbehörden) Entspricht mit einer redaktionellen Anpassung an die geschlechtergerechte Sprache dem bisherigen § 187.

BBG/BRRG alt	BBG neu	Erläuterungen
(2) Für bundesunmittelbare Körperschaften, Anstalten und Stiftungen des öffentlichen Rechts, die Behörden nicht besitzen, tritt für die in diesem Gesetz oder dem Beamtenversorgungsgesetz einer Behörde übertragenen oder zu übertragenden Zuständigkeiten die zuständige Verwaltungsstelle.	(2) Für bundesunmittelbare Körperschaften, Anstalten und Stiftungen des öffentlichen Rechts, die Behörden nicht besitzen, tritt **an deren Stelle** für die in diesem Gesetz oder dem Beamtenversorgungsgesetz einer Behörde übertragenen oder zu übertragenden Zuständigkeiten die zuständige Verwaltungsstelle.	
§ 188 Ist bei einem Bundesbeamten in der Zeit vom 1. Juli 1937 bis zum Inkrafttreten dieses Gesetzes bei der Berufung in das Beamtenverhältnis die deutsche Staatsangehörigkeit des Bewerbers zu Unrecht angenommen worden, so steht dieser Mangel der Wirksamkeit der Ernennung nicht entgegen.		§ 188 entfällt wegen Zeitablaufs.
§ 189 Für die Mitglieder des Bundesrechnungshofes gilt dieses Gesetz, soweit im Bundesrechnungshofgesetz nichts Abweichendes bestimmt ist.		§ 189 entfällt. Besondere Vorschriften für einzelne Gruppen von Beamtinnen und Beamten sind vom Geltungsbereich (§ 1) gedeckt.
§ 190 Für die Polizeivollzugsbeamten des Bundes gilt dieses Gesetz, soweit gesetzlich nichts anderes vorgeschrieben ist.		§ 190 entfällt. Besondere Vorschriften für einzelne Gruppen von Beamtinnen und Beamten sind vom Geltungsbereich (§ 1) gedeckt.

§ 190a Für Beamte des Auswärtigen Dienstes gilt dieses Gesetz, soweit gesetzlich nichts anderes bestimmt ist.		§ 190a entfällt. Besondere Vorschriften für einzelne Gruppen von Beamtinnen und Beamten sind vom Geltungsbereich (§ 1) gedeckt.
§ 200	**§ 145 Rechtsverordnungen, Durchführungsvorschriften**	**§ 145** (Rechtsverordnungen, Durchführungsvorschriften) **Zu Absatz 1**
Die zur Durchführung dieses Gesetzes erforderlichen allgemeinen Verwaltungsvorschriften erlässt, soweit dieses Gesetz nichts anderes bestimmt, der Bundesminister des Innern.	**(1) Rechtsverordnungen nach diesem Gesetz bedürfen nicht der Zustimmung des Bundesrates.**	Absatz 1 stellt klar, dass alle Rechtsverordnungen nach diesem Gesetz nicht die Zustimmung des Bundesrates erfordern. **Zu Absatz 2**
	(2) Die zur Durchführung dieses Gesetzes erforderlichen allgemeinen Verwaltungsvorschriften erlässt **das Bundesministerium** des Innern, soweit dieses Gesetz nichts anderes bestimmt.	Absatz 2 entspricht mit einer redaktionellen Anpassung dem bisherigen § 200.
§ 201 *(gegenstandslos)* **§ 202** *(Inkrafttreten)*		
§ 135 BRRG	**§ 146 Öffentlich-rechtliche Religionsgesellschaften**	**Zu § 146** (Öffentlich-rechtliche Religionsgesellschaften)
[1]Dieses Gesetz gilt nicht für die öffentlich-rechtlichen Religionsgesellschaften	[1]**Dieses Gesetz gilt nicht für die öffentlich-rechtlichen Religionsgesellschaf-**	Die Vorschrift übernimmt die Regelung des § 135 BRRG.

BBG/BRRG alt	BBG neu	Erläuterungen
und ihre Verbände. [2]Diesen bleibt es überlassen, die Rechtsverhältnisse ihrer Beamten und Seelsorger diesem Gesetz entsprechend zu regeln und die Vorschriften des Kapitels II Abschnitt II für anwendbar zu erklären.	**ten und ihre Verbände. [2]Diesen bleibt es überlassen, die Rechtsverhältnisse ihrer Beamtinnen und Beamten und Seelsorgerinnen und Seelsorger diesem Gesetz entsprechend zu regeln oder Vorschriften dieses Gesetzes für anwendbar zu erklären.**	Nach Artikel 140 des Grundgesetzes in Verbindung mit Artikel 137 Abs. 3 Weimarer Reichsverfassung hat der Bund keine Zuständigkeit zur Regelung der kirchlichen Angelegenheiten. Den öffentlich-rechtlichen Religionsgesellschaften und ihren Verbänden bleibt es überlassen, die Rechtsverhältnisse ihrer Beamtinnen und Beamten sowie Seelsorgerinnen und Seelsorger diesem Gesetz entsprechend zu regeln und Vorschriften des Gesetzes für anwendbar zu erklären, z. B. die Bestimmung über den Rechtsweg.
	§ 147 Übergangsregelungen	**§ 147** (Übergangsregelungen) **Zu Absatz 1**
	(1) Bis zu einer haushaltsrechtlichen Umstellung, längstens jedoch bis zum 31. Dezember 2010, kann von § 10 Abs. 3 erste Alternative abgewichen werden. Dabei gehört die Probezeit zur Laufbahn, und § 6 Abs. 1 Nr. 3 des Bundesbeamtengesetzes in der Fassung der Bekanntmachung vom 31. März 1999 (BGBl. I S. 654) in der bis zum [Datum des Tages vor Inkrafttreten dieses Gesetzes] geltenden Fassung ist anzuwenden.	Nach bisheriger Rechtslage wird Beamtinnen auf Probe und Beamten auf Probe erst nach erfolgreichem Abschluss der Probezeit und im Rahmen der besetzbaren Planstellen erstmalig ein Amt verliehen (vgl. § 10 Bundeslaufbahnverordnung). Erst zu diesem Zeitpunkt müssen sie zwingend in eine besetzbare Planstelle eingewiesen werden (§ 49 Bundeshaushaltsordnung). Nach der Neuregelung wird das erste Amt bereits mit der Begründung eines Be-

		amtenverhältnisses auf Probe verliehen. In diesem Fall sind die Beamtinnen auf Probe und Beamten auf Probe bereits zu Beginn der Probezeit in Planstellen des Eingangsamtes ihrer Laufbahnen einzuweisen. Die zur Umstellung notwendigen Planstellen werden im Haushalt zur Verfügung gestellt. Der so erweiterte Stellenplan wird dann auch im Hinblick auf die Probebeamtinnen und Probebeamten verbindlich. Zusätzliche Ausgaben sind damit nicht verbunden. Satz 2 eröffnet bis zur haushaltsrechtlichen Umstellung die Fortgeltung des bisherigen Instituts der Anstellung in einer befristeten Übergangsphase. Satz 2 zweiter Halbsatz bestimmt dementsprechend, dass bis zur haushaltsrechtlichen Umstellung die Probezeit weiterhin zur Laufbahn gehört und es einer Ernennung zur ersten Verleihung eines Amtes bedarf.
	(2) Für Beamtinnen und Beamte, die vor Inkrafttreten dieses Gesetzes in ein Beamtenverhältnis auf Probe berufen worden sind, sind anstelle des § 10 Abs. 1 und 3 und des § 11 der § 6 Abs. 1 und der § 9 des Bundesbeamtengesetzes in der Fassung der Bekannt-	**Zu Absatz 2** Für Beamtinnen und Beamte, die vor Inkrafttreten dieses Gesetzes in ein Beamtenverhältnis auf Probe berufen wurden, gelten die bisherige Probezeitregelung und die Mindestaltersgrenze von 27 Jahren für eine Verbeamtung auf Lebenszeit fort.

BBG/BRRG alt	BBG neu	Erläuterungen
	machung vom 31. März 1999 (BGBl. I S. 654) in der bis zum 11. Februar 2009 geltenden Fassung anzuwenden. **(3) Die Bundesregierung überprüft die Anhebung der Altersgrenzen nach den §§ 51 und 52 unter Beachtung des Berichts nach § 154 Abs. 4 des Sechsten Buches Sozialgesetzbuch.**	**Zu Absatz 3** In Absatz 3 wird wie im Recht der gesetzlichen Rentenversicherung eine Revisionsklausel entsprechend § 154 Abs. 4 des Sechsten Buches Sozialgesetzbuch aufgenommen. Nach dem danach zu erstellenden Bericht der Bundesregierung wird auch im Beamtenrecht die Anhebung der Altersgrenzen einer Überprüfung unterzogen.

Bundesbeamtengesetz (BBG)[1]

vom 5.2.2009 (BGBl. I S. 160)

Inhaltsübersicht

---

1 Anm. d. Verlages: Das Gesetz wurde verkündet als Art. 1 des Gesetzes zur Neuordnung und Modernisierung des Bundesdienstrechts (Dienstrechtsneuordnungsgesetz – DNeuG) vom 5.2.2009 (BGBl. I S. 160) und ist am 12.2.2009 in Kraft getreten.

Unterabschnitt 2
Dienstunfähigkeit

Unterabschnitt 3
Ruhestand

Abschnitt 6
Rechtliche Stellung im Beamtenverhältnis

Unterabschnitt 1
Allgemeine Pflichten und Rechte

Unterabschnitt 2
Arbeitszeit

Unterabschnitt 3
Nebentätigkeit

Unterabschnitt 4
Personalaktenrecht

Abschnitt 7
Beamtenvertretung

Abschnitt 8
Bundespersonalausschuss

Abschnitt 9
Beschwerdeweg und Rechtsschutz

Abschnitt 1
Allgemeine Vorschriften

§ 1 Geltungsbereich

Dieses Gesetz gilt für die Beamtinnen und Beamten des Bundes, soweit nicht gesetzlich etwas anderes bestimmt ist.

§ 2 Dienstherrnfähigkeit

Das Recht, Beamtinnen und Beamte zu haben, besitzen der Bund sowie sonstige bundesunmittelbare Körperschaften, Anstalten und Stiftungen des öffentlichen Rechts, die dieses Recht zum Zeitpunkt des Inkrafttretens dieses Gesetzes besitzen oder denen es danach durch Gesetz oder aufgrund eines Gesetzes verliehen wird.

§ 3 Begriffsbestimmungen

(1) Oberste Dienstbehörde der Beamtin oder des Beamten ist die oberste Behörde eines Dienstherrn, in deren Geschäftsbereich die Beamtin oder der Beamte ein Amt wahrnimmt.

(2) Dienstvorgesetzte oder Dienstvorgesetzter ist, wer für beamtenrechtliche Entscheidungen über die persönlichen Angelegenheiten der ihr oder ihm nachgeordneten Beamtinnen und Beamten zuständig ist.

(3) Vorgesetzte oder Vorgesetzter ist, wer dienstliche Anordnungen erteilen darf.

(4) Die Dienstvorgesetzten- und Vorgesetzteneigenschaft bestimmt sich nach dem Aufbau der Verwaltung.

Abschnitt 2
Beamtenverhältnis

§ 4 Beamtenverhältnis

Beamtinnen und Beamte stehen zu ihrem Dienstherrn in einem öffentlich-rechtlichen Dienst- und Treueverhältnis (Beamtenverhältnis).

§ 5 Zulässigkeit des Beamtenverhältnisses

Die Berufung in das Beamtenverhältnis ist nur zulässig zur Wahrnehmung

1. hoheitsrechtlicher Aufgaben oder
2. von Aufgaben, die zur Sicherung des Staates oder des öffentlichen Lebens nicht ausschließlich Personen übertragen werden dürfen, die in einem privatrechtlichen Arbeitsverhältnis stehen.

§ 6 Arten des Beamtenverhältnisses

(1) [1]Das Beamtenverhältnis auf Lebenszeit dient der dauernden Wahrnehmung von Aufgaben nach § 5. [2]Es bildet die Regel.

(2) [1]Das Beamtenverhältnis auf Zeit ist in gesetzlich besonders bestimmten Fällen zulässig und dient der befristeten Wahrnehmung von Aufgaben nach § 5. [2]Für das Beamtenverhältnis auf Zeit gelten die Vorschriften über das Beamtenverhältnis auf Lebenszeit entsprechend, soweit nicht gesetzlich etwas anderes bestimmt ist.

(3) Das Beamtenverhältnis auf Probe dient der Ableistung einer Probezeit
1. zur späteren Verwendung auf Lebenszeit oder
2. zur Übertragung eines Amtes mit leitender Funktion.

(4) Das Beamtenverhältnis auf Widerruf dient
1. der Ableistung eines Vorbereitungsdienstes oder
2. der vorübergehenden Wahrnehmung von Aufgaben nach § 5.

(5) [1]Das Ehrenbeamtenverhältnis dient der unentgeltlichen Wahrnehmung von Aufgaben nach § 5. [2]Es kann nicht in ein Beamtenverhältnis anderer Art und ein solches kann nicht in ein Ehrenbeamtenverhältnis umgewandelt werden.

§ 7 Voraussetzungen des Beamtenverhältnisses

(1) In das Beamtenverhältnis darf berufen werden, wer
1. Deutsche oder Deutscher im Sinne des Artikels 116 des Grundgesetzes ist oder die Staatsangehörigkeit
   a) eines anderen Mitgliedstaates der Europäischen Union oder
   b) eines anderen Vertragsstaates des Abkommens über den Europäischen Wirtschaftsraum oder
   c) eines Drittstaates, dem die Bundesrepublik Deutschland und die Europäische Union vertraglich einen entsprechenden Anspruch auf Anerkennung der Berufsqualifikationen eingeräumt haben,

   besitzt,
2. die Gewähr dafür bietet, jederzeit für die freiheitliche demokratische Grundordnung im Sinne des Grundgesetzes einzutreten, und
3. a) die für die entsprechende Laufbahn vorgeschriebene Vorbildung besitzt oder
   b) die erforderliche Befähigung durch Lebens- und Berufserfahrung erworben hat.

(2) Wenn die Aufgaben es erfordern, darf nur eine Deutsche oder ein Deutscher im Sinne des Artikels 116 des Grundgesetzes in ein Beamtenverhältnis berufen werden.

(3) Das Bundesministerium des Innern kann Ausnahmen von Absatz 1 Nr. 1 und Absatz 2 zulassen, wenn für die Berufung der Beamtin oder des Beamten ein dringendes dienstliches Bedürfnis besteht.

§ 8 Stellenausschreibung

(1) [1]Zu besetzende Stellen sind auszuschreiben. [2]Bei der Einstellung von Bewerberinnen und Bewerbern muss die Ausschreibung öffentlich sein. [3]Ausnahmen von den Sätzen 1 und 2 kann die Bundesregierung durch Rechtsverordnung regeln.

(2) Die Art der Ausschreibung regelt die oberste Dienstbehörde nach Maßgabe des § 6 des Bundesgleichstellungsgesetzes.

§ 9 Auswahlkriterien

[1]Die Auswahl der Bewerberinnen und Bewerber richtet sich nach Eignung, Befähigung und fachlicher Leistung ohne Rücksicht auf Geschlecht, Abstammung, Rasse oder ethnische Herkunft, Behinderung, Religion oder Weltanschauung, politische Anschauungen, Herkunft, Beziehungen oder sexuelle Identität. [2]Dem stehen gesetzliche Maßnahmen zur Durchsetzung der tatsächlichen Gleichstellung im Erwerbsleben, insbesondere Quotenregelungen mit Einzelfallprüfung sowie zur Förderung schwerbehinderter Menschen nicht entgegen.

§ 10 Ernennung

(1) Einer Ernennung bedarf es zur
1. Begründung des Beamtenverhältnisses,
2. Umwandlung des Beamtenverhältnisses in ein solches anderer Art,
3. Verleihung eines anderen Amtes mit anderem Endgrundgehalt und anderer Amtsbezeichnung oder
4. Verleihung eines anderen Amtes mit anderer Amtsbezeichnung beim Wechsel der Laufbahngruppe.

(2) [1]Die Ernennung erfolgt durch Aushändigung einer Ernennungsurkunde. [2]In der Urkunde müssen enthalten sein
1. bei der Begründung des Beamtenverhältnisses die Wörter „unter Berufung in das Beamtenverhältnis" mit dem die Art des Beamtenverhältnisses bestimmenden Zusatz „auf Lebenszeit", „auf Probe", „auf Widerruf" oder „als Ehrenbeamtin" oder „als Ehrenbeamter" oder „auf Zeit" mit der Angabe der Zeitdauer der Berufung,
2. bei der Umwandlung des Beamtenverhältnisses in ein solches anderer Art die diese Art bestimmenden Wörter nach Nummer 1 und
3. bei der Verleihung eines Amtes die Amtsbezeichnung.

(3) Mit der Begründung eines Beamtenverhältnisses auf Probe, auf Lebenszeit und auf Zeit wird gleichzeitig ein Amt verliehen.

§ 11 Voraussetzungen der Ernennung auf Lebenszeit

(1) [1]Zur Beamtin auf Lebenszeit oder zum Beamten auf Lebenszeit darf nur ernannt werden, wer
1. die in § 7 bezeichneten Voraussetzungen erfüllt und
2. sich in einer Probezeit in vollem Umfang bewährt hat.

[2]Für die Feststellung der Bewährung gilt ein strenger Maßstab. [3]Die Probezeit dauert mindestens drei Jahre. [4]Die Anrechnung einer gleichwertigen Tätigkeit kann bis zu einer Mindestprobezeit von einem Jahr vorgesehen werden. [5]Die Bundesregierung regelt durch Rechtsverordnung die Einzelheiten, insbesondere die Kriterien und das Verfahren der Bewährungsfeststellung, die Anrech-

nung von Zeiten sowie Ausnahmen von der Probezeit einschließlich der Mindestprobezeit.

(2) [1]Ein Beamtenverhältnis auf Probe ist spätestens nach fünf Jahren in ein solches auf Lebenszeit umzuwandeln, wenn die beamtenrechtlichen Voraussetzungen hierfür erfüllt sind. [2]Die Frist verlängert sich um die Zeit, um die sich die Probezeit wegen Elternzeit oder einer Beurlaubung unter Wegfall der Besoldung verlängert.

§ 12 Zuständigkeit und Wirksamwerden der Ernennung

(1) Die Bundespräsidentin oder der Bundespräsident oder eine von ihr oder ihm bestimmte Stelle ernennt die Beamtinnen und Beamten, soweit gesetzlich nichts anderes bestimmt ist.

(2) [1]Die Ernennung wird mit dem Tag der Aushändigung der Ernennungsurkunde wirksam, wenn nicht in der Urkunde ausdrücklich ein späterer Zeitpunkt bestimmt ist. [2]Eine Ernennung auf einen zurückliegenden Zeitpunkt ist unzulässig und insoweit unwirksam.

(3) Mit der Ernennung erlischt ein privatrechtliches Arbeitsverhältnis zum Dienstherrn.

§ 13 Nichtigkeit der Ernennung

(1) Die Ernennung ist nichtig, wenn
1. sie nicht der in § 10 Abs. 2 vorgeschriebenen Form entspricht,
2. sie von einer sachlich unzuständigen Behörde ausgesprochen wurde oder
3. zum Zeitpunkt der Ernennung
   a) nach § 7 Abs. 1 Nr. 1 keine Ernennung erfolgen durfte und keine Ausnahme nach § 7 Abs. 3 zugelassen war oder
   b) die Fähigkeit zur Wahrnehmung öffentlicher Ämter nicht vorlag.

(2) Die Ernennung ist von Anfang an als wirksam anzusehen, wenn
1. im Fall des Absatzes 1 Nr. 1 aus der Urkunde oder aus dem Akteninhalt eindeutig hervorgeht, dass die für die Ernennung zuständige Stelle ein bestimmtes Beamtenverhältnis begründen oder ein bestehendes Beamtenverhältnis in ein solches anderer Art umwandeln wollte, für das die sonstigen Voraussetzungen vorliegen. [2]Das Gleiche gilt, wenn die Angabe der Zeitdauer fehlt, durch Rechtsvorschrift aber die Zeitdauer bestimmt ist,
2. im Fall des Absatzes 1 Nr. 2 die sachlich zuständige Behörde die Ernennung bestätigt oder
3. im Fall des Absatzes 1 Nr. 3 Buchstabe a eine Ausnahme nach § 7 Abs. 3 nachträglich zugelassen wird.

§ 14 Rücknahme der Ernennung

(1) Die Ernennung ist mit Wirkung auch für die Vergangenheit zurückzunehmen, wenn
1. sie durch Zwang, arglistige Täuschung oder Bestechung herbeigeführt wurde,

2. dem Dienstherrn nicht bekannt war, dass die ernannte Person wegen einer Straftat rechtskräftig verurteilt ist und deswegen für die Berufung in das Beamtenverhältnis als unwürdig erscheint, oder
3. die Ernennung nach § 7 Abs. 2 nicht erfolgen durfte und eine Ausnahme nach § 7 Abs. 3 nicht zugelassen war und eine Ausnahme nicht nachträglich zugelassen wird.

(2) [1]Die Ernennung soll zurückgenommen werden, wenn dem Dienstherrn nicht bekannt war, dass gegen die ernannte Person in einem Disziplinarverfahren auf Entfernung aus dem Beamtenverhältnis oder auf Aberkennung des Ruhegehalts erkannt worden war. [2]Dies gilt auch, wenn die Entscheidung gegen eine Beamtin oder einen Beamten der Europäischen Gemeinschaften oder eines Staates nach § 7 Abs. 1 Nr. 1 ergangen ist.

(3) [1]Die oberste Dienstbehörde nimmt die Ernennung innerhalb von sechs Monaten zurück, nachdem sie von ihr und dem Grund der Rücknahme Kenntnis erlangt hat. [2]Der Rücknahmebescheid wird der Beamtin oder dem Beamten zugestellt.

§ 15 Rechtsfolgen nichtiger oder zurückgenommener Ernennungen

[1]Ist die erstmalige Ernennung nichtig oder zurückgenommen worden, hat die oder der Dienstvorgesetzte jede weitere Wahrnehmung der Dienstgeschäfte zu verbieten. [2]Bei Nichtigkeit ist das Verbot erst dann auszusprechen, wenn die sachlich zuständige Behörde es abgelehnt hat, die Ernennung zu bestätigen, oder die Ausnahme nach § 7 Abs. 3 nicht nachträglich zugelassen wird. [3]Die bis zu dem Verbot oder bis zur Zustellung der Erklärung der Rücknahme vorgenommenen Amtshandlungen sind in gleicher Weise gültig, wie wenn eine Beamtin oder ein Beamter sie ausgeführt hätte. [4]Die gezahlte Besoldung kann belassen werden.

Abschnitt 3
Laufbahnen

§ 16 Laufbahn

(1) Eine Laufbahn umfasst alle Ämter, die verwandte und gleichwertige Vor- und Ausbildungen voraussetzen.

(2) [1]Die Befähigung für die Laufbahn, in die eingestellt, gewechselt oder von einem anderen Dienstherrn versetzt werden soll, ist festzustellen und der Beamtin oder dem Beamten schriftlich mitzuteilen. [2]Gleiches gilt, wenn die Beamtin oder der Beamte infolge der Umbildung einer Körperschaft übernommen wird oder kraft Gesetzes in den Dienst der aufnehmenden Körperschaft übertritt.

§ 17 Zulassung zu den Laufbahnen

(1) Für die Zulassung zu den Laufbahnen werden die Bildungsgänge und ihre Abschlüsse den Laufbahnen unter Berücksichtigung der mit der Laufbahn verbundenen Anforderungen zugeordnet.

(2) Für Laufbahnen des einfachen Dienstes sind mindestens zu fordern
1. als Bildungsvoraussetzung
   a) der erfolgreiche Besuch einer Hauptschule oder
   b) ein als gleichwertig anerkannter Bildungsstand und
2. als sonstige Voraussetzung
   a) ein Vorbereitungsdienst oder
   b) eine abgeschlossene Berufsausbildung.

(3) Für Laufbahnen des mittleren Dienstes sind mindestens zu fordern
1. als Bildungsvoraussetzung
   a) der Abschluss einer Realschule oder
   b) der erfolgreiche Besuch einer Hauptschule und eine abgeschlossene Berufsausbildung oder
   c) der erfolgreiche Besuch einer Hauptschule und eine Ausbildung in einem öffentlich-rechtlichen Ausbildungsverhältnis oder
   d) ein als gleichwertig anerkannter Bildungsstand und
2. als sonstige Voraussetzung
   a) ein mit einer Laufbahnprüfung abgeschlossener Vorbereitungsdienst oder
   b) eine inhaltliche dessen Anforderungen entsprechende abgeschlossene Berufsausbildung oder
   c) eine abgeschlossene Berufsausbildung und eine hauptberufliche Tätigkeit.

(4) Für Laufbahnen des gehobenen Dienstes sind mindestens zu fordern
1. als Bildungsvoraussetzung
   a) eine zu einem Hochschulstudium berechtigende Schulbildung oder
   b) ein als gleichwertig anerkannter Bildungsstand und
2. als sonstige Voraussetzung
   a) ein mit einer Laufbahnprüfung abgeschlossener Vorbereitungsdienst oder
   b) ein inhaltlich dessen Anforderungen entsprechendes mit einem Bachelor abgeschlossenes Hochschulstudium oder ein gleichwertiger Abschluss oder
   c) ein mit einem Bachelor abgeschlossenes Hochschulstudium oder ein gleichwertiger Abschluss und eine hauptberufliche Tätigkeit.

(5) Für Laufbahnen des höheren Dienstes sind mindestens zu fordern
1. als Bildungsvoraussetzung
   a) ein mit einem Master abgeschlossenes Hochschulstudium oder
   b) ein gleichwertiger Abschluss und
2. als sonstige Voraussetzung
   a) ein mit einer Laufbahnprüfung abgeschlossener Vorbereitungsdienst oder
   b) eine hauptberufliche Tätigkeit.

(6) Vor- und Ausbildung, Prüfung sowie sonstige Voraussetzungen müssen geeignet sein, die Befähigung für die Laufbahn zu vermitteln.

(7) Die Bundesregierung kann durch Rechtsverordnung Ausnahmen von den Absätzen 2 bis 5 zulassen.

§ 18 Anerkennung der Laufbahnbefähigung aufgrund der Richtlinie 2005/36/EG

(1) Die Laufbahnbefähigung kann auch aufgrund

1. der Richtlinie 2005/36/EG des Europäischen Parlaments und des Rates vom 7. September 2005 über die Anerkennung von Berufsqualifikationen (ABl. EU Nr. L 255 S. 22, 2007 Nr. L 271 S. 18, 2008 Nr. L 93 S. 28), zuletzt geändert durch die Verordnung (EG) Nr. 1430/2007 der Kommission vom 5. Dezember 2007 (ABl. EU Nr. L 320 S. 3), oder
2. eines mit einem Drittstaat geschlossenen Vertrages, in dem die Bundesrepublik Deutschland und die Europäische Union einen entsprechenden Anspruch auf Anerkennung der Berufsqualifikationen eingeräumt haben,

anerkannt werden.

(2) Die deutsche Sprache muss in dem für die Wahrnehmung der Aufgaben der Laufbahn erforderlichen Maß beherrscht werden.

(3) Für Amtshandlungen zur Anerkennung der Laufbahnbefähigung nach Absatz 1 erhebt die zuständige Behörde zur Deckung des Verwaltungsaufwands Gebühren und Auslagen.

(4) Das Bundesministerium des Innern wird ermächtigt, durch Rechtsverordnung die Voraussetzungen und das Verfahren der Anerkennung sowie die gebührenpflichtigen Tatbestände und die Höhe der Gebühren nach Absatz 3 zu bestimmen.

§ 19 Andere Bewerberinnen und andere Bewerber

Der Bundespersonalausschuss oder ein von ihm bestimmter unabhängiger Ausschuss stellt fest, wer die Befähigung für eine Laufbahn ohne die vorgeschriebene Vorbildung durch Lebens- und Berufserfahrung erworben hat.

§ 20 Einstellung

[1]Die Einstellung in ein höheres Amt als das Eingangsamt der Laufbahn ist zulässig bei entsprechenden beruflichen Erfahrungen oder sonstigen Qualifikationen, die zusätzlich zu den in § 17 geregelten Zulassungsvoraussetzungen erworben wurden. [2]Das Nähere regelt die Bundesregierung durch Rechtsverordnung.

§ 21 Dienstliche Beurteilung

[1]Eignung, Befähigung und fachliche Leistung der Beamtinnen und Beamten sind regelmäßig zu beurteilen. [2]Ausnahmen von der Beurteilungspflicht kann die Bundesregierung durch Rechtsverordnung regeln.

§ 22 Beförderungen

(1) [1]Für Beförderungen gelten die Grundsätze des § 9. [2]Erfolgt die Auswahlentscheidung auf der Grundlage dienstlicher Beurteilungen, darf das Ende des letzten Beurteilungszeitraums zum Zeitpunkt der Auswahlentscheidung höchstens drei Jahre zurückliegen.

(2) Beförderungen, die mit einer höherwertigen Funktion verbunden sind, setzen eine mindestens sechsmonatige Erprobungszeit voraus.

(3) Ämter, die nach der Gestaltung der Laufbahn regelmäßig zu durchlaufen sind, dürfen nicht übersprungen werden.

(4) Eine Beförderung ist unzulässig vor Ablauf eines Jahres
1. seit der Einstellung in das Beamtenverhältnis auf Probe oder
2. seit der letzten Beförderung, es sei denn, das bisherige Amt musste nicht regelmäßig durchlaufen werden.

(5) [1]Vor dem Wechsel in ein Amt einer höheren Laufbahngruppe ist eine entsprechende Qualifikation durch eine Prüfung nachzuweisen. [2]Die Voraussetzungen und das Verfahren regelt die Bundesregierung durch Rechtsverordnung.

(6) Der Bundespersonalausschuss kann Ausnahmen von den Absätzen 2 bis 4 zulassen, wenn sie die Bundesregierung nicht durch Rechtsverordnung regelt.

§ 23 Beförderungssperre zwischen zwei Mandaten

[1]Legen Beamtinnen oder Beamte, deren Rechte und Pflichten aus dem Beamtenverhältnis ruhen oder die ohne Besoldung beurlaubt sind, ihr Mandat im Deutschen Bundestag, in der gesetzgebenden Körperschaft eines Landes oder im Europäischen Parlament nieder und bewerben sie sich zu diesem Zeitpunkt erneut um ein Mandat, ist die Übertragung eines anderen Amtes mit höherem Endgrundgehalt und die Übertragung eines anderen Amtes beim Wechsel der Laufbahngruppe nicht zulässig. [2]Satz 1 gilt entsprechend für die Zeit zwischen zwei Wahlperioden.

§ 24 Führungsämter auf Probe

(1) [1]Ein Amt mit leitender Funktion wird zunächst im Beamtenverhältnis auf Probe übertragen. [2]Die regelmäßige Probezeit beträgt zwei Jahre. [3]Die oberste Dienstbehörde kann eine Verkürzung zulassen, wenn vor Ablauf der Probezeit eine höherwertige Funktion übertragen wird oder die Funktion als ständige Vertretung der Amtsinhaberin oder des Amtsinhabers mindestens sechs Monate tatsächlich wahrgenommen wurde. [4]Die Mindestprobezeit beträgt ein Jahr. [5]Zeiten, in denen die leitende Funktion oder eine gleichwertige Funktion als Richterin oder Richter oder als Beamtin oder Beamter der Bundesbesoldungsordnungen W oder C bereits übertragen war, können angerechnet werden. [6]Eine Verlängerung der Probezeit ist nicht zulässig, es sei denn, wegen Elternzeit konnte die Mindestprobezeit nicht geleistet werden. [7]Bei Beurlaubungen im dienstlichen Interesse kann von der Probezeit abgesehen werden. [8]§ 22 Abs. 2 und 4 Nr. 1 ist nicht anzuwenden.

(2) [1]In ein Amt mit leitender Funktion darf berufen werden, wer
1. sich in einem Beamtenverhältnis auf Lebenszeit befindet und
2. in dieses Amt auch als Beamtin auf Lebenszeit oder Beamter auf Lebenszeit berufen werden könnte.

[2]Mit der Ernennung ruhen für die Dauer der Probezeit die Rechte und Pflichten aus dem zuletzt im Beamtenverhältnis auf Lebenszeit übertragenen Amt mit Ausnahme der Pflicht zur Verschwiegenheit und des Verbotes der Annahme von Belohnungen, Geschenken und sonstigen Vorteilen. [3]Das Beamtenverhältnis auf Lebenszeit besteht fort. [4]Dienstvergehen, die mit Bezug auf das Beamtenverhältnis auf Lebenszeit oder das Beamtenverhältnis auf Probe begangen worden sind, werden so verfolgt, als stünde die Beamtin oder der Beamte nur im Beamtenverhältnis auf Lebenszeit.

(3) [1]Der Bundespersonalausschuss kann Ausnahmen von Absatz 2 Satz 1 zulassen, wenn sie die Bundesregierung nicht durch Rechtsverordnung regelt. [2]Besteht nur ein Beamtenverhältnis auf Probe nach Absatz 1, beträgt die regelmäßige Probezeit drei Jahre und die Mindestprobezeit zwei Jahre. [3]Die für die Beamtinnen auf Probe und Beamten auf Probe geltenden Vorschriften des Bundesdisziplinargesetzes bleiben unberührt.

(4) [1]Mit erfolgreichem Abschluss der Probezeit soll das Amt nach Absatz 1 auf Dauer im Beamtenverhältnis auf Lebenszeit übertragen werden. [2]Eine erneute Berufung in ein Beamtenverhältnis auf Probe zur Übertragung dieses Amtes innerhalb eines Jahres ist nicht zulässig. [3]Wird das Amt nicht auf Dauer übertragen, erlischt der Anspruch auf Besoldung aus diesem Amt. [4]Weiter gehende Ansprüche bestehen nicht.

(5) [1]Ämter im Sinne des Absatzes 1 sind Ämter der Besoldungsgruppen B 6 bis B 9 in obersten Bundesbehörden sowie die der Besoldungsordnung B angehörenden Ämter der Leiterinnen und Leiter der übrigen Bundesbehörden sowie der bundesunmittelbaren Körperschaften, Anstalten und Stiftungen des öffentlichen Rechts, wenn sie keine richterliche Unabhängigkeit besitzen. [2]Ausgenommen sind das Amt der Direktorin und des Direktors beim Bundesverfassungsgericht sowie die den Funktionen der stellvertretenden Direktorin und des stellvertretenden Direktors des Bundesrates zugeordneten Ämter.

(6) [1]Beamtinnen und Beamte führen während ihrer Amtszeit im Dienst nur die Amtsbezeichnung des ihnen nach Absatz 1 übertragenen Amtes. [2]Sie dürfen nur diese auch außerhalb des Dienstes führen. [3]Wird ihnen das Amt nach Absatz 1 nicht auf Dauer übertragen, dürfen sie die Amtsbezeichnung nach Satz 1 nach dem Ausscheiden aus dem Beamtenverhältnis auf Probe nicht weiterführen.

§ 25 Benachteiligungsverbote

[1]Schwangerschaft, Mutterschutz und Elternzeit dürfen sich bei der Einstellung und dem beruflichen Fortkommen nicht nachteilig auswirken. [2]Dies gilt auch für Teilzeit, Telearbeit und familienbedingte Beurlaubung, wenn nicht zwingende sachliche Gründe vorliegen.

§ 26 Rechtsverordnung über Laufbahnen

(1) Die Bundesregierung wird ermächtigt, durch Rechtsverordnung nach Maßgabe der §§ 16 bis 25

1. allgemeine Vorschriften über die Laufbahnen und Vorbereitungsdienste der Beamtinnen und Beamten und
2. besondere Vorschriften für die einzelnen Laufbahnen und Vorbereitungsdienste (Ausbildungs- und Prüfungsordnungen)

zu erlassen.

(2) Die Bundesregierung kann die Befugnis nach Absatz 1 Nr. 2 durch Rechtsverordnung obersten Dienstbehörden übertragen.

Abschnitt 4
Abordnung, Versetzung und Zuweisung

§ 27 Abordnung

(1) [1]Eine Abordnung ist die vorübergehende Übertragung einer dem Amt der Beamtin oder des Beamten entsprechenden Tätigkeit bei einer anderen Dienststelle desselben oder eines anderen Dienstherrn unter Beibehaltung der Zugehörigkeit zur bisherigen Dienststelle. [2]Die Abordnung kann ganz oder teilweise erfolgen.

(2) [1]Eine Abordnung ist ganz oder teilweise aus dienstlichen Gründen auch zu einer nicht dem bisherigen Amt entsprechenden Tätigkeit möglich, wenn die Wahrnehmung der neuen Tätigkeit aufgrund der Vorbildung oder Berufsausbildung zumutbar ist. [2]Dabei ist auch die Abordnung zu einer Tätigkeit zulässig, die nicht einem Amt mit demselben Endgrundgehalt entspricht.

(3) [1]Die Abordnung bedarf der Zustimmung der Beamtin oder des Beamten, wenn sie

1. im Fall des Absatzes 2 länger als zwei Jahre dauert oder
2. zu einem anderen Dienstherrn erfolgt.

[2]Die Abordnung zu einem anderen Dienstherrn ist ohne Zustimmung zulässig, wenn die Tätigkeit einem Amt mit demselben Endgrundgehalt auch einer anderen Laufbahn entspricht und nicht länger als fünf Jahre dauert.

(4) [1]Die Abordnung zu einem anderen Dienstherrn wird von dem abgebenden im Einverständnis mit dem aufnehmenden Dienstherrn verfügt. [2]Das Einverständnis ist schriftlich zu erklären.

(5) Werden Beamtinnen und Beamte des Bundes zu einem Land, einer Gemeinde, einem Gemeindeverband oder einer sonstigen nicht der Bundesaufsicht unterstehenden Körperschaft, Anstalt oder Stiftung des öffentlichen Rechts zur vorübergehenden Beschäftigung abgeordnet, sind, soweit zwischen den Dienstherren nichts anderes vereinbart ist, die für den Bereich des aufnehmenden Dienstherrn geltenden Vorschriften über die Pflichten und Rechte der Beamtinnen und Beamten entsprechend anzuwenden mit Ausnahme der Regelungen

über Diensteid, Amtsbezeichnung, Zahlung von Bezügen, Krankenfürsorgeleistungen und Versorgung.

(6) Werden Beamtinnen und Beamte eines Landes, einer Gemeinde, eines Gemeindeverbandes oder einer sonstigen nicht der Bundesaufsicht unterstehenden Körperschaft, Anstalt oder Stiftung des öffentlichen Rechts zur vorübergehenden Beschäftigung in den Bundesdienst abgeordnet, sind für die Dauer der Abordnung, soweit zwischen den Dienstherren nichts anderes vereinbart ist, die Vorschriften des Abschnitts 6 mit Ausnahme der Vorschriften über die Eidespflicht, den Übergang eines Schadensersatzanspruchs gegen Dritte, die Beihilfe in Krankheits-, Pflege- und Geburtsfällen, die Jubiläumszuwendung und die Amtsbezeichnungen entsprechend anzuwenden.

(7) Die Verpflichtung zur Zahlung der Besoldung hat auch der Dienstherr, zu dem die Abordnung erfolgt ist.

§ 28 Versetzung

(1) Eine Versetzung ist die auf Dauer angelegte Übertragung eines anderen Amtes bei einer anderen Dienststelle bei demselben oder einem anderen Dienstherrn.

(2) Eine Versetzung ist auf Antrag der Beamtin oder des Beamten oder aus dienstlichen Gründen ohne ihre oder seine Zustimmung zulässig, wenn das Amt mit mindestens demselben Endgrundgehalt verbunden ist wie das bisherige Amt, und die Tätigkeit aufgrund der Vorbildung oder Berufsausbildung zumutbar ist.

(3) [1]Bei der Auflösung oder einer wesentlichen Änderung des Aufbaus oder der Aufgaben einer Behörde oder der Verschmelzung von Behörden können Beamtinnen und Beamte, deren Aufgabengebiet davon berührt wird, ohne ihre Zustimmung in ein anderes Amt derselben oder einer anderen Laufbahn mit geringerem Endgrundgehalt im Bereich desselben Dienstherrn versetzt werden, wenn eine dem bisherigen Amt entsprechende Verwendung nicht möglich ist. [2]Das Endgrundgehalt muss mindestens dem des Amtes entsprechen, das die Beamtin oder der Beamte vor dem bisherigen Amt wahrgenommen hat. [3]Beamtinnen und Beamte sind verpflichtet, an Qualifizierungsmaßnahmen zum Erwerb der Befähigung für eine andere Laufbahn teilzunehmen.

(4) Im Übrigen bedarf die Versetzung der Zustimmung der Beamtin oder des Beamten.

(5) [1]Die Versetzung zu einem anderen Dienstherrn wird von dem abgebenden im Einverständnis mit dem aufnehmenden Dienstherrn verfügt. [2]Das Einverständnis ist schriftlich zu erklären.

§ 29 Zuweisung

(1) [1]Beamtinnen und Beamten kann mit ihrer Zustimmung vorübergehend ganz oder teilweise eine ihrem Amt entsprechende Tätigkeit

1. bei einer öffentlichen Einrichtung ohne Dienstherrnfähigkeit im dienstlichen oder öffentlichen Interesse oder
2. bei einer anderen Einrichtung, wenn ein öffentliches Interesse es erfordert,

zugewiesen werden. [2]Die Entscheidung trifft die oberste Dienstbehörde oder eine von ihr bestimmte Stelle.

(2) Beamtinnen und Beamten einer Dienststelle, die ganz oder teilweise in eine öffentlich-rechtlich organisierte Einrichtung ohne Dienstherrnfähigkeit oder eine privatrechtlich organisierte Einrichtung der öffentlichen Hand umgewandelt wird, kann auch ohne ihre Zustimmung eine ihrem Amt entsprechende Tätigkeit bei dieser Einrichtung zugewiesen werden, wenn öffentliche Interessen es erfordern.

(3) Die Rechtsstellung der Beamtinnen und Beamten bleibt unberührt.

Abschnitt 5
Beendigung des Beamtenverhältnisses

Unterabschnitt 1
Entlassung

§ 30 Beendigungsgründe

Das Beamtenverhältnis endet durch
1. Entlassung,
2. Verlust der Beamtenrechte,
3. Entfernung aus dem Beamtenverhältnis nach dem Bundesdisziplinargesetz oder
4. Eintritt oder Versetzung in den Ruhestand.

§ 31 Entlassung kraft Gesetzes

(1) Beamtinnen und Beamte sind entlassen, wenn
1. die Voraussetzungen des § 7 Abs. 1 Nr. 1 nicht mehr vorliegen und eine Ausnahme nach § 7 Abs. 3 auch nachträglich nicht zugelassen wird oder
2. sie in ein öffentlich-rechtliches Dienst- oder Amtsverhältnis zu einem anderen Dienstherrn oder zu einer Einrichtung ohne Dienstherrnfähigkeit nach deutschem Recht treten oder zur Berufssoldatin, zum Berufssoldaten, zur Soldatin auf Zeit oder zum Soldaten auf Zeit ernannt werden, sofern gesetzlich nichts anderes bestimmt ist. [2]Dies gilt nicht für den Eintritt in ein Beamtenverhältnis auf Widerruf oder ein Ehrenbeamtenverhältnis.

(2) [1]Die oberste Dienstbehörde entscheidet darüber, ob die Voraussetzungen des Absatzes 1 vorliegen, und stellt den Tag der Beendigung des Beamtenverhältnisses fest. [2]In den Fällen des Absatzes 1 Nr. 2 kann sie im Einvernehmen mit dem neuen Dienstherrn oder der Einrichtung die Fortdauer des Beamtenverhältnisses neben dem neuen Dienst- oder Amtsverhältnis anordnen.

§ 32 Entlassung aus zwingenden Gründen

(1) Beamtinnen und Beamte sind zu entlassen, wenn sie

1. den Diensteid oder ein an dessen Stelle vorgeschriebenes Gelöbnis verweigern,
2. nicht in den Ruhestand oder einstweiligen Ruhestand versetzt werden können, weil eine versorgungsrechtliche Wartezeit nicht erfüllt ist, oder
3. zur Zeit der Ernennung Inhaberin oder Inhaber eines Amtes, das kraft Gesetzes mit dem Mandat unvereinbar ist, Mitglied des Deutschen Bundestages oder des Europäischen Parlaments waren und nicht innerhalb der von der obersten Dienstbehörde gesetzten angemessenen Frist ihr Mandat niederlegen.

(2) Beamtinnen und Beamte können entlassen werden, wenn sie in den Fällen des § 7 Abs. 2 die Eigenschaft als Deutsche oder Deutscher im Sinne des Artikels 116 des Grundgesetzes verlieren.

§ 33 Entlassung auf Verlangen

(1) [1]Beamtinnen und Beamte sind zu entlassen, wenn sie gegenüber der zuständigen Behörde schriftlich ihre Entlassung verlangen. [2]Die Erklärung kann, solange die Entlassungsverfügung noch nicht zugegangen ist, innerhalb von zwei Wochen nach Zugang bei der zuständigen Behörde zurückgenommen werden, mit Zustimmung der zuständigen Behörde auch nach Ablauf dieser Frist.

(2) [1]Die Entlassung kann jederzeit verlangt werden. [2]Sie ist für den beantragten Zeitpunkt auszusprechen. [3]Sie kann jedoch so lange hinausgeschoben werden, bis die Beamtin oder der Beamte die ihr oder ihm übertragenen Aufgaben ordnungsgemäß erledigt hat, längstens drei Monate.

§ 34 Entlassung von Beamtinnen auf Probe und Beamten auf Probe

(1) [1]Beamtinnen auf Probe und Beamte auf Probe im Sinne des § 6 Abs. 3 Satz 1 können außerdem entlassen werden, wenn einer der folgenden Entlassungsgründe vorliegt:

1. ein Verhalten, das im Beamtenverhältnis auf Lebenszeit mindestens eine Kürzung der Dienstbezüge zur Folge hätte,
2. fehlende Bewährung im Sinne des § 11 Abs. 1 Satz 1 Nr. 2,
3. Dienstunfähigkeit, ohne dass eine Versetzung in den Ruhestand erfolgt ist, oder
4. Auflösung oder wesentliche Änderung des Aufbaus oder der Aufgaben der Beschäftigungsbehörde oder deren Verschmelzung mit einer anderen Behörde, wenn das übertragene Aufgabengebiet davon berührt wird und eine anderweitige Verwendung nicht möglich ist.

[2]Im Fall des Satzes 1 Nr. 2 ist bei allein mangelnder gesundheitlicher Eignung und im Fall der Nummer 3 eine anderweitige Verwendung entsprechend zu prüfen.

(2) [1]Die Frist für die Entlassung beträgt bei einer Beschäftigungszeit

1. bis zum Ablauf von drei Monaten zwei Wochen zum Monatsschluss und

2. von mehr als drei Monaten sechs Wochen zum Schluss eines Kalendervierteljahres.

[2]Als Beschäftigungszeit gilt die Zeit ununterbrochener Tätigkeit im Beamtenverhältnis auf Probe im Bereich derselben obersten Dienstbehörde.

(3) [1]Im Fall des Absatzes 1 Nr. 1 ist eine Entlassung ohne Einhaltung einer Frist möglich. [2]Die §§ 21 bis 29 des Bundesdisziplinargesetzes sind entsprechend anzuwenden.

(4) Beamtinnen auf Probe und Beamte auf Probe sind mit dem Ende des Monats entlassen, in dem sie die im Beamtenverhältnis auf Lebenszeit geltende Altersgrenze erreichen.

§ 35 Entlassung von Beamtinnen und Beamten in Führungsämtern auf Probe

[1]Beamtinnen und Beamte in Ämtern mit leitender Funktion sind

1. mit Ablauf der Probezeit nach § 24 Abs. 1,
2. mit Beendigung des Beamtenverhältnisses auf Lebenszeit,
3. mit Versetzung zu einem anderen Dienstherrn,
4. mit Festsetzung mindestens einer Kürzung der Dienstbezüge als Disziplinarmaßnahme oder
5. in den Fällen, in denen nur ein Beamtenverhältnis auf Probe besteht, mit Ende des Monats, in dem sie die im Beamtenverhältnis auf Lebenszeit geltende Altersgrenze erreichen,

aus dem Beamtenverhältnis auf Probe nach § 24 Abs. 1 entlassen. [2]Die §§ 31 bis 33 bleiben unberührt. [3]§ 34 Abs. 1 gilt entsprechend.

§ 36 Entlassung von politischen Beamtinnen auf Probe und politischen Beamten auf Probe

Politische Beamtinnen und politische Beamte, die sich in einem Beamtenverhältnis auf Probe befinden, können jederzeit aus diesem entlassen werden.

§ 37 Entlassung von Beamtinnen auf Widerruf und Beamten auf Widerruf

(1) [1]Beamtinnen auf Widerruf und Beamte auf Widerruf können jederzeit entlassen werden. [2]Die Entlassung ist ohne Einhaltung einer Frist möglich. [3]§ 34 Abs. 4 gilt entsprechend.

(2) [1]Beamtinnen auf Widerruf und Beamten auf Widerruf im Vorbereitungsdienst soll Gelegenheit gegeben werden, den Vorbereitungsdienst abzuleisten und die Prüfung abzulegen. [2]Sie sind mit Ablauf des Tages aus dem Beamtenverhältnis entlassen, an dem ihnen

1. das Bestehen oder endgültige Nichtbestehen der Prüfung oder
2. das endgültige Nichtbestehen einer vorgeschriebenen Zwischenprüfung

bekannt gegeben wird.

§ 38 Verfahren der Entlassung

[1]Soweit gesetzlich nichts anderes bestimmt ist, wird die Entlassung von der Stelle schriftlich verfügt, die für die Ernennung zuständig wäre. [2]Die Entlassung wird im Fall des § 32 Abs. 1 Nr. 1 mit der Zustellung, im Übrigen mit dem Ablauf des Monats wirksam, der auf den Monat folgt, in dem der Beamtin oder dem Beamten die Entlassungsverfügung zugestellt wird.

§ 39 Folgen der Entlassung

[1]Nach der Entlassung besteht kein Anspruch auf Besoldung und Versorgung, soweit gesetzlich nichts anderes bestimmt ist. [2]Die oberste Dienstbehörde kann die Erlaubnis erteilen, die Amtsbezeichnung mit dem Zusatz „außer Dienst" oder „a. D." sowie die im Zusammenhang mit dem Amt verliehenen Titel zu führen. [3]Die Erlaubnis kann zurückgenommen werden, wenn die frühere Beamtin oder der frühere Beamte sich ihrer als nicht würdig erweist.

§ 40 Ausscheiden bei Wahlen oder Übernahme politischer Ämter

(1) [1]Beamtinnen und Beamte müssen aus ihrem Amt ausscheiden, wenn sie die Wahl zur oder zum Abgeordneten des Deutschen Bundestages oder zum Europäischen Parlament annehmen. [2]Das Nähere bestimmt ein Gesetz. [3]Für Beamtinnen und Beamte, die in die gesetzgebende Körperschaft eines Landes gewählt worden sind und deren Amt kraft Gesetzes mit dem Mandat unvereinbar ist, gelten die für in den Deutschen Bundestag gewählte Beamtinnen und Beamte maßgebenden Vorschriften der §§ 5 bis 7, 8 Abs. 2, der §§ 9, 23 Abs. 5 und des § 36 Abs. 1 des Abgeordnetengesetzes entsprechend.

(2) [1]Werden Beamtinnen oder Beamte zum Mitglied der Regierung eines Landes ernannt, gilt § 18 Abs. 1 und 2 des Bundesministergesetzes entsprechend. [2]Dies gilt auch für den Eintritt in ein Amtsverhältnis, das dem Parlamentarischer Staatssekretärinnen oder Parlamentarischer Staatssekretäre im Sinne des Gesetzes über die Rechtsverhältnisse der Parlamentarischen Staatssekretäre entspricht.

(3) [1]Bei Eintritt in ein kommunales Wahlbeamtenverhältnis auf Zeit ist § 31 Abs. 1 Nr. 2 nicht anzuwenden. [2]Die Rechte und Pflichten aus dem zuletzt im Beamtenverhältnis wahrgenommenen Amt ruhen für die Dauer des Wahlbeamtenverhältnisses mit Ausnahme der Pflicht zur Verschwiegenheit und des Verbotes der Annahme von Belohnungen, Geschenken und sonstigen Vorteilen. [3]Beamtinnen und Beamte kehren nach Beendigung ihrer Amtszeit unter Übertragung ihres letzten Amtes in ihr Dienstverhältnis zurück, sofern sie zu diesem Zeitpunkt noch nicht die für sie geltende Altersgrenze erreicht haben. [4]Die Beamtinnen und Beamten erhalten nach Beendigung des Wahlbeamtenverhältnisses die Besoldung aus dem zuletzt im Beamtenverhältnis des Bundes wahrgenommenen Amt. [5]Wird die Rückkehr nach Beendigung des Wahlbeamtenverhältnisses abgelehnt oder ihr nicht gefolgt, sind sie zu entlassen. [6]Die Entlassung wird von der Stelle schriftlich verfügt, die für die Ernennung zuständig wäre. [7]Die Entlassung

tritt mit dem Ablauf des Monats ein, der auf den Monat folgt, in dem die Entlassungsverfügung zugestellt wird.

§ 41 Verlust der Beamtenrechte

(1) [1]Werden Beamtinnen oder Beamte im ordentlichen Strafverfahren durch das Urteil eines deutschen Gerichts

1. wegen einer vorsätzlichen Tat zu einer Freiheitsstrafe von mindestens einem Jahr oder
2. wegen einer vorsätzlichen Tat, die nach den Vorschriften über Friedensverrat, Hochverrat, Gefährdung des demokratischen Rechtsstaates oder Landesverrat und Gefährdung der äußeren Sicherheit oder, soweit sich die Tat auf eine Diensthandlung im Hauptamt bezieht, Bestechlichkeit strafbar ist, zu einer Freiheitsstrafe von mindestens sechs Monaten

verurteilt, endet das Beamtenverhältnis mit der Rechtskraft des Urteils. [2]Entsprechendes gilt, wenn die Fähigkeit zur Wahrnehmung öffentlicher Ämter aberkannt wird oder wenn Beamtinnen oder Beamte aufgrund einer Entscheidung des Bundesverfassungsgerichts nach Artikel 18 des Grundgesetzes ein Grundrecht verwirkt haben.

(2) [1]Nach Beendigung des Beamtenverhältnisses nach Absatz 1 besteht kein Anspruch auf Besoldung und Versorgung, soweit gesetzlich nichts anderes bestimmt ist. [2]Die Amtsbezeichnung und die im Zusammenhang mit dem Amt verliehenen Titel dürfen nicht weiter geführt werden.

§ 42 Wirkung eines Wiederaufnahmeverfahrens

(1) [1]Wird eine Entscheidung, die den Verlust der Beamtenrechte bewirkt hat, im Wiederaufnahmeverfahren durch eine Entscheidung ersetzt, die diese Wirkung nicht hat, gilt das Beamtenverhältnis als nicht unterbrochen. [2]Beamtinnen und Beamte haben, sofern sie die Altersgrenze noch nicht erreicht haben und dienstfähig sind, Anspruch auf Übertragung eines Amtes derselben oder einer mindestens gleichwertigen Laufbahn wie ihr bisheriges Amt und mit mindestens demselben Endgrundgehalt. [3]Bis zur Übertragung des neuen Amtes erhalten sie die Besoldung, die ihnen aus ihrem bisherigen Amt zugestanden hätte.

(2) [1]Ist aufgrund des im Wiederaufnahmeverfahren festgestellten Sachverhalts oder aufgrund eines rechtskräftigen Strafurteils, das nach der früheren Entscheidung ergangen ist, ein Disziplinarverfahren mit dem Ziel der Entfernung aus dem Beamtenverhältnis eingeleitet worden, verliert die Beamtin oder der Beamte die ihr oder ihm nach Absatz 1 zustehenden Ansprüche, wenn auf Entfernung aus dem Beamtenverhältnis erkannt wird. [2]Bis zur Rechtskraft der Entscheidung können die Ansprüche nicht geltend gemacht werden.

(3) Absatz 2 gilt entsprechend in Fällen der Entlassung von Beamtinnen auf Probe und Beamten auf Probe oder von Beamtinnen auf Widerruf und Beamten auf Widerruf wegen eines Verhaltens im Sinne des § 34 Abs. 1 Nr. 1.

(4) [1]Auf die Besoldung nach Absatz 1 Satz 3 wird ein anderes Arbeitseinkommen oder ein Unterhaltsbeitrag angerechnet. [2]Die Beamtinnen und Beamten sind hierüber zur Auskunft verpflichtet.

§ 43 Gnadenrecht

[1]Der Bundespräsidentin oder dem Bundespräsidenten oder der von ihr oder ihm bestimmten Stelle steht hinsichtlich des Verlustes der Beamtenrechte das Gnadenrecht zu. [2]Wird im Gnadenweg der Verlust der Beamtenrechte in vollem Umfang beseitigt, gilt ab diesem Zeitpunkt § 42 entsprechend.

Unterabschnitt 2
Dienstunfähigkeit

§ 44 Dienstunfähigkeit

(1) [1]Die Beamtin auf Lebenszeit oder der Beamte auf Lebenszeit ist in den Ruhestand zu versetzen, wenn sie oder er wegen des körperlichen Zustandes oder aus gesundheitlichen Gründen zur Erfüllung der Dienstpflichten dauernd unfähig (dienstunfähig) ist. [2]Als dienstunfähig kann auch angesehen werden, wer infolge Erkrankung innerhalb von sechs Monaten mehr als drei Monate keinen Dienst getan hat, wenn keine Aussicht besteht, dass innerhalb weiterer sechs Monate die Dienstfähigkeit wieder voll hergestellt ist. [3]In den Ruhestand wird nicht versetzt, wer anderweitig verwendbar ist.

(2) [1]Eine anderweitige Verwendung ist möglich, wenn ein anderes Amt, auch einer anderen Laufbahn, übertragen werden kann. [2]Die Übertragung eines anderen Amtes ohne Zustimmung ist zulässig, wenn das neue Amt zum Bereich desselben Dienstherrn gehört, es mit mindestens demselben Endgrundgehalt verbunden ist wie das bisherige Amt und zu erwarten ist, dass die Beamtin oder der Beamte den gesundheitlichen Anforderungen des neuen Amtes genügt.

(3) Zur Vermeidung der Versetzung in den Ruhestand kann einer Beamtin oder einem Beamten unter Beibehaltung des übertragenen Amtes ohne Zustimmung auch eine geringerwertige Tätigkeit übertragen werden, wenn eine anderweitige Verwendung nicht möglich und die Wahrnehmung der neuen Aufgabe unter Berücksichtigung der bisherigen Tätigkeit zumutbar ist.

(4) [1]Zur Vermeidung einer Versetzung in den Ruhestand kann die Beamtin oder der Beamte nach dem Erwerb der Befähigung für eine neue Laufbahn auch ohne Zustimmung in ein Amt dieser Laufbahn mit geringerem Endgrundgehalt versetzt werden, wenn eine dem bisherigen Amt entsprechende Verwendung nicht möglich und die Wahrnehmung der neuen Aufgabe unter Berücksichtigung der bisherigen Tätigkeit zumutbar ist. [2]Das Endgrundgehalt muss mindestens dem des Amtes entsprechen, das die Beamtin oder der Beamte vor dem bisherigen Amt wahrgenommen hat. [3]Diese Möglichkeit besteht nur bis zum 31. Dezember 2014.

(5) Die Beamtin oder der Beamte, die oder der nicht die Befähigung für eine andere Laufbahn besitzt, ist verpflichtet, an Qualifizierungsmaßnahmen für den Erwerb der neuen Befähigung teilzunehmen.

(6) Bestehen Zweifel über die Dienstunfähigkeit, besteht die Verpflichtung, sich nach Weisung der Behörde ärztlich untersuchen und, falls dies aus amtsärztlicher Sicht für erforderlich gehalten wird, auch beobachten zu lassen.

(7) Gesetzliche Vorschriften, die für einzelne Gruppen von Beamtinnen und Beamten andere Voraussetzungen für die Beurteilung der Dienstunfähigkeit bestimmen, bleiben unberührt.

§ 45 Begrenzte Dienstfähigkeit

(1) [1]Von der Versetzung in den Ruhestand wegen Dienstunfähigkeit ist abzusehen, wenn die Beamtin oder der Beamte unter Beibehaltung des übertragenen Amtes die Dienstpflichten noch während mindestens der Hälfte der regelmäßigen Arbeitszeit erfüllen kann (begrenzte Dienstfähigkeit). [2]Von der begrenzten Dienstfähigkeit soll abgesehen werden, wenn der Beamtin oder dem Beamten nach § 44 Abs. 2 oder 3 ein anderes Amt oder eine geringerwertige Tätigkeit übertragen werden kann.

(2) [1]Die Arbeitszeit ist entsprechend der begrenzten Dienstfähigkeit zu verkürzen. [2]Mit Zustimmung der Beamtin oder des Beamten ist auch eine Verwendung in einer nicht dem Amt entsprechenden Tätigkeit möglich.

(3) [1]Die für die Ernennung zuständige Behörde entscheidet über die Feststellung der begrenzten Dienstfähigkeit. [2]Für das Verfahren gelten die Vorschriften über die Dienstunfähigkeit entsprechend.

§ 46 Wiederherstellung der Dienstfähigkeit

(1) [1]Beamtinnen und Beamte, die wegen Dienstunfähigkeit in den Ruhestand versetzt wurden, sind verpflichtet, einer erneuten Berufung in das Beamtenverhältnis Folge zu leisten, wenn ihnen im Dienstbereich ihres früheren Dienstherrn ein Amt ihrer früheren oder einer anderen Laufbahn mit mindestens demselben Endgrundgehalt übertragen werden soll und zu erwarten ist, dass sie den gesundheitlichen Anforderungen des neuen Amtes genügen. [2]Der Dienstherr ist verpflichtet, in regelmäßigen Abständen das Vorliegen der Voraussetzungen für die Dienstunfähigkeit zu überprüfen, es sei denn, nach den Umständen des Einzelfalls kommt eine erneute Berufung in das Beamtenverhältnis nicht in Betracht.

(2) Beamtinnen und Beamten, die wegen Dienstunfähigkeit in den Ruhestand versetzt wurden, kann ferner unter Übertragung eines Amtes ihrer früheren Laufbahn nach Absatz 1 auch eine geringerwertige Tätigkeit übertragen werden, wenn eine anderweitige Verwendung nicht möglich ist und ihnen die Wahrnehmung der neuen Aufgabe unter Berücksichtigung ihrer früheren Tätigkeit zumutbar ist.

(3) Beamtinnen und Beamte, die nicht die Befähigung für die andere Laufbahn besitzen, haben an Qualifizierungsmaßnahmen für den Erwerb der neuen Befähigung teilzunehmen.

(4) [1]Beamtinnen und Beamte sind verpflichtet, zur Wiederherstellung ihrer Dienstfähigkeit an geeigneten und zumutbaren gesundheitlichen und beruflichen Rehabilitationsmaßnahmen teilzunehmen. [2]Diese Verpflichtung gilt auch zur Vermeidung einer drohenden Dienstunfähigkeit. [3]Vor der Versetzung in den Ruhestand sind sie auf diese Pflicht hinzuweisen, es sei denn, nach den Umständen des Einzelfalls kommt eine erneute Berufung in das Beamtenverhältnis nicht in Betracht. [4]Der Dienstherr hat, sofern keine anderen Ansprüche bestehen, die Kosten für die erforderlichen gesundheitlichen und beruflichen Rehabilitationsmaßnahmen zu tragen.

(5) Beantragen Beamtinnen oder Beamte nach Wiederherstellung ihrer Dienstfähigkeit die erneute Berufung in das Beamtenverhältnis, ist diesem Antrag zu entsprechen, falls nicht zwingende dienstliche Gründe entgegenstehen.

(6) Die erneute Berufung in ein Beamtenverhältnis ist auch in den Fällen der begrenzten Dienstfähigkeit möglich.

(7) [1]Zur Prüfung ihrer Dienstfähigkeit sind Beamtinnen und Beamte verpflichtet, sich nach Weisung der Behörde ärztlich untersuchen zu lassen. [2]Sie können eine solche Untersuchung verlangen, wenn sie einen Antrag auf erneute Berufung in das Beamtenverhältnis stellen.

(8) Bei einer erneuten Berufung gilt das frühere Beamtenverhältnis als fortgesetzt.

§ 47 Verfahren bei Dienstunfähigkeit

(1) [1]Hält die oder der Dienstvorgesetzte die Beamtin oder den Beamten aufgrund eines ärztlichen Gutachtens über den Gesundheitszustand für dienstunfähig und ist eine anderweitige Verwendung nicht möglich oder liegen die Voraussetzungen für die begrenzte Dienstfähigkeit nicht vor, teilt sie oder er der Beamtin oder dem Beamten mit, dass die Versetzung in den Ruhestand beabsichtigt ist. [2]Dabei sind die Gründe für die Versetzung in den Ruhestand anzugeben.

(2) [1]Die Beamtin oder der Beamte kann innerhalb eines Monats Einwendungen erheben. [2]Danach entscheidet die für die Ernennung zuständige Behörde über die Versetzung in den Ruhestand im Einvernehmen mit der obersten Dienstbehörde, soweit gesetzlich nichts anderes bestimmt ist.

(3) [1]Die Versetzungsverfügung ist der Beamtin oder dem Beamten schriftlich zuzustellen. [2]Sie kann bis zum Beginn des Ruhestands zurückgenommen werden.

(4) [1]Der Ruhestand beginnt mit dem Ende des Monats, in dem die Versetzung in den Ruhestand der Beamtin oder dem Beamten bekannt gegeben worden ist. [2]Zu diesem Zeitpunkt wird die Besoldung einbehalten, die das Ruhegehalt übersteigt.

§ 48 Ärztliche Untersuchung

(1) [1]In den Fällen der §§ 44 bis 47 kann die zuständige Behörde die ärztliche Untersuchung nur einer Amtsärztin oder einem Amtsarzt übertragen oder einer Ärztin oder einem Arzt, die oder der als Gutachterin oder Gutachter zugelassen ist. [2]Die oberste Dienstbehörde bestimmt, welche Ärztin oder welcher Arzt mit der Fertigung von Gutachten beauftragt werden kann. [3]Sie kann diese Befugnis auf nachgeordnete Behörden übertragen.

(2) [1]Die Ärztin oder der Arzt teilt der Behörde auf Anforderung im Einzelfall die tragenden Gründe des Gutachtens mit, soweit deren Kenntnis für die Behörde unter Beachtung des Grundsatzes der Verhältnismäßigkeit für die von ihr zu treffende Entscheidung erforderlich ist. [2]Diese Mitteilung ist in einem gesonderten und versiegelten Umschlag zu übersenden und versiegelt zur Personalakte zu nehmen. [3]Sie darf nur für die Entscheidung der in Absatz 1 genannten Fälle verwendet werden.

(3) [1]Zu Beginn der Untersuchung ist die Beamtin oder der Beamte auf deren Zweck und die Mitteilungspflicht nach Absatz 2 hinzuweisen. [2]Die Ärztin oder der Arzt übermittelt der Beamtin oder dem Beamten oder, soweit dem ärztliche Gründe entgegenstehen, einer oder einem Bevollmächtigten ein Doppel der Mitteilung nach Absatz 2.

§ 49 Ruhestand beim Beamtenverhältnis auf Probe wegen Dienstunfähigkeit

(1) Beamtinnen auf Probe und Beamte auf Probe sind in den Ruhestand zu versetzen, wenn sie infolge Krankheit, Verwundung oder sonstiger Beschädigung, die sie sich ohne grobes Verschulden bei Ausübung oder aus Veranlassung des Dienstes zugezogen haben, dienstunfähig geworden sind.

(2) [1]Beamtinnen auf Probe und Beamte auf Probe können in den Ruhestand versetzt werden, wenn sie aus anderen Gründen dienstunfähig geworden sind. [2]Die Entscheidung trifft die oberste Dienstbehörde. [3]Die Befugnis kann auf andere Behörden übertragen werden.

(3) Die §§ 44 bis 48 mit Ausnahme des § 44 Abs. 4 sind entsprechend anzuwenden.

Unterabschnitt 3
Ruhestand

§ 50 Wartezeit

Der Eintritt in den Ruhestand setzt eine versorgungsrechtliche Wartezeit voraus, soweit gesetzlich nichts anderes bestimmt ist.

§ 51 Ruhestand wegen Erreichens der Altersgrenze

(1) [1]Beamtinnen auf Lebenszeit und Beamte auf Lebenszeit treten mit dem Ende des Monats in den Ruhestand, in dem sie die für sie jeweils geltende Al-

tersgrenze erreichen. [2]Die Altersgrenze wird in der Regel mit Vollendung des 67. Lebensjahres erreicht (Regelaltersgrenze), soweit nicht gesetzlich eine andere Altersgrenze (besondere Altersgrenze) bestimmt ist.

(2) [1]Beamtinnen auf Lebenszeit und Beamte auf Lebenszeit, die vor dem 1. Januar 1947 geboren sind, erreichen die Regelaltersgrenze mit Vollendung des 65. Lebensjahres. [2]Für Beamtinnen auf Lebenszeit und Beamte auf Lebenszeit, die nach dem 31. Dezember 1946 geboren sind, wird die Regelaltersgrenze wie folgt angehoben:

Geburtsjahr	Anhebung um Monate	Altersgrenze	
		Jahr	Monat
1947	1	65	1
1948	2	65	2
1949	3	65	3
1950	4	65	4
1951	5	65	5
1952	6	65	6
1953	7	65	7
1954	8	65	8
1955	9	65	9
1956	10	65	10
1957	11	65	11
1958	12	66	0
1959	14	66	2
1960	16	66	4
1961	18	66	6
1962	20	66	8
1963	22	66	10

(3) [1]Beamtinnen auf Lebenszeit und Beamte auf Lebenszeit im Feuerwehrdienst der Bundeswehr treten mit dem Ende des Monats in den Ruhestand, in dem sie das 62. Lebensjahr vollenden. [2]Dies gilt auch für Beamtinnen auf Lebenszeit und Beamte auf Lebenszeit in den Laufbahnen des feuerwehrtechnischen Dienstes, die 22 Jahre im Feuerwehrdienst beschäftigt waren. [3]Beamtinnen und Beamte im Sinne der Sätze 1 und 2 treten mit dem Ende des Monats in den Ruhestand, in dem sie das 60. Lebensjahr vollenden, wenn sie vor dem 1. Januar 1952 geboren sind. [4]Für Beamtinnen und Beamte im Sinne der Sätze 1 und 2, die nach dem 31. Dezember 1951 geboren sind, wird die Altersgrenze wie folgt angehoben:

Geburtsjahr Geburtsmonat	Anhebung um Monate	Altersgrenze	
		Jahr	Monat
1952			
Januar	1	60	1
Februar	2	60	2
März	3	60	3
April	4	60	4
Mai	5	60	5
Juni–Dezember	6	60	6
1953	7	60	7
1954	8	60	8
1955	9	60	9
1956	10	60	10
1957	11	60	11
1958	12	61	0
1959	14	61	2
1960	16	61	4
1961	18	61	6
1962	20	61	8
1963	22	61	10

(4) [1]Wer die Regelaltersgrenze oder eine gesetzlich bestimmte besondere Altersgrenze erreicht hat, darf nicht zur Beamtin oder zum Beamten ernannt werden. [2]Wer trotzdem ernannt worden ist, ist zu entlassen.

§ 52 Ruhestand auf Antrag

(1) Beamtinnen auf Lebenszeit und Beamte auf Lebenszeit können auf ihren Antrag in den Ruhestand versetzt werden, wenn
1. sie das 62. Lebensjahr vollendet haben und
2. schwerbehindert im Sinne des § 2 Abs. 2 des Neunten Buches Sozialgesetzbuch sind.

(2) [1]Beamtinnen auf Lebenszeit und Beamte auf Lebenszeit, die schwerbehindert im Sinne des § 2 Abs. 2 des Neunten Buches Sozialgesetzbuch sind und vor dem 1. Januar 1952 geboren sind, können auf ihren Antrag in den Ruhestand versetzt werden, wenn sie das 60. Lebensjahr vollendet haben. [2]Für Beamtinnen auf Lebenszeit und Beamte auf Lebenszeit, die schwerbehindert im Sinne des § 2 Abs. 2 des Neunten Buches Sozialgesetzbuch sind und nach dem 31. Dezember 1951 geboren sind, wird die Altersgrenze wie folgt angehoben:

Geburtsjahr Geburtsmonat	Anhebung um Monate	Altersgrenze	
		Jahr	Monat
1952			
Januar	1	60	1
Februar	2	60	2
März	3	60	3
April	4	60	4
Mai	5	60	5
Juni–Dezember	6	60	6
1953	7	60	7
1954	8	60	8
1955	9	60	9
1956	10	60	10
1957	11	60	11
1958	12	61	0
1959	14	61	2
1960	16	61	4
1961	18	61	6
1962	20	61	8
1963	22	61	10

(3) Beamtinnen auf Lebenszeit und Beamte auf Lebenszeit können auf ihren Antrag in den Ruhestand versetzt werden, wenn sie das 63. Lebensjahr vollendet haben.

§ 53 Hinausschieben der Altersgrenze

(1) [1]Auf Antrag der Beamtin oder des Beamten kann der Eintritt in den Ruhestand bis zu drei Jahre hinausgeschoben werden, wenn dies im dienstlichen Interesse liegt. [2]Unter den gleichen Voraussetzungen kann der Eintritt in den Ruhestand bei einer besonderen Altersgrenze um bis zu drei Jahre hinausgeschoben werden. [3]Der Antrag ist spätestens sechs Monate vor dem Eintritt in den Ruhestand zu stellen.

(2) [1]Die oberste Dienstbehörde kann im Einzelfall den Eintritt in den Ruhestand bis zu drei Jahre hinausschieben, wenn die Fortführung der Dienstgeschäfte durch eine bestimmte Beamtin oder einen bestimmten Beamten dies erfordert. [2]Das Gleiche gilt bei einer besonderen Altersgrenze.

(3) Die Absätze 1 und 2 gelten im Beamtenverhältnis auf Probe nach § 24 entsprechend.

§ 54 Einstweiliger Ruhestand

(1) Die Bundespräsidentin oder der Bundespräsident kann jederzeit die nachfolgend genannten politischen Beamtinnen und politischen Beamten in den einstweiligen Ruhestand versetzen, wenn sie Beamtinnen auf Lebenszeit oder Beamte auf Lebenszeit sind:

1. Staatssekretärinnen und Staatssekretäre sowie Ministerialdirektorinnen und Ministerialdirektoren,
2. sonstige Beamtinnen und Beamte des höheren Dienstes im auswärtigen Dienst von der Besoldungsgruppe B 3 an aufwärts sowie Botschafterinnen und Botschafter in der Besoldungsgruppe A 16,
3. Beamtinnen und Beamte des höheren Dienstes des Amtes für den Militärischen Abschirmdienst, des Bundesamtes für Verfassungsschutz und des Bundesnachrichtendienstes von der Besoldungsgruppe B 6 an aufwärts,
4. die Chefin oder den Chef des Presse- und Informationsamtes der Bundesregierung, deren oder dessen Stellvertretung und die Stellvertretende Sprecherin oder den Stellvertretenden Sprecher der Bundesregierung,
5. die Generalbundesanwältin oder den Generalbundesanwalt beim Bundesgerichtshof,
6. die Bundesbeauftragte oder den Bundesbeauftragten für den Zivildienst,
7. die Präsidentin oder den Präsidenten des Bundeskriminalamtes und
8. die Präsidentin oder den Präsidenten des Bundespolizeipräsidiums.

(2) Gesetzliche Vorschriften, nach denen andere politische Beamtinnen und politische Beamte in den einstweiligen Ruhestand versetzt werden können, bleiben unberührt.

§ 55 Einstweiliger Ruhestand bei organisatorischen Veränderungen

[1]Im Fall der Auflösung oder einer wesentlichen Änderung des Aufbaus oder der Aufgaben einer Behörde oder der Verschmelzung von Behörden können Beamtinnen auf Lebenszeit und Beamte auf Lebenszeit, deren Aufgabengebiet davon betroffen ist und die ein Amt der Bundesbesoldungsordnung B wahrnehmen, in den einstweiligen Ruhestand versetzt werden, wenn durch die organisatorische Änderung eine ihrem Amt entsprechende Planstelle eingespart wird und eine Versetzung nicht möglich ist. [2]Frei werdende Planstellen sollen den in den einstweiligen Ruhestand versetzten Beamtinnen und Beamten, die dafür geeignet sind, vorbehalten werden.

§ 56 Beginn des einstweiligen Ruhestands

[1]Wenn nicht im Einzelfall ausdrücklich ein späterer Zeitpunkt festgesetzt wird, beginnt der einstweilige Ruhestand mit dem Zeitpunkt, zu dem die Versetzung in den einstweiligen Ruhestand der Beamtin oder dem Beamten bekannt gegeben wird, spätestens jedoch mit dem Ende des dritten Monats, der auf den Monat der Bekanntgabe folgt. [2]Die Verfügung kann bis zum Beginn des Ruhestands zurückgenommen werden.

§ 57 Erneute Berufung

Die in den einstweiligen Ruhestand versetzten Beamtinnen und Beamten sind verpflichtet, einer erneuten Berufung in das Beamtenverhältnis auf Lebenszeit Folge zu leisten, wenn ihnen im Dienstbereich ihres früheren Dienstherrn ein Amt mit mindestens demselben Endgrundgehalt verliehen werden soll.

§ 58 Ende des einstweiligen Ruhestands

(1) Der einstweilige Ruhestand endet bei erneuter Berufung in das Beamtenverhältnis auf Lebenszeit.

(2) Die in den einstweiligen Ruhestand versetzten Beamtinnen und Beamten gelten mit Erreichen der Regelaltersgrenze als dauernd in den Ruhestand versetzt.

§ 59 Zuständigkeit bei Versetzung in den Ruhestand

[1]Die Versetzung in den Ruhestand wird von der für die Ernennung zuständigen Stelle verfügt, soweit gesetzlich nichts anderes bestimmt ist. [2]Die Versetzungsverfügung ist der Beamtin oder dem Beamten schriftlich zuzustellen. [3]Sie kann bis zum Beginn des Ruhestands zurückgenommen werden.

Abschnitt 6
Rechtliche Stellung im Beamtenverhältnis

Unterabschnitt 1
Allgemeine Pflichten und Rechte

§ 60 Grundpflichten

(1) [1]Beamtinnen und Beamte dienen dem ganzen Volk, nicht einer Partei. [2]Sie haben ihre Aufgaben unparteiisch und gerecht zu erfüllen und bei ihrer Amtsführung auf das Wohl der Allgemeinheit Bedacht zu nehmen. [3]Beamtinnen und Beamte müssen sich durch ihr gesamtes Verhalten zu der freiheitlichen demokratischen Grundordnung im Sinne des Grundgesetzes bekennen und für deren Erhaltung eintreten.

(2) Beamtinnen und Beamte haben bei politischer Betätigung diejenige Mäßigung und Zurückhaltung zu wahren, die sich aus ihrer Stellung gegenüber der Allgemeinheit und aus der Rücksicht auf die Pflichten ihres Amtes ergeben.

§ 61 Wahrnehmung der Aufgaben, Verhalten

(1) [1]Beamtinnen und Beamte haben sich mit vollem persönlichem Einsatz ihrem Beruf zu widmen. [2]Sie haben das ihnen übertragene Amt uneigennützig nach bestem Gewissen wahrzunehmen. [3]Ihr Verhalten innerhalb und außerhalb des Dienstes muss der Achtung und dem Vertrauen gerecht werden, die ihr Beruf erfordert.

(2) Beamtinnen und Beamte sind verpflichtet, an Maßnahmen der dienstlichen Qualifizierung zur Erhaltung oder Fortentwicklung ihrer Kenntnisse und Fähigkeiten teilzunehmen.

§ 62 Folgepflicht

(1) [1]Beamtinnen und Beamte haben ihre Vorgesetzten zu beraten und zu unterstützen. [2]Sie sind verpflichtet, deren dienstliche Anordnungen auszuführen und deren allgemeine Richtlinien zu befolgen. [3]Dies gilt nicht, soweit die Beamtinnen und Beamten nach besonderen gesetzlichen Vorschriften an Weisungen nicht gebunden und nur dem Gesetz unterworfen sind.

(2) Beamtinnen und Beamte haben bei organisatorischen Veränderungen dem Dienstherrn Folge zu leisten.

§ 63 Verantwortung für die Rechtmäßigkeit

(1) Beamtinnen und Beamte tragen für die Rechtmäßigkeit ihrer dienstlichen Handlungen die volle persönliche Verantwortung.

(2) [1]Bedenken gegen die Rechtmäßigkeit dienstlicher Anordnungen haben Beamtinnen und Beamte unverzüglich bei der oder dem unmittelbaren Vorgesetzten geltend zu machen. [2]Wird die Anordnung aufrechterhalten, haben sie sich, wenn ihre Bedenken gegen deren Rechtmäßigkeit fortbestehen, an die nächsthöhere Vorgesetzte oder den nächsthöheren Vorgesetzten zu wenden. [3]Wird die Anordnung bestätigt, müssen die Beamtinnen und Beamten sie ausführen und sind von der eigenen Verantwortung befreit. [4]Dies gilt nicht, wenn das aufgetragene Verhalten die Würde des Menschen verletzt oder strafbar oder ordnungswidrig ist und die Strafbarkeit oder Ordnungswidrigkeit für die Beamtinnen und Beamten erkennbar ist. [5]Die Bestätigung hat auf Verlangen schriftlich zu erfolgen.

(3) Verlangt eine Vorgesetzte oder ein Vorgesetzter die sofortige Ausführung der Anordnung, weil Gefahr im Verzug ist und die Entscheidung der oder des höheren Vorgesetzten nicht rechtzeitig herbeigeführt werden kann, gilt Absatz 2 Satz 3 bis 5 entsprechend.

§ 64 Eidespflicht, Eidesformel

(1) Beamtinnen und Beamte haben folgenden Diensteid zu leisten: „Ich schwöre, das Grundgesetz und alle in der Bundesrepublik Deutschland geltenden Gesetze zu wahren und meine Amtspflichten gewissenhaft zu erfüllen, so wahr mir Gott helfe."

(2) Der Eid kann auch ohne die Worte „so wahr mir Gott helfe" geleistet werden.

(3) Lehnt eine Beamtin oder ein Beamter aus Glaubens- oder Gewissensgründen die Ablegung des vorgeschriebenen Eides ab, können anstelle der Worte „Ich schwöre" die Worte „Ich gelobe" oder eine andere Beteuerungsformel gesprochen werden.

(4) [1]In den Fällen, in denen nach § 7 Abs. 3 eine Ausnahme von § 7 Abs. 1 Nr. 1 zugelassen worden ist, kann von einer Eidesleistung abgesehen werden. [2]Sofern gesetzlich nichts anderes bestimmt ist, hat die Beamtin oder der Beamte in diesen Fällen zu geloben, ihre oder seine Amtspflichten gewissenhaft zu erfüllen.

§ 65 Befreiung von Amtshandlungen

(1) Beamtinnen und Beamte sind von Amtshandlungen zu befreien, die sich gegen sie selbst oder Angehörige richten würden, zu deren Gunsten ihnen wegen familienrechtlicher Beziehungen im Strafverfahren das Zeugnisverweigerungsrecht zusteht.

(2) Gesetzliche Vorschriften, nach denen Beamtinnen oder Beamte von einzelnen Amtshandlungen ausgeschlossen sind, bleiben unberührt.

§ 66 Verbot der Führung der Dienstgeschäfte

[1]Die oberste Dienstbehörde oder die von ihr bestimmte Behörde kann einer Beamtin oder einem Beamten aus zwingenden dienstlichen Gründen die Führung der Dienstgeschäfte verbieten. [2]Das Verbot erlischt, wenn nicht bis zum Ablauf von drei Monaten gegen die Beamtin oder den Beamten ein Disziplinarverfahren oder ein sonstiges auf Rücknahme der Ernennung oder auf Beendigung des Beamtenverhältnisses gerichtetes Verfahren eingeleitet worden ist.

§ 67 Verschwiegenheitspflicht

(1) [1]Beamtinnen und Beamte haben über die ihnen bei oder bei Gelegenheit ihrer amtlichen Tätigkeit bekannt gewordenen dienstlichen Angelegenheiten Verschwiegenheit zu bewahren. [2]Dies gilt auch über den Bereich eines Dienstherrn hinaus sowie nach Beendigung des Beamtenverhältnisses.

(2) [1]Absatz 1 gilt nicht, soweit
1. Mitteilungen im dienstlichen Verkehr geboten sind,
2. Tatsachen mitgeteilt werden, die offenkundig sind oder ihrer Bedeutung nach keiner Geheimhaltung bedürfen, oder
3. gegenüber der zuständigen obersten Dienstbehörde, einer Strafverfolgungsbehörde oder einer von der obersten Dienstbehörde bestimmten weiteren Behörde oder außerdienstlichen Stelle ein durch Tatsachen begründeter Verdacht einer Korruptionsstraftat nach den §§ 331 bis 337 des Strafgesetzbuches angezeigt wird.

[2]Im Übrigen bleiben die gesetzlich begründeten Pflichten, geplante Straftaten anzuzeigen und für die Erhaltung der freiheitlichen demokratischen Grundordnung einzutreten, von Absatz 1 unberührt.

(3) [1]Beamtinnen und Beamte dürfen ohne Genehmigung über Angelegenheiten nach Absatz 1 weder vor Gericht noch außergerichtlich aussagen oder Erklärungen abgeben. [2]Die Genehmigung erteilt die oder der Dienstvorgesetzte oder, wenn das Beamtenverhältnis beendet ist, die oder der letzte Dienstvorgesetzte. [3]Hat sich der Vorgang, der den Gegenstand der Äußerung bildet, bei einem

früheren Dienstherrn ereignet, darf die Genehmigung nur mit dessen Zustimmung erteilt werden.

(4) [1]Beamtinnen und Beamte haben, auch nach Beendigung des Beamtenverhältnisses, auf Verlangen der oder des Dienstvorgesetzten oder der oder des letzten Dienstvorgesetzten amtliche Schriftstücke, Zeichnungen, bildliche Darstellungen sowie Aufzeichnungen jeder Art über dienstliche Vorgänge, auch soweit es sich um Wiedergaben handelt, herauszugeben. [2]Entsprechendes gilt für ihre Hinterbliebenen und Erben.

§ 68 Versagung der Aussagegenehmigung

(1) Die Genehmigung, als Zeugin oder Zeuge auszusagen, darf nur versagt werden, wenn die Aussage dem Wohle des Bundes oder eines deutschen Landes Nachteile bereiten oder die Erfüllung öffentlicher Aufgaben ernstlich gefährden oder erheblich erschweren würde.

(2) [1]Sind Beamtinnen oder Beamte Partei oder Beschuldigte in einem gerichtlichen Verfahren oder soll ihr Vorbringen der Wahrnehmung ihrer berechtigten Interessen dienen, darf die Genehmigung auch dann, wenn die Voraussetzungen des Absatzes 1 erfüllt sind, nur versagt werden, wenn die dienstlichen Rücksichten dies unabweisbar erfordern. [2]Wird die Genehmigung versagt, haben die oder der Dienstvorgesetzte der Beamtin oder dem Beamten den Schutz zu gewähren, den die dienstlichen Rücksichten zulassen.

(3) [1]Über die Versagung der Genehmigung entscheidet die oberste Dienstbehörde. [2]Sie kann diese Befugnis auf andere Behörden übertragen.

§ 69 Gutachtenerstattung

[1]Die Genehmigung, ein Gutachten zu erstatten, kann versagt werden, wenn die Erstattung den dienstlichen Interessen Nachteile bereiten würde. [2]§ 68 Abs. 3 gilt entsprechend.

§ 70 Auskünfte an die Medien

Die Leitung der Behörde entscheidet, wer den Medien Auskünfte erteilt.

§ 71 Verbot der Annahme von Belohnungen, Geschenken und sonstigen Vorteilen

(1) [1]Beamtinnen und Beamte dürfen, auch nach Beendigung des Beamtenverhältnisses, keine Belohnungen, Geschenke oder sonstigen Vorteile für sich oder einen Dritten in Bezug auf ihr Amt fordern, sich versprechen lassen oder annehmen. [2]Ausnahmen bedürfen der Zustimmung der obersten oder der letzten obersten Dienstbehörde. [3]Die Befugnis zur Zustimmung kann auf andere Behörden übertragen werden.

(2) [1]Wer gegen das in Absatz 1 genannte Verbot verstößt, hat auf Verlangen das aufgrund des pflichtwidrigen Verhaltens Erlangte dem Dienstherrn herauszugeben, soweit nicht im Strafverfahren der Verfall angeordnet worden oder es

auf andere Weise auf den Staat übergegangen ist. [2]Für den Umfang des Herausgabeanspruchs gelten die Vorschriften des Bürgerlichen Gesetzbuches über die Herausgabe einer ungerechtfertigten Bereicherung entsprechend. [3]Die Herausgabepflicht nach Satz 1 umfasst auch die Pflicht, dem Dienstherrn Auskunft über Art, Umfang und Verbleib des Erlangten zu geben.

§ 72 Wahl der Wohnung

(1) Beamtinnen und Beamte haben ihre Wohnung so zu nehmen, dass die ordnungsmäßige Wahrnehmung ihrer Dienstgeschäfte nicht beeinträchtigt wird.

(2) Die oder der Dienstvorgesetzte kann, wenn die dienstlichen Verhältnisse es erfordern, anweisen, dass die Wohnung innerhalb einer bestimmten Entfernung von der Dienststelle zu nehmen oder eine Dienstwohnung zu beziehen ist.

§ 73 Aufenthaltspflicht

Wenn besondere dienstliche Verhältnisse es dringend erfordern, kann die Beamtin oder der Beamte angewiesen werden, sich während der dienstfreien Zeit in erreichbarer Nähe des Dienstortes aufzuhalten.

§ 74 Dienstkleidung

Die Bundespräsidentin oder der Bundespräsident oder die von ihr oder ihm bestimmte Stelle erlässt die Bestimmungen über Dienstkleidung, die bei Wahrnehmung des Amtes üblich oder erforderlich ist.

§ 75 Pflicht zum Schadensersatz

(1) [1]Beamtinnen und Beamte, die vorsätzlich oder grob fahrlässig die ihnen obliegenden Pflichten verletzt haben, haben dem Dienstherrn, dessen Aufgaben sie wahrgenommen haben, den daraus entstehenden Schaden zu ersetzen. [2]Haben zwei oder mehr Beamtinnen und Beamte gemeinsam den Schaden verursacht, haften sie gesamtschuldnerisch.

(2) Hat der Dienstherr Dritten Schadensersatz geleistet, gilt als Zeitpunkt, zu dem der Dienstherr Kenntnis im Sinne der Verjährungsvorschriften des Bürgerlichen Gesetzbuches erlangt, der Zeitpunkt, zu dem der Ersatzanspruch gegenüber Dritten vom Dienstherrn anerkannt oder dem Dienstherrn gegenüber rechtskräftig festgestellt wird.

(3) Leistet die Beamtin oder der Beamte dem Dienstherrn Ersatz und hat dieser einen Ersatzanspruch gegen Dritte, geht der Ersatzanspruch auf sie oder ihn über.

§ 76 Übergang eines Schadensersatzanspruchs gegen Dritte

[1]Werden Beamtinnen, Beamte, Versorgungsberechtigte oder ihre Angehörigen körperlich verletzt oder getötet, geht ein gesetzlicher Schadensersatzanspruch, der diesen Personen infolge der Körperverletzung oder der Tötung gegen Dritte zusteht, insoweit auf den Dienstherrn über, als dieser während einer auf der

Körperverletzung beruhenden Aufhebung der Dienstfähigkeit oder infolge der Körperverletzung oder der Tötung zur Gewährung von Leistungen verpflichtet ist. [2]Ist eine Versorgungskasse zur Gewährung der Versorgung verpflichtet, geht der Anspruch auf sie über. [3]Der Übergang des Anspruchs kann nicht zum Nachteil der Verletzten oder der Hinterbliebenen geltend gemacht werden.

§ 77 Nichterfüllung von Pflichten

(1) [1]Beamtinnen und Beamte begehen ein Dienstvergehen, wenn sie schuldhaft die ihnen obliegenden Pflichten verletzen. [2]Außerhalb des Dienstes ist dieses nur dann ein Dienstvergehen, wenn die Pflichtverletzung nach den Umständen des Einzelfalls in besonderem Maße geeignet ist, das Vertrauen in einer für ihr Amt oder das Ansehen des Beamtentums bedeutsamen Weise zu beeinträchtigen.

(2) Bei Ruhestandsbeamtinnen und Ruhestandsbeamten sowie früheren Beamtinnen mit Versorgungsbezügen und früheren Beamten mit Versorgungsbezügen gilt es als Dienstvergehen, wenn sie

1. sich gegen die freiheitliche demokratische Grundordnung im Sinne des Grundgesetzes betätigen,
2. an Bestrebungen teilnehmen, die darauf abzielen, den Bestand oder die Sicherheit der Bundesrepublik Deutschland zu beeinträchtigen,
3. gegen die Verschwiegenheitspflicht, gegen die Anzeigepflicht oder das Verbot einer Tätigkeit nach Beendigung des Beamtenverhältnisses oder gegen das Verbot der Annahme von Belohnungen, Geschenken und sonstigen Vorteilen verstoßen oder
4. entgegen § 46 Abs. 1 oder 2 oder § 57 einer erneuten Berufung in das Beamtenverhältnis schuldhaft nicht nachkommen.

(3) Die Verfolgung von Dienstvergehen richtet sich nach dem Bundesdisziplinargesetz.

§ 78 Fürsorgepflicht des Dienstherrn

[1]Der Dienstherr hat im Rahmen des Dienst- und Treueverhältnisses für das Wohl der Beamtinnen und Beamten und ihrer Familien, auch für die Zeit nach Beendigung des Beamtenverhältnisses, zu sorgen. [2]Er schützt die Beamtinnen und Beamten bei ihrer amtlichen Tätigkeit und in ihrer Stellung.

§ 79 Mutterschutz, Elternzeit und Jugendarbeitsschutz

(1) [1]Die Bundesregierung regelt durch Rechtsverordnung die der Eigenart des öffentlichen Dienstes entsprechende Anwendung der Vorschriften

1. des Mutterschutzgesetzes auf Beamtinnen,
2. des Bundeselterngeld- und Elternzeitgesetzes über die Elternzeit auf Beamtinnen und Beamte.

[2]Das Bundesministerium des Innern kann in Fällen des Artikels 91 Abs. 2 und des Artikels 115f Abs. 1 Nr. 1 des Grundgesetzes den Anspruch auf Elternzeit

für Polizeivollzugsbeamtinnen und Polizeivollzugsbeamte in der Bundespolizei aus zwingenden Gründen der inneren Sicherheit aufheben oder beschränken.

(2) [1]Das Jugendarbeitsschutzgesetz gilt für jugendliche Beamtinnen und jugendliche Beamte entsprechend. [2]Die Bundesregierung kann durch Rechtsverordnung Ausnahmen von den Vorschriften des Jugendarbeitsschutzgesetzes für jugendliche Polizeivollzugsbeamtinnen und jugendliche Polizeivollzugsbeamte bestimmen, soweit diese aufgrund der Eigenart des Polizeivollzugsdienstes oder aus Gründen der inneren Sicherheit erforderlich sind.

§ 80 Beihilfe in Krankheits-, Pflege- und Geburtsfällen

(1) [1]Beihilfe erhalten

1. Beamtinnen und Beamte, die Anspruch auf Besoldung haben oder Elternzeit in Anspruch nehmen,
2. Versorgungsempfängerinnen und Versorgungsempfänger, die Anspruch auf Versorgungsbezüge haben,
3. frühere Beamtinnen und frühere Beamte während des Bezugs von Unterhaltsbeitrag oder Übergangsgeld nach dem Beamtenversorgungsgesetz,
4. frühere Beamtinnen auf Zeit und frühere Beamte auf Zeit während des Bezugs von Übergangsgeld nach dem Beamtenversorgungsgesetz.

[2]Satz 1 gilt auch, wenn Bezüge wegen der Anwendung von Ruhens- oder Anrechnungsvorschriften nicht gezahlt werden. [3]Für Aufwendungen der Ehegattin des Beihilfeberechtigten oder des Ehegatten der Beihilfeberechtigten, die oder der kein zur wirtschaftlichen Selbstständigkeit führendes Einkommen hat, und der im Familienzuschlag nach dem Bundesbesoldungsgesetz berücksichtigungsfähigen Kinder wird ebenfalls Beihilfe gewährt. [4]Satz 3 gilt nicht für Fälle des § 23 des Beamtenversorgungsgesetzes.

(2) Beihilfefähig sind grundsätzlich nur notwendige und wirtschaftlich angemessene Aufwendungen

1. in Krankheits- und Pflegefällen,
2. zur Vorbeugung und Behandlung von Krankheiten oder Behinderungen,
3. in Geburtsfällen, zur Empfängnisverhütung, bei künstlicher Befruchtung sowie in Ausnahmefällen bei Sterilisation und Schwangerschaftsabbruch und
4. zur Früherkennung von Krankheiten und zu Schutzimpfungen.

(3) [1]Beihilfe wird als mindestens 50-prozentige Erstattung der beihilfefähigen Aufwendungen gewährt. [2]Sie kann in Pflegefällen in Form einer Pauschale gewährt werden, deren Höhe sich am tatsächlichen Versorgungsaufwand orientiert. [3]Es können Eigenbehalte von den beihilfefähigen Aufwendungen oder der Beihilfe abgezogen und Belastungsgrenzen festgelegt werden. [4]Beihilfe darf nur gewährt werden, wenn sie zusammen mit von dritter Seite zustehenden Erstattungen die dem Grunde nach beihilfefähigen Aufwendungen nicht überschreitet. [5]Zustehende Leistungen zu Aufwendungen nach Absatz 2 sind von den beihilfefähigen Aufwendungen abzuziehen. [6]Nicht beihilfefähig sind Aufwendungen von Beihilfeberechtigten, denen Leistungen nach § 70 Abs. 2 des Bundesbesoldungsgesetzes zustehen.

(4) Das Bundesministerium des Innern regelt im Einvernehmen mit dem Auswärtigen Amt, dem Bundesministerium der Finanzen, dem Bundesministerium der Verteidigung und dem Bundesministerium für Gesundheit durch Rechtsverordnung die Einzelheiten der Beihilfegewährung, insbesondere der Höchstbeträge, des völligen oder teilweisen Ausschlusses von Arznei-, Heil- und Hilfsmitteln in Anlehnung an das Fünfte Buch Sozialgesetzbuch und der Berücksichtigung von Kindern.

§ 81 Reisekosten

(1) [1]Beamtinnen und Beamte erhalten die notwendigen Kosten einer dienstlich veranlassten Reise (Dienstreise) vergütet. [2]Die Reisekostenvergütung umfasst die Fahrt- und Flugkosten, eine Wegstreckenentschädigung, Tage- und Übernachtungsgelder, Reisebeihilfen für Familienheimfahrten sowie sonstige Kosten, die durch die Reise veranlasst sind.

(2) [1]Die Einzelheiten zu Art und Umfang der Reisekostenvergütung sowie die Grundsätze des Abrechnungsverfahrens regelt die Bundesregierung durch Rechtsverordnung. [2]Bei der Bemessung der Reisekostenvergütung können Höchstgrenzen oder Pauschalen für eine Erstattung festgesetzt und abweichende Regelungen für besondere Fälle getroffen werden.

(3) [1]Für Reisen nach Absatz 1 im oder in das Ausland sowie vom Ausland in das Inland (Auslandsdienstreisen) kann das Bundesministerium des Innern im Einvernehmen mit dem Auswärtigen Amt, dem Bundesministerium der Verteidigung und dem Bundesministerium der Finanzen durch Rechtsverordnung abweichende Vorschriften erlassen. [2]Dazu gehören die Anordnung und Genehmigung von Dienstreisen sowie der Umfang der Reisekostenvergütung einschließlich zusätzlich zu erstattender notwendiger Kosten, die der Erreichung des Zwecks von Auslandsdienstreisen dienen und die die besonderen Verhältnisse im Ausland berücksichtigen.

§ 82 Umzugskosten

(1) [1]Beamtinnen und Beamte sowie ihre Hinterbliebenen erhalten die notwendigen Kosten für einen Umzug vergütet (Umzugskostenvergütung), wenn die Übernahme der Umzugskosten zugesagt worden ist. [2]Die Umzugskostenzusage kann bei einem dienstlich veranlassten Umzug oder in besonderen Fällen gegeben werden. [3]Die Umzugskostenvergütung umfasst

1. Beförderungsauslagen,
2. Reisekosten,
3. Trennungsgeld,
4. Mietentschädigung und
5. sonstige Auslagen.

(2) [1]Die Einzelheiten zu Art und Umfang der Umzugskostenvergütung sowie die Grundsätze des Abrechnungsverfahrens regelt die Bundesregierung durch Rechtsverordnung. [2]Bei der Bemessung der Umzugskostenvergütung können Höchstgrenzen oder Pauschalen für eine Erstattung festgesetzt und abweichende Regelungen für besondere Fälle getroffen werden.

(3) Für Umzüge nach Absatz 1 im oder in das Ausland sowie aus dem Ausland in das Inland (Auslandsumzüge) kann das Auswärtige Amt im Einvernehmen mit dem Bundesministerium des Innern, dem Bundesministerium der Verteidigung und dem Bundesministerium der Finanzen durch Rechtsverordnung abweichende Vorschriften zur Umzugskostenvergütung erlassen, soweit die besonderen Bedürfnisse des Auslandsdienstes und die besonderen Verhältnisse im Ausland es erfordern.

§ 83 Trennungsgeld

(1) [1]Beamtinnen und Beamte, die an einen Ort außerhalb des Dienst- oder Wohnortes abgeordnet, versetzt, zugewiesen oder aufgrund einer anderen personellen Maßnahme an einem Ort außerhalb ihres bisherigen Dienst- oder Wohnortes beschäftigt werden, erhalten die notwendigen Kosten erstattet, die durch die häusliche Trennung oder in besonderen Fällen entstehen (Trennungsgeld). [2]Dabei sind die häuslichen Ersparnisse zu berücksichtigen.

(2) Werden Beamtinnen auf Widerruf und Beamte auf Widerruf im Vorbereitungsdienst zum Zweck ihrer Ausbildung einer Ausbildungsstelle an einen anderen Ort als dem bisherigen Dienst- oder Wohnort zugewiesen, können ihnen die dadurch entstehenden notwendigen Mehrausgaben ganz oder teilweise erstattet werden.

(3) [1]Die Einzelheiten zu Art und Umfang des Trennungsgeldes und der Gewährung von Reisebeihilfen für Familienheimfahrten sowie die Grundsätze des Abrechnungsverfahrens regelt die Bundesregierung durch Rechtsverordnung. [2]Bei der Bemessung des Trennungsgeldes und der Reisebeihilfen für Familienheimfahrten können Höchstgrenzen und Pauschalen für eine Erstattung festgesetzt und abweichende Regelungen für besondere Fälle getroffen werden.

(4) Für Maßnahmen nach Absatz 1 im oder in das Ausland sowie vom Ausland in das Inland kann das Auswärtige Amt im Einvernehmen mit dem Bundesministerium des Innern, dem Bundesministerium der Verteidigung und dem Bundesministerium der Finanzen durch Rechtsverordnung abweichende Vorschriften zu Trennungsgeld und Reisebeihilfen für Familienheimfahrten erlassen, soweit die besonderen Bedürfnisse des Auslandsdienstes und die besonderen Verhältnisse im Ausland es erfordern.

§ 84 Jubiläumszuwendung

[1]Beamtinnen und Beamten wird bei Dienstjubiläen eine Zuwendung gewährt. [2]Das Nähere regelt die Bundesregierung durch Rechtsverordnung.

§ 85 Dienstzeugnis

[1]Beamtinnen und Beamten wird auf Antrag ein Dienstzeugnis über Art und Dauer der von ihnen wahrgenommenen Ämter erteilt, wenn sie daran ein berechtigtes Interesse haben oder das Beamtenverhältnis beendet ist. [2]Das Dienstzeugnis muss auf Verlangen auch über die ausgeübte Tätigkeit und die erbrachten Leistungen Auskunft geben.

§ 86 Amtsbezeichnungen

(1) Die Bundespräsidentin oder der Bundespräsident oder eine von ihr oder ihm bestimmte Stelle setzt die Amtsbezeichnungen fest, soweit gesetzlich nichts anderes bestimmt ist.

(2) [1]Beamtinnen und Beamte führen im Dienst die Amtsbezeichnung des ihnen übertragenen Amtes. [2]Sie dürfen sie auch außerhalb des Dienstes führen. [3]Nach dem Wechsel in ein anderes Amt dürfen sie die bisherige Amtsbezeichnung nicht mehr führen. [4]Ist das neue Amt mit einem niedrigeren Endgrundgehalt verbunden, darf neben der neuen Amtsbezeichnung die des früheren Amtes mit dem Zusatz „außer Dienst" oder „a. D." geführt werden.

(3) [1]Ruhestandsbeamtinnen und Ruhestandsbeamte dürfen die ihnen bei der Versetzung in den Ruhestand zustehende Amtsbezeichnung mit dem Zusatz „außer Dienst" oder „a. D." und die im Zusammenhang mit dem Amt verliehenen Titel weiter führen. [2]Ändert sich die Bezeichnung des früheren Amtes, darf die geänderte Amtsbezeichnung geführt werden.

Unterabschnitt 2
Arbeitszeit

§ 87 Arbeitszeit

(1) Die regelmäßige Arbeitszeit darf wöchentlich im Durchschnitt 44 Stunden nicht überschreiten.

(2) Soweit Bereitschaftsdienst besteht, kann die Arbeitszeit entsprechend den dienstlichen Bedürfnissen verlängert werden.

(3) [1]Das Nähere zur Regelung der Arbeitszeit, insbesondere zur Dauer, zu Möglichkeiten ihrer flexiblen Ausgestaltung und zur Kontrolle ihrer Einhaltung, regelt die Bundesregierung durch Rechtsverordnung. [2]Eine Kontrolle der Einhaltung der Arbeitszeit mittels automatisierter Datenverarbeitungssysteme ist zulässig, soweit diese Systeme eine Mitwirkung der Beamtinnen und Beamten erfordern. [3]Die erhobenen Daten dürfen nur für Zwecke der Arbeitszeitkontrolle, der Wahrung arbeitsschutzrechtlicher Bestimmungen und des gezielten Personaleinsatzes verwendet werden, soweit dies zur Aufgabenwahrnehmung der jeweils zuständigen Stelle erforderlich ist. [4]In der Rechtsverordnung sind Löschfristen für die erhobenen Daten vorzusehen.

§ 88 Mehrarbeit

[1]Beamtinnen und Beamte sind verpflichtet, ohne Vergütung über die regelmäßige wöchentliche Arbeitszeit hinaus Dienst zu tun, wenn zwingende dienstliche Verhältnisse dies erfordern und sich die Mehrarbeit auf Ausnahmefälle beschränkt. [2]Werden sie durch eine dienstlich angeordnete oder genehmigte Mehrarbeit mehr als fünf Stunden im Monat über die regelmäßige Arbeitszeit hinaus beansprucht, ist ihnen innerhalb eines Jahres für die Mehrarbeit, die sie über die regelmäßige Arbeitszeit hinaus leisten, entsprechende Dienstbefreiung

zu gewähren. [3]Bei Teilzeitbeschäftigung sind die fünf Stunden anteilig zu kürzen. [4]Ist die Dienstbefreiung aus zwingenden dienstlichen Gründen nicht möglich, können Beamtinnen und Beamte in Besoldungsgruppen mit aufsteigenden Gehältern eine Vergütung erhalten.

§ 89 Erholungsurlaub

[1]Beamtinnen und Beamten steht jährlich ein Erholungsurlaub unter Fortgewährung der Besoldung zu. [2]Die Bewilligung und Dauer des Erholungsurlaubs regelt die Bundesregierung durch Rechtsverordnung. [3]Die Dauer des zusätzlichen Urlaubs für in das Ausland entsandte Beamtinnen und Beamte des Auswärtigen Dienstes regelt das Gesetz über den Auswärtigen Dienst.

§ 90 Urlaub aus anderen Anlässen, Mandatsträgerinnen und Mandatsträger

(1) Die Bundesregierung regelt durch Rechtsverordnung die Bewilligung von Urlaub aus anderen Anlässen und bestimmt, inwieweit die Besoldung während eines solchen Urlaubs fortbesteht.

(2) Stimmen Beamtinnen und Beamte ihrer Aufstellung als Bewerberinnen oder Bewerber für die Wahl zum Deutschen Bundestag oder zum Europäischen Parlament oder zu der gesetzgebenden Körperschaft eines Landes zu, ist ihnen auf Antrag innerhalb der letzten zwei Monate vor dem Wahltag der zur Vorbereitung ihrer Wahl erforderliche Urlaub unter Wegfall der Besoldung zu gewähren.

(3) [1]Beamtinnen und Beamten, die in die gesetzgebende Körperschaft eines Landes gewählt worden sind und deren Rechte und Pflichten aus dem Beamtenverhältnis nicht nach § 40 Abs. 1 ruhen, ist zur Ausübung des Mandats auf Antrag

1. Teilzeit im Umfang von mindestens 30 Prozent der regelmäßigen Arbeitszeit zu bewilligen oder
2. ein Urlaub unter Wegfall der Besoldung zu gewähren.

[2]Der Antrag soll jeweils für den Zeitraum von mindestens sechs Monaten gestellt werden. [3]§ 23 Abs. 5 des Abgeordnetengesetzes ist entsprechend anzuwenden. [4]Auf Beamtinnen und Beamte, denen nach Satz 1 Nr. 2 Urlaub unter Wegfall der Besoldung gewährt wird, ist § 7 Abs. 1, 3 und 4 des Abgeordnetengesetzes entsprechend anzuwenden.

(4) [1]Für die Tätigkeit als Mitglied einer kommunalen Vertretung, eines nach Kommunalverfassungsrecht gebildeten Ausschusses oder vergleichbarer Einrichtungen in Gemeindebezirken ist Beamtinnen und Beamten der erforderliche Urlaub unter Fortzahlung der Besoldung zu gewähren. [2]Satz 1 gilt auch für die von einer kommunalen Vertretung gewählten ehrenamtlichen Mitglieder von Ausschüssen, die aufgrund eines Gesetzes gebildet worden sind.

§ 91 Teilzeit

(1) Beamtinnen und Beamten, die Anspruch auf Besoldung haben, kann auf Antrag Teilzeitbeschäftigung bis zur Hälfte der regelmäßigen Arbeitszeit und

bis zur jeweils beantragten Dauer bewilligt werden, soweit dienstliche Belange dem nicht entgegenstehen.

(2) [1]Dem Antrag nach Absatz 1 darf nur entsprochen werden, wenn die Beamtinnen und Beamten sich verpflichten, während des Bewilligungszeitraumes außerhalb des Beamtenverhältnisses berufliche Verpflichtungen nur in dem Umfang einzugehen, der den Vollzeitbeschäftigten für die Ausübung von Nebentätigkeiten gestattet ist. [2]Ausnahmen hiervon sind nur zulässig, soweit dies mit dem Beamtenverhältnis vereinbar ist. [3]Dabei ist von der regelmäßigen wöchentlichen Arbeitszeit ohne Rücksicht auf die Bewilligung von Teilzeitbeschäftigung auszugehen. [4]Wird die Verpflichtung nach Satz 1 schuldhaft verletzt, soll die Bewilligung widerrufen werden.

(3) [1]Die zuständige Dienstbehörde kann nachträglich die Dauer der Teilzeitbeschäftigung beschränken oder den Umfang der zu leistenden Arbeitszeit erhöhen, soweit zwingende dienstliche Belange dies erfordern. [2]Sie soll eine Änderung des Umfangs der Teilzeitbeschäftigung oder den Übergang zur Vollzeitbeschäftigung zulassen, wenn der Beamtin oder dem Beamten die Teilzeitbeschäftigung im bisherigen Umfang nicht mehr zugemutet werden kann und dienstliche Belange dem nicht entgegenstehen.

§ 92 Familienbedingte Teilzeit und Beurlaubung

(1) [1]Beamtinnen und Beamten, die Anspruch auf Besoldung haben, ist auf Antrag, wenn sie mindestens ein Kind unter 18 Jahren oder nach ärztlichem Gutachten eine pflegebedürftige sonstige Angehörige oder einen pflegebedürftigen sonstigen Angehörigen tatsächlich betreuen oder pflegen und zwingende dienstliche Belange dem nicht entgegenstehen,

1. Teilzeitbeschäftigung zu bewilligen oder
2. Urlaub ohne Besoldung bis zur Dauer von 15 Jahren zu bewilligen. [2]Der Urlaub darf auch in Verbindung mit einer Beurlaubung ohne Besoldung wegen eines Überhangs an Bewerberinnen und Bewerbern sowie Teilzeitbeschäftigung mit weniger als der Hälfte der regelmäßigen Arbeitszeit die Dauer von 15 Jahren nicht überschreiten. [3]§ 91 Abs. 3 Satz 1 gilt entsprechend.

(2) [1]Die Dienststelle muss die Ablehnung von Anträgen im Einzelnen begründen. [2]Bei Beamtinnen und Beamten im Schul- und Hochschuldienst kann der Bewilligungszeitraum bis zum Ende des laufenden Schulhalbjahres oder Semesters ausgedehnt werden. [3]Der Antrag auf Verlängerung einer Beurlaubung ist spätestens sechs Monate vor Ablauf der genehmigten Beurlaubung zu stellen.

(3) Während einer Freistellung vom Dienst nach Absatz 1 dürfen nur solche Nebentätigkeiten genehmigt werden, die dem Zweck der Freistellung nicht zuwiderlaufen.

(4) [1]Die zuständige Dienststelle kann eine Rückkehr aus dem Urlaub zulassen, wenn die Fortsetzung des Urlaubs nicht zumutbar ist und dienstliche Belange dem nicht entgegenstehen. [2]Teilzeitbeschäftigte mit Familienpflichten, die eine Vollzeitbeschäftigung beantragen, und Beurlaubte mit Familienpflichten, die

eine vorzeitige Rückkehr aus der Beurlaubung beantragen, müssen bei der Besetzung von Vollzeitstellen unter Beachtung des Leistungsprinzips und der Regelungen des Bundesgleichstellungsgesetzes vorrangig berücksichtigt werden.

(5) [1]Während der Zeit der Beurlaubung ohne Besoldung nach Absatz 1 Satz 1 Nr. 2 besteht ein Anspruch auf Leistungen der Krankheitsfürsorge in entsprechender Anwendung der Beihilferegelungen für Beamtinnen mit Anspruch auf Besoldung und Beamte mit Anspruch auf Besoldung. [2]Dies gilt nicht, wenn die Beamtin oder der Beamte berücksichtigungsfähige Angehörige oder berücksichtigungsfähiger Angehöriger einer oder eines Beihilfeberechtigten wird oder in der gesetzlichen Krankenversicherung nach § 10 Abs. 1 des Fünften Buches Sozialgesetzbuch versichert ist. [3]Beamtinnen und Beamte, die die Voraussetzungen des § 3 Abs. 1 des Pflegezeitgesetzes erfüllen, erhalten für die Dauer der Pflegezeit nach § 4 des Pflegezeitgesetzes Leistungen entsprechend § 44a Abs. 1 des Elften Buches Sozialgesetzbuch.

(6) [1]Die Dienststelle hat durch geeignete Maßnahmen den aus familiären Gründen Beurlaubten die Verbindung zum Beruf und den beruflichen Wiedereinstieg zu erleichtern. [2]Dazu gehören das Angebot von Urlaubs- und Krankheitsvertretungen, ihre rechtzeitige Unterrichtung über das Fortbildungsprogramm und das Angebot der Teilnahme an der Fortbildung während oder nach der Beurlaubung. [3]Die Teilnahme an einer Fortbildungsveranstaltung während der Beurlaubung begründet einen Anspruch auf bezahlte Dienstbefreiung nach Ende der Beurlaubung. [4]Die Dauer der bezahlten Dienstbefreiung richtet sich nach der Dauer der Fortbildung. [5]Mit den Beurlaubten sind rechtzeitig vor Ablauf einer Beurlaubung Beratungsgespräche zu führen, in denen sie über die Möglichkeiten ihrer Beschäftigung nach der Beurlaubung informiert werden.

§ 93 Altersteilzeit

(1) Beamtinnen und Beamten, die Anspruch auf Besoldung haben, kann auf Antrag, der sich auf die Zeit bis zum Beginn des Ruhestands erstrecken muss, Teilzeitbeschäftigung als Altersteilzeit mit der Hälfte der bisherigen Arbeitszeit, höchstens der Hälfte der in den letzten zwei Jahren vor Beginn der Altersteilzeit durchschnittlich zu leistenden Arbeitszeit, bewilligt werden, wenn

1. a) sie das 60. Lebensjahr vollendet haben,
   b) das 55. Lebensjahr vollendet haben und zum Zeitpunkt der Antragstellung schwerbehindert im Sinne des § 2 Abs. 2 des Neunten Buches Sozialgesetzbuch sind oder
   c) das 55. Lebensjahr vollendet haben und in einem besonders festgelegten Stellenabbaubereich beschäftigt sind
   und
2. sie in den letzten fünf Jahren vor Beginn der Altersteilzeit drei Jahre mindestens teilzeitbeschäftigt waren,
3. die Altersteilzeit vor dem 1. Januar 2010 beginnt und
4. dringende dienstliche Belange dem nicht entgegenstehen.

(2) [1]Beamtinnen und Beamten kann Altersteilzeit in Form der Blockbildung im Sinne des § 9 der Arbeitszeitverordnung nach Maßgabe des Absatzes 1 bewilligt werden, wenn sie

1. das 60. Lebensjahr vollendet haben und bei vorheriger Teilzeitbeschäftigung die Zeiten der Freistellung von der Arbeit in der Weise zusammengefasst werden, dass zuvor mit mindestens der Hälfte der regelmäßigen Arbeitszeit, im Fall des § 92 Abs. 1 oder bei Teilzeitbeschäftigung während der Elternzeit mindestens im Umfang der bisherigen Teilzeitbeschäftigung Dienst geleistet wird, wobei geringfügige Unterschreitungen des notwendigen Umfangs der Arbeitszeit unberücksichtigt bleiben, oder
2. die Voraussetzungen des Absatzes 1 Nr. 1 Buchstabe c vorliegen.

[2]Im Fall des Satzes 1 Nr. 2 treten Beamtinnen auf Lebenszeit und Beamte auf Lebenszeit entgegen § 51 Abs. 2 mit Vollendung des 65. Lebensjahres in den Ruhestand. [3]Beim Ruhestand auf Antrag nach § 52 bleibt es bei der Altersgrenze nach § 42 Abs. 4 des Bundesbeamtengesetzes in der bis zum 11. Februar 2009 geltenden Fassung.

(3) Änderungen der regelmäßigen wöchentlichen Arbeitszeit nach den Arbeitszeitregelungen gelten für die zu leistende Arbeitszeit entsprechend.

(4) § 91 Abs. 2 gilt entsprechend.

§ 94 Hinweispflicht

Wird eine Verkürzung der Arbeitszeit oder eine langfristige Beurlaubung beantragt, sind die Beamtinnen und Beamten auf die Folgen verkürzter Arbeitszeit oder langfristiger Beurlaubungen hinzuweisen, insbesondere auf die Folgen für Ansprüche aufgrund beamtenrechtlicher Regelungen sowie auf die Möglichkeit einer Befristung mit Verlängerung und deren Folgen.

§ 95 Beurlaubung ohne Besoldung

(1) Beamtinnen und Beamten, die Anspruch auf Besoldung haben, kann in Bereichen, in denen wegen der Arbeitsmarktsituation ein außergewöhnlicher Überhang an Bewerberinnen und Bewerbern besteht und deshalb ein dringendes öffentliches Interesse daran besteht, verstärkt Bewerberinnen und Bewerber im öffentlichen Dienst zu beschäftigen, auf Antrag Urlaub ohne Besoldung

1. bis zur Dauer von insgesamt sechs Jahren oder
2. für einen Zeitraum, der sich bis zum Beginn des Ruhestands erstrecken muss

bewilligt werden, wenn dienstliche Belange dem nicht entgegenstehen.

(2) Beamtinnen und Beamten, die Anspruch auf Besoldung haben, kann in Bereichen, in denen ein Stellenüberhang abgebaut werden soll, auf Antrag Urlaub ohne Besoldung bewilligt werden, wenn dienstliche Belange dem nicht entgegenstehen.

(3) [1]Dem Antrag nach den Absätzen 1 und 2 darf nur entsprochen werden, wenn die Beamtinnen und Beamten erklären, während der Dauer des Bewilligungszeitraums auf die Ausübung genehmigungspflichtiger Nebentätigkeiten zu verzichten und nicht genehmigungspflichtige Nebentätigkeiten nur in dem

Umfang auszuüben, wie sie bei Vollzeitbeschäftigung ohne Verletzung dienstlicher Pflichten ausgeübt werden könnten. [2]Wird diese Verpflichtung schuldhaft verletzt, soll die Bewilligung widerrufen werden. [3]Die zuständige Dienstbehörde darf trotz der Erklärung der Beamtinnen oder Beamten nach Satz 1 Nebentätigkeiten genehmigen, soweit sie dem Zweck der Bewilligung des Urlaubs nicht zuwiderlaufen. [4]Sie kann eine Rückkehr aus dem Urlaub zulassen, wenn der Beamtin oder dem Beamten die Fortsetzung des Urlaubs nicht zugemutet werden kann und dienstliche Belange dem nicht entgegenstehen.

(4) [1]Urlaub nach den Absätzen 1 und 2 darf, auch im Zusammenhang mit Urlaub oder Teilzeitbeschäftigung nach § 92 Abs. 1, die Dauer von 15 Jahren nicht überschreiten. [2]Bei Beamtinnen im Schul- und Hochschuldienst und Beamten im Schul- und Hochschuldienst kann der Bewilligungszeitraum bis zum Ende des laufenden Schulhalbjahres oder Semesters ausgedehnt werden. [3]In den Fällen des Absatzes 1 Nr. 2 ist Satz 1 nicht anzuwenden, wenn es den Beamtinnen und Beamten nicht mehr zuzumuten ist, zur Voll- oder Teilzeitbeschäftigung zurückzukehren.

(5) In den Fällen, in denen nach § 72e Abs. 1 Nr. 2 und Abs. 4 des Bundesbeamtengesetzes in der bis zum 11. Februar 2009 geltenden Fassung Urlaub ohne Dienstbezüge bis zum Beginn des Ruhestands bewilligt worden ist, gilt § 93 Abs. 2 Satz 2 entsprechend.

§ 96 Fernbleiben vom Dienst

(1) [1]Beamtinnen und Beamte dürfen dem Dienst nicht ohne Genehmigung ihrer Dienstvorgesetzten fernbleiben. [2]Dienstunfähigkeit infolge von Krankheit ist auf Verlangen nachzuweisen.

(2) Verliert die Beamtin oder der Beamte wegen unentschuldigten Fernbleibens vom Dienst nach dem Bundesbesoldungsgesetz den Anspruch auf Besoldung, wird dadurch die Durchführung eines Disziplinarverfahrens nicht ausgeschlossen.

Unterabschnitt 3
Nebentätigkeit

§ 97 Begriffsbestimmungen

(1) Nebentätigkeit ist die Wahrnehmung eines Nebenamtes oder die Ausübung einer Nebenbeschäftigung.

(2) Nebenamt ist ein nicht zu einem Hauptamt gehörender Kreis von Aufgaben, der aufgrund eines öffentlich-rechtlichen Dienst- oder Amtsverhältnisses wahrgenommen wird.

(3) Nebenbeschäftigung ist jede sonstige, nicht zu einem Hauptamt gehörende Tätigkeit innerhalb oder außerhalb des öffentlichen Dienstes.

(4) Als Nebentätigkeit gilt nicht die Wahrnehmung öffentlicher Ehrenämter sowie einer unentgeltlichen Vormundschaft, Betreuung oder Pflegschaft.

§ 98 Nebentätigkeit im öffentlichen Dienst

Beamtinnen und Beamte sind verpflichtet, auf Verlangen ihrer Dienstbehörde eine Nebentätigkeit im öffentlichen Dienst auszuüben, sofern diese Tätigkeit ihrer Vorbildung oder Berufsausbildung entspricht und sie nicht über Gebühr in Anspruch nimmt.

§ 99 Genehmigungspflichtige Nebentätigkeiten

(1) [1]Beamtinnen und Beamte bedürfen zur Ausübung jeder entgeltlichen Nebentätigkeit, mit Ausnahme der in § 100 Abs. 1 abschließend aufgeführten, der vorherigen Genehmigung, soweit sie nicht nach § 98 zu ihrer Ausübung verpflichtet sind. [2]Gleiches gilt für folgende unentgeltliche Nebentätigkeiten:

1. Wahrnehmung eines Nebenamtes,
2. gewerbliche oder freiberufliche Tätigkeiten oder die Mitarbeit bei einer dieser Tätigkeiten und
3. Eintritt in ein Organ eines Unternehmens mit Ausnahme einer Genossenschaft.

(2) [1]Die Genehmigung ist zu versagen, wenn zu besorgen ist, dass durch die Nebentätigkeit dienstliche Interessen beeinträchtigt werden. [2]Ein solcher Versagungsgrund liegt insbesondere vor, wenn die Nebentätigkeit

1. nach Art und Umfang die Arbeitskraft so stark in Anspruch nimmt, dass die ordnungsgemäße Erfüllung der dienstlichen Pflichten behindert werden kann,
2. die Beamtin oder den Beamten in einen Widerstreit mit den dienstlichen Pflichten bringen kann,
3. in einer Angelegenheit ausgeübt wird, in der die Behörde, der die Beamtin oder der Beamte angehört, tätig wird oder tätig werden kann,
4. die Unparteilichkeit oder Unbefangenheit der Beamtin oder des Beamten beeinflussen kann,
5. zu einer wesentlichen Einschränkung der künftigen dienstlichen Verwendbarkeit der Beamtin oder des Beamten führen kann oder
6. dem Ansehen der öffentlichen Verwaltung abträglich sein kann.

[3]Ein solcher Versagungsgrund liegt in der Regel auch vor, wenn sich die Nebentätigkeit wegen gewerbsmäßiger Dienst- oder Arbeitsleistung oder sonst nach Art, Umfang, Dauer oder Häufigkeit als Ausübung eines Zweitberufs darstellt.

(3) [1]Die Voraussetzung des Absatzes 2 Satz 2 Nr. 1 gilt in der Regel als erfüllt, wenn die zeitliche Beanspruchung durch eine oder mehrere Nebentätigkeiten in der Woche ein Fünftel der regelmäßigen wöchentlichen Arbeitszeit überschreitet. [2]Bei begrenzter Dienstfähigkeit ist ein Fünftel der nach § 45 Abs. 2 Satz 1 verkürzten Arbeitszeit zugrunde zu legen. [3]Soweit der Gesamtbetrag der Vergütung für eine oder mehrere Nebentätigkeiten 40 Prozent des jährlichen Endgrundgehalts des Amtes der Beamtin oder des Beamten übersteigt, liegt ein Versagungsgrund vor. [4]Die Dienstbehörde kann Ausnahmen zulassen, wenn die Beamtin oder der Beamte durch Angabe bestimmter Tatsachen nachweist, dass die zeitliche Beanspruchung ein Fünftel der regelmäßigen wöchentlichen

Arbeitszeit nicht übersteigt oder die Versagung unter Berücksichtigung der Umstände des Einzelfalls nicht angemessen wäre. [5]Bei Anwendung der Sätze 1 bis 4 sind genehmigungs- und anzeigepflichtige Nebentätigkeiten zusammen zu berücksichtigen.

(4) [1]Die Genehmigung ist auf längstens fünf Jahre zu befristen. [2]Sie kann mit Auflagen und Bedingungen versehen werden. [3]Ergibt sich eine Beeinträchtigung dienstlicher Interessen nach Erteilung der Genehmigung, ist diese zu widerrufen.

(5) [1]Die Genehmigung erteilt die oberste Dienstbehörde. [2]Sie kann diese Zuständigkeit auf nachgeordnete Behörden übertragen. [3]Anträge auf Erteilung einer Genehmigung sowie Entscheidungen über diese Anträge bedürfen der Schriftform. [4]Die Beamtin oder der Beamte hat dabei die für die Entscheidung erforderlichen Nachweise zu führen, insbesondere über Art und Umfang der Nebentätigkeit sowie die Entgelte und geldwerten Vorteile hieraus. [5]Jede Änderung ist unverzüglich schriftlich anzuzeigen.

§ 100 Nicht genehmigungspflichtige Nebentätigkeiten

(1) Nicht genehmigungspflichtig sind

1. die Verwaltung eigenen oder der Nutznießung der Beamtin oder des Beamten unterliegenden Vermögens,
2. schriftstellerische, wissenschaftliche, künstlerische oder Vortragstätigkeiten,
3. mit Lehr- oder Forschungsaufgaben zusammenhängende selbstständige Gutachtertätigkeiten von Lehrerinnen und Lehrern an öffentlichen Hochschulen und an Hochschulen der Bundeswehr sowie von Beamtinnen und Beamten an wissenschaftlichen Instituten und Anstalten und
4. Tätigkeiten zur Wahrung von Berufsinteressen in Gewerkschaften oder Berufsverbänden oder in Selbsthilfeeinrichtungen der Beamtinnen und Beamten.

(2) [1]Tätigkeiten nach Absatz 1 Nr. 2 und 3 sowie eine Tätigkeit in Selbsthilfeeinrichtungen nach Absatz 1 Nr. 4 sind der Dienstbehörde schriftlich vor ihrer Aufnahme anzuzeigen, wenn für sie ein Entgelt oder ein geldwerter Vorteil geleistet wird. [2]Hierbei sind insbesondere Art und Umfang der Nebentätigkeit sowie die voraussichtliche Höhe der Entgelte und geldwerten Vorteile anzugeben. [3]Jede Änderung ist unverzüglich schriftlich mitzuteilen.

(3) Die Dienstbehörde kann aus begründetem Anlass verlangen, dass über eine ausgeübte nicht genehmigungspflichtige Nebentätigkeit schriftlich Auskunft erteilt wird, insbesondere über deren Art und Umfang.

(4) Eine nicht genehmigungspflichtige Nebentätigkeit ist ganz oder teilweise zu untersagen, wenn die Beamtin oder der Beamte bei ihrer Ausübung dienstliche Pflichten verletzt.

§ 101 Ausübung von Nebentätigkeiten

(1) [1]Nebentätigkeiten dürfen nur außerhalb der Arbeitszeit ausgeübt werden, es sei denn, sie werden auf Verlangen der oder des Dienstvorgesetzten ausgeübt

oder es besteht ein dienstliches Interesse an der Ausübung der Nebentätigkeit. [2]Das dienstliche Interesse ist aktenkundig zu machen. [3]Ausnahmen dürfen nur in besonders begründeten Fällen, insbesondere im öffentlichen Interesse, auf schriftlichen Antrag zugelassen werden, wenn dienstliche Gründe dem nicht entgegenstehen und die versäumte Arbeitszeit nachgeleistet wird.

(2) [1]Bei der Ausübung von Nebentätigkeiten dürfen Einrichtungen, Personal oder Material des Dienstherrn nur bei Vorliegen eines öffentlichen oder wissenschaftlichen Interesses mit dessen Genehmigung und gegen Entrichtung eines angemessenen Entgelts in Anspruch genommen werden. [2]Das Entgelt ist nach den dem Dienstherrn entstehenden Kosten zu bemessen und muss den besonderen Vorteil berücksichtigen, der der Beamtin oder dem Beamten durch die Inanspruchnahme entsteht.

§ 102 Regressanspruch für die Haftung aus angeordneter Nebentätigkeit

[1]Beamtinnen und Beamte, die aus einer auf Verlangen, Vorschlag oder Veranlassung der oder des Dienstvorgesetzten ausgeübten Tätigkeit im Vorstand, Aufsichtsrat, Verwaltungsrat oder in einem sonstigen Organ einer Gesellschaft, Genossenschaft oder eines in einer anderen Rechtsform betriebenen Unternehmens haftbar gemacht werden, haben gegen den Dienstherrn Anspruch auf Ersatz des ihnen entstandenen Schadens. [2]Ist der Schaden vorsätzlich oder grob fahrlässig herbeigeführt, ist der Dienstherr nur dann ersatzpflichtig, wenn die Beamtin oder der Beamte auf Verlangen der oder des Vorgesetzten gehandelt hat.

§ 103 Erlöschen der mit dem Hauptamt verbundenen Nebentätigkeit

Endet das Beamtenverhältnis, enden, wenn im Einzelfall nichts anderes bestimmt wird, auch die Nebenämter und Nebenbeschäftigungen, die im Zusammenhang mit dem Hauptamt übertragen sind oder die auf Verlangen, Vorschlag oder Veranlassung der oder des Dienstvorgesetzten ausgeübt worden sind.

§ 104 Erlass ausführender Rechtsverordnungen

[1]Die zur Ausführung der §§ 97 bis 103 notwendigen weiteren Vorschriften zu Nebentätigkeiten von Beamtinnen und Beamten erlässt die Bundesregierung durch Rechtsverordnung. [2]In ihr kann bestimmt werden,

1. welche Tätigkeiten als öffentlicher Dienst im Sinne dieser Vorschriften anzusehen sind oder ihm gleichstehen,
2. ob und inwieweit eine im öffentlichen Dienst ausgeübte oder auf Verlangen, Vorschlag oder Veranlassung der oder des Dienstvorgesetzten ausgeübte Nebentätigkeit vergütet wird oder eine Vergütung abzuführen ist,
3. unter welchen Voraussetzungen die Beamtin oder der Beamte zur Ausübung von Nebentätigkeiten Einrichtungen, Personal oder Material des Dienstherrn in Anspruch nehmen darf und in welcher Höhe hierfür ein Entgelt an den Dienstherrn zu entrichten ist; das Entgelt kann pauschaliert in einem Prozentsatz des aus der Nebentätigkeit erzielten Bruttoeinkommens festgelegt werden und bei unentgeltlich ausgeübter Nebentätigkeit entfallen,

4. dass die Beamtin oder der Beamte verpflichtet werden kann, nach Ablauf eines jeden Kalenderjahres der oder dem Dienstvorgesetzten die ihr oder ihm zugeflossenen Entgelte und geldwerten Vorteile aus Nebentätigkeiten anzugeben.

§ 105 Anzeigepflicht nach Beendigung des Beamtenverhältnisses

(1) [1]Ruhestandsbeamtinnen, Ruhestandsbeamte, frühere Beamtinnen mit Versorgungsbezügen und frühere Beamte mit Versorgungsbezügen haben eine Erwerbstätigkeit oder sonstige Beschäftigung außerhalb des öffentlichen Dienstes, die mit ihrer dienstlichen Tätigkeit in den letzten fünf Jahren vor Beendigung des Beamtenverhältnisses im Zusammenhang steht und durch die dienstliche Interessen beeinträchtigt werden können, vor ihrer Aufnahme schriftlich anzuzeigen. [2]Die Anzeigepflicht endet, wenn die Beamtinnen und Beamten mit Erreichen der Regelaltersgrenze in den Ruhestand treten, drei Jahre, im Übrigen fünf Jahre nach Beendigung des Beamtenverhältnisses.

(2) [1]Die Erwerbstätigkeit oder sonstige Beschäftigung ist zu untersagen, soweit zu besorgen ist, dass durch sie dienstliche Interessen beeinträchtigt werden. [2]Die Untersagung ist für den Zeitraum bis zum Ende der Anzeigepflicht auszusprechen, es sei denn, die Voraussetzungen für eine Untersagung liegen nur für einen kürzeren Zeitraum vor.

(3) [1]Zuständig ist die letzte oberste Dienstbehörde. [2]Sie kann ihre Zuständigkeit auf nachgeordnete Behörden übertragen.

Unterabschnitt 4
Personalaktenrecht

§ 106 Personalakte

(1) [1]Für jede Beamtin und jeden Beamten ist eine Personalakte zu führen. [2]Sie ist vertraulich zu behandeln und durch technische und organisatorische Maßnahmen vor unbefugter Einsichtnahme zu schützen. [3]Die Akte kann in Teilen oder vollständig automatisiert geführt werden. [4]Zur Personalakte gehören alle Unterlagen, die die Beamtin oder den Beamten betreffen, soweit sie mit ihrem oder seinem Dienstverhältnis in einem unmittelbaren inneren Zusammenhang stehen (Personalaktendaten). [5]Andere Unterlagen dürfen in die Personalakte nicht aufgenommen werden. [6]Nicht Bestandteil der Personalakte sind Unterlagen, die besonderen, von der Person und dem Dienstverhältnis sachlich zu trennenden Zwecken dienen, insbesondere Prüfungs-, Sicherheits- und Kindergeldakten. [7]Kindergeldakten können mit Besoldungs- und Versorgungsakten verbunden geführt werden, wenn diese von der übrigen Personalakte getrennt sind und von einer von der Personalverwaltung getrennten Organisationseinheit bearbeitet werden.

(2) [1]Die Personalakte kann nach sachlichen Gesichtspunkten in Grundakte und Teilakten gegliedert werden. [2]Teilakten können bei der für den betreffenden Aufgabenbereich zuständigen Behörde geführt werden. [3]Nebenakten (Unter-

lagen, die sich auch in der Grundakte oder in Teilakten befinden) dürfen nur geführt werden, wenn die personalverwaltende Behörde nicht zugleich Beschäftigungsbehörde ist oder wenn mehrere personalverwaltende Behörden für die Beamtin oder den Beamten zuständig sind; sie dürfen nur solche Unterlagen enthalten, deren Kenntnis zur rechtmäßigen Aufgabenerledigung der betreffenden Behörde erforderlich ist. [4]In die Grundakte ist ein vollständiges Verzeichnis aller Teil- und Nebenakten aufzunehmen. [5]Wird die Personalakte nicht vollständig in Schriftform oder vollständig automatisiert geführt, legt die personalverwaltende Stelle jeweils schriftlich fest, welche Teile in welcher Form geführt werden und nimmt dies in das Verzeichnis nach Satz 4 auf.

(3) [1]Personalaktendaten dürfen nur für Zwecke der Personalverwaltung oder Personalwirtschaft verwendet werden, es sei denn, die Beamtin oder der Beamte willigt in die anderweitige Verwendung ein. [2]Eine Verwendung für andere als die in Satz 1 genannten Zwecke liegt nicht vor, wenn Personalaktendaten ausschließlich für Zwecke der Datenschutzkontrolle verwendet werden. [3]Gleiches gilt, soweit im Rahmen der Datensicherung oder der Sicherung des ordnungsgemäßen Betriebes eines Datenverarbeitungssystems eine nach dem Stand der Technik nicht oder nur mit unverhältnismäßigem Aufwand zu vermeidende Kenntnisnahme von Personalaktendaten erfolgt.

(4) Der Dienstherr darf personenbezogene Daten über Bewerberinnen, Bewerber, Beamtinnen und Beamte sowie über ehemalige Beamtinnen und ehemalige Beamte nur erheben, soweit dies zur Begründung, Durchführung, Beendigung oder Abwicklung des Dienstverhältnisses oder zur Durchführung organisatorischer, personeller oder sozialer Maßnahmen, insbesondere zu Zwecken der Personalplanung oder des Personaleinsatzes, erforderlich ist oder eine Rechtsvorschrift dies erlaubt.

§ 107 Zugang zur Personalakte

(1) [1]Zugang zur Personalakte dürfen nur Beschäftigte haben, die im Rahmen der Personalverwaltung mit der Bearbeitung von Personalangelegenheiten beauftragt sind, und nur soweit dies zu Zwecken der Personalverwaltung oder der Personalwirtschaft erforderlich ist. [2]Zugang zu entscheidungsrelevanten Teilen der Personalakte haben auch Gleichstellungsbeauftragte, soweit dies zur Wahrnehmung ihrer Aufgaben erforderlich ist.

(2) [1]Auf Verlangen ist Beauftragten für den Datenschutz nach § 4f des Bundesdatenschutzgesetzes Zugang zur Personalakte zu gewähren. [2]Zugang haben ferner die mit Angelegenheiten der Innenrevision beauftragten Beschäftigten, soweit sie die zur Durchführung ihrer Aufgaben erforderlichen Erkenntnisse nur auf diesem Weg und nicht durch Auskunft aus der Personalakte gewinnen können. [3]Jede Einsichtnahme nach Satz 2 ist aktenkundig zu machen.

§ 108 Beihilfeakte

(1) [1]Unterlagen über Beihilfen sind als Teilakte zu führen. [2]Diese ist von der übrigen Personalakte getrennt aufzubewahren. [3]Sie soll in einer von der üb-

rigen Personalverwaltung getrennten Organisationseinheit bearbeitet werden. [4]Zugang sollen nur Beschäftigte dieser Organisationseinheit haben. [5]Die Beihilfeakte darf für andere als für Beihilfezwecke nur genutzt oder weitergegeben werden, wenn die oder der Beihilfeberechtigte und bei der Beihilfegewährung berücksichtigte Angehörige im Einzelfall einwilligen, die Einleitung oder Durchführung eines im Zusammenhang mit einem Beihilfeantrag stehenden behördlichen oder gerichtlichen Verfahrens dies erfordert oder soweit es zur Abwehr erheblicher Nachteile für das Gemeinwohl, einer sonst unmittelbar drohenden Gefahr für die öffentliche Sicherheit oder einer schwerwiegenden Beeinträchtigung der Rechte einer anderen Person erforderlich ist. [6]Die Sätze 1 bis 4 gelten entsprechend für Unterlagen über Heilfürsorge und Heilverfahren.

(2) [1]Abweichend von Absatz 1 Satz 4 dürfen personenbezogene Daten aus der Beihilfeakte auch ohne Einwilligung der Betroffenen genutzt oder an eine andere Behörde weitergegeben werden, soweit sie für die Festsetzung und Berechnung der Besoldung oder Versorgung oder für die Prüfung der Kindergeldberechtigung erforderlich sind. [2]Dies gilt auch für Daten aus der Besoldungsakte und der Versorgungsakte, soweit sie für die Festsetzung und Berechnung der Beihilfe erforderlich sind.

§ 109 Anhörungspflicht

[1]Beamtinnen und Beamte sind zu Beschwerden, Behauptungen und Bewertungen, die für sie ungünstig sind oder ihnen nachteilig werden können, vor deren Aufnahme in die Personalakte zu hören, soweit die Anhörung nicht nach anderen Rechtsvorschriften erfolgt. [2]Ihre Äußerungen sind zur Personalakte zu nehmen.

§ 110 Einsichtsrecht

(1) Beamtinnen und Beamte haben, auch nach Beendigung des Beamtenverhältnisses, ein Recht auf Einsicht in ihre vollständige Personalakte.

(2) [1]Bevollmächtigten der Beamtin oder des Beamten ist Einsicht zu gewähren, soweit dienstliche Gründe dem nicht entgegenstehen. [2]Entsprechendes gilt für Hinterbliebene und deren Bevollmächtigte, wenn ein berechtigtes Interesse glaubhaft gemacht wird. [3]Für Auskünfte aus der Personalakte gelten die Sätze 1 und 2 entsprechend.

(3) [1]Die personalaktenführende Behörde bestimmt, wo die Einsicht gewährt wird. [2]Soweit dienstliche Gründe dem nicht entgegenstehen, können Auszüge, Abschriften, Kopien oder Ausdrucke gefertigt werden. [3]Der Beamtin oder dem Beamten ist auf Verlangen ein Ausdruck der zu ihrer oder seiner Person automatisiert gespeicherten Personalaktendaten zu überlassen.

(4) [1]Beamtinnen und Beamte haben ein Recht auf Einsicht auch in andere Akten, die personenbezogene Daten über sie enthalten und für ihr Dienstverhältnis verwendet werden, soweit gesetzlich nichts anderes bestimmt ist. [2]Dies gilt nicht für Sicherheitsakten. [3]Die Einsichtnahme ist unzulässig, wenn die Daten der oder des Betroffenen mit Daten Dritter oder geheimhaltungsbedürftigen nicht per-

sonenbezogenen Daten derart verbunden sind, dass ihre Trennung nicht oder nur mit unverhältnismäßig großem Aufwand möglich ist. 4In diesem Fall ist der Beamtin oder dem Beamten Auskunft zu erteilen.

§ 111 Vorlage von Personalakten und Auskünfte an Dritte

(1) 1Ohne Einwilligung der Beamtin oder des Beamten ist es zulässig, die Personalakte der obersten Dienstbehörde oder einer im Rahmen der Dienstaufsicht weisungsbefugten Behörde vorzulegen, soweit dies für Zwecke der Personalverwaltung oder Personalwirtschaft erforderlich ist. 2Das Gleiche gilt für Behörden desselben Geschäftsbereichs, soweit die Vorlage zur Vorbereitung oder Durchführung einer Personalentscheidung notwendig ist, sowie für Behörden eines anderen Geschäftsbereichs desselben Dienstherrn, soweit diese an einer Personalentscheidung mitzuwirken haben. 3Einer Ärztin oder einem Arzt, die oder der im Auftrag der personalverwaltenden Behörde ein medizinisches Gutachten erstellt, darf die Personalakte ebenfalls ohne Einwilligung vorgelegt werden. 4Für Auskünfte aus der Personalakte gelten die Sätze 1 bis 3 entsprechend. 5Soweit eine Auskunft ausreicht, ist von einer Vorlage abzusehen.

(2) 1Auskünfte an Dritte dürfen nur mit Einwilligung der Beamtin oder des Beamten erteilt werden, es sei denn, dass die Abwehr einer erheblichen Beeinträchtigung des Gemeinwohls oder der Schutz berechtigter, höherrangiger Interessen der oder des Dritten die Auskunftserteilung zwingend erfordert. 2Die Auskunft ist auf den jeweils erforderlichen Umfang zu beschränken. 3Inhalt und Empfängerin oder Empfänger der Auskunft sind der Beamtin oder dem Beamten schriftlich mitzuteilen.

§ 112 Entfernung von Unterlagen

(1) 1Unterlagen über Beschwerden, Behauptungen und Bewertungen, auf die § 16 Abs. 3 und 4 Satz 1 des Bundesdisziplinargesetzes nicht anzuwenden ist, sind,

1. falls sie sich als unbegründet oder falsch erwiesen haben, mit Zustimmung der Beamtin oder des Beamten unverzüglich aus der Personalakte zu entfernen und zu vernichten, oder
2. falls sie für die Beamtin oder den Beamten ungünstig sind oder ihr oder ihm nachteilig werden können, auf Antrag nach zwei Jahren zu entfernen und zu vernichten; dies gilt nicht für dienstliche Beurteilungen.

2Die Frist nach Satz 1 Nr. 2 wird durch erneute Sachverhalte im Sinne dieser Vorschrift oder durch die Einleitung eines Straf- oder Disziplinarverfahrens unterbrochen. 3Stellt sich der erneute Vorwurf als unbegründet oder falsch heraus, gilt die Frist als nicht unterbrochen.

(2) 1Mitteilungen in Strafsachen, soweit sie nicht Bestandteil einer Disziplinarakte sind, sowie Auskünfte aus dem Bundeszentralregister sind mit Zustimmung der Beamtin oder des Beamten nach zwei Jahren zu entfernen und zu vernichten. 2Absatz 1 Satz 2 und 3 gilt entsprechend.

§ 113 Aufbewahrungsfrist

(1) [1]Personalakten sind nach ihrem Abschluss von der personalaktenführenden Behörde fünf Jahre aufzubewahren. [2]Personalakten sind abgeschlossen,

1. wenn die Beamtin oder der Beamte ohne Versorgungsansprüche aus dem öffentlichen Dienst ausgeschieden ist, mit Ablauf des Jahres der Vollendung der Regelaltersgrenze, in den Fällen des § 41 oder des § 10 des Bundesdisziplinargesetzes jedoch erst, wenn mögliche Versorgungsempfängerinnen und Versorgungsempfänger nicht mehr vorhanden sind,
2. wenn die Beamtin oder der Beamte ohne versorgungsberechtigte Hinterbliebene verstorben ist, mit Ablauf des Todesjahres, oder
3. wenn nach dem Tod der Beamtin oder des Beamten versorgungsberechtigte Hinterbliebene vorhanden sind, mit Ablauf des Jahres, in dem die letzte Versorgungsverpflichtung entfallen ist.

[3]Kann der nach Satz 2 Nr. 2 und 3 maßgebliche Zeitpunkt nicht festgestellt werden, ist § 5 Abs. 2 Satz 2 des Bundesarchivgesetzes entsprechend anzuwenden.

(2) [1]Unterlagen über Beihilfen, Heilfürsorge, Heilverfahren, Unterstützungen, Erkrankungen, Umzugs- und Reisekosten sind fünf Jahre, Unterlagen über Erholungsurlaub sind drei Jahre nach Ablauf des Jahres aufzubewahren, in dem die Bearbeitung des einzelnen Vorgangs abgeschlossen wurde. [2]Für zahlungsbegründende Unterlagen nach Satz 1 beträgt die Aufbewahrungsfrist sechs Jahre. [3]Unterlagen, aus denen die Art einer Erkrankung ersichtlich ist, sind unverzüglich zurückzugeben, wenn sie für den Zweck, zu dem sie vorgelegt worden sind, nicht mehr benötigt werden.

(3) [1]Versorgungsakten sind zehn Jahre nach Ablauf des Jahres aufzubewahren, in dem die letzte Versorgungszahlung geleistet worden ist. [2]Besteht die Möglichkeit eines Wiederauflebens des Anspruchs, sind die Akten 30 Jahre aufzubewahren.

(4) Die Personalakten sind nach Ablauf der Aufbewahrungsfrist zu vernichten, sofern sie nicht nach § 2 des Bundesarchivgesetzes vom Bundesarchiv oder einem Landesarchiv übernommen werden.

§ 114 Automatisierte Verarbeitung von Personalaktendaten

(1) [1]Personalaktendaten dürfen nur für Zwecke der Personalverwaltung oder der Personalwirtschaft automatisiert verarbeitet werden. [2]Ihre Übermittlung ist nur nach Maßgabe des § 111 zulässig. [3]Ein automatisierter Datenabruf durch andere Behörden ist unzulässig, soweit durch besondere Rechtsvorschrift nichts anderes bestimmt ist.

(2) Personalaktendaten im Sinne des § 108 dürfen nur im Rahmen ihrer Zweckbestimmung und nur von den übrigen Personaldateien technisch und organisatorisch getrennt automatisiert verarbeitet werden.

(3) Von den Unterlagen über medizinische oder psychologische Untersuchungen und Tests dürfen im Rahmen der Personalverwaltung nur die Ergebnisse automatisiert verarbeitet werden, soweit sie die Eignung betreffen und ihre Verwendung dem Schutz der Beamtin oder des Beamten dient.

(4) Beamtenrechtliche Entscheidungen dürfen nicht ausschließlich auf eine automatisierte Verarbeitung personenbezogener Daten gestützt werden, die der Bewertung einzelner Persönlichkeitsmerkmale dienen.

(5) [1]Bei erstmaliger Speicherung ist der Beamtin oder dem Beamten die Art der zu ihrer oder seiner Person nach Absatz 1 gespeicherten Daten mitzuteilen, bei wesentlichen Änderungen sind sie zu benachrichtigen. [2]Ferner sind die Verarbeitungs- und Nutzungsformen automatisierter Personalverwaltungsverfahren zu dokumentieren und einschließlich des jeweiligen Verwendungszweckes sowie der regelmäßigen Empfänger und des Inhalts automatisierter Datenübermittlung allgemein bekannt zu geben.

§ 115 Übermittlungen in Strafverfahren

(1) [1]Das Gericht, die Strafverfolgungs- oder die Strafvollstreckungsbehörde hat in Strafverfahren gegen Beamtinnen und Beamte zur Sicherstellung der erforderlichen dienstrechtlichen Maßnahmen im Fall der Erhebung der öffentlichen Klage

1. die Anklageschrift oder eine an ihre Stelle tretende Antragsschrift,
2. den Antrag auf Erlass eines Strafbefehls und
3. die einen Rechtszug abschließende Entscheidung mit Begründung

zu übermitteln. [2]Ist gegen die Entscheidung ein Rechtsmittel eingelegt worden, ist die Entscheidung unter Hinweis auf das eingelegte Rechtsmittel zu übermitteln. [3]Der Erlass und der Vollzug eines Haftbefehls oder eines Unterbringungsbefehls sind mitzuteilen.

(2) In Verfahren wegen fahrlässig begangener Straftaten werden die in Absatz 1 Satz 1 bestimmten Übermittlungen nur vorgenommen, wenn

1. es sich um schwere Verstöße handelt, namentlich Vergehen der Trunkenheit im Straßenverkehr oder der fahrlässigen Tötung, oder
2. in sonstigen Fällen die Kenntnis der Daten aufgrund der Umstände des Einzelfalls erforderlich ist, um zu prüfen, ob dienstrechtliche Maßnahmen zu ergreifen sind.

(3) [1]Entscheidungen über Verfahrenseinstellungen, die nicht bereits nach Absatz 1 oder 2 zu übermitteln sind, sollen übermittelt werden, wenn die in Absatz 2 Nr. 2 genannten Voraussetzungen erfüllt sind. [2]Dabei ist zu berücksichtigen, wie gesichert die Erkenntnisse sind, die der zu übermittelnden Entscheidung zugrunde liegen.

(4) [1]Sonstige Tatsachen, die in einem Strafverfahren bekannt werden, dürfen mitgeteilt werden, wenn ihre Kenntnis aufgrund besonderer Umstände des Einzelfalls für dienstrechtliche Maßnahmen gegen eine Beamtin oder einen Beamten erforderlich ist und soweit nicht für die übermittelnde Stelle erkennbar ist, dass schutzwürdige Interessen der Beamtin oder des Beamten an dem Ausschluss der Übermittlung überwiegen. [2]Erforderlich ist die Kenntnis der Daten auch dann, wenn diese Anlass zur Prüfung bieten, ob dienstrechtliche Maßnahmen zu ergreifen sind. [3]Absatz 3 Satz 2 ist entsprechend anzuwenden.

(5) Nach den Absätzen 1 bis 4 übermittelte Daten dürfen auch für die Wahrnehmung der Aufgaben nach dem Sicherheitsüberprüfungsgesetz oder einem entsprechenden Gesetz verwendet werden.

(6) [1]Übermittlungen nach den Absätzen 1 bis 3 sind auch zulässig, soweit sie Daten betreffen, die dem Steuergeheimnis (§ 30 der Abgabenordnung) unterliegen. [2]Übermittlungen nach Absatz 4 sind unter den Voraussetzungen des § 30 Abs. 4 Nr. 5 der Abgabenordnung zulässig.

(7) Mitteilungen sind an die zuständigen Dienstvorgesetzten oder deren Vertretung im Amt zu richten und als „Vertrauliche Personalsache" zu kennzeichnen.

Abschnitt 7
Beamtenvertretung

§ 116 Mitgliedschaft in Gewerkschaften und Berufsverbänden

(1) [1]Beamtinnen und Beamte haben das Recht, sich in Gewerkschaften oder Berufsverbänden zusammenzuschließen. [2]Sie können die für sie zuständigen Gewerkschaften oder Berufsverbände mit ihrer Vertretung beauftragen, soweit gesetzlich nichts anderes bestimmt ist.

(2) Keine Beamtin und kein Beamter darf wegen Betätigung für eine Gewerkschaft oder einen Berufsverband dienstlich gemaßregelt oder benachteiligt werden.

§ 117 Personalvertretung

[1]Die Personalvertretung der Beamtinnen und Beamten ist zu gewährleisten. [2]Das Nähere wird durch Gesetz geregelt.

§ 118 Beteiligung der Spitzenorganisationen

Die Spitzenorganisationen der zuständigen Gewerkschaften sind bei der Vorbereitung allgemeiner Regelungen der beamtenrechtlichen Verhältnisse zu beteiligen.

Abschnitt 8
Bundespersonalausschuss

§ 119 Aufgaben

(1) [1]Der Bundespersonalausschuss dient der einheitlichen Handhabung beamtenrechtlicher Ausnahmevorschriften. [2]Weitere als die in diesem Gesetz vorgesehenen Aufgaben können ihm durch Rechtsverordnung der Bundesregierung übertragen werden.

(2) Der Bundespersonalausschuss übt seine Tätigkeit unabhängig und in eigener Verantwortung aus.

§ 120 Mitglieder

(1) Der Bundespersonalausschuss besteht aus acht ordentlichen und acht stellvertretenden Mitgliedern.

(2) [1]Ständige ordentliche Mitglieder sind die Präsidentin des Bundesrechnungshofes oder der Präsident des Bundesrechnungshofes als Vorsitzende oder Vorsitzender und die Leiterin der Dienstrechtsabteilung oder der Leiter der Dienstrechtsabteilung des Bundesministeriums des Innern. [2]Nichtständige ordentliche Mitglieder sind die Leiterinnen der Zentralabteilungen und Leiter der Zentralabteilungen von zwei anderen obersten Bundesbehörden und vier weitere Beamtinnen und Beamte des Bundes. [3]Stellvertretende Mitglieder sind je eine Beamtin oder ein Beamter des Bundes der in Satz 1 genannten Behörden, die Leiterinnen der Zentralabteilungen und Leiter der Zentralabteilungen von zwei weiteren obersten Bundesbehörden sowie vier weitere Beamtinnen oder Beamte des Bundes.

(3) Die nichtständigen ordentlichen Mitglieder sowie die stellvertretenden Mitglieder werden von der Bundespräsidentin oder vom Bundespräsidenten auf Vorschlag der Bundesministerin des Innern oder des Bundesministers des Innern für die Dauer von vier Jahren bestellt, davon vier ordentliche und vier stellvertretende Mitglieder aufgrund einer Benennung durch die Spitzenorganisationen der zuständigen Gewerkschaften.

(4) Der Bundespersonalausschuss wird zur Durchführung seiner Aufgaben durch eine Geschäftsstelle im Bundesministerium des Innern unterstützt.

§ 121 Rechtsstellung der Mitglieder

Die Dienstaufsicht über die Mitglieder des Bundespersonalausschusses führt im Auftrag der Bundesregierung die Bundesministerin des Innern oder der Bundesminister des Innern mit folgenden Maßgaben:

1. Die Mitglieder des Bundespersonalausschusses sind unabhängig und nur dem Gesetz unterworfen. Sie dürfen wegen ihrer Tätigkeit weder dienstlich gemaßregelt noch benachteiligt werden.
2. Sie scheiden aus ihrem Amt als Mitglied des Bundespersonalausschusses aus
   a) durch Zeitablauf,
   b) durch Ausscheiden aus dem Hauptamt oder aus der Behörde, die für ihre Mitgliedschaft maßgeblich sind,
   c) durch Beendigung des Beamtenverhältnisses
   oder
   d) unter den gleichen Voraussetzungen, unter denen Mitglieder einer Kammer oder eines Senats für Disziplinarsachen wegen einer rechtskräftigen Entscheidung in einem Straf- oder Disziplinarverfahren ihr Amt verlieren; § 66 ist nicht anzuwenden.

§ 122 Geschäftsordnung

Der Bundespersonalausschuss gibt sich eine Geschäftsordnung.

§ 123 Sitzungen und Beschlüsse

(1) [1]Die Sitzungen des Bundespersonalausschusses sind nicht öffentlich. [2]Der Bundespersonalausschuss kann von den Verwaltungen beauftragten Personen sowie Dritten die Anwesenheit bei der Verhandlung gestatten.

(2) [1]Die oder der Vorsitzende des Bundespersonalausschusses oder die oder der stellvertretende Vorsitzende des Bundespersonalausschusses leitet die Sitzungen. [2]Sind beide verhindert, tritt an ihre Stelle das dienstälteste Mitglied.

(3) Die von den Verwaltungen beauftragten Personen sind auf Verlangen zu hören.

(4) [1]Beschlüsse werden mit Stimmenmehrheit gefasst. [2]Zur Beschlussfähigkeit ist die Anwesenheit von mindestens sechs Mitgliedern erforderlich. [3]Bei Stimmengleichheit entscheidet die Stimme der oder des Vorsitzenden.

(5) [1]Beschlüsse des Bundespersonalausschusses sind bekannt zu machen, soweit sie allgemeine Bedeutung haben. [2]Art und Umfang regelt die Geschäftsordnung.

(6) Soweit dem Bundespersonalausschuss eine Entscheidungsbefugnis eingeräumt ist, binden seine Beschlüsse die beteiligten Verwaltungen.

§ 124 Beweiserhebung, Auskünfte und Amtshilfe

(1) Der Bundespersonalausschuss kann zur Durchführung seiner Aufgaben in entsprechender Anwendung der Vorschriften der Verwaltungsgerichtsordnung Beweise erheben.

(2) [1]Die beteiligten Verwaltungen haben dem Bundespersonalausschuss auf Verlangen Auskünfte zu erteilen und Akten vorzulegen, soweit dies zur Durchführung seiner Aufgaben erforderlich ist. [2]Alle Dienststellen haben dem Bundespersonalausschuss unentgeltlich Amtshilfe zu leisten.

Abschnitt 9

Beschwerdeweg und Rechtsschutz

§ 125 Dienstweg bei Anträgen und Beschwerden

(1) [1]Beamtinnen und Beamte können Anträge und Beschwerden vorbringen. [2]Hierbei ist der Dienstweg einzuhalten. [3]Der Beschwerdeweg bis zur obersten Dienstbehörde steht offen.

(2) Richtet sich die Beschwerde gegen die unmittelbare Vorgesetzte oder den unmittelbaren Vorgesetzten, kann sie bei der oder dem nächsthöheren Vorgesetzten unmittelbar eingereicht werden.

§ 126 Verwaltungsrechtsweg

(1) Für alle Klagen der Beamtinnen, Beamten, Ruhestandsbeamtinnen, Ruhestandsbeamten, früheren Beamtinnen, früheren Beamten und der Hinterbliebenen aus dem Beamtenverhältnis sowie für Klagen des Dienstherrn ist der Verwaltungsrechtsweg gegeben.

(2) [1]Vor allen Klagen ist ein Vorverfahren nach den Vorschriften des 8. Abschnitts der Verwaltungsgerichtsordnung durchzuführen. [2]Dies gilt auch dann, wenn die Maßnahme von der obersten Dienstbehörde getroffen worden ist.

(3) [1]Den Widerspruchsbescheid erlässt die oberste Dienstbehörde. [2]Sie kann die Entscheidung für Fälle, in denen sie die Maßnahme nicht selbst getroffen hat, durch allgemeine Anordnung anderen Behörden übertragen. [3]Die Anordnung ist zu veröffentlichen.

(4) Widerspruch und Anfechtungsklage gegen die Abordnung oder die Versetzung haben keine aufschiebende Wirkung.

§ 127 Vertretung des Dienstherrn

(1) [1]Bei Klagen aus dem Beamtenverhältnis wird der Dienstherr durch die oberste Dienstbehörde vertreten, der die Beamtin oder der Beamte untersteht oder bei der Beendigung des Beamtenverhältnisses unterstanden hat. [2]Bei Ansprüchen nach den §§ 53 bis 61 des Beamtenversorgungsgesetzes wird der Dienstherr durch die oberste Dienstbehörde vertreten, deren sachlicher Weisung die Regelungsbehörde untersteht.

(2) Besteht die oberste Dienstbehörde nicht mehr und ist eine andere Dienstbehörde nicht bestimmt, tritt an ihre Stelle das Bundesministerium des Innern.

(3) [1]Die oberste Dienstbehörde kann die Vertretung durch eine allgemeine Anordnung anderen Behörden übertragen. [2]Die Anordnung ist im Bundesgesetzblatt zu veröffentlichen.

§ 128 Zustellung von Verfügungen und Entscheidungen

[1]Verfügungen und Entscheidungen, die Beamtinnen und Beamten oder Versorgungsberechtigten nach den Vorschriften dieses Gesetzes bekannt zu geben sind, sind zuzustellen, wenn durch sie eine Frist in Lauf gesetzt wird oder Rechte der Beamtin oder des Beamten oder der Versorgungsberechtigten durch sie berührt werden. [2]Soweit gesetzlich nichts anderes bestimmt ist, richtet sich die Zustellung nach den Vorschriften des Verwaltungszustellungsgesetzes.

Abschnitt 10
Besondere Rechtsverhältnisse

§ 129 Beamtinnen und Beamte oberster Bundesorgane

(1) [1]Die Beamtinnen und Beamten des Bundestages, des Bundesrates und des Bundesverfassungsgerichtes sind Beamtinnen und Beamte des Bundes. [2]Die

Ernennung, Entlassung und Versetzung in den Ruhestand werden durch die Präsidentin oder den Präsidenten des Bundestages, die Präsidentin oder den Präsidenten des Bundesrates oder durch die Präsidentin oder den Präsidenten des Bundesverfassungsgerichtes vorgenommen. [3]Diese sind jeweils die oberste Dienstbehörde.

(2) Die Direktorin oder der Direktor des Bundesrates kann jederzeit in den einstweiligen Ruhestand versetzt werden, soweit sie oder er Beamtin auf Lebenszeit oder Beamter auf Lebenszeit ist.

§ 130 Wissenschaftliches und leitendes Personal der Hochschulen des Bundes

(1) Die beamteten Leiterinnen und beamteten Leiter, die beamteten hauptberuflichen Mitglieder von Leitungsgremien sowie die zum wissenschaftlichen Personal zählenden Beamtinnen und Beamten einer Hochschule des Bundes, die nach Landesrecht die Eigenschaft einer staatlich anerkannten Hochschule erhalten hat und deren Personal im Dienst des Bundes steht, stehen in einem Beamtenverhältnis zum Bund.

(2) Das wissenschaftliche Personal dieser Hochschulen besteht insbesondere aus den Hochschullehrerinnen und Hochschullehrern (Professorinnen und Professoren, Juniorprofessorinnen und Juniorprofessoren), den wissenschaftlichen Mitarbeiterinnen und wissenschaftlichen Mitarbeitern sowie den Lehrkräften für besondere Aufgaben.

(3) Die Hochschullehrerinnen und Hochschullehrer nehmen die ihrer Hochschule jeweils obliegenden Aufgaben in Wissenschaft, Forschung, Lehre und Weiterbildung in ihren Fächern nach näherer Ausgestaltung ihres Dienstverhältnisses selbstständig wahr.

(4) [1]Professuren und Juniorprofessuren sind öffentlich auszuschreiben. [2]Von einer Ausschreibung kann abgesehen werden, wenn

1. ein bereits bestehendes Beamtenverhältnis auf Zeit auf derselben Professur in ein Beamtenverhältnis auf Lebenszeit umgewandelt oder
2. eine Juniorprofessorin oder ein Juniorprofessor der eigenen Hochschule berufen

werden soll.

(5) [1]Wissenschaftliche Mitarbeiterinnen und wissenschaftliche Mitarbeiter sind die Beamtinnen und Beamten, denen wissenschaftliche Dienstleistungen obliegen. [2]In begründeten Fällen kann ihnen auch die selbstständige Wahrnehmung von Aufgaben in Forschung und Lehre übertragen werden.

(6) Lehrkräfte für besondere Aufgaben sind, soweit sie nicht in einem privatrechtlichen Dienstverhältnis stehen, Beamtinnen und Beamte, die auch ohne Erfüllung der Einstellungsvoraussetzungen für Hochschullehrerinnen und Hochschullehrer beschäftigt werden können, sofern überwiegend die Vermittlung praktischer Fähigkeiten und Kenntnisse erforderlich ist.

§ 131 Einstellungsvoraussetzungen für Hochschullehrerinnen und Hochschullehrer sowie wissenschaftliche Mitarbeiterinnen und wissenschaftliche Mitarbeiter

(1) Einstellungsvoraussetzungen für Professorinnen und Professoren sind neben den allgemeinen dienstrechtlichen Voraussetzungen

1. ein abgeschlossenes Hochschulstudium,
2. die pädagogische Eignung,
3. eine besondere Befähigung zu wissenschaftlicher Arbeit, die in der Regel durch die Qualität einer Promotion nachgewiesen wird, und
4. je nach den Anforderungen der Stelle
   a) zusätzliche wissenschaftliche Leistungen oder
   b) besondere Leistungen bei der Anwendung oder Entwicklung wissenschaftlicher Erkenntnisse und Methoden in einer mehrjährigen beruflichen Praxis.

(2) [1]Einstellungsvoraussetzungen für Juniorprofessorinnen und Juniorprofessoren sind neben den allgemeinen dienstrechtlichen Voraussetzungen

1. ein abgeschlossenes Hochschulstudium,
2. die pädagogische Eignung und
3. eine besondere Befähigung zu wissenschaftlicher Arbeit, die in der Regel durch die herausragende Qualität einer Promotion nachgewiesen wird.

[2]Sofern vor oder nach der Promotion ein Beschäftigungsverhältnis als wissenschaftliche Mitarbeiterin oder wissenschaftlicher Mitarbeiter bestand, sollen Promotions- und Beschäftigungsphase zusammen nicht mehr als sechs Jahre betragen haben. [3]Verlängerungen aufgrund von Zeiten eines mutterschutzrechtlichen Beschäftigungsverbots, Inanspruchnahme von Elternzeit, Beurlaubung oder Herabsetzung der Arbeitszeit wegen Betreuung oder Pflege eines Kindes unter 18 Jahren oder einer oder eines pflegebedürftigen sonstigen Angehörigen sowie einer Freistellung bleiben hierbei unberücksichtigt. [4]Auf die Zeiten nach Satz 2 sind alle befristeten Arbeitsverhältnisse mit mehr als einem Viertel der regelmäßigen Arbeitszeit, die mit einer deutschen Hochschule oder einer Forschungseinrichtung abgeschlossen wurden, sowie entsprechende Beamtenverhältnisse auf Zeit und privatrechtliche Dienstverhältnisse anzurechnen.

(3) Einstellungsvoraussetzung für wissenschaftliche Mitarbeiterinnen und wissenschaftliche Mitarbeiter ist neben den allgemeinen dienstrechtlichen Voraussetzungen ein abgeschlossenes Hochschulstudium.

§ 132 Dienstrechtliche Stellung des hauptberuflichen wissenschaftlichen und leitenden Personals der Hochschulen

(1) [1]Professorinnen und Professoren werden, soweit kein privatrechtliches Dienstverhältnis begründet wird, bei erstmaliger Berufung in das Professorenverhältnis für sechs Jahre zu Beamtinnen auf Zeit und Beamten auf Zeit ernannt. [2]Abweichend hiervon ist die sofortige Begründung eines Beamtenverhältnisses auf Lebenszeit möglich, wenn

1. Bewerberinnen und Bewerber für ein Professorenamt sonst nicht gewonnen werden können oder
2. eine Juniorprofessorin oder ein Juniorprofessor der eigenen Hochschule berufen wird.

[3]Nach frühestens drei Jahren kann das Beamtenverhältnis auf Zeit in ein solches auf Lebenszeit umgewandelt werden, wenn die Hochschule zuvor ein Bewertungsverfahren mit positivem Ergebnis durchgeführt hat. [4]Erfolgt keine Umwandlung in ein Beamtenverhältnis auf Lebenszeit, sind die Professorinnen und Professoren mit Ablauf ihrer Amtszeit oder Erreichen der Altersgrenze aus dem Beamtenverhältnis auf Zeit entlassen. [5]Eine einmalige erneute Berufung in ein Beamtenverhältnis auf Zeit auf derselben Professur ist zulässig.

(2) [1]Juniorprofessorinnen und Juniorprofessoren werden, soweit kein privatrechtliches Dienstverhältnis begründet wird, für drei Jahre zu Beamtinnen auf Zeit oder Beamten auf Zeit ernannt. [2]Das Beamtenverhältnis soll im Laufe des dritten Jahres um weitere drei Jahre verlängert werden, wenn die Juniorprofessorin oder der Juniorprofessor sich als Hochschullehrerin oder Hochschullehrer bewährt hat. [3]Anderenfalls kann es um bis zu einem Jahr verlängert werden. [4]Eine weitere Verlängerung ist, abgesehen von den Fällen des Absatzes 5, nicht zulässig. [5]Dies gilt auch für eine erneute Einstellung als Juniorprofessorin oder Juniorprofessor.

(3) [1]Wissenschaftliche Mitarbeiterinnen und wissenschaftliche Mitarbeiter, deren Stelle eine befristete Beschäftigung vorsieht, werden, soweit kein privatrechtliches Dienstverhältnis begründet wird, für die Dauer von drei Jahren zu Beamtinnen auf Zeit und Beamten auf Zeit ernannt. [2]Eine einmalige Verlängerung des Beamtenverhältnisses auf Zeit um weitere drei Jahre ist zulässig.

(4) Für beamtete Hochschuldozentinnen und beamtete Hochschuldozenten gelten die §§ 42 und 48d, für beamtete Oberassistentinnen, beamtete Oberassistenten, beamtete Oberingenieurinnen und beamtete Oberingenieure die §§ 42 und 48b und für beamtete wissenschaftliche und künstlerische Assistentinnen und Assistenten die §§ 42 und 48 des Hochschulrahmengesetzes in der bis zum 30. Dezember 2004 geltenden Fassung entsprechend.

(5) Soweit Hochschullehrerinnen und Hochschullehrer oder wissenschaftliche Mitarbeiterinnen und wissenschaftliche Mitarbeiter Beamtinnen auf Zeit und Beamte auf Zeit sind, ist das Dienstverhältnis, sofern dienstliche Gründe dem nicht entgegenstehen, auf Antrag der Beamtin oder des Beamten um Zeiten eines mutterschutzrechtlichen Beschäftigungsverbots und der Inanspruchnahme von Elternzeit sowie, von bis zu drei Jahren, um Zeiten einer familienbedingten Teilzeit oder Beurlaubung nach § 92 zu verlängern.

(6) [1]Der Eintritt einer Professorin oder eines Professors in den Ruhestand wegen Erreichens der Altersgrenze wird zum Ende des Semesters oder Trimesters wirksam, in dem die Regelaltersgrenze erreicht wird. [2]Eine Versetzung in den Ruhestand auf Antrag soll zum Ende des Semesters oder Trimesters ausgesprochen werden, es sei denn, dass gesundheitliche Gründe dem entgegenstehen. [3]Eine Entlassung aus dem Beamtenverhältnis auf Antrag kann bis zum Ende

des Semesters oder Trimesters hinausgeschoben werden, wenn dienstliche Belange dies erfordern.

(7) [1]Auf Antrag der Professorin oder des Professors kann der Eintritt in den Ruhestand insgesamt bis zum Ende des Monats, in dem das 75. Lebensjahr vollendet wird, hinausgeschoben werden, wenn dies wegen der besonderen wissenschaftlichen Leistungen im Einzelfall im dienstlichen Interesse liegt. [2]§ 53 Abs. 1 Satz 3 gilt entsprechend.

(8) [1]Beamtete Leiterinnen und beamtete Leiter und beamtete hauptberufliche Mitglieder von Leitungsgremien werden für sechs Jahre in ein Beamtenverhältnis auf Zeit berufen. [2]Sie sind mit Ablauf ihrer Amtszeit oder Erreichen der Regelaltersgrenze aus diesem Beamtenverhältnis entlassen. [3]Abweichend von Satz 2 treten sie mit Ablauf ihrer Amtszeit oder mit Erreichen der Regelaltersgrenze in den Ruhestand, wenn sie

1. eine Dienstzeit von insgesamt mindestens zehn Jahren in Beamtenverhältnissen oder in einem Dienstverhältnis als Berufssoldatin oder Berufssoldat mit Anspruch auf Besoldung zurückgelegt haben oder
2. aus einem Beamtenverhältnis auf Lebenszeit oder aus einem Dienstverhältnis als Berufssoldatin oder Berufssoldat in ein Beamtenverhältnis auf Zeit berufen worden waren.

[4]Handelt es sich in den Fällen des Satzes 3 Nr. 2 um ein Beamtenverhältnis auf Lebenszeit zum Bund, ruht dieses Rechtsverhältnis mit allen Rechten und Pflichten für die Dauer des Beamtenverhältnisses auf Zeit mit Ausnahme der Pflicht zur Verschwiegenheit und des Verbots der Annahme von Belohnungen, Geschenken und sonstigen Vorteilen.

(9) [1]Die Vorschriften über die Laufbahnen und über den einstweiligen Ruhestand sowie die §§ 87 und 88 sind auf Hochschullehrerinnen und Hochschullehrer nicht anzuwenden. [2]Erfordert der Aufgabenbereich einer Hochschuleinrichtung eine regelmäßige oder planmäßige Anwesenheit, kann die oberste Dienstbehörde die §§ 87 und 88 für bestimmte Gruppen von Beamtinnen und Beamten für anwendbar erklären.

(10) [1]Hochschullehrerinnen und Hochschullehrer können nur mit ihrer Zustimmung abgeordnet oder versetzt werden. [2]Bei der Auflösung, der Verschmelzung oder einer wesentlichen Änderung des Aufbaues oder der Aufgaben von staatlich anerkannten Hochschulen des Bundes, deren Ausbildungsgänge ausschließlich auf den öffentlichen Dienst ausgerichtet sind, gilt § 28 Abs. 3 für beamtete Professorinnen, Professoren, Juniorprofessorinnen, Juniorprofessoren sowie Hochschuldozentinnen und Hochschuldozenten entsprechend.

§ 133 Ehrenbeamtinnen und Ehrenbeamte

(1) Für Ehrenbeamtinnen und Ehrenbeamte nach § 6 Abs. 5 gelten die Vorschriften dieses Gesetzes mit folgenden Maßgaben:

1. [1]Nach Erreichen der Regelaltersgrenze können Ehrenbeamtinnen und Ehrenbeamte verabschiedet werden. [2]Sie sind zu verabschieden, wenn die sonstigen

Voraussetzungen für die Versetzung einer Beamtin oder eines Beamten in den Ruhestand gegeben sind.

2. Nicht anzuwenden sind die §§ 28, 53 Abs. 2, §§ 72, 76, 87, 88, 97 bis 101 und 104, auf Honorarkonsularbeamtinnen und Honorarkonsularbeamte, außerdem § 7 Abs. 1 Nr. 1.

(2) Die Unfallfürsorge für Ehrenbeamtinnen und Ehrenbeamte und ihre Hinterbliebenen richtet sich nach § 68 des Beamtenversorgungsgesetzes.

(3) Im Übrigen regeln sich die Rechtsverhältnisse nach den besonderen für die einzelnen Gruppen der Ehrenbeamtinnen und Ehrenbeamten geltenden Vorschriften.

Abschnitt 11
Umbildung von Körperschaften

§ 134 Umbildung einer Körperschaft

(1) Beamtinnen und Beamte einer juristischen Person des öffentlichen Rechts mit Dienstherrnfähigkeit (Körperschaft), die vollständig in eine andere Körperschaft eingegliedert wird, treten mit der Umbildung kraft Gesetzes in den Dienst der aufnehmenden Körperschaft über.

(2) [1]Beamtinnen und Beamte einer Körperschaft, die vollständig in mehrere andere Körperschaften eingegliedert wird, sind anteilig in den Dienst der aufnehmenden Körperschaften zu übernehmen. [2]Die beteiligten Körperschaften haben innerhalb einer Frist von sechs Monaten nach dem Zeitpunkt, in dem die Umbildung vollzogen ist, im Einvernehmen miteinander zu bestimmen, von welchen Körperschaften die einzelnen Beamtinnen und Beamten zu übernehmen sind. [3]Solange die Übernahme nicht erfolgt ist, haften alle beteiligten Körperschaften für die zustehenden Bezüge als Gesamtschuldner.

(3) [1]Beamtinnen und Beamte einer Körperschaft, die teilweise in eine oder mehrere andere Körperschaften eingegliedert wird, sind zu einem verhältnismäßigen Teil, bei mehreren Körperschaften anteilig, in den Dienst der aufnehmenden Körperschaften zu übernehmen. [2]Absatz 2 Satz 2 findet Anwendung.

(4) Die Absätze 1 bis 3 gelten entsprechend, wenn eine Körperschaft mit einer oder mehreren anderen Körperschaften zu einer neuen Körperschaft zusammengeschlossen wird, wenn aus einer Körperschaft oder aus Teilen einer Körperschaft eine oder mehrere neue Körperschaften gebildet werden oder wenn Aufgaben einer Körperschaft vollständig oder teilweise auf eine oder mehrere andere Körperschaften übergehen.

§ 135 Rechtsfolgen der Umbildung

(1) Tritt eine Beamtin oder ein Beamter aufgrund des § 134 Abs. 1 kraft Gesetzes in den Dienst einer anderen Körperschaft über oder wird sie oder er aufgrund

des § 134 Abs. 2 oder 3 von einer anderen Körperschaft übernommen, wird das Beamtenverhältnis mit dem neuen Dienstherrn fortgesetzt.

(2) Im Fall des § 134 Abs. 1 ist der Beamtin oder dem Beamten von der aufnehmenden oder neuen Körperschaft die Fortsetzung des Beamtenverhältnisses schriftlich zu bestätigen.

(3) [1]In den Fällen des § 134 Abs. 2 und 3 wird die Übernahme von der Körperschaft verfügt, in deren Dienst die Beamtin oder der Beamte treten soll. [2]Die Verfügung wird mit der Zustellung an die Beamtin oder den Beamten wirksam. [3]Die Beamtin oder der Beamte ist verpflichtet, der Verfügung Folge zu leisten. [4]Kommt sie oder er der Verpflichtung nicht nach, wird sie oder er entlassen.

(4) Die Absätze 1 bis 3 gelten entsprechend in den Fällen des § 134 Abs. 4.

§ 136 Rechtsstellung der Beamtinnen und Beamten

(1) [1]Den nach § 134 in den Dienst einer anderen Körperschaft übergetretenen oder von ihr übernommenen Beamtinnen und Beamten soll ein dem bisherigen Amt nach Bedeutung und Inhalt gleich zu bewertendes Amt übertragen werden. [2]Wenn eine dem bisherigen Amt entsprechende Verwendung nicht möglich ist, sind § 28 Abs. 3 und § 34 Abs. 1 Nr. 4 entsprechend anzuwenden. [3]Bei Anwendung des § 28 Abs. 3 darf die Beamtin oder der Beamte neben der neuen Amtsbezeichnung die des früheren Amtes mit dem Zusatz „außer Dienst" oder „a. D." führen.

(2) [1]Die aufnehmende oder neue Körperschaft kann, wenn die Zahl der bei ihr nach der Umbildung vorhandenen Beamtinnen und Beamten den tatsächlichen Bedarf übersteigt, innerhalb einer Frist von sechs Monaten die entbehrlichen Beamtinnen auf Lebenszeit oder auf Zeit oder die Beamten auf Lebenszeit oder auf Zeit, deren Aufgabengebiet von der Umbildung berührt wurde, in den einstweiligen Ruhestand versetzen. [2]Die Frist des Satzes 1 beginnt im Fall des § 134 Abs. 1 mit dem Übertritt, in den Fällen des § 134 Abs. 2 und 3 mit der Bestimmung derjenigen Beamtinnen und Beamten, zu deren Übernahme die Körperschaft verpflichtet ist. [3]Entsprechendes gilt in den Fällen des § 134 Abs. 4. [4]§ 55 Satz 2 ist anzuwenden. [5]Bei Beamtinnen auf Zeit und Beamten auf Zeit, die nach Satz 1 in den einstweiligen Ruhestand versetzt sind, endet der einstweilige Ruhestand mit Ablauf der Amtszeit. [6]Sie gelten zu diesem Zeitpunkt als dauernd in den Ruhestand versetzt, wenn sie bei Verbleiben im Amt mit Ablauf der Amtszeit in den Ruhestand getreten wären.

§ 137 Rechtsstellung der Versorgungsempfängerinnen und Versorgungsempfänger

(1) Die Vorschriften des § 134 Abs. 1 und 2 und des § 135 gelten entsprechend für die zum Zeitpunkt der Umbildung bei der abgebenden Körperschaft vorhandenen Versorgungsempfängerinnen und Versorgungsempfänger.

(2) In den Fällen des § 134 Abs. 3 bleiben die Ansprüche der zum Zeitpunkt der Umbildung vorhandenen Versorgungsempfängerinnen und Versorgungsempfänger gegenüber der abgebenden Körperschaft bestehen.

(3) Die Absätze 1 und 2 gelten entsprechend in den Fällen des § 134 Abs. 4.

Abschnitt 12
Spannungs- und Verteidigungsfall, Verwendungen im Ausland

§ 138 Anwendungsbereich

[1]Beschränkungen, Anordnungen und Verpflichtungen nach den §§ 139 bis 142 sind nur nach Maßgabe des Artikels 80a des Grundgesetzes zulässig. [2]Sie sind auf Personen im Sinne des § 5 Abs. 1 des Arbeitssicherstellungsgesetzes nicht anzuwenden.

§ 139 Dienstleistung im Verteidigungsfall

(1) Beamtinnen und Beamte können für Zwecke der Verteidigung auch ohne ihre Zustimmung zu einem anderen Dienstherrn abgeordnet oder zur Dienstleistung bei über- oder zwischenstaatlichen zivilen Dienststellen verpflichtet werden.

(2) [1]Beamtinnen und Beamten können für Zwecke der Verteidigung auch Aufgaben übertragen werden, die nicht ihrem Amt oder ihrer Laufbahnbefähigung entsprechen, sofern ihnen die Übernahme nach ihrer Vor- und Ausbildung und im Hinblick auf die Ausnahmesituation zumutbar ist. [2]Aufgaben einer Laufbahn mit geringeren Zugangsvoraussetzungen dürfen ihnen nur übertragen werden, wenn dies aus dienstlichen Gründen unabweisbar ist.

(3) Beamtinnen und Beamte haben bei der Erfüllung der ihnen für Zwecke der Verteidigung übertragenen Aufgaben Gefahren und Erschwernisse auf sich zu nehmen, soweit diese ihnen nach den Umständen und den persönlichen Verhältnissen zugemutet werden können.

(4) Beamtinnen und Beamte sind bei einer Verlegung ihrer Behörde oder Dienststelle auch in das Ausland zur Dienstleistung am neuen Dienstort verpflichtet.

§ 140 Aufschub der Entlassung und des Ruhestands

[1]Die Entlassung der Beamtinnen und Beamten auf ihren Antrag kann für Zwecke der Verteidigung hinausgeschoben werden, wenn dies im öffentlichen Interesse erforderlich ist und der Personalbedarf der öffentlichen Verwaltung im Bereich ihres Dienstherrn auf freiwilliger Grundlage nicht gedeckt werden kann. [2]Satz 1 gilt entsprechend für den Ablauf der Amtszeit bei Beamtenverhältnissen auf Zeit. [3]Der Eintritt in den Ruhestand nach Erreichen der Altersgrenze und die vorzeitige Versetzung in den Ruhestand auf Antrag ohne Nachweis der Dienstunfähigkeit können unter den Voraussetzungen des Satzes 1 bis zum Ende des Monats hinausgeschoben werden, in dem die Regelaltersgrenze erreicht wird.

§ 141 Erneute Berufung von Ruhestandsbeamtinnen und Ruhestandsbeamten

[1]Ruhestandsbeamtinnen und Ruhestandsbeamte, die die Regelaltersgrenze noch nicht erreicht haben, können für Zwecke der Verteidigung erneut in ein Beamtenverhältnis berufen werden, wenn dies im öffentlichen Interesse erforderlich ist und der Personalbedarf der öffentlichen Verwaltung im Bereich ihres bisherigen Dienstherrn auf freiwilliger Grundlage nicht gedeckt werden kann. [2]Das Beamtenverhältnis endet, wenn es nicht vorher beendet wird, mit dem Ende des Monats, in dem die Regelaltersgrenze erreicht wird.

§ 142 Verpflichtung zur Gemeinschaftsunterkunft und Mehrarbeit

(1) Wenn dienstliche Gründe es erfordern, können Beamtinnen und Beamte für Zwecke der Verteidigung verpflichtet werden, vorübergehend in einer Gemeinschaftsunterkunft zu wohnen und an einer Gemeinschaftsverpflegung teilzunehmen.

(2) [1]Beamtinnen und Beamte sind verpflichtet, für Zwecke der Verteidigung über die regelmäßige Arbeitszeit hinaus ohne besondere Vergütung Dienst zu tun. [2]Für die Mehrbeanspruchung wird ein Freizeitausgleich nur gewährt, soweit es die dienstlichen Erfordernisse gestatten.

§ 143 Verwendungen im Ausland

(1) [1]Beamtinnen und Beamte, die zur Wahrnehmung des ihnen übertragenen Amts im Ausland oder außerhalb des deutschen Hoheitsgebiets auf Schiffen oder in Luftfahrzeugen verwendet werden und dabei wegen vom Inland wesentlich abweichender Verhältnisse erhöhten Gefahren ausgesetzt sind, können aus dienstlichen Gründen verpflichtet werden,

1. vorübergehend in einer Gemeinschaftsunterkunft zu wohnen und an einer Gemeinschaftsverpflegung teilzunehmen,
2. Schutzkleidung zu tragen,
3. Dienstkleidung zu tragen und
4. über die regelmäßige Arbeitszeit hinaus ohne besondere Vergütung Dienst zu tun.

[2]In den Fällen des Satzes 1 Nr. 4 wird für die Mehrbeanspruchung ein Freizeitausgleich nur gewährt, soweit es die dienstlichen Erfordernisse gestatten.

(2) Sind nach Absatz 1 verwendete Beamtinnen und Beamte zum Zeitpunkt des vorgesehenen Eintritts in den Ruhestand nach den §§ 44, 51 und 53 oder des vorgesehenen Ablaufs ihrer Amtszeit wegen Verschleppung, Gefangenschaft oder aus sonstigen mit dem Dienst zusammenhängenden Gründen, die sie nicht zu vertreten haben, dem Einflussbereich des Dienstherrn entzogen, verlängert sich das Beamtenverhältnis bis zum Ablauf des auf die Beendigung dieses Zustands folgenden Monats.

Abschnitt 13
Übergangs- und Schlussvorschriften

§ 144 Entscheidungsrecht oberster Bundesbehörden

(1) [1]Ist eine bundesunmittelbare Körperschaft, Anstalt oder Stiftung des öffentlichen Rechts Dienstherr einer Beamtin oder eines Beamten, kann die für die Aufsicht zuständige oberste Bundesbehörde in den Fällen, in denen nach diesem Gesetz oder dem Beamtenversorgungsgesetz die oberste Dienstbehörde die Entscheidung hat, sich diese Entscheidung vorbehalten oder die Entscheidung von ihrer vorherigen Zustimmung abhängig machen. [2]Sie kann auch verbindliche Grundsätze für die Entscheidung aufstellen.

(2) Für bundesunmittelbare Körperschaften, Anstalten und Stiftungen des öffentlichen Rechts, die Behörden nicht besitzen, tritt an deren Stelle für die in diesem Gesetz oder dem Beamtenversorgungsgesetz einer Behörde übertragenen oder zu übertragenden Zuständigkeiten die zuständige Verwaltungsstelle.

§ 145 Rechtsverordnungen, Durchführungsvorschriften

(1) Rechtsverordnungen nach diesem Gesetz bedürfen nicht der Zustimmung des Bundesrates.

(2) Die zur Durchführung dieses Gesetzes erforderlichen allgemeinen Verwaltungsvorschriften erlässt das Bundesministerium des Innern, soweit dieses Gesetz nichts anderes bestimmt.

§ 146 Öffentlich-rechtliche Religionsgesellschaften

[1]Dieses Gesetz gilt nicht für die öffentlich-rechtlichen Religionsgesellschaften und ihre Verbände. [2]Diesen bleibt es überlassen, die Rechtsverhältnisse ihrer Beamtinnen und Beamten und Seelsorgerinnen und Seelsorger diesem Gesetz entsprechend zu regeln oder Vorschriften dieses Gesetzes für anwendbar zu erklären.

§ 147 Übergangsregelungen

(1) [1]Bis zu einer haushaltsrechtlichen Umstellung, längstens jedoch bis zum 31. Dezember 2010, kann von § 10 Abs. 3 erste Alternative abgewichen werden. [2]Dabei gehört die Probezeit zur Laufbahn und § 6 Abs. 1 Nr. 3 des Bundesbeamtengesetzes in der Fassung der Bekanntmachung vom 31. März 1999 (BGBl. I S. 675) in der bis zum 11. Februar 2009 geltenden Fassung ist anzuwenden.

(2) Für Beamtinnen und Beamte, die vor Inkrafttreten dieses Gesetzes in ein Beamtenverhältnis auf Probe berufen worden sind, sind anstelle des § 10 Abs. 1 und 3 und des § 11 der § 6 Abs. 1 und der § 9 des Bundesbeamtengesetzes in der Fassung der Bekanntmachung vom 31. März 1999 (BGBl. I S. 675) in der bis zum 11. Februar 2009 geltenden Fassung anzuwenden.

(3) Die Bundesregierung überprüft die Anhebung der Altersgrenzen nach den §§ 51 und 52 unter Beachtung des Berichts nach § 154 Abs. 4 des Sechsten Buches Sozialgesetzbuch.